黄庭坚研究

刘守安题

博士生导师学术文库

A Library of Academics by
PHD Supervisors

黄庭坚研究

杨庆存 著

光明日报出版社

图书在版编目（CIP）数据

黄庭坚研究 / 杨庆存著 . ‐‐北京：光明日报出版
社，2019.5
　（博士生导师学术文库）
ISBN 978‐7‐5194‐5347‐3

Ⅰ.①黄… Ⅱ.①杨… Ⅲ.①黄庭坚（1045—1105）
—人物研究 Ⅳ.①K825.6

中国版本图书馆 CIP 数据核字（2019）第 093557 号

黄庭坚研究
HUANGTINGJIAN YANJIU

著　　者：杨庆存

责任编辑：李壬杰　　　　　　　　　责任校对：赵鸣鸣
封面设计：一站出版网　　　　　　　责任印制：曹　净

出版发行：光明日报出版社
地　　址：北京市西城区永安路 106 号，100050
电　　话：010‐67078251（咨询），63131930（邮购）
传　　真：010‐67078227，67078255
网　　址：http：//book. gmw. cn
E‐mail：lirenjie@ gmw. cn
法律顾问：北京德恒律师事务所龚柳方律师

印　　刷：三河市华东印刷有限公司
装　　订：三河市华东印刷有限公司
本书如有破损、缺页、装订错误，请与本社联系调换，电话：010‐67019571

开　　本：170mm×240mm
字　　数：374 千字　　　　　　　　印　　张：21.5
版　　次：2019 年 7 月第 1 版　　　　印　　次：2019 年 7 月第 1 次印刷
书　　号：ISBN 978‐7‐5194‐5347‐3
定　　价：98.00 元

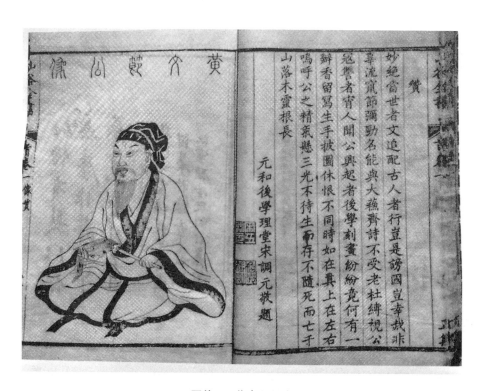

黃文節公像

贊

妙絕當世者文追配古人者行豈是謗國豈幸哉非
葦流竄節彌勁名能與大蘇齊詩不受老杜縛視公
冠譽者宵人閒公與起者後學刻畫紛紛竟何有一
辦香留寫生手披圖休恨不同時如在其上在左右
嗚呼公之精氣懸三光不待生而存不隨死而七千
山落木靈根長

元和後學理堂宋調元敬題

图片1　黄庭坚画像

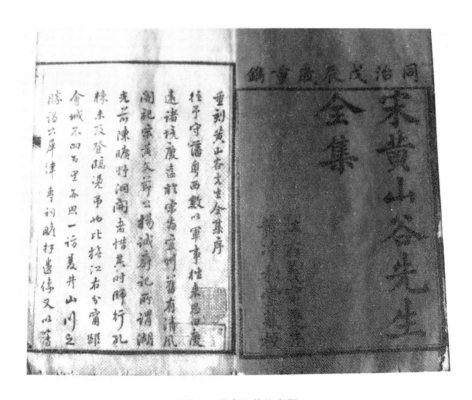

图片 2 黄庭坚著作书影

图片 3　马远《西园雅集图》

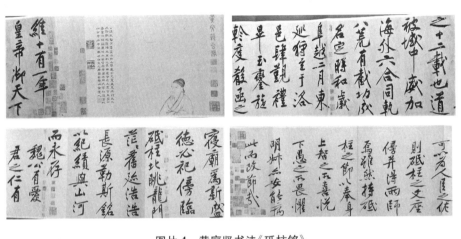

图片 4　黄庭坚书法《砥柱铭》

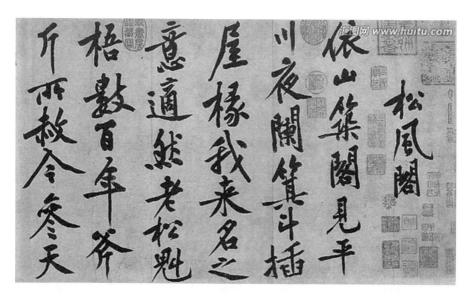

图片5　黄庭坚书法《松风阁》（局部）

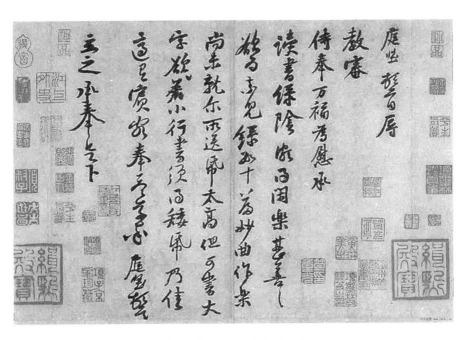

图片 6　黄庭坚《与立之承奉书》

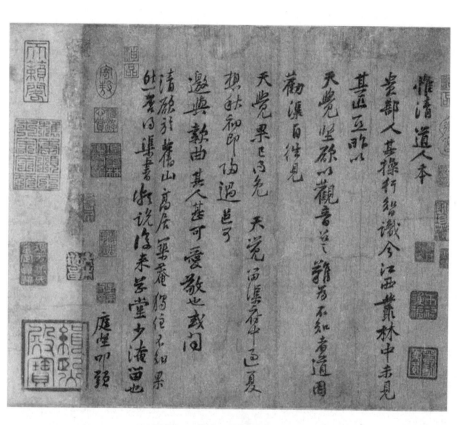

图片7　黄庭坚《惟清道人帖》

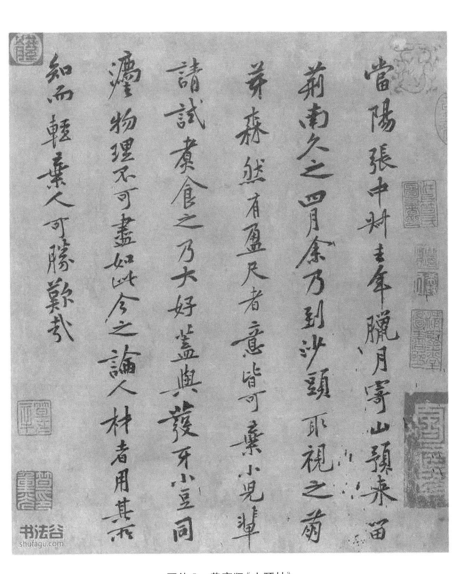

图片8　黄庭坚《山预帖》

序 一

傅璇琮序

我于1995年2月在《传统文化与现代化》1995年第1期曾读到过杨庆存同志《苏黄友谊与宋代文化建设》一文。《传统文化与现代化》是由国家古籍整理出版规划小组主办的理论性、学术性文化刊物。当时我在古籍小组任职（秘书长），遵照组长匡亚明先生的意旨，主要协助办两件事：一是组织撰写《中国古籍总目提要》；二是编辑出版《传统文化现代化》（双月刊）。根据匡老的设想，《传统文化与现代化》，其宗旨是立足于古籍研究，以批判继承、古为今用为指导方针，阐述传统文化在现代化建设中的意义与作用，力求古今融汇，中西贯通，从而使传统文化研究既有科学的基础，又有为现代化服务的明确方向。当时我读了庆存同志的这篇文章，深感其学术思路与文风，确很切合刊物的主导思想。

庆存同志撰写此文时，还是复旦大学中文系博士生，后来他在中宣部国家社会科学规划办公室工作，事务繁忙，但他仍抽空继续研究。现在向学界提供30多万字的专著《黄庭坚研究》，则是超越上面这篇文章的范围，对黄庭坚的家世、生平、文学活动、创作思想等做全面的探讨，并与宋代文化研究相结合，探索山谷作品中富有时代特色与艺术内涵的文化意蕴，颇使人有创新、求实之感。

我最近因遵嘱为庆存同志这部著作撰序，乃通阅全书，深有所得，也因而引起一段使人难忘的回忆。我于1955年夏毕业于北京大学中文系，随即留校，任浦江清先生的助教。那时北大中文系将中国文学史课程分为四段，每段一年，游国恩先生教第一段（先秦两汉），林庚先生教第二段（魏晋至唐五代），浦江清先生教第三段（宋元明清），王瑶先生教第四段（"五四"以后）。这几位前辈教课是很细的，使我们有扎实的基础。我跟随浦先生做了两年助教，从而培养起对宋代文学的爱好，曾有志向为苏、黄立传。后浦先生于1957年夏因病去世，我又于1958年3月因事离开北大，后至中华书局做编辑工作。当时宋代诗文研究是处于冷漠状态的，尤其是黄庭坚，更被评议为"形式主义""反现实主义"，有些文学史家仍沿袭旧说，认为"夺胎换骨"之说，乃"教人蹈袭剽窃"。那时我倒还是想从资料积累着手，拟由此清理出一些诗文发展的头绪。我一方面做孔凡礼先生《陆游研究资料汇编》的责编，另一方面则利用夜间及假日，编两部书，即《古典文学研究资料汇编》的《黄庭坚和江西诗派卷》《杨万里范成大卷》。这两部书编于1960年至1962年间，1963年编成，那时我近30岁。《杨万里范成大卷》于1964年2月出版，而70余万字的《黄庭坚和江西诗派卷》，却受到当时政治环境的影响，被认为这一群诗人违背文学发展潮流，不宜出书。这样，原书虽已于1964年付型，却一直压存，至1978年8月才出版。没有想到第一版竟印了20500册，这对我是一个安慰。但我那时已将科研兴趣转向唐代，早年萌发的苏、黄研究，对我这一平凡的人来说，已没有精力再作，成为终生的遗憾。因此，20世纪80年代以来，凡我看到有关黄庭坚与江西诗派研究的著作，总有一种惭愧、钦佩和自我欣慰的复杂心情，现在读到庆存同志这部书，更有此感。

由此我也逐渐坚定对古典文学研究的信心。20世纪八九十年代以来，我们古典文学研究界已有为数不少的博士研究生、硕士研究生，这已构成我们古典文学界新一代的研究群体。他们之中不少人更注意广泛吸收当代社会科学的新鲜知识，形成更为开阔的研究视野和观念，而又努力对作为研究对象之一的文学史料做沉潜的探索。因此，从总体来说，这一代研究新人，他们无论从治学道路、理论观念，以及精神气质、学术兴趣等，都与我们五六十年代成长的人有明显不同，这些不同已日益显露出一种新的发展方向和研究格局。因此，我总以为，我们研究古典文学，固然要从事传统研究，但同时要注意对现状的研究，而现状研究中的一个重要环节，就是对现在年轻学人治学思路与研究方法的思考，这对我们学科建设是很有现实意义的。也正因此，我以为，我们来读杨庆存同志的这部著作，最好能就书中所体现的新一代学人之学术风貌、文化涵养，以及创新气度、勤奋志向等，作深切的思索。这也是我作这篇短序的一点心愿。

近20年来，我们古典文学研究确有很大的进展，进展的一个明显标志，就是重视"历史—文化"的综合研究。也就是说，着重考察一个时期的文化背景及由此而产生的一个时代的总的精神状态，以及作家、士人群体的生活情趣和心理境界，各自特有的审美体验和艺术心态。这就是古典文学研究中的文化意识。当然，这样的研究，主要还不在于研究层面的扩展，而在于研究观念的拓新和研究思维的深进。从这方面来看,庆存同志这部著作确向我们提供了一个值得思考的课题,这就是:黄庭坚文化现象的历史启示。

这部书,我印象较深的有三点。一是从具体考证黄氏宗系与家学着手,展示山谷这一文学大家所承受的深潜文化渊源。黄氏先世本为浙江金华人,其六世祖黄赡于南唐中宗李璟时出仕为著作佐郎,知洪州分宁县,自此这一家就在这山川奇崛、树木茂密的秀丽环境中代代相传。五代是唐宋之际分裂割据的时代,北方中原战火连续不断,东南一带却相对稳定,李氏立国的南唐为此起了不少的作用。曾仕明朝集贤殿、奎章阁大学士的赵世延,在为陆游《南唐书》所作的序中,就称南唐"虽为国褊小,观其文物,当时诸国,莫与之并"。这所谓"文物",实为文化建树。可见这样的文化环境对黄氏是十分有利的,真如书中引及的清人文乃翁《马洲山谷祠记》所说:"阐发英奇,盖有所待。"又如苏、黄的诗文交往及品德相勉,从其深切的情谊,探寻一代文风的建树,并推广认为二人的这种交谊体现出群体意识、历史意识,从而形成阵容强大的文化群体,共同推进文化的发展。这使我想起中唐时,韩愈于贞元中期在洛阳、徐州一带,结聚李翱、孟郊、贾岛,白居易于元和前期在长安,交结元稹、李绅、张籍,都以交谊为轴心,创立各具特色的文风,这种文学和文化发展模式是很值得注意的。

二是由全面论述山谷诗词创作,进而探索其文学思想,特别对多有误解的"点铁成金""夺胎换骨"加以深细的辨析。庆存同志首先提出,要求出新和独创,是山谷诗歌理论系统的核心。正因为抓住这一要点,才能对山谷的创作思想进行规范有序的逻辑演绎。书中还上下贯通,起先秦两汉至唐。又述及两宋,甚至元明清戏曲小说,做创作实践与理论演化的系统考察,得出这样的结论,即"点铁成金"与"夺胎换骨"说,其价值与意义还不止于诗歌创作的求新,更重要的是触及或揭示古代文学创作中的一条艺术规律。进而又提升至文化研究的格局,认为这对于今天我们如何对待传统的民族文化和如何创造社会主义新文化,都不无启迪。这是有助于文学研究由古代向现代拓展的。

三是提出对山谷散文的重视,并从人文精神的角度探讨其散文的美学意义和文化内涵。书中对山谷散文做细致的数量统计,指出其近20种体裁的散文,流传至今的达2600多篇,再加上日记,其总数为现存诗篇的一倍半。随后又对山谷散文加以分类品藻,指明其散文创作不单数量丰富,体裁多样,且极有情致,从而显示黄山谷整体的文化素质。

以上三点只是我的读后感。我对山谷,虽作过资料辑集,但未有专门研究,因此确不敢对本书做全面的评论。但写了以上三点，使我想起金代作家兼学问家元好问的一句话："近世唯山谷最知子美!"(《杜诗学引》,《遗山先生文集》卷36)这真是一句名言，也是对山谷的最佳评语。由此我认为,20世纪80年代以来，已有好几部关于黄庭坚的研究著作，迭有新见，现在又有幸获读庆存同志之作，故套用元好问的话：最知山谷者，唯近世新一代学人。

2002 年 4 月,北京

序 二

刘乃昌序

宋承唐后是中华文化发展史上的又一高峰期,在宋代恢宏璀璨的文化廊苑中,各体文学占有突出地位,体现鲜明的时代精神。而代表两宋文学发展成就和崭新风貌的文坛巨擘,首推苏轼和黄庭坚。作为苏门四学士之一的黄庭坚,由于文勋卓异,赢得"苏、黄"并称的地位,被时人奉为一代文宗、江西诗派开山。清代王士禛在《冬日读唐宋金元诗家诗偶有所感……》诗中云:

> 一代高名孰主宾,中天坡谷两嶙峋。
>
> 瓣香只下涪翁拜,宗派江西第几人。

此诗形象地昭示了山谷在宋代文林中的地位和影响。

黄庭坚"英笔奇气,杰句高境,自成一家"(方东树《昭昧詹言》卷10),独步千古,引起历代学人瞩目。自宋以来记述研究山谷的言论,充盈书牍,层出不穷。前人对其诗作的评论说法不一。如有人称其"荟萃百家句律之长,穷极历代体制之变"(刘克庄《江西诗派小序》),有的则谓之"有奇而无妙,有斩绝而无横放,铺张学问以为富,点化陈腐以为新"(王若虚《滹南诗话》卷1),可谓抑扬俱存,各有所见。中华人民共和国成立以后,文学史研究家也曾对黄庭坚评价有所争议。对此热点课题,很需进一步开发研究。随着改革开放的深入,学术氛围的昌扬,黄庭坚研究的新成果不断涌现,杨庆存同志的《黄庭坚研究》就是卓有新创的一部专著。

是书功底沉厚,特色鲜明。首先,眼界宏阔,视角多样。黄庭坚作为宋型文化土壤陶钧升空的文化巨星,其行实业绩闪耀着多重的时代风采,含纳着悠久的人文积淀。庆存同志拓展研究视野,将黄氏置于文化学的广阔疆域予以论析。对其成长,从宗系、家学、先辈、仕历、交游等诸多层面,进行详明审视。苏轼与黄庭坚,先后进相汲引,人品文业,承传磨砺,关系密切。书中设专章联系时代文化氛围,对两人交谊及其发展做辩证分析。凡此均有所拓展,新人耳目。

其次,各章于有关资料,撷采丰厚,引据翔实。如为厘清黄氏宗系,作者于作家本集、宗谱而外,对现存志传、行状、墓铭、书札、载记,无不悉行涉猎,缜密比勘,细心辨证。再如,对山谷始婚情况,经过广泛爬罗材料,条分缕析,在严谨参辨基础上做出论断。以是凡书中独诣之见,均能做到言必有据,无征不信,有证必审。

最后,全书论析精当,新见迭出。"点铁成金""夺胎换骨"是山谷创作论的名言要义,历来影响深巨,但所受褒贬不一。是书作者从周秦两汉作品的沿袭,由历代文论的因革,追溯渊源,阐述演化,进而揭示此说的理论源流、实践基础和深邃价值。可谓探究底里、识度精深。山谷词妙脱蹊径,别具风姿。作者对之重新审察,总结出"随俗""反俗"两类并存,俚雅迥异而造诣俱精的创作特征。概括全面,言简意新,令人信服。

是书虽为学术专著,在行文上却能雅意润泽,略避苦涩。如开篇描绘豫章自然环境人文气象,笔锋秀雅,语句爽畅。引述前人载记,注意精心剪裁、细密连缀。读来有娓娓动听、引人入胜之趣。书中设章分节、布网立题,咸能把握要义,提纲挈领,下语精当,逻辑谨严,在文风上也颇具特色。

庆存同志原在孔子故里曲阜师大任教,读书治学,一贯思敏笔锐。后入复旦大学,在名师指导下就读研究生,以优异成绩荣获博士学位。现任职国家哲学社会科学规划办公室,虽公务繁剧,仍勤奋于学术开发。本书即是他百忙中致力苏、黄研究的一项硕果。其杀青面世,必将有功于山谷,裨益于文林。是书行将付梓,作者嘱为写序。适有海外之旅,虽行色匆匆,然一睹文稿,顿感赏心悦目,兴致盎然。爰略缀数语,以表欣贺之忱云。

2002 年 4 月于山东大学

目　录

CONTENTS

引　言

黄庭坚文化现象的历史启示

文化是人类社会实践和思想智慧的结晶,文化是时代精华和历史长河的缩影。在人类文明发展的历史进程中,文化像润物无声的春雨、奔流不息的江河、含纳深广的海洋,培养着个体、沟连着时代、丰富着自身。人类发展的过程,就是不断创造新文化、反映新时代、推进新文明的过程。每个时代、每个民族总是在继承前代文化的基础上,不断创造着特定时代和特定民族的新文化。由是,文化如日月,与时俱进,常见常新,为人类的进步和发展提供着无尽的能量。纵观古今中外的先贤圣哲、文化巨匠,莫不审时而度势,沿革以创新,独辟蹊径,自成一家,沾溉来者,衣被后人。宋代黄庭坚即是一位典型的范例。

众所周知,宋代文化史上的黄庭坚,在哲学、史学、文学、艺术诸领域均有卓越建树。其于哲学,精于儒,深于禅,通于老庄,且融三家为一体,取宏用精,身体力行;其于史学,校定《资治通鉴》,编写《神宗实录》,向有"黄太史"之称;艺术则书法为最,宋代苏、黄、米、蔡四大家,亚于苏而雄于米、蔡,位居其二。文学方面的创造尤其卓著。他首先是一位诗坛巨擘,诗歌与苏轼媲美,且开江西一派,为宋诗之代表;词于秦观比肩而风姿独具,人谓"唐人不逮";散文各体兼擅而尤长于赋、妙于题跋,又创体日记,垂式千古。黄庭坚多方面的杰出成就,不仅在当时即产生了广泛的影响,而且流泽后世,沾溉学人,对宋代文化乃至中国古代文化的繁荣和发展起了不容低估的巨大作用,形成中国古代文化史上奇特的"黄庭坚现象"。

国学大师陈寅恪曾谓中国古代文化历经数千年发展演进,造极于赵宋。宋代文化是中国古代文化发展史上的又一巅峰,作为"不践前人旧行迹,独惊斯世擅风流"(宋·张耒《读黄鲁直诗》)的一代文化巨匠黄庭坚,与"出新意于法度之中,寄妙理于豪放之外"(宋·苏轼《书吴道子画后》)的苏轼一样,同是宋代文化的打造巨匠和典型代表。时代培养和造就了黄庭坚这位文化巨擘,而黄庭坚的文化实绩也反映了他的特定时代。

然而,人们对于黄庭坚的文化创造实践和文化理论建树之认同、认识、理解和评价,宋代以来即毁誉参半,所谓仁者见仁、智者见智,往往缺乏全面、系统、客观而辩证的评判。用历史唯物主义的方法对待和研究历史现象,探讨和发现其发展的规律,以为当今之龟镜,应是社会科学研究尤其是古代文化研究应该遵循的原则,而科学研究必须客观求实,科学严谨,不囿成见,解放思想,实事求是。正是在这种思想指导下,本书将黄庭坚作为剖析宋代文化的典型,同时着眼于人才成长、文化建设和规律探索,立足于时代发展和社会进步,从家学、生平、交游、思想、创作等方面分为九章,考察和分析了黄庭坚多方面的生态环境、文化实绩和创造历程。笔者认为,黄庭坚在诗歌、辞赋、散文、书法、史学、理学、释道哲学诸方面的精深造诣和突出成就,有其深厚的历史渊源与文化渊源,有其雄厚的社会基础与人文基础,并给人以极其丰富而深刻的历史启示。

首先,黄庭坚立足于文化以人为本、以人为核心,以继承为前提、为基础,积极倡导和强调文化创新,并创造了优异的文化实绩。他在为宋代文化、为中国古代文化乃至为人类文化提供了丰富的文化实绩的同时,更为重要的是创造了一种文化模式,一种文化思维、文化创造、文化方法的模式。从整体上讲,黄庭坚创造的文化是一种与通俗文化、平民文化有所不同的文人文化、士族文化,其突出特点就是文化含金量大,创新程度高,历史积淀厚,品位高雅,蕴含丰富。可以说,黄庭坚的作品是宋代文化中的"象牙塔",是宋代文化发达的必然产物。这方面最有创造性的典型代表就是黄庭坚的诗歌创作、艺术理论和书信题跋。

其次,黄庭坚现象告诉我们,社会实践的丰富多彩决定了文化创造的多种多样;艺术创作个体的特殊性决定了艺术创作的差异性;文化创新、文化建设必须依靠群体和社会的共同努力才能取得成功;作为社会进步和文明发展的文化成果与艺术创造的表现形式,应该是多样化、多层化的,雅俗共赏固然是人们向往的艺术佳境,而"阳春白雪"与"下里巴人"同样难能可贵。

最后,黄庭坚的文化实践和理论创造也告诉后人:一、创新是艺术生命的基础,创新是文化发展的前提,创新是传之久远的关键;有创新才能有艺术生命,有创新才能有文化发展,有创新才能传之于后世。二、创新必先继承,发展必先接受,传之于后世必先立足于现实,反映时代新特点。三、艺术创新与个体的文化素养、创新意识、生活阅历、审美情趣、时代精神、社会环境和文化氛围等多方面因素密切关联。四、勤于学,敏于思,笃于行,虚怀若谷,刻苦奋发,广闻博识,善于借鉴,深厚学养,是个体艺术创新的必要条件。五、艺术创新的整体水平和创新程度,决定着艺术生命的长短和影响的深广程度。六、艺术创新成就的认可度,受时代文化发展水平和接受个体学养的限制。以上的粗浅认识,将在下面的考察分析中得到充分印证。

第一章

黄庭坚家族世系与家学渊源

宋仁宗庆历五年(1045)农历六月十二日,在洪州府分宁县(今江西省修水县)高城乡双井里,一个有着良好文化传统的仕宦家庭里,充满着紧张而又喜庆的气氛——一位肩负重要文化使命的小生命诞生了。这位呱呱坠地来到人世间的小生命,就是将在中华民族文化发展史乃至世界文明史上产生重要影响的黄庭坚。

宋代的洪州府分宁县,古为豫章之地。据元代马端临《文献通考》第三百一十八卷载,洪州在春秋战国时期为楚国之地,至汉高祖刘邦时期,分为淮南国,设置豫章郡,后汉、晋代皆因袭之;宋齐以后、隋炀帝之初,皆置豫章郡;唐代始为洪州,或称豫章郡。以故,黄庭坚自称其家族为"豫章黄氏",而士子后学尊称黄庭坚为"豫章先生",黄庭坚则以"豫章"名其集,即《豫章先生文集》。

分宁为唐太宗贞观十五年(641)所建,当时分武宁八乡以成此邑,故名分宁。分宁山川奇崛,风景秀丽,西有幕阜山,其高千丈,广袤百里,翠峰叠嶂,树木茂密。发源于幕阜山麓的修水偏北而来,于东南流经县治,通贯六百余里,下入彭蠡,南宋周必大称"此山川最胜者也"。① 文乃翁《马洲山谷祠记》亦曾赞叹描述:

> 大江以西,山水之秀,甲于天下,洪州分宁县,钟秀居多。县有胜地曰马洲,与鹿洞、象山、鹅湖、鹭洲相颉颃。梅、樊二峰,东西相望,道山屹其南,凤山蹲其北,西江泓澄,秀水萦带,可方可舟,可咏可游,万竹筛青,一槐摆绿,洵此方之佳境也,阐英发奇,盖有所待矣!②

---

① 山谷全书[M]//黄文节公祠记.清同治戊辰重刻缉香堂本.
② 山谷全书[M]//黄文节公祠记.清同治戊辰重刻缉香堂本.

南宋黄畴若则说"分宁县山明水秀,间出异人,修水南迤于汉,东汇于双井,是为山谷先生之故居。"①史志称:

> 双井在宁州之修江中,江深不可见,至秋冬水落始出,而钓台石、明月湾咸在其上,盖亦西江之一奇观也。宋黄太史山谷家焉。公时与宾客来游,辄取水烹茶,清冽异乎他泉,且赋诗有"十里秋风香"之语。双井之名,繇是益显②。

双井里,即由此井而名,黄庭坚家族世居于此。

据黄庭坚《与胡少汲书》自言,其家筑有"参前堂","盖取所谓'立则见其参于前'耳。此处有前后堂,前堂面竹,竹外修溪,修溪以南幕阜山,重叠无际;后堂北桃李皆数十尺,盛夏绿荫甚可爱。"③奇峰翠峦,秀竹清溪,树林茂密,繁盛浓荫,诸般优美的自然造化,滋润着黄氏家族的兴盛,孕育着一代文坛英杰的出现。这里的胜景佳境,曾吸引了黄庭坚的祖辈,也影响着黄庭坚雅意林泉的性格和正直高洁的品操。

分宁韶秀山川和天地英华的润泽,华夏文明与传统文化的哺育,深厚的家学渊源与浓郁的文化氛围的陶冶熏染,加之聪颖善悟的资质,勤奋刻苦、坚韧不拔、孜孜以求、精研细究,喜与良师益友濯洗切磋,善于出新创新,独辟蹊径⋯⋯这一切,使黄庭坚在文化相对发达并全面繁荣高涨的北宋,历经坎坷磨炼之后,终于成为在诗词文赋、书法绘画、史学理学、释道哲学诸方面,都有精深造诣和卓越建树的一代文化巨子,为宋代文化的繁荣和兴盛、为中华传统文化的弘扬与创新、为人类社会文明的进步与发展,做出了杰出的贡献,既沾沔时人,又泽及后世,成为华夏民族的自豪与骄傲。

第一节 黄庭坚家族世系新考

区域文化研究、家族宗谱研究,在当代已成为文化研究的重要方面而愈来愈

---

① 山谷全书[M]//山谷莹祠记.清同治戊辰重刻缉香堂本.
② 贝琼.清江贝先生集:第24卷[M]//双井堂记.四部丛刊初编,上海:商务印书馆.
③ 山谷全书别集:第17卷[M].清同治戊辰重刻缉香堂本.

受到学界的关注和重视。研究黄庭坚,倘若忽略其家族的影响,则显然是一件令人感到十分遗憾的事。黄庭坚作为有宋一代的文化巨子之一,诗词文赋及书法绘画均造诣精深,卓然名家,向与苏轼并称。对于这样一位通才艺术家的宗族世系,不会不引起学人的关注。

然而,自古迄今,对黄庭坚家族世系众说纷纭,莫衷一是。其间讹误杂出,真伪并存。台湾学者刘维崇先生曾作《黄庭坚的家世考》①、四川大学周裕锴教授亦有《黄庭坚家世考》②,都对黄庭坚家族世系做了有益的探究。这里,笔者并不打算进行宗谱文化研究,但准确地了解、掌握和清晰黄庭坚家族宗系,澄清有关的疑窦和讹误,以推动黄庭坚研究的深入及宋代文化研究的开展,则是十分必要的。诸如,现在流行的黄庭坚宗族世系的说法是否正确?分宁黄氏始祖究竟为谁?黄庭坚实属分宁黄氏第几代?黄玘究系何人?其与黄赡③是怎样的关系?有学人以为,分宁黄氏始祖为黄赡,“黄赡当为五世祖”④,黄庭坚为分宁第六代⑤;也有人认为,黄玘为黄氏五世祖⑥,他是黄赡的儿子;这些说法虽然均持之有据,但同时又存在着很多难以圆通的矛盾,造成令人十分迷惑的混乱景象,故很有必要对黄庭坚家族世系再做考察梳理和订正。

一代宗师欧阳修曾谓“黄氏世为江南大族”⑦,黄庭坚亦称,“凡分宁仕家,学问之原,盖皆出于黄氏”⑧。今见较早的黄氏家世记载,是族人黄注(字梦升,997—1039)⑨写给远房别支族侄黄晦甫的一封叙论家族宗谱的书信(以下简称“注《书》”),中云:

---

① 刘维崇.黄庭坚的家世考[J].台湾省立护专学报,1966(1).
② 周裕锴.黄庭坚家世考[J].中华文史论丛,1986(4).
③ 黄赡,一作“黄瞻”,“赡”繁体与“瞻”形近,易于混淆,或刻字、拣字疏误,抑或“赡”字部首“贝”脱落笔画致误,故有讹传,二说并存。清同治戊辰(1868)岁重镌明嘉靖年间江西缃香堂刻本《山谷全书》正集卷24《叔父和叔墓碣》,卷首一所附《黄文节公世系图》等,均作“赡”,据改。
④ 周裕锴.黄庭坚家世考[J].中华文史论丛,1986(4).
⑤ 周裕锴.黄庭坚家世考[J].中华文史论丛,1986(4).
⑥ 刘维崇.黄庭坚的家世考[J].台湾省立护专学报,1966(1).
⑦ 洪本健.欧阳修诗文集校笺:第28卷[M]//黄梦升墓志铭.上海:上海古籍出版社,2017:755.
　李逸安.欧阳修全集:第27卷[M]//黄梦升墓志铭.北京:中华书局,2001:419.
⑧ 山谷别集卷8[M]//叔父给事行状.影印四库全书本.上海:上海古籍出版社,1987.(下引此本者不另注)
⑨ 欧阳修《黄梦升墓志铭》谓:“梦升讳注,以宝元二年四月二十五日卒,享年四十有二。”宝元二年为公元1039年,逆推四十二年为太宗至道三年,即公元997年,是为黄注生年。

注在江陵与吾侄相见，未得叙宗派，今日之会，幸露底里。始吾高祖本东阳人，与吾侄五代祖，实亲昆仲也。唐季畔涣，思避兵难，乃携持书室，来分宁卜遗种之地。伯仲非不睦也，终以占田稍艰，势阻饥，遂一族贾于长沙。时移世变，宗盟遂寒。

黄注撰写的这封书信，全文见存《山谷别集》卷10《跋七叔祖主簿与族伯侍御书》中，黄庭坚跋曰："此书乃七叔祖作南阳主簿时，族伯父晦甫侍御叙宗盟书也。叔祖梦升是时年四十，文章妙一世，欧阳永叔爱叹其才，称之不容口。不幸明年遂捐馆舍于南阳耳"。黄注卒于宋仁宗宝元二年（1039），享年四十二岁（见欧阳修《黄梦升墓志铭》），黄庭坚《跋》谓作书"时年四十"，合而推知，这封叙述谈论家族前辈的书信，作于辞世前两年，即仁宗景祐四年（1037）。黄梦升论宗书于黄氏家世的叙述，值得珍视的主要有以下三点。其一，祖籍为"东阳"。东阳为三国时期吴国天宝元年（266）分会稽郡而建置，治所在长山（今浙江金华市），至南朝之陈国天嘉三年（562）改名金华，隋大业及唐天宝时又曾改婺州为东阳郡。故知东阳、金华、婺州实为一地。其二，"高祖"于唐季携室徙居分宁。"高祖"之称，在古代有实指与虚指之分，实则指祖父的祖父，虚则指始祖或远祖，无确指性。实指称谓序列一般为：高祖、曾祖、祖、父、子，此处言其"高祖"与黄晦甫"五代祖实亲昆仲"，则取始来分宁之祖意，非实指。其三，黄注"高祖"（实为曾祖）与黄晦甫五代祖为亲兄弟，则分宁、长沙两支而同宗。黄庭坚在《跋》语中清楚地表达了自己与黄梦升、黄晦甫的辈分关系。如果将黄庭坚视为最低一辈的话，那么由黄注之《书》和黄庭坚的《跋》语可以推知如下表：

```
一    二    三    四    五    六      七
坚 →甫 → 注 → 父 → 祖 → 高(曾)祖→ ↓
 |                       伯仲→ 曾高祖
→    父 → 祖 → 曾 → 高祖 ——↑
```

由上表可知，黄氏徙居分宁，至黄庭坚辈已是六世。可惜黄注的书信未能言明先人字讳名号。

除黄注论宗系的书信之外，较早描述黄庭坚家族世系的当数欧阳修撰写的《黄梦升墓志铭》（以下简称"欧《铭》"，文见《欧阳修全集·居士集》卷28），其开篇部分云：

予友黄梦升，其先婺州金华人，后徙洪州分宁。其曾祖讳元吉，祖讳某，父讳中雅，皆不仕。黄氏世为江南大族，自其祖父以来，乐以家赀赈乡里，多聚书以招四方之士。梦升兄弟皆好学，尤以文章意气自豪。予少家随州，梦升从其兄茂宗官于随。予为童子，立诸兄侧，见梦升年十七八，眉目明秀，善饮酒谈笑，予虽幼，心已独奇梦升。①

这篇墓志铭作于黄梦升去世四年后的庆历三年（公元 1043）。欧阳修与黄梦升既同年进士，又终生为友，故叙述行谊颇为细致。黄梦升墓志铭既说明了黄氏家族的原籍与徙居分宁，也记述了其先人的名讳与家族的特点。据《黄梦升墓志铭》中文字所示，其黄氏家族世系为：黄梦升—父仲雅—祖某—曾祖元吉。较之黄注的叙论宗亲书，除了原籍、徙居分宁、黄注为分宁四世相同之外，墓志铭还提到了黄注其父与曾祖的名讳。由于墓志铭的文字并非石刻，且撰者又非族人，所写黄氏家世乃据述而书，或有遗忘颠倒（对此，后文再作辩证），很难完全准确无误，故祖讳阙如，但其墓主世系年辈与父讳则毋庸置疑。

黄注之《书》、欧阳修之《铭》以外，便是黄庭坚亲自撰写的有关家族世系的文字。其中尤以元祐八年（公元 1093）五月为叔父黄廉（字夷仲）撰写的《叔父给事行状》（下称《行状》）、十二月为叔父黄育（字和叔）结撰的《和叔墓碣》（下称《墓碣》）以及崇宁三年（公元 1104）正月写于衡阳的《赠益阳成之主簿》诗引（下称《诗引》）等最为集中，此将有关部分摘录如下：

黄氏本婺州金华人，公高祖讳赡，当李氏时来游江南，以策干中主，不能用，授著作佐郎知分宁县。解官去游湘中。久之，念藏器以待时，无兵革之忧，莫如分宁，遂以安舆奉二亲，来居分宁。公曾太父及光禄府君皆深沉有策谋而隐约田间，不求闻达。光禄聚书万卷，山中开两书堂，以教子孙，养四方游学者，常数十百。……

——《山谷别集》卷 8

黄氏自婺州来者讳赡，以策干江南李氏，不用，用为著作佐郎知分宁县。……其后吴楚政益衰，著作乃去官游湖湘间。久之，念山川深重，可以避世，无若分宁者，遂将家居焉。……著作生元吉，豪杰士也，买田聚书，长雄一

① （宋）欧阳修《黄梦升墓志铭》，张春林编. 欧阳修全集［M］. 北京：中国文史出版社，1999：827.

县,始宅于修溪之上,而葬于马鞍山。马鞍君生中理,赠光禄卿,光禄始筑书馆于樱桃洞、芝台。两馆游士来学者,常数十百人,故诸子多以学问文章知名。黄氏于斯为盛,而葬于双井。光禄生茂宗,字昌裔,……登科授崇信军节度判官……崇信生育是为和叔。……

——《山谷全书》正集卷32

　　予之窜岭南,道出衡阳,见主簿君益阳黄成之,问宗派,乃同四世祖兄也。于是出嫂氏子妇,相见喟然。念高祖父之兄弟未远也,而殊乡异井,六十岁然后相识,亦可悲也。益阳兄之叔父晦甫侍御,在家著孝友之誉,立朝有忠鲠之名。……

——《山谷别集》卷1

　　显而易见,较之黄注之《书》、欧阳修之《铭》,黄庭坚所叙尤以为详。《行状》不仅交代了黄氏家族原籍和徙居分宁的因由始末,而且明示了卜居分宁的始祖名讳及高祖赡、曾祖父、光禄府君、给事黄廉的辈分承传关系。《墓碣》则进一步昭示了黄氏家族的谱系和历代的善迹行实、名讳官职、墓葬茔址,成为迄今见到的宋代较为详赡完整的黄氏家族谱系文献资料①。《诗引》虽不如《行状》《墓碣》系统详密,但同样明晰地记述了部分家世谱系关系,可与黄注之《书》互相参见。另外,黄庭坚尚有《宋故南阳黄府君夫人温氏墓志铭》(黄庭坚《山谷别集》卷9,下称“温志”)叙述了黄注一支的世谱,其曰:“夫人太原温氏,南阳主簿梦升之配也……子男四人:齐、敦、庚、爕……孙男十人:公器,宣德郎知衡州常宁县……梦升讳注”,此可补欧阳修之《黄梦升墓志铭》之阙而全黄注一支谱系。

　　黄庭坚之后,南宋周必大在嘉泰元年(公元1201)所撰《分宁县学山谷祠堂记》(下称“周记”)里描述黄氏家世说:

　　“黄氏本金华人,先生六世祖瞻(赡)尝为邑宰,厥后奉亲卜居,没则就葬,

---

① 《叔父给事行状》《叔父和叔墓碣》为黄庭坚亲撰,其自叙家世谱系必极恭慎准确,不致有误,故可信性最强,亦最富权威性。宋周必大《分宁县学山谷祠堂记》(见《周益国文忠公集·平园续稿》卷19),黄㽦《黄山谷年谱》(适园丛书第七集)卷首所附《文献通考·豫章先生传》及明周季凤《山谷先生别传》《山谷全书》首卷1所附《宋史本传》(此与现行《宋史》卷444《文苑传》中的黄庭坚本传文字多有不同),均言黄赡为庭坚“六世祖”,或由此而推定。《山谷全书》首卷1所附《黄文节公世系图》亦同此说。

历三世，家修水上，宦学有声，而先生出焉。此世家之可考者也"①

显然，此处所言是经过一番稽考方形诸文字的，虽未列依据和历代族人名讳，而大体明确清晰，其所本则可推知即黄庭坚所撰《行状》《墓碣》等。南宋袁燮为黄荦撰《秘阁修撰黄公行状》（下称《荦状》）亦追述其家世云：

"其先婺州金华人，有仕江南者，以著作郎宰分宁。乐其土俗，因徙居焉。分宁之四世孙朝散大夫讳湜，以儒学奋……朝散之长子曰康州太守庶，有诗名，实生太史氏庭坚，朝散之次子，公之曾大父也，讳廉……官至朝散大夫给事中赠太师……大父讳叔敖……绍兴中为户部尚书……"（《洁斋集》卷14，上海古籍缩印四库全书本）。

此处"分宁"代指分宁县宰黄赡，至黄湜恰是四世，黄庶、黄廉昆仲为五世，庭坚与叔敖从兄弟则是六世，所述与庭坚无异。

宁宗嘉定元年（1208），黄庭坚的裔孙黄铢重刊《豫章先生遗文》，书识于编末，云：

"铢龆龀时，先祖训之曰：'吾七世祖仕南唐为著作郎，知分宁县，因家焉。传三叶，有孙十人，登第者七名，旁皆从水，从是者第四左，朝散大夫位也，子四人，长从广从共，中庆历二年进士，经大理寺丞，盖太史之父也。次从广从兼，中嘉祐六年进士第，终给事中，太史之叔父也。族广而散，不可缕述，姑自兹列为二派，钩牵绳联，其名从木从火从土从金"。（以下简称"铢识"）

黄铢所言"先祖"无确指性，既无字讳，则祖父之上皆可称之，然训语叙述家世宗系却颇为清晰，对照黄庭坚所述，亦完全吻合无异。

嗣后，系统描述黄氏宗谱的尚有《山谷全书》首卷1所附黄庭坚《宋史·本传》（下称"本传"）和黄㽒《黄山谷先生年谱》（明嘉靖刊本，适园丛书七集）卷首所附元代马端临撰写的《豫章先生传》（下称"马传"）。《宋史·本传》云：

---

① 周必大.周益国文忠公集·省斋文稿:第19卷[M].清道光二十八年庐陵欧阳綮刊咸丰元年续刊本.

豫章黄庭坚字鲁直,其先婺之金华人,六世祖赡,以策干江南用为著作佐郎,知洪州分宁县。赡生元吉,元吉始卜筑修水上,葬两世于山中,遂占数焉。元吉生中理,赠光禄卿。中理生湜,赠朝散大夫。湜生庶,尝摄康州,赠中大夫,坚之考也。

马端临撰写的《豫章先生传》曰:

豫章先生讳庭坚,字鲁直,姓黄氏。其先婺之金华人。六世祖瞻(赡)以策干江南用为著作佐郎,知洪州分宁县。瞻(赡)生玘,玘生元吉,元吉始卜筑修水上。葬两世于山中,遂占数焉。元吉生中理,赠光禄卿。中理生湜,赠朝散大夫。湜生庶,尝摄康州,赠中大夫,公之皇考也。

《宋史·本传》文字亦本于黄庭坚撰写的《行状》和《墓碣》,几乎没有新的变动,但《宋史本传》第一次正面而系统地描述黄庭坚一系,是为可贵。应当指出,此传与现在传世的《宋史》文字出入颇大,今本《宋史》无家世描述,抑或《宋史》原稿本,抑或收编者篡入,俟考。马端临撰写的《豫章先生传》乃刊黄䇊《黄山谷先生年谱》时自《文献通考》采录(查今本《通考》亦未有庭坚世系),其文字基本与《本传》仿佛,唯"赡生玘,玘生元吉"说,大异于前代,首次出现"黄玘"一代,疑其自有所本,必非妄拟。然其既言赡为"六世祖",则玘、元吉、中理、湜、庶,至庭坚已是七世矣,分明自相抵牾。考《行状》言赡"遂以安舆奉二亲来居分宁",《墓碣》谓"著作(赡)生元吉,……始宅于修溪之上",由此而知黄赡父母亦随其一起来分宁,至元吉时又建宅修溪,故《周记》说"先生六世祖赡尝为邑宰,厥后奉亲卜居,没则就葬,历三世,家修水上。"由黄赡父母至元吉恰为三代。《本传》说"赡生元吉,元吉卜筑修水上,葬两世于山中,遂占数焉",所"葬两世"无疑为其父赡与其祖父。黄赡父讳字号,遍查《山谷全书》,未见记载,疑"玘"乃黄赡父讳,马端临《豫章先生传》失察疏忽,而将父子易位,至成罅漏。查《黄氏金字谱牒》(锡类堂版)中世序为玘生赡,赡生元吉,而黄赡为庭坚六世祖,恰与黄庭坚所撰家族宗系吻合,则玘为赡父甚明,可正《马传》之误。

明代周季凤(字来轩)综合前代有关黄氏家世资料,撰成《山谷黄先生别传》(下称"别传"),其叙黄庭坚家世说:

山谷黄先生,宋洪州分宁县高城乡双井人也。六世祖赡,世家金华,以策干江南李氏，用为著作佐郎，知分宁县。念山川幽邃，可以避世，无如分宁，遂家焉。则生玘（原作"圮"，据别本改），玘生元吉，元吉生中理。尝筑书馆于樱桃、芝台洞，两馆游学士，常溢百人，故黄氏诸子，多以文学知名，称江南望族。中理生湜，湜生庶，并举进士。庶有诗名……尝摄康州，实生先生。

——明嘉靖刊本《黄山谷年谱》卷首附

周季凤《山谷黄先生别传》除承袭马端临《豫章先生传》"赡生玘，玘生元吉"的错误之外，其他皆无异于前代，唯对黄庭坚故里的名称，又详于诸家。

值得一提的还有《山谷全书》卷首所附《黄文节公世系图》，较为详明地图示了黄氏自赡而后的宗谱，据图知赡生元吉、元绩，别为两支，而元吉为长；元吉生中雅、中理，中理为次支；中雅生黄注等，中理生黄湜，湜生庶，庶有庭坚。是图未署作者，疑为全书编辑者采自他书，或有意始自黄赡，而不言其父黄玘。此图亦与黄庭坚所叙吻合。

根据以上介绍的诸种文献资料，我们可以列成简表，清晰黄庭坚家族世系（表截至黄庭坚一代而始于来分宁卜居者，无字讳则以称谓代之）：

黄庭坚宗族世系表

字讳出处＼世序	七	六	五	四	三	二	一	备注
注《书》		曾(高)祖 亲伯仲 高祖	祖 曾祖	父 祖	注 父	晦甫	庭坚	辅以庭坚跋语
欧《铭》		元吉	祖某	中雅	茂宗注			叙次有误表后有辩
温《志》					注	齐	公器	
《行状》		赡	曾大夫	光禄	父	廉		
《墓碣》		赡	元吉	中理	茂宗	和叔		
《诗引》				四世祖	祖	晦甫	庭坚成之	
《周记》		赡	高祖	曾祖	祖	父	庭坚	
《荦状》		赡				庶廉	庭坚	

续表

字讳〳世序〳出处	七	六	五	四	三	二	一	备注
《铢识》		赡				庶廉	叔敖庭坚	
《本传》		赡	元吉	中理		庶	庭坚	
《马传》	玘	赡	元吉	中理		庶	庭坚	驳正叙次
《别传》	玘	赡	元吉	中理		庶	庭坚	驳正叙次
《系图》		赡	元绩元吉	中雅中理	注	庶	庭坚	部分采摘
《谱牒》	玘	赡	元吉	中理		庶	庭坚	部分采摘

由上表并结合前面引述资料可知：黄氏家族自婺州金华来居分宁，至黄庭坚一辈已是七代，而非六世，此其一；其二，黄赡为黄庭坚之六世祖，而非五世祖；其三，黄氏分宁一支的始祖应该是黄玘，而非黄赡；其四，黄玘为黄赡之父，而非黄赡之子；其五，欧《铭》中元吉应为黄注之祖父而非曾祖，撰者由于多种原因致使叙次颠倒；其六，黄庭坚一支的世系顺序应为"玘—赡—元吉—中理—湜—庶—庭坚"。

第二节　黄庭坚家学渊源绎论

苏轼曾云"合抱之木，不生于步仞之丘"①；黄庭坚亦称："生珠之水砂砾润，生玉之山草木荣"②。黄庭坚深厚的家学渊源，是促使其成长为一代文化名人的重要因素之一。

黄庭坚家族世为书香门第、官宦之家。黄庶曾言："豫章学家，分宁最盛，乡党命儒者，出入人皆知为可贵。"③黄庭坚的六世祖黄赡既能策干江南而授以著作佐郎之职，其学问修养自当不浅，只是生不逢时，未能著称于世。黄庭坚高祖辈人，

① （宋）苏轼.仁宗皇帝御飞白记[M].孔凡礼,点校//苏轼文集（第4册）：卷59.北京：中华书局,1986：343.

② （宋）黄庭坚.走答明略适尧民来相约奉谒故篇末及之[M].黄庭坚全集（第2册）：外集第6卷.成都：四川大学出版社,2001：1004.

③ （宋）黄庶.《徐君处士妻周氏墓志铭》,《伐檀集》：卷下.《四库全书》第1092册,第798页.

黄元吉、黄元绩,一为豪杰之士,"买田聚书,长雄一县"①,一为宋太祖建隆二年(961)进士,官至吏部侍郎(《黄文节公世系图》)。黄庭坚的曾祖辈黄中雅、黄中理,皆深沉有策谋而隐约田间,不求闻达,他们皆秉承父风,聚书招士。黄中理为黄庭坚曾祖,他不仅聚书万卷,而且丁樱桃洞、芝台两处创建书馆学校,以教子孙,培育人才,兴旺族群。与此同时,招养四方游学之士,切磋学问,广泽后学。至黄庭坚的祖父一辈,黄氏家族空前繁盛,不仅以文章学问步入仕途者骤增,而且家族中的艺术氛围和治学风气也日益浓厚。黄中雅、黄中理各生育五子,一门兄弟十人,共学于修水芝台书院,道义相磨,才华竞爽,时人谓之"十龙"。据黄庭坚《叔父给事行状》称,"十伯仲而登科者六人"②。其《和叔墓碣》则谓"诸子多以学问文章知名"③。黄庭坚的父辈更是人才迭出,或仕或隐,皆不废诗书,学业有成。其父黄庶、叔父黄廉,从伯黄庠、黄序,从叔黄富善等,均金榜题名,进士及第。黄庭坚昆仲如黄大临(字元明)、黄叔献(字天民)、黄叔达(字知命),从兄弟如黄叔豹(字嗣父)、黄叔向(字嗣直)、黄叔夏(字嗣功)、黄叔敖(字嗣深)等,亦皆有文名。黄庭坚既受宗族习学儒业、饱读诗书之优秀传统的影响,前辈馨烈所扇,得之最厚,而同时又有诸多父兄的切磋琢磨,竞爽激励,这就为其学业的奋发攀登和精深造诣提供了有利的环境气氛与客观条件。

在黄庭坚的先辈中,六世祖黄赡宦学有声,惜无著述流传,高祖元吉(元绩暂且不论)既聚书招士而雅风可见,曾祖中理与兄中雅虽未出仕而共畅父风,搜罗聚集图书典籍,兴建学校书院,开堂课子,培英育华,为弘扬广大黄氏家学致力尤勤。黄氏家族至庭坚祖辈而大盛,宦学并显,从山谷全集中的文字看,黄庭坚接受祖辈的影响和熏陶,最为明显。祖父黄湜(字正伦,曾名茂询)擅长书法,为嘉祐二年(1057)进士。黄庭坚《书十棕心扇因自评之》云:"昔予大父大夫公……皆学畅整《遗教经》及苏灵芝《北岳碑》,字法清劲,笔意皆到,但不入俗人眼耳。数十年来,士大夫作字尚华藻而笔不实,以风樯陈马为痛快,以插花舞女为姿媚,殊不知古人用意也"④。可见其对祖父字法笔意的推崇与钦服。

---

①　(宋)黄庭坚.叔父和叔墓碣[M]//黄庭坚全集(第2册):外集第6卷.成都:四川大学出版社,2001:861.

②　(宋)黄庭坚.叔父给事行状[M]//黄庭坚全集(第4册):别集卷第9.成都:四川大学出版社,2001:1648.

③　(宋)黄庭坚.叔父和叔墓碣[M]//黄庭坚全集(第2册):正集卷第32.成都:四川大学出版社,2001:861.

④　(宋)黄庭坚.书十棕心扇因自评之[M]//山谷题跋:第7卷.杭州:浙江人民美术出版社,2016:113.

　　伯祖黄茂宗(字昌裔)、黄茂先(字宝之)皆有名于时。黄茂宗善赋而博学,为"十龙"之首,黄庭坚谓其"高材笃行,为书馆游士之师,子弟文学渊源,皆出昌裔"①。《和叔墓碣》还详细记述了其因赋而及第的曲折过程:"祥符中,国学试进士以《木铎赋》,有司以王交为第一,而黜昌裔,昌裔抱屈归。次尉氏,遇翰林学士胥公偃,见昌裔赋大惊,与俱还,以昌裔赋示考试官,曰:'使举子能为此,何以处之?'皆曰:'王交不得为第一矣!'胥则以实告,诸公相顾绝叹:'考校时实不见!'因怀赋上殿,有诏特收试。及试礼部,参知政事赵公安仁、翰林学士刘公筠,擢昌裔在十人中,登科授崇信军节度判官"②。茂先以书法著称,时人推为江南名家,其字几与蔡襄(字君谟)书法乱真。黄庭坚《跋三伯祖宝之书》云:"檀敦礼携此书来,云是蔡君谟书。观其笔意,非君谟也,考其官,论其事,非君谟也。君谟作小字,真行殊佳,至作大字,甚病,故东坡云'君谟小字愈小愈妙,曼卿大字愈大愈奇'。此大字豪劲,疑是三伯祖宝之书,所谓'江南黄茂先,江北段少连'者也。君谟未尝仕王府,而宝之常作宫邸教官,语意近之"③。精于鉴别的行家里手尚需辅以行实考证辨别,可见乱真的程度。

　　叔祖黄注是欧阳修自童年时结识的好友,仁宗天圣八年(1030),又与欧阳修一起中进士。据欧阳修所撰《黄梦升墓志铭》载,其初任兴国军永兴主簿,复调江陵公安主簿,南阳主簿,才高而素刚,不苟合世俗,负其所有而怏怏不得志,欧阳修称叹其文"博辩雄伟,其意气奔放若不可御"④,著《破碎集》《公安集》《南阳集》凡三十卷,均佚,传世之作唯有与族侄黄晦甫论宗书⑤与哭奠堂侄黄庠的佚句两则,即"子之文章,电激雷震;雨雹忽止,阒然灭泯"⑥"高明之家,尚为鬼瞰,子之文章,

---

①　(宋)黄庭坚. 叔父和叔墓碣[M]//黄庭坚全集(第2册):正集卷第32. 成都:四川大学出版社,2001:861.

②　(宋)黄庭坚. 叔父和叔墓碣[M]//黄庭坚全集(第2册):正集卷第32. 成都:四川大学出版社,2001:861.

③　(宋)黄庭坚. 跋三伯祖宝之书[M]//山谷题跋:第5卷. 杭州:浙江人民美术出版社,2016:93.

④　(宋)欧阳修. 黄梦升墓志铭[M]//张春林. 欧阳修全集:卷28. 北京:中国文史出版社,1999:827.

⑤　(宋)黄庭坚. 跋七叔祖主簿与族伯侍御书[M]//黄庭坚全集(第3册):别集卷第6. 成都:四川大学出版社,2001:1586.

⑥　(宋)欧阳修. 黄梦升墓志铭[M]//张春林. 欧阳修全集:卷28. 北京:中国文史出版社,1999:827.

岂无物憾"①。黄注长黄庠九岁而晚卒一载;其哭黄庠文庭坚谓"盖自道也"②。黄庭坚对黄注的学问与品格推崇备至。宋神宗熙宁二年(1069),黄庭坚在叶县任上写了《过方城寻七叔祖旧题》诗:③"壮气南山若可排,今为野马与尘埃。清淡落笔一万字,白眼兴觞三百杯。周鼎不酬康瓠价,豫章元是栋梁材。眷然挥涕方城路,冠盖当年向此来。"(《山谷诗外集补》卷1,丛书集成初编本)此时黄注已辞世三十载,作者探寻叔祖在世时的游宦旧踪,称扬其刚直磊落、拔世超俗的品格和过人的才华,悲叹叔祖终生怀才不遇。元丰六年(1083),黄庭坚撰写了《宋故南阳黄府君夫人温氏墓志铭》,其云:"梦升豪气藐四海,下笔成文章,贯穿百家事辞,妙见万物情状。"④绍圣元年(1094)又有《跋欧阳文忠公撰七叔祖主簿墓志后》谓"叔祖梦升,学问文章,五兵纵横,制作之意,似徐陵、庾信,使同时遇合,未知孰先孰后也"⑤。至宋徽宗建中靖国元年(1102)又有《跋七叔祖主簿与族伯侍御书》称"叔祖梦升……文章妙一世,欧阳永叔爱叹其才,称之不容口……其大过人者,不得少见于世"(《跋七叔祖主簿与族伯侍御书》)。

黄庭坚父辈人才济济,名满四海,其于庭坚或耳提面命,或风操熏染,影响最为直接,最为深刻,最为明显。其父黄庶自不必言,他如叔父黄廉、黄襄,从伯父黄庠、黄序,从叔父黄富善、黄和叔等等,都是庭坚的良师益友或心目中的偶像。

① (宋)黄庭坚.跋欧阳文忠公撰七叔祖主簿墓志铭后[M]//黄庭坚全集(第3册):别集卷第6.成都:四川大学出版社,2001:1586.
② (宋)黄庭坚.跋欧阳文忠公撰七叔祖主簿墓志铭后[M]//黄庭坚全集(第3册):别集卷第6.成都:四川大学出版社,2001:1586.
③ 此诗《山谷诗外集补》卷1谓"元丰元年北京作",非是。考《中国历史地图集》(中华地图学社1975年版)宋辽金分册,方城(山)位于汝州、唐州、邓州交界处,叶县在其北,方城县在其南,而南阳与方城县毗邻。据欧阳修《黄梦升墓志铭》知黄注曾任南阳主簿,政暇或游此山而兼有题咏。黄庭坚治平四年(1067)进士及第后调汝州叶县尉,次年九月到汝州,其后探寻叔祖旧踪而赋诗,乃自然之事。由此可知此诗不能作于北京而只能写于叶县,不能写于元丰元年而可能作于熙宁二年。《山谷诗外集补》之误源于黄㽦《黄山谷先生年谱》卷8,《谱》谓"方城属唐州,故附此",并未定作年与地点,《集补》未加祥考,致成此误。
④ (宋)黄庭坚.宋故南阳黄府君夫人温氏墓志铭[M]//黄庭坚全集(第3册):别集卷第10.成都:四川大学出版社,2001:1672.
⑤ (宋)黄庭坚.跋欧阳文忠公撰七叔祖主簿墓志铭后[M]//黄庭坚全集(第3册):别集卷第6.成都:四川大学出版社,2001:1586.

黄廉(1033—1092)①字夷仲,嘉祐六年(公元1061)进士,历任宣州司理参军、秘书省著作佐郎、利州路转运判官、集贤校理、刑部尚书、河东提点刑狱、尚书户部郎中、起居郎、权中书舍人、集贤殿修撰、枢密都承旨、给事中等职,行实详见黄庭坚《叔父给事行状》②。黄夷仲天资洁清,正直清廉,为政仁厚精密,忧国爱民,平生忠信孝友,无负上下,黄庭坚说他"忠信足以感欺匿,和裕足以谐怨争"③,儒家精义,力行不殆。他好学而笃行,"读书常自得意,以为学问之本,在力行所闻而已"④。元丰二年,还曾进言朝廷,倡导文风改革,谓"近岁虽以经义取人,大学诸生文章体制未能近古,大率集类章句,联属对偶,风传四方,谓之新格,不禁其渐,文章反陋于作诗赋,时乞申敕教官,稍令务本,以采学者之原"⑤。黄夷仲工诗善书,"诗成戏笔墨,清甚韦苏州。篆籀有志气,当于古人求"⑥。黄夷仲曾与苏轼唱和,今《苏轼诗集》(中华书局,1983年版)卷47尚存《次韵黄夷仲茶磨》诗一首。黄夷仲曾有《文集》十卷,《奏议》二十卷,均佚。《行状》中保存了部分奏疏,厉鹗《宋诗纪事》(上海古籍1983年排印本)卷29,陆心源《宋诗纪事补遗》(清末刊本)卷15录入了黄廉的几首诗。其《石潭院次蟾禅师韵》云:

> 一钵谁知去住空,前朝遗事寄禅宫。
>
> 孤吟盘礴数行墨,古韵萧条四壁风。
>
> 游客落帆频上下,荒庭疏树几青红!

① 黄庭坚〈叔父给事行状〉谓元祐"六年十一月除给事中,七年正月就职……五月戊子病疽甚,卧家求致仕,不允,丙申不幸捐馆舍"(《山谷别集》卷8),是知卒于元祐七年,即1092年。又,黄庭坚《将葬叔父给事祭文》曰:"岁在壬申,天歼德人"(《山谷别集》卷7),元祐七年乃壬申之岁,可作佐证。《宋史》卷347《列传第一百六·本传》谓"黄廉字夷仲……卒年五十九"。由元祐七年上推五十九年乃仁宗明道二年(1033),是为生年。
② (宋)黄庭坚.叔父给事行状[M]//黄庭坚全集(第4册):别集卷第9.成都:四川大学出版社,2001:1648.
③ (宋)黄庭坚.祭叔父给事父[M]//黄庭坚全集(第2册):正集卷第29.成都:四川大学出版社,2001:798.
④ (宋)黄庭坚.叔父给事行状[M]//黄庭坚全集(第4册):别集卷第9.成都:四川大学出版社,2001:1648.
⑤ (宋)黄庭坚.叔父给事行状[M]//黄庭坚全集(第4册):别集卷第9.成都:四川大学出版社,2001:1648.
⑥ (宋)黄庭坚.都下喜见八叔文[M]//黄庭坚全集(第2册):外集卷第2.成都:四川大学出版社,2001:888.

有人会得诗中趣,日月由来亦转蓬。

——《宋诗纪事补遗》卷 15

诗中对时空、意象、环境、人物的处理与描述,诗中的修辞技巧、字句锤炼乃至深含的禅机哲理,都可窥见作者文学修养的功力。黄庭坚十分敬重叔父的学问人品与立身行事,认为"叔父躬行之节足以律贪敦薄,立朝之义足以尊主庇民"①,而且叔侄之间恩义深重,黄庭坚曾言"叔父拊我","平生拜至,教诲笑色"(《祭叔父给事文》),"某等幼小,抚怜备闻教语"(《彭城叔母祭文》,《山谷别集》卷 7)。元祐初,黄廉以尚书户部郎中按察成都诸路茶盐事,黄庭坚有《寄上叔父夷仲三首》(见《山谷诗集》卷 8)称叔父"少年有功输墨林"(其一),且盼叔父早日归来,"百书不如一见面,几日归来两慰心? 弓刀陌上望行色,儿女灯前语夜深"(其三)。黄廉谢世,黄庭坚亲撰《行状》,言之甚详,可见黄夷仲对黄庭坚的影响非同一般。

黄襄字圣谟,号台源先生,终生不仕,隐居家园,喜吟诗弄墨,啸傲林泉,尤好庄老之学,大有拔世脱俗风调,黄庭坚与其唱和颇多,今集中尚存十数首。"吾家叔父(原作'度',据题改)天与闲,晚喜著书如漆园……时从甥侄置樽俎,此地端正朝诸山。除书谤书两不到,紫烟白云深锁关。乡人讼争请来决,到门怀渐相与还。呼儿理琴荡俗气,果在巢由季孟间"(《次韵叔父台源歌》,谢启昆《山谷诗外集补》卷 1),作者将叔父比作圣哲先贤庄周,认为叔父的思想境界几在鄙视富贵功名的巢父、许由之间。其《次韵十九叔父台源》"闻道台源境,锄荒三径通。人曾梦蚁穴,鹤亦怕鸡笼。万壑秋声别,千江月体同。须知有一路,不在白云中"(史容《山谷外集诗注》卷 1),表现叔父的田园生活、出世思想和壑声江月的优美,充满隐逸情趣。其他如《次韵叔父圣谟咏莺迁谷》"黄鸟在幽谷,韬光养羽仪。清风曜桃李,言语自知时。先生丘中隐,乔木见雄雌。引子迁绿阴,相戒防祸机"(史容《山谷外集诗注》卷 1);《叔父钓宁》"麒麟卧笑功名骨,不道山林日月长"(史容《山谷外集诗注》卷 1);《次韵和台源诸篇九首》其三"先生行乐在清溪,满世功名对画脂……猿鹤至今烟惨淡,贤愚俱尽水涟漪"(《七台溪》);其四"世缘遮尽不到眼,幽事相引颇关情。一炉沉水坐终日,唤梦鹁鸪相应鸣"(《叠屏》);其五"藤树谁知先后生,万年相倚共枯荣"

---

① (宋)黄庭坚.将葬叔父给事祭文[M]//黄庭坚全集(第 3 册):外集卷第 13.成都:四川大学出版社,2001:1732.

（《灵寿台》，上引皆见谢启昆《山谷诗外集补》卷4）；皆富林泉情趣而庄老色彩
浓厚。黄庭坚接受的熏陶可以想见。黄襄辞世，黄庭坚亲撰《叔父十九先生祭
文》云：

> 叔父孝恭慈仁足以助乡官之化，明哲淑慎足以追大雅之风。数术穷天
> 地而谈万物之宗，学问贯古今而参百虑之致。先生既无求于世，世亦无求
> 于先生，所以耋老诗书，陆沉丘壑，功烈无述，文章不昭，岂不悲哉！昔在田
> 里，侍坐从行，饱闻金玉之音，实入芝兰之室。清规映俗，孰能磷淄，和气格
> 人，不以声色。……维先生匿智韬光，就阴息迹。惕畏几于数马，清慎过于
> 辞金，见贤思齐，如将弗及……耆艾之岁，宴安就闲。致功岩穴之间，不复
> 经纶之梦。
>
> ——《山谷别集》卷7

推崇敬佩，由心而发，情真意切，感人至深。

　　黄庭坚的从伯黄庠、黄序也都是饱学之士。黄庠（1007—1038）①字长善，景
祐元年（1034）进士。《宋史·本传》说黄庠"博学强记，超敏过人"，考进士时，"初
至京师，就举国子监、开封府、礼部，皆为第一"，"名声动京师，其文传诵天下，闻于
四夷。故黄庭坚称其为豫章豪杰，以文驰名，雷霆一世"，"出于深山穷谷而揭日月
于万夫之上"（《书徐德占题壁后》，《山谷题跋》卷6）。黄序（1011—1088?）②字祖
善，好学能诗，中皇祐五年（1053）进士，历任道州通判、大理寺丞等，致仕后以奉议
郎隐居家乡。黄庭坚《章夫人墓志铭》谓其"以文学知者"而"仕奇不逢"（四库全
书本《山谷外集》卷8）。元祐三年（1088）在家作《放隐斋》诗并序，寄给在京城任
职的黄庭坚，令其乞诸名公和之，今诗与序并存黄㽦《黄山谷年谱》中。序云："老
伯行年七十有六，同时兄弟，名满四海，墓木已拱，合令老夫老更狂耳。近筑亭于
马鞍山，松声泉溜，足以忘年。鲁直九侄为我乞诗朝中诸公，要惊山祇，突兀出

---

① 黄庭坚《书徐德占题壁后》谓"世父长善……年三十二……大命殒倾"（《山谷题跋》卷6）；
　《宋史·本传》卷443说黄庠中进士后"归江南五年，以病卒"（《宋史·文苑五》）。考黄
　庠登科乃在景祐元年（1034），其后五年乃仁宗宝元二年（1039），是为卒年，上推三十二年
　为真宗景德四年（1007），即其生年。

② 黄㽦《黄山谷年谱》（明嘉靖刊本）卷25载黄序《放隐斋落成寄鲁直九侄》诗《序》云："老
　伯行年七十有六，同时兄弟，名满四海，墓木已拱，合令老夫老更狂耳"，且《年谱》将庭坚
　和作《伯父祖善耆老好学……上呈》编于元祐三年，即1088年，则黄序至晚此年尚在世，
　由此前推七十六年为1011年，即黄序生年矣。

听"。诗曰:"直木皆先伐,轮困却岁寒。时沾病者粟,倒著挂时冠。人乐观鱼尾,山斋跨马鞍。朝中乞佳句,留于子孙看。"(《黄山谷年谱》卷25)序文凝练而富文采,诗则精深而含哲理。黄庭坚和作《伯父祖善耆老好学于所居紫阳溪后小马鞍山为放隐斋远寄诗句意欲庭坚和之幸师友同赋率尔上呈》,诗存《山谷外集诗注》卷17,而"师友同赋"者,唯存张耒《鲁直示其伯父祖善以鞍松(应为"放")隐斋诗次其韵》,见《柯山集拾遗》(四库全书本,上海古籍缩印本)卷5。

另外,黄庭坚的从叔黄育(1018—1069)①也是博学能文之士。黄育字和叔,他是"十龙"之首黄茂宗的儿子,受父亲指导而熏染颇深。黄庭坚《和叔墓碣》说"和叔博记览,为文辞立成,性直率,论事无所回避,称奖子弟文行,如出于己。尝试于有司,不利,因不复出,力田治生"(《山谷全书·正集》卷32),又说"和叔白首方册,泉涌于笔……司田以迹,我耜我稼,以燕孙息"(《山谷全书·正集》卷32)。据此,知黄育虽未出仕,而博览群书,思维敏捷,著有文集,甚受黄庭坚敬慕爱戴。

第三节　黄庭坚之父黄庶及其影响

在黄庭坚的诸先辈之中,对黄庭坚影响最大者莫过其父黄庶。《四库全书总目提要·＜伐檀集＞提要》云:"江西诗派奉庭坚为初祖,而庭坚之学韩愈,实自庶先倡",又谓父子之诗"生新矫拔则取径略同,先河后海,其渊源要有自也"(上海古籍缩印本第1092册);胡俊德跋《伐檀集》亦称"窃意文字之于人亦如气类使然,汉之史迁之有史谈,刘歆之有刘向,班固之有班彪,即宋眉山之有老泉,尚已!公(庶),山谷公父,今读其诗文,雄奇峭拔,令人意境一新,诚不减如前所谓。……沉潜玩味,愈识渊源之有自"(《山谷全书》附《伐檀集》后);《提要》《跋》语都指出了黄庶之对黄庭坚的直接影响和父子文学方面的渊源承继关系。

---

① 黄庭坚《和叔墓碣》云"和叔卒于熙宁二年","享年五十有一"(《山谷全书·正集》卷32),"熙宁二年"为1018年,是为和叔生年。

黄庶(1017—1059)①字亚夫。其少年时期即在父亲黄湜的教导下刻苦读书，尝自云"十四五时始接人事，学习文字"(黄庶《伐檀集》卷下《上富大资政书》)。他十分注意古人前贤的行事原则与思想境界，意欲与古人风操相齐而留慕后世，自言"观诗书以来，至于忠臣义士，奇功大节，常恨身不出于其时，不得与古人上下其事，每辄自奋，以为苟朝得位，夕少行之，当使后之人望乎已，若今之慕乎古也"②(黄庶《伐檀集·自序》，以下称《自序》)。其《谢举官书》亦称："某少之时读古书，见古人所为，以为人之处世，弗才则已，苟才也，唯所欲，朝巢由而暮皋夔无难也。每读史，至《东方朔传》，其言曰'用则为虎，不用则为鼠'，窃怪朔之言以为诞妄无取"，由此可见黄庶早年的自信自负与志凌气盛。青年时代的黄庶便树立了为国立功建业的雄心，自谓"我生南方长诗书，爱国区区肺如炙。欲于塞外勒姓名，往往夜梦贺兰石"③。二十五岁时，黄庶中庆历二年(1042)进士④。释褐之后，尚雄心勃勃，意欲有所作为，自称"我行不忍随人后，许国肝胆神所歆"⑤。其后，黄庶"历佐一府三州，皆为从事。逾十年，郡之政，巨细无不与，大抵止于簿书狱讼而已"(《自序》)。他仕途蹭蹬，不被重用，少年壮志并未实现。陈师道为黄庶之妻撰《李夫人墓铭》，称黄庶"佐大臣幕府，持议不挠，大臣外敬内怀。以故，官不达"⑥。黄庶《上杨兵部书》亦自称"其拙愚不能逢迎"⑦，这是他在仕途不畅的重要原因之一，但也反映了其正直的品格。三十五岁后，黄庶在给友人的信中说，

---

① 黄庶《伐檀集·自序》云"年二十五以诗赋得一第"(《山谷全书》附《伐檀集》卷首)；其《上杨舍人书》云"某庆历初进士也"(《伐檀集》卷下)、《上宋侍读书》云"庆历初举进士，中乙第"(同上)。陈振孙《直斋书录解题》卷17《伐檀集》解题云："庶，庆历二年进士。"黄庶为庆历二年(1042)进士，是年二十五岁，前推二十五年为真宗天禧元年(1017)，即其生年。又黄庭坚《非熊墓铭》谓"非熊，豫章黄氏，仲熊，其字也。先大夫之幼子，以至和岁乙未月乙酉丙申时辛卯生于临菑。……先大夫捐馆于康州，非熊方四岁"。"至和岁乙未"乃宋仁宗至和二年，即1055年，此非熊生年；非熊四岁时，应为仁宗嘉祐四年(1059)，此即黄庶卒年。

② (宋)黄庶.伐檀集·自序[M]//伐檀集.九江:九江师专古籍整理研究室,1923:15.

③ (宋)黄庶.送李室长庆州宁觐[M]//伐檀集.九江:九江师专古籍整理研究室,1923:5.

④ 《山谷全书》卷首所附《黄文节公世系图》称黄庶为"庆历癸未进士，知康州事"，"庆历癸未"乃庆历三年(1043)。《宋会要辑稿·选举一》(P4235)云："庆历元年三月诏权停贡举；二年正月十二日以翰林学士聂冠卿权知贡举，……合格者五百五十七人；三年三月，诏停贡举。"由是知庆历三年不曾有贡举事。黄庶称"庆历初进士"，乃指庆历二年，王安石、王珪、韩绛等均为是年登第释褐，可作佐证，而《世系图》所称黄庶为"庆历癸未进士"实误。

⑤ (宋)黄庶.大孤山[M]//伐檀集.九江:九江师专古籍整理研究室,1923:54.

⑥ (宋)陈师道.后山居士文集:第18卷[M].影宋蜀刻本.上海:上海古籍出版社,1984.

⑦ (宋)黄庶.上杨兵部书[M]//伐檀集.九江:九江师专古籍整理研究室,1923:65.

"某生长妄庸,陶染文字,腕脱为吏,滥巾幕府"①,而"一官十年,其连蹇龃龉居其半"②。可见其仕途失志的情形。黄庶还曾用诗回忆早年志气、入仕后的遭遇和心态,其诗曰:

> 生长诗与书,不信世道难。出处愧古人,章句得一官。
> 舌强不肯柔,开口谁欣欢!十年走尘土,蹭蹬若地寒。
> 纤朱虽良贵,宁较厚与单。古心自突兀,胸中郁万端。
> 昔常玩于水,今乃知其澜。身世心已灰,人事鼻可酸。
>
> ——《依韵和酬雷太简见贻之什》,本集卷上

十余年的仕宦生涯使他认识到了世事的复杂,也认识到了仕途失意的原因,但他不愿改变刚直不阿的性格而成为一个俗不可耐的庸吏,故在磨去早年书生气的同时,又陷入痛苦的现实矛盾之中。其后终得摄知康州(治所在瑞溪,今广东德庆市),其《上成都杨端明启》有"谅其朴拙,终始一遇"③之言。嘉祐三年(1059)卒于任所,享年四十二岁。

同古代绝大多数文人士子一样,当其仕路滞塞,怏怏失志时,便自然地着意于文字,通过文学创作来发抒怀抱,通过整理文集来沉潜于精神世界,调整心态,达到心理的平衡。皇祐五年(1053)暮冬,黄庶将以往创作的诗文自编成集,取《诗经·魏风》中的《伐檀》篇为集名,其身在仕籍而不能为国为民有所作为,只可尸位素餐的内疚,以及不被重用的痛苦和对现实的不满等诸种潜在意识,均寓于内,而且以此表明其创作精神是上承《诗经》之风。作者在自序中称:"心之所存,可以效于君,可以补于国,可以资于民者,曾未有一事可以自见",不能实现自身价值的痛苦由此可见,这也是他创作的潜在动力和重要的心理因素。所谓"性嗜文字,若有病癖,未能无妄作"(《伐檀集·自序》),则表明了其创作的基础和缘由,可知作者十分重视作品的思想内容,而绝非为文而文,无病呻吟。黄庶在《上杨舍人书》中曾谈及入仕境遇说:"得一官,六年视职才五月,入俸才三万,而困扰百端交来,其姓名隶于国,而身实居于闲,无用之处,故未能忘乎笔墨也"(《伐檀集》卷下),这就是他诗文创作的背景。

---

① (宋)黄庶.上成都杨端明启[M]//伐檀集.九江:九江师专古籍整理研究室,1923:69.
② (宋)黄庶.谢青州文相公书[M]//伐檀集.九江:九江师专古籍整理研究室,1923:73.
③ (宋)黄庶.上成都杨端明启[M]//伐檀集.九江:九江师专古籍整理研究室,1923:69.

黄庶还是北宋诗文革新运动的积极参与者。他曾自觉地反对声律时文而重视诗文的内容立意,倡导文章主意思而不逐流俗。比如,其《吕造许昌十咏后序》云:"(吕)造天圣中为许昌掾,取境内古迹之著者为十咏。其时文章用声律最盛,哇淫破碎不可读,其于诗尤甚,士出于其间,为词章所主意思而不流者,固少而最难"。他还对当时诗坛只重声律,忽视内容的创作倾向表示惋惜和不满,并提出严厉批评:"郑卫入人耳,雅正声日殚。教化走薄恶,靡靡如转丸""敦厚久衰落,坐见王泽干……失者抱太羹,竟下咸与酸"(《谢崔象之示诗稿》)。以此,《四库全书总目提要》说"(黄)庶当西昆体盛行之时,颇有意矫其流弊,故《谢象之示诗稿》一首有'淡泊路久芜,共约锄榛菅'之句,《拟欧阳舍人古篆》一首有'苏梅鸾凤相上下,鄙语燕雀何能群'之句,"将西昆体中无补于世的作品视为"榛菅",约友人共锄之,而充分推扬苏舜钦、梅尧臣之社会性、现实性很强的作品,正体现了其于文学创作的自觉意识和鲜明的思想倾向。

黄庶是黄庭坚先辈中唯一有文集传世者。如上所述,黄庶于皇祐五年(1053)自编文集,亲题其名并为序,但未锓板印行,至南宋宁宗嘉定二年(1209)始由裔孙黄㽦梓行,其后刻本日盛。明代弘治年间叶天爵刻之,嘉靖乙酉(1525)、丁亥(1527)、万历甲辰(1604)均有刻本。清代"乾隆乙酉(1765)间,缉香堂重刻之……书行海内",至同治丁卯(1867),冲和堂再版,"悉照缉香堂编刻"(以上均见《伐檀集》跋)。光绪甲午(1894)义宁州署亦据缉香堂本重刻,此后,又有进县王祥兰镌版之双井堂本;1923年南城李氏宜秋馆又据明刻本再版。另外,《四库全书》(抄本、影印本、缩印本)《漓藻堂四库全书荟要》《两宋名贤小集》《宋人集丁编》等,都收入了黄庶的《伐檀集》。

今传世《伐檀集》上下两卷,上卷存有近体诗一百六十五首,下卷存各体散文七十七篇。《四库提要》说黄庶散文"古质简劲,颇具韩愈规格,不屑为骈偶纤浓之词",是为的评。然而,黄庶以诗名世,宋人称"庶有诗名"(袁燮《洁斋集》),"亚夫最能诗"(赵令畤《侯鲭录》卷2),今观《伐檀集》,诚不虚语。其诗无论内容还是艺术,均有鲜明的创新特色。

黄庶诗学杜甫、李白与韩愈。杜甫忧国忧民的儒家思想与强烈的现实主义精神,李白出世脱俗的浩逸之气和鲜明的个性意识,韩愈奇崛新颖的艺术风格,都深深地吸引并影响着他。黄庶钦敬李白、杜甫杰出的艺术成就,而且从小就非常喜欢,有着一种特殊的感情并被其巨大的艺术魅力所吸引:"诗昔甫白在,造化困刀尺"(《对花》)、"内以康心脾,睥睨万物根。予早酷爱慕,强把屈瓠钻。当时对藜藋,诵之若熊蹯"(《谢崔象之示诗稿》)。而韩愈诗中的意境又往往使他陶醉其中:"惜看韩老诗中景,树色泉声似故人"(《登郓州溪堂》)。黄庶尤其偏好杜甫的诗,受杜甫诗的影响也最深,故其自号"青杜"①。受杜甫影响,他十分注重诗歌的思想内容,主张以诗"鸣道德""伤忧患"(《谢崔象之示诗稿》),强调诗歌的立意,指出:"凡文章,非其意高,虽贵,时辄不传。"(《吕造许昌十咏后序》)所以他的诗作大都有充实的内容和较好的立意,集中作品全部围绕反映社会现实和表现个人情性两大主题。

　　黄庶反映社会现实的作品大都体现着作者忧国忧民的思想。受儒家传统思想的影响,他认为"忠孝仁义,善之大者也"(《归愚堂铭》)。这种认识,又直接影响着他的诗歌创作。1053 年,渤海莱州湾因台风而发生海啸,寿光、千乘两县沿海居民大受其灾,黄庶写了《皇祐五年三月乙巳齐大风,海水暴上,寿光、千乘两县民数百家被其灾而死者几半……》诗,对死难之民表示深沉的哀悼:"怒涛百尺不及逃,老幼十五其为鱼。"其《赋辘轳》诗"火云旱风苗欲死,曲木直绠寒泉深。耕夫泪湿原上土,老圃顾盼轻黄金"则写大旱之时,农民汲水抗旱和无比沉痛的情景,表现了作者对农民的同情和理解。《喜雪》以描述大雪后诗人自己的心理状态和思维活动,反映了与人民息息相通、关心民生疾苦的优秀品德:"长安雪一尺,朝扉失南山。坐喜疾疫消,敢避衣褐单。关中西征后,所向檀粥悭。去年新钱敝,千里成彫残。漫漫丰穰候,风俗开容颜。秦人饱稼穑,共望仓廪宽。幕府俸薄少,藜藿日满盘。明年麦定好,慰喜聊加餐。"另如《次韵和酬真长对雪之作》云:"我思江淮有流民,往往匍匐僵道边。朱门意气与寒竞,上为酒面红欲燃。"面对大雪,诗

　　① 黄庶之号,一般均称"青社",自宋迄今,无有疑者,明刊《伐檀集》、"民国"间刊《伐檀集》均冠以"青社黄先生"。众所周知,古人称号,多有寓意,"青社"乃是古代祭祀东方土神的地方,以之为号,寓意晦涩,令人疑惑不解。考清同治六年重刊《山谷全书》所附《伐檀集·自序》结尾落款为"皇祐五年十二月青杜自序"。"社"与"杜"字形相近,拣字刻字或许容易混淆,唯此处乃诗人自序志款,一般不致有误,笔者疑前代谓黄庶号"青社"乃"青杜"之讹,讹传既久且广,遂以假代真。黄庶以诗名世,其尤喜杜甫之诗,诗风亦受杜甫影响,颇有相近处。今集中有《谢崔象之示诗稿》,前半部分追述历代诗歌的发展后说:"最晚李杜出,遂将风雅坛。内以康心脾,睥睨万物根。予早酷爱慕,强把屈瓠钻。当时对藜藿,诵之若熊蹯",可见其早年酷爱杜诗的程度。其《对花》诗亦云:"诗昔甫白在,造化困刀尺。我生几年后,浪自镌顽石。……醉坐吟万物,语出埋霹雳。乾坤髓可掬,鬼神泪可滴",作者不仅将杜甫列于李白之先(其中或者有音律需要的因素),而且化用了杜甫"笔落惊风雨,诗成泣鬼神"(《寄李十二白二十韵》)名句,亦见对杜甫的推崇与熟知。综合黄庶行实及其对杜甫的崇拜和学习,以"青杜"为号,表示自己对杜甫的敬慕是极可能的,故笔者认为,"青社"乃"青杜"之讹传,黄庶之号,似为"青杜"更贴其实际。清代进县王祥兰镌双井堂版《黄青社先生伐檀集》黄庶自序亦为"青杜",可作佐证。

人想到了流民僵卧,而富豪竞饮,既表现了对人民的关心同情,又表示了对社会现实中不平等的愤慨,其旨趣正与杜甫"朱门酒肉臭,路有冻死骨"相同。其他如《送杨侍读自长安之蜀》《和子仪巡捕蝗》《宿赵屯》《汴河》等等,都从不同侧面表现了诗人对民瘼的关注。

黄庶认为,诗主"情性",诗应"敦厚"风俗(见《谢崔象之示诗稿》),故其有"性情适吟讽"(《次韵和真长暮中偶书》)之论。受这种思想的指导,其诗表现性情和个体意识的作品最多、最好,也最感人。诗人常常通过记游、咏物,或直接抒怀、言志来展现自己的心态。诸如其《携家游倭松》"倭松名载四海耳,百怪老笔不可传。左妻右儿醉树下,安得白首巢其巅"(《伐檀集》卷上),描述携家游览倭松山的情景,诗人为千奇百怪、莫可名状的倭松景象所陶醉,同时又沉浸在家人团聚的幸福中,表现其热爱自然、热爱生活的纯朴感情。《栽竹》"小槛栽培得此君,绿阴疏韵似相亲。从来风月为三友,吟社新添客一人",表现对竹子"绿阴疏韵"的喜爱之情,轻快圆活。其《赋八月竹》则不仅表达对竹子的喜爱之情,而且还以竹暗寓个人的情操:"我养一轩竹,秋来成绿阴。万物有衰意,独怀霜雪心。西风稽叔醉,明月白公吟。回首看桃李,何尝费百金!"

黄庶仕途坎坷,有志难酬,常以诗发抒胸中块垒,"尘埃蹭蹬落粗官,赖有诗书可自安"(《次韵答王甫判官》),读书赋诗成为他生活中最重要的部分,也是诗人获得精神慰藉和保持心理平衡的支柱,故常形诸笔端:

> 此心为地把书耕,若问生涯指六经。
> 欲语世人真富贵,胸中珠玉又无形。
>
> ——《偶书》

> 六载红莲客,差池又一年。无人和白雪,有意补青天。
> 肝胆论兴废,诗书谒圣贤。尊中古日月,穷达付陶甄。
>
> ——《遗怀》

前者以幽默的笔调传达怀才不遇的苦闷心情;后者以曲高和寡,表现自己虽有补天之志,而无人理解,不被重用,只好与古人为友,以酒浇愁。两首诗都表现了作者心中的矛盾。有时,黄庶还将思想矛盾斗争的过程展现在诗中,如《过许由冢》:

稷契宁渴死，不饮箕颖泉。先生独洗耳，不听天子言。

清风饱进退，千载何悠然。孤坟没荆棘，高名争青山。

嗟我选遭身，一命行十年。味薄无辛咸，璞顽废雕镌。

朝行箕山麓，暮挹颖水源。竹帛何处所，搔首熊鱼间。

白云要闲友，尚苦儿女牵。丈夫合勇决，顾计羞面颜。

　　许由乃上古高士，相传尧以天下相让，许由不受，遁隐箕山之下，尧又召为九
州长，许由听后，洗耳于颖水滨，以不愿听做官一类的话，表示决不入仕的决心。
诗人向慕许由风操，意欲归隐，但又为生活所迫，尚需以禄养子，"搔首熊鱼间"，正
是表现的这种既想归隐又不得不为稻粱谋的矛盾心情。

　　思乡、归隐是黄庶诗歌的重要内容之一。诗人曾自称"平生林泉心，探奇欲倾
倒"(《答王甫判官示游庆池之作》)。仕途失志，常使他思念山清水秀的家乡，"十
年迷车尘，思归入梦寐。晨兴见家山，两目如去翳。"①其《游石池潭》由石池而想
到家乡潭水的可爱："吾家溪潭动百尺，坐见游鱼可倒指。月明无风水不动，钓丝
鉴中出朱鲤。乘闲具酒席草岸，呼网一举常百尾。脍霜炙玉眠鸥夷，树挂落日醉
不起。几年手板负青山，趁鱼舷声不入耳。"居家时捕鱼夜饮、狂放无羁的生活，是
多么令人留恋！而踏入仕途再也没有机缘享受这闲放的幽趣！诗人时常梦回故
乡，流露出归隐的意识："十年不踏故溪上，有时梦去千里游。每思鱼行鉴中见，青
衫手板如仇雠。秋风鲈肥美无价，莫怪张翰不可留"②。他甚至将家乡山水图于
卧屏，置之厅室，陪伴左右，以慰乡思："林泉生长厌应难，更写方屏几曲间。仕宦
东西苦无定，此心长似宿家山"③。志不得伸，更促使其决心归隐："忍作仓廪盗，
宁老诗书饥。养笋为钓竿，早晚耕蒿藜"④。黄庶还有为数不多的亲情诗，表现家
庭生活情趣。如《教绳权学书偶成》："文字有缘曾弄墨，见来官小免咨嗟。喜将笔
砚传生计，不失诗书传世家。家识姓名能指点，写因梨栗不倾斜。着鞭莫落时人
后，三十尘埃监汝爷"⑤。诗写课子时的心理状态和具体情景，表现出作者仕宦不
达寄望于子的心情和子聪父喜的情景。

---

①　(宋)黄庶.席上赋别南宫希元[M]//伐檀集.九江：九江师专古籍整理研究室,1923:27.

②　(宋)黄庶.元伯示清水泊之什因和酬[M]//伐檀集.九江：九江师专古籍整理研究室,
　　1923:52.

③　(宋)黄庶.山水卧屏[M]//伐檀集.九江：九江师专古籍整理研究室,1923:29.

④　(宋)黄庶.忆竹亭[M]//伐檀集.九江：九江师专古籍整理研究室,1923:21.

⑤　(宋)黄庶.教绳权学书偶成[M]//伐檀集.九江：九江师专古籍整理研究室,1923:21.

　　黄庶表现情性和个体意识的作品,受李白影响的痕迹较为明显,特别是写志言怀和反映林泉雅意的作品尤其如此,后来,黄庭坚遗貌取神,表现得更为充分,更为突出,更为集中。

　　在艺术上,黄庶诗歌以"句律奇崛"著称,"世谓'山鬼水怪著薜荔'之体"(明·周季凤《山谷别传》)。所谓"句律",并非仅指诗歌语言的句式音律,而是同诗歌的总体构思、意境、技法、语言、格调、风神等诸因素密切相关,确切地说,它应是诗歌组成因素的总和。前人称黄庶诗"句律奇崛",实际上也是就其诗作的综合效应而言。文学乃语言之艺术,诗歌更是艺术的语言,宋人说"亚夫诗自有句法"(洪刍《洪驹父诗话》)即从整体构思与艺术表现立论。黄庶重视诗歌的立意,而在语言表现方面深受杜甫"语不惊人死不休"思想的影响,他把"笔落惊风雨,诗成泣鬼神"①作为创作的理想境界,追求凝练、新奇和力度,强调"句句锻炼炉锤精"②(《次韵和象之夏夜作》),他曾不无自负地宣称"醉坐吟万物,语出埋霹雳。乾坤髓可掬,鬼神泪可滴"③(《对花》)。可以说,黄庶诗作的构思、立意、结构、语言,共同构成了"奇崛矫拔"的艺术风貌,而在不同的诗体中,又有不同的表现。

　　黄庶诗古体优于近体,成就最突出,《四库提要》说:"集中古体诸诗并戛戛自造,不蹈陈因,虽魄力不及庭坚之雄阔,运用古事、熔铸剪裁亦不及庭坚之工妙,而生新矫拔,则取径略同",所言甚是。《大孤山》《宿赵屯》《次韵和酬真长对雪之作》等,都是古体诗的代表作。先看下面这首《大孤山》:

> 彭蠡百里南国襟,万顷苍烟插孤岑。
> 不知天星何时落,春秋不书不可寻。
> 石怪木老鬼所附,兹乃与水司浮沉。
> 鸣鸱大藤树下庙,祭血不干年世深。
> 轴轳千里不敢越,割牲酾酒来献斟。
> 我行不忍随人后,许国肝胆神所歆。
> 落帆夜宿白鸟岸,睥睨百绕寒藤阴。
> 银山大浪独夫险,比干一片崔嵬心。

---

① (唐)杜甫.寄李十二白二十韵[M]//(清)彭定求,等.全唐诗(第2册):卷217.郑州:中州古籍出版社,2008:1045.

② (宋)黄庶.上成都杨端明启[M]//伐檀集.九江:九江师专古籍整理研究室,1923:39.

③ (宋)黄庶.上成都杨端明启[M]//伐檀集.九江:九江师专古籍整理研究室,1923:39.

宦游远去父母国,心病若有山水淫。

江南画工今谁在? 拂拭束绢倾千金。

　　此诗向来被推为黄庶诗歌的代表,黄庭坚曾手书并刻石于南康星子湾,且有《刻先大夫诗跋》云:"先大夫平生刻意于诗,语法类皆如此。然世无知音,小子不肖,晚而学诗,惧微言之几绝,故刻诸星子湾,以俟来哲"①。味绎全诗,前半部分写山,后半部分抒怀。首四句状述大孤山特殊的地理位置和耸立烟水之中的形象,并以丰富的想象写大孤山的形成和历史的悠久;其下六句以怪石、老木、大藤、庙宇、鸣鸥等意象,极力渲染此山的幽邃、古老、神秘与圣灵,并借过往船只的往祭祈祷,增添其森严庄重的色彩。"我行"六句,作者自比殷商时期犯颜强谏纣王而被剖心致死的丞相比干,抒写以身许国,不畏险阻,欲有所为的雄心;尾四句点明宦游身份和忧国济民之意,且以"画工"自任,收束全篇。纵观全诗,笔劲气壮,知为释褐后所作。作品写山而辅以写人,有别于单纯写景咏物,而使山、人相互映衬,诗致高远而意趣丰厚,构思奇妙;内容安排则时空纵横,虚实相间,层次井然,并且笔力劲健,意境阔大雄奇,显示出一种矫拔奇崛之姿。至如以"襟"状湖,以"插"写山,尤生动形象,极见锤炼之功。

　　经山谷手书并刻石于南康星子湾者共两首,除《大孤山》外,另一首便是《宿赵屯》:

芦花一股水,弭楫日已暮。

山间闻鸡犬,无人见烟树。

行逐羊豚迹,始识入市路。

菱芡与鱼蟹,居人足来去。

鱼家无乡县,满船载稚乳。

鞭笞公私急,醉眠听秋雨。

　　这首五古乃诗人为幕府从事时所作,作品描述一次下乡公干的情形,婉转地表现了诗人忧国忧民的思想。首二句写出行与日暮;次四句写寻宿,表现边乡僻壤的荒凉;其下四句写此地渔民的艰苦贫困;尾二句写内心感受,提示题旨,却又

---

　　① (宋)黄庭坚.刻先大父诗跋[M]//山谷题跋:第8卷.杭州:浙江人民美术出版社,2016:133.

极含蓄之致。读罢全篇,使人自然地联想到杜甫的名作《石豪吏》,此诗构思显然受其启迪和影响。

《次韵和酬真长对雪之作》写雪天赋吟。其中渲染雪天的寒冷、状述雪景的美丽,想象奇特,比喻生动,给人以新颖矫拔之感:

> 恍惚白玉为饮国,寒威醉思想翩翔。
> 顾盼万景来笔端,濡染欲为毫已坚。
> 初疑万国会盟散,断璋破璧盈枯田。
> 禽巢一一鹤上下,冰殿扫洒迎群仙。
> 又疑水官爱雪柳,故把众庶为飞绵。

豪放轻快的格调可以窥见李白诗风的影响。诗人并不停留在对雪景的欣赏上,而是由自然界雪天的寒冷,联想到了人世间的不平:

> 我思江淮有流民,往往匍匐僵道边。
> 朱门意气与寒竞,上为酒面红欲燃。
> 天将景与富贵买,不知二费几万钱。

这样,不仅显示出情感、格调的变化,而且开拓了诗歌的意境,提高了思想境界,其下写苦思苦吟的情景与雪后归家的慰喜:"徘徊嗅嚼醉还醒,来往但见鞋履穿""归来庭树玉花落,稚子狂走毕华颠。拥炉搔首有余意,喜与粪麦为丰年";都意趣盎然。全诗气势恢宏,纵横驰骋,波澜起伏,曲折跌宕,意境瑰丽而又深沉。清人方东树曾指出,杜甫"所以冠绝诸公数家,只是沉郁顿挫,奇横恣肆,起结承转,曲折变化,穷极笔势,迥不由人。山谷专于此苦用心"①,所言甚是。然黄庶学杜甫章法,亦甚用力,此篇可窥一斑。山谷正是受父亲影响,方"专于此苦用心",创造出新境界,不仅在理论上明确提出"文章必谨布置"②,"长篇须曲折三致意"③,而且在创作实践中,达到了"起无端,接无端,大笔如椽,转折如龙虎,扫弃

---

① (清)方东树. 昭昧詹言:第14卷[M]. 上海:广文书局,1962.
② (宋)黄庭坚. 与王观复书[M]//黄庭坚全集(第2册):正集卷第18. 成都:四川大学出版社,2001:470.
③ (宋)王直方. 王直方诗话[M]//黄庭坚全集(第4册):附录5. 成都:四川大学出版社,2001:2485.

一切,独提精要之语。每每承接处,中亘万里,不相联属"①的境界。

　　黄庶的律诗虽不如古体,但也大都以意趣胜。如五律《观雪》"疑是天公戏,都倾海作盐。松筠知不变,邱壑见无厌,清为诗家极,寒因酒户添。冬温成俗瘟,得此胜针砭"②。诗歌构思奇特,想象绝妙,语言轻松幽默,风趣盎然,却又深含哲思,自然界中松竹的节操、邱壑的贪婪,皆寓以人事,意蕴丰厚,尾联则以下雪有益于人类健康收笔,既不落瑞雪兆丰年的俗套,又体现了对民生的关心,提高了诗歌的思想境界,同时,还暗合科学道理。黄庶律诗以咏物胜,其中咏物之作最为出色。比如为人称道的《怪石》篇:

> 山阿有人著薜荔,廷下缚虎眠莓苔。
>
> 手磨心语知许事,曾见汉唐池馆来。

　　此诗为《和柳子玉官舍十首》中的第七首,吟咏的乃是点缀庭院的看景石(又称看花石或上水石),人们喜欢选取形状怪异的石块,其上再植以幽花细草,使它增添诱人的魅力。诗的开头两句即是描述"怪石"的形状:前句化用楚辞《九歌·石鬼》"若有人兮山之阿,被薜荔兮带女罗"之句意,说"怪石"就像山坡上披挂着薜荔藤萝的人,自有一种野逸之趣;后句又说"怪石"像一只被捆绑住的老虎,眠卧在庭前长满鲜莓青苔的地面上。"人著薜荔""虎眠莓苔",既活画出了怪石如人似虎的形状,又给人以惊奇生新之感。三四两句进一步开拓诗境,写诗人用手拊磨怪石的心态感觉,与怪石交谈,知其闻见甚广,因为它曾亲自看见过汉朝唐代的苑圃池馆,经历过历史上最繁荣、最兴盛的时期。作者与怪石心灵相通,将怪石人格化,既增加了诗的意趣,又写出了怪石历史的悠久,使诗的意境有了深沉的历史感,令人回味无穷,故陈衍推评"落想不凡,突过卢仝、李贺"③。另如《咏笋》:"笋随人意疏处生,清风如归自来去。虽然不与俗子期,阴过邻家亦销暑。"作者将笋人格化,既写出了其善解人意与高雅不俗,又写出其不受羁绊的自由性格。《筇竹杖》"琴鹤为友朋,出入常拂拭。生来节便高,故有扶危力"以人格化的手法既突出了筇竹手杖的功能用途,又赞扬了竹杖帮助老人的奉献精神与高尚节操,耐人寻味。明人吴沆曾谓黄庭坚"以物为人

---

①　(清)方东树.昭昧詹言第12卷[M].黄庭坚全集(第4册):附录5.成都:四川大学出版社,2001:2525.

②　(宋)黄庶.观雪[M]//伐檀集.九江:九江师专古籍整理研究室,1923:3.

③　(清)陈衍.宋诗精华录 卷第一[M].成都:巴蜀书社,1992:90.

一体最可法,于诗为新巧,于理亦未为大害",又说,"山谷诗文中,无非以物为人者,此所以擅一时之名而度越流辈也"①。殊不知,此正山谷家法,其父亚夫诗已显见端倪。

黄庶去世时,黄庭坚方十四岁,尚未成人。但儿时父亲的教导熏陶、耳提面命和有意濡染,无疑给他留下了不可磨灭的印象,并直接影响了后来的诗歌创作。而黄庭坚将父诗书写并刻石,说明他成人之后曾潜心研读父作,且深得精要,故能发扬光大父诗风格精神,创造出为世瞩目的成就。陈振孙说读《伐檀集》而言"庭坚诗律,盖有自来也"②;曹勋《跋黄鲁直书父亚夫诗》云:"黄太史以诗专门,天下士大夫宗仰之,及观其父所为诗,则江西正脉,有自来矣。是父是子,呜呼盛哉"③;陈、曹二氏都看到了黄庶诗对黄庭坚的直接影响。

总之,黄庭坚的先辈,在儒业、哲学,尤其是书法、文学诸方面,均有造诣精深者,这对黄庭坚后来的文化实践和艺术创造,其多方面的积极影响不容低估。

---

① (清)吴沆.环溪诗话卷中[M]//黄庭坚全集(第4册):附录5.成都:四川大学出版社,2001:2497.

② (宋)陈振孙.直斋书录解题:卷17[M].北京:中华书局,1985:481.

③ (宋)曹勋.跋黄鲁直书父亚夫诗[M]//黄庭坚全集(第4册):附录5.成都:四川大学出版社,2001:2525.

第二章

黄庭坚早慧习诗与仕途沉显

黄庭坚出世后,父亲黄庶为他取名庭坚,而以鲁直为字。"庭坚"相传是上古时代帝颛顼高阳氏后裔中的人名,《左传·文公十八年》载:

> "昔高阳氏有才子八人:苍舒、隤敳、梼戭、大临、龙降、庭坚、仲容、叔达。"又云:"高辛氏有才子八人:伯奋、仲堪、叔献、季仲、伯虎、仲熊、叔豹、季狸。"

《史记·五帝本纪》称:

> "昔高阳氏有才子八人,世得其利,谓之八恺,高辛氏有才子八人,世谓之八元。此十六族者,世济其美,不陨其名。至于尧,尧未能举。舜举八恺,使主后土,以揆百事,莫不时序。举八元,使布五教于四方,父义、母慈、兄友、弟恭、子孝,内平外成。"

以庭坚为名,包含着望子成才,将来为国为民有所作为的厚望。

黄庭坚为黄庶次子①,其兄大临(字元明)及弟弟叔献(字天民)、叔达(字知命)、仲熊(字非熊),他们的名讳也都从八恺、八元中拈出。另外,庭坚之名还包含

---

① 陈师道《李夫人墓铭》称:"夫人……大理丞知康州黄庶之妻,集贤校理佐著作庭坚之母也。……元祐六年,年七十二,卒于东都。五男:大临、叔献、叔达、仲熊,校理其次也。"陈师道在铭中还自称"师道学于校理,贫不自食,又客焉,知其私为详",故陈氏之言可信性极强,这里即据其说而定。《山谷全书》卷首附《黄文节公世系图》列庭坚兄弟六人,多出苍舒一人,不知何据,且次序紊乱,难辨长次。苍舒为八恺之首,黄庶以之名子,其或为长,若果有此子,据《李夫人墓铭》,可知绝非庭坚兄,或为黄庶养子,抑或黄庶曾有先室,为庭坚同父异母之兄,抑或后人妄撰,俟考。

着承继父业、支掌门户、光宗耀祖的潜在意识,后来,黄庭坚果然不负父望,成为兄弟辈中的佼佼者和黄氏家族中的骄傲,成为中国古代文化史上的英伟人物。

第一节　少而敏悟与游学淮南

黄庭坚启蒙较早,童年时代就显示出聪颖警悟、敏而好学的特点,且具有很好的记忆力和较强的个性意识,遇事往往独立思考,有自己的主张和见解。周季凤《山谷先生别传》说黄庭坚幼年时"警悟过人,读书五行俱下,数过辄成诵"(《山谷全书》卷首),连其父亲黄庶也十分惊奇①。五岁的时候,黄庭坚已经能够背诵《诗》《书》《礼》《乐》《易》五经之书。一天,他问教他读书的先生说:"人言《六经》,何独其五?"先生告诉他:"《春秋》不足读!"黄庭坚不同意先生的说法,他说:"是何言也?既曰《经》,何得不读?"于是,他用了十天的时间,就把《春秋》一字不漏地背诵下来了②。有一次,黄庭坚的舅父李常(字公择)来到黄家私塾,看到书架上书帙纷乱不整,像是时时翻动的样子,于是就随便抽取架上书试问黄庭坚一些问题,结果庭坚无不通晓,李常大为惊奇,"以为一日千里"③,才气骏逸,将来前程不可限量,必定有所作为。黄庭坚早慧的气质与刻苦好学的精神,为后来的文学创作和文化创造打下了基础。

黄庭坚从很小的时候就开始学习写诗。据《桐江诗话》记载,山谷七岁时写的一首《牧童诗》已广为流传:

> 骑牛远远过前村,吹笛风斜隔垄闻。
>
> 多少长安名利客,机关用尽不如君。

《桐江诗话》原书已佚,著者与卷数均不详,今有郭绍虞辑本(中华书局 1980年版)较完备,计收二十三则。据郭氏《宋诗话考》,此书在绍兴十八年(公元1148)之前成书,则作者必生于北宋,或于黄庭坚相去未远,故其说可信性较强,胡

---

① 黄𪷟《黄山谷年谱》卷首《豫章先生传》《宋史》卷444《文苑传·黄庭坚》等,均有类似记载,而语句稍有出入。

② (宋)无名氏.道山清话[M].钦定四库全书本.

③ (元)脱脱,等.列传第203 文苑六:第444 卷[M]//宋史.北京:中华书局,1977:13109.

仔《苕溪渔隐丛话》前集卷47、魏庆之《诗人玉屑》卷18、黄㽦《黄山谷年谱》卷1诸书,均称引不疑。观此诗前两句描述牧童自由自在、悠然闲雅的形象,情景如画,后二句议论为追求名利而绞尽脑汁、疲于奔命的人们,与牧童形成鲜明的对比,极富人生哲理。全诗意境明晰,语言通俗朗畅,既表现了作者爱慕自然、喜欢自由的天真无邪的童心,又反映了令人吃惊的早熟和超常的作诗天赋,诗虽不无浅直,却十分耐人寻味。

黄庭坚八岁时写的一首《送人赴举》诗,更是思路不俗,想象奇特:

> 青衫乌帽芦花鞭,
> 送君归去明主前。
> 若问旧时黄庭坚,
> 谪在人间今八年。

其诗思之阔,口气之大,足以令人震惊。送人赴举而不言祝颂之语,却讲自家事情,又充分表现出儿童未受世俗之气污染的纯洁心灵和强烈的个性意识。史容《山谷别集诗注》卷上说此诗"已非髫稚语矣",正是从诗的构思、立意和内容诸方面看到了作者的早熟与警悟;史氏又说北宋"近世诗格必欲合联以成章,三句者盖亦罕见,周诗则亦有之,《麟趾》《甘棠》等篇是也。山谷此诗盖舍近例而援古法,由是推之,山谷不待平生句法奇妙,早年诗格已高古矣",此虽言过其实,但儿童时代的黄庭坚习学皆古诗经书,其有意仿古求奇或许可能,故以三句成章,后来他提出"领略古法生新奇",则自此时已有所为了。

黄庭坚十四岁的时候,父亲黄庶病逝于康州任所,从此,黄庭坚失去了父爱。黄庭坚的母亲是一位贤惠慈爱而有远大目光和卓越识见的非凡女子,有过良好的家庭教养,据陈师道所撰《李夫人墓铭》称①,黄庭坚之母乃"溧水尉赠特进之子",嫁于黄氏之后,丈夫秉性刚直,仕官不达,生活窘迫,而夫人相安无怨,尽心于夫,倾力于子。黄庶病逝,她携子扶柩,将丈夫归葬双井。当时,黄庭坚兄弟皆未成人,家境贫寒,但她仍坚持"遣子就学",有人曾劝她让儿子辍学帮助维持和料理生计,夫人坚决反对,宁可自己劳累困苦,誓把儿子培养成才,直到后来黄庭坚入仕,还时常教导告诫,可见其风节大义。

黄庭坚十五岁时,便离开了自己的家乡修水双井,跟随舅父李常游学淮南。

---

① （宋）陈师道.后山居士文集:第18卷[M].影宋蜀刻本.上海:上海古籍出版社,1984.

李常(1026—1090)①字公择,南康军建昌县(今江西建昌)人,是北宋著名的学者兼藏书家,也是苏轼的挚友。苏轼《李氏山房藏书记》云:

> "余友李公择,少时读书于庐山五老峰下白石庵之僧舍,……藏书凡九千余卷。公择既已涉其流,探其源,采剥其华实,而咀嚼其膏味,以为己有,发于文词,见于行事,以闻名于当世矣。"
>
> ——《苏轼文集》卷11

秦观亦称李常"好学强记,为文章捷敏,初若不经意,而比成灿然,属寓深远"(四部丛刊初编《淮海集·后集》卷6《李公择行状》);《宋史·本传》言李常"有文集、奏议六十卷,《诗传》十卷,《元祐会计录》三十卷"可见其博学能文,有名于时。李常于宋仁宗皇祐三年(1051)考中进士,释褐入仕,至嘉祐四年(1059)监涟水军(治所在今江苏涟水),次年赴任时携黄庭坚同行,一来有意开阔黄庭坚的视野,转易多师,厚其根基,二来亦可减轻姐姐的生活负担,同时,自己还可随时教导,加意培养。黄庭坚《跋元祐间与三姈太君帖》说"幼少从学外家","食贫随官南北"②;《跋王子予外祖刘仲更墨迹》称"某十五六时,游学淮南间"③,即从此时起。

涟水军属淮南东路,北邻海州(治所在今江苏连云港市),南靠楚州、高邮和扬州,皆当时盛学之地,宏儒硕士,层出不穷。黄庭坚始就读于涟水军学,在这里他结识了同窗好友俞清老。俞氏字子中,乃北宋著名隐逸之士,颇有才学,黄庭坚说他"不能受流俗人拘忌束缚","诗颂言皆入微,道人喜传之",又谓"清老往与余共学于涟水,其傲睨万物,滑稽以玩世,白首不衰"④。其《书赠俞清老》云:

> 余童子时就学于淮南,与金华俞清老同研席。尝作七言长韵赠清老。小儿无绳墨,放荡之言,然清老至今斑斑能诵之。近来相见,各白发矣。
>
> ——《山谷题跋》卷1

---

① 秦观《李公择行状》:"南康军建昌县李常字公择,年六十四,……暴卒于传舍,实元祐五年二月二日也"(《淮海集·后集》卷6),元祐五年为1090年,逆推六十四年为仁宗天圣四年,即1026年,是其生年。

② (宋)黄庭坚.山谷题跋:第6卷[M].丛书集成新编本.台北:新文丰出版社.

③ (宋)黄庭坚.山谷题跋:第九卷[M].丛书集成新编本.台北:新文丰出版社.

④ (宋)黄庭坚.跋俞秀老清老诗倾[M]//山谷题跋:第6卷.丛书集成新编本.台北:新文丰出版社.

　　此书写于元祐四年(1089)，书中言俞清老"三十年前与余共学于淮南"，其赠清老七言长韵，应十五岁时所为，三十年后，清老尚能诵之不忘，可见印象之深，佩服之至，而作品当自不同凡响，惜集中无载，难飨后人。据黄庭坚言，"清老性耿介，不能容俗人，间辄使酒谩骂，以是俗子多谤讥，清老自若也。以故，善人君子终爱之"①。如此清老，却自少年时即对黄庭坚的人品、学问大为折服，宋人龚颐正《芥隐笔记》说，黄庭坚少年时自称清风客，俞清老见而目之曰："奇逸通脱，真骥子坠地也。"清老反俗忌俗、雅意林泉以及幽默诙谐的性格，对黄庭坚也是有一定影响的。

　　黄庭坚游学淮南，学业大进，这段经历，在他的脑海里留下了很深的印象，后来在一些诗作里多次提到过，如《奉和公择舅氏送吕道人研长韵》"少也长母家，学海颇寻沿。诸公许似舅，贱子岂能贤"、《再和公择舅氏杂言》"外家有金玉我躬之道术，有衣食我家之德心，使我蝉蜕俗学之市，乌哺仁人之林"②。嘉祐六年(1061)，李常转官，黄庭坚亦随舅父离开了涟水，前往扬州。

　　黄庭坚在涟水的作品传世者极少，《山谷外集诗注》卷1《溪上吟》原注"时年十七"，则应当是为离别涟水春末所作：

溪上吟

　　春山鸟啼，新雨天霁。汀草怒长，竹筱交阴。黄子观渔于塘下，寻春于小桃源，从以溪童、稚子、畦丁三四辈，茶鼎酒瓢、渊明诗编，虽不命戒，未尝不取诸左右。临沧波、拂白石，咏渊明诗数篇，清风为我吹衣，好鸟为我劝饮。当其潇然，无所拘系，而依依规矩准绳之间，自有佳处，乃知白莲社中人，不达渊明诗意者多矣。过酒肆则饮，亦无量也，然未始甚醉，盖其所寓，与毕卓、刘伶辈同，而自谓所得与二子异，人亦殊不能知之也。酒酣得纸，书之为"溪上吟"。

> 短生无长期，聊假日婆娑。
>
> 出门望高丘，拱木漫春萝。
>
> 试为省鬼录，不饮死者多。
>
> 安能如南山，千岁保不磨。
>
> 在世崇名节，飘如赴烛蛾。

---

① (宋)黄庭坚.跋俞秀老清老诗倾[M]//山谷题跋:第6卷.丛书集成新编本.台北:新文丰出版社.
② (南宋)史容.山谷外集诗注:第15卷[M].钦定四库全书本.

　　及汝知悔时，万事蓬一窠。

　　青青陵陂麦，妍暖亦已花。

　　长烟淡平川，轻风不为波。

　　无人按律吕，好鸟自和歌。

　　杖藜山中归，牛羊在坡陀。

　　本自无廊庙，政尔乐涧阿。

　　念昔扬子云，刻意师孟轲。

　　狂夫移九鼎，深巷考四科。

　　亦有好事人，时能载酒过。

　　无疑举尔酒，定知我为何。

　　这首五言古体诗在艺术上并不怎么成熟，与黄庭坚入仕后的作品也无法相比，但在立意高远、线索曲折、以禅入诗、好用典故、下字措辞、句法组织诸方面，已开始初步显露黄庭坚诗歌的部分特点。小序乃是一篇意境优美、语言精粹的散文小赋，如写新雨之后的"汀草""竹筱"分别下一"怒长""交阴"，既符合春末夏初的季节特色，又给人以颖异奇崛之感，韵味无穷。诗以议论开篇，首十二句感叹人生之短暂与世人之执迷，内含禅机哲理，颇见作者的悟性灵根和思想的早熟，言理而富形象。中间八句写景，层次分明，色泽淡雅，动静互宜，声象相辅，描绘出一幅情趣盎然、令人陶醉的图画。尾十句以自白与议论的形式，坦露诗人无意仕途而倾心自然，喜学善识而安贫乐道的儒雅心态。全诗表现出作者拔世脱俗的境界，也显示了度越常辈的艺术腕力。是年秋尚有《清江吟》一首：

　　江鸥摇荡荻花秋，八十渔翁百不忧。

　　清晓采莲来荡桨，夕阳收网更横舟。

　　群儿学渔亦不恶，老妻白头从此乐。

　　全家醉著篷底眠，舟在寒沙夜潮落。

　　　　　　　　　　　　　　　　——《山谷外集诗注》卷1

　　这首七律，首联两句写景开篇，突出了渔翁的形象和心态；颔联两句叙述其采莲打鱼的恬适生活，对仗工稳；颈联两句表现妻儿老小的神态活动，烘托渲染；尾联两句描述全家醉眠舟上的情景。全诗描绘了渔翁一家勤劳纯朴、恬淡自适的悠闲生活，这无疑与仕途奔波、官场倾轧、名利角逐形成了强烈的对比，使诗不无哲思理趣,令人回味不绝。同时,也表现了作者对这种无所拘羁、自由闲放、融于自然的生活向往。细味全篇,可见立意高远、境界不凡,画面清新可爱,而内涵丰富深沉,其构思、层次、语言,均可看出作者此时近体诗歌的扎实功夫。赵伯山《中外旧事》说黄庭坚"少有诗名"(黄㽦《黄山谷年谱》引),由《溪上吟》《清江吟》观之,所言不差。

黄庭坚十七岁时在扬州拜孙觉为师、修业课艺,接受指导,并且结为秦晋,成翁婿之好。孙觉(1028 - 1090)字莘老,与李常、苏轼皆为至交,喜作诗赋,尤好六经。其家高邮,北邻涟水,南接扬州。孙莘老于少年时代从学于海陵经学大师胡瑗,颇受器重,宋史本传说"胡瑗之弟子千数,别其老成者为经社,(孙)觉年最少,俨然居其间,众皆推服"①(《宋史》卷 344,1977)。宋仁宗皇祐元年(1049)进士及第后,曾一度受到王安石的赏识推举。嘉祐年间编校昭文书籍,后因言事忤犯皇上,放任外郡,熙宁间自广德移守吴兴,曾于府北建造墨妙亭,"取凡境内自汉以来古文遗刻以实之"②,苏轼为记。后累官至右正言,直龙图阁大学士,著有《文集、奏议》六十卷,《春秋经社要义》六卷,《春秋经解》十五卷。嘉祐六年,莘老官扬州,黄庭坚随舅父李常至扬州后,拜谒了孙莘老,谈吐之间,孙觉对黄庭坚的才华学识和非凡资质大为叹赏,以为发展潜力极大,堪可培养造就,于是收为门生,悉心教授指导,并把年仅十一岁的女儿兰溪许以为妻。鲁直后来回忆这段往事说:"庭坚年十七,从舅李公择学于淮南,始识孙公,得闻言行之要,启迪劝讲,使知向道之方者,孙公为多。孙公怜其少立,故以兰溪归之"③。其《和答莘老见赠》诗云:

> 往岁在辛丑,从师海濒州。
> 外家有行役,拜公古刊沟。
> 儿曹被鉴赏,许以综九流。
> 仍许归息女,采苹助春秋。
> 斯文开津梁,盛德见虚舟。
>
> ——《山谷外集诗注》卷 15

该诗对始见孙觉前后的情形描述得十分详尽。孙觉辞世,鲁直撰《祭外舅孙莘老文》称:"我初知书,许以远器,馆我甥室,饮食教诲,道德文章,亲承讲画,有防

---

①　(元)脱脱,等.列传第103:第344卷[M]//宋史.北京:中华书局,1977:10925.

②　(宋)苏轼.墨妙亭记[M]//孔凡礼.苏轼文集:第11卷.北京:中华书局,1986:354.

③　(宋)黄庭坚.黄氏二室墓志铭[M]//山谷全书外集:第22卷.清同治戊辰重刻缉香堂本.

有范,至今为则"①。

黄庭坚十八岁时,由淮南返回家乡。是年为仁宗嘉祐七年(1062),朝廷命李常以大理寺丞知洪州奉新县(见《李公择行状》),李公择于季夏离淮进京改官,黄庭坚亦随舅父同行。洪州乃鲁直家乡,黄庭坚自嘉祐四年游学淮南,至现在离家三载有余,而今将要返回,思念家中亲人的心情愈加迫切,故于将抵京城的途中写下了《从舅氏李公择将抵京辅以归江南,初自淮之西犹未秋日,思归》和《翌日阻雨次前韵》二诗,表露了当时的心境:

> 归心摇摇若秋带,哀操切切如蝉吟。
> 百年双鬓欲俱白,千里一书真万金。
>
> ——《从舅氏……思归》

> 愁云垂垂雨淫淫,野馆重赋思归吟。
> 老农那问客心苦,但喜粟粒如黄金。
>
> ——《翌日阻雨次前韵》

二诗均见《山谷别集诗注》卷上。史季温据黄𫮃《年谱》说二诗"当是元丰庚申岁山谷自京师改官,复往北京挈家归江南作",检《年谱》卷11于前首题后注云:"此诗当是先生复往京挈家归江南时作"。"当是"乃臆测语,并无根据,且未详审诗意,致失察而成误,《诗注》以讹传讹,不加明辨,贻误后人。考元丰庚申(1080)岁黄庭坚与李常行实,二人绝无从行随侍的机会。庭坚是春由北京入都改官,得知吉州太和县,即便复往北京挈家,而北京位于开封之北,则与"淮之西"毫无瓜葛,何能如题所示:"从舅氏李公择将抵京辅"?再者,李常自元丰元年(1078)赴任淮南西路提点刑狱,元丰三年任满返京,而淮南西路位于开封东南方,则只能与黄庭坚相向入京,不能同行。黄𫮃失考致误,令人遗憾。考黄庭坚一生行实,能够"自淮之西"而"从舅氏李公择将抵京辅以归江南"的机会,唯有游学淮南一次而已。由是知二诗作于十八岁时。就艺术境界看,亦无黄庭坚中年时期作品的瘦硬简重之韵味,尚有稚嫩气。前首诗题写明了作诗的背景与季节。起句切题,直言"思归",而以"摇摇若秋带"状述内心情绪的起伏变化和动荡不稳。就一般情况而言,"思归"往往表现游子对回归家乡或面晤亲人的急切心情,具有单向性的特

---

① (宋)黄庭坚.祭外舅孙莘老文[M]//山谷别集:第7卷.上海:上海古籍出版社,1987.

点,故前代此类作品总是写归家的迫切、欣喜或对家人的盼望、惦记等,而黄庭坚此诗起句表现的乃是内心的矛盾:他一方面如通常人那样思念自己的家乡和亲人,同时又留恋和怀念生活了数载而刚刚离开的淮南。因为淮南有他爱戴敬重的师长,有他亲密无间的同窗好友,尤其是有他心上的人儿——未婚妻兰溪。这就使诗人"思归"的心情变得十分复杂,处于既思念家乡亲人,又挂记异地友朋爱人的两难境地,"归心摇摇若秋带"便是十分自然的了。次句则以操琴与音乐表达内心情感的沉重,在传达对友朋和恋人深切怀念的同时,暗寓了自己不幸身世的悲伤。诗人少年丧父,随舅氏游学淮南,虽在外广交师友,学业有进,甚至被纳为佳婿,而今将回家乡,难免联想自己不幸的家世,慈父早逝,寡母独在,思归中必然伴随着伤悲,故以琴排遣愁绪而曰"哀操",并喻以秋蝉之吟,渲染其悲凉之心境。第三句转写家中老母的形象与心情,诗人想象高堂老母因家世的不幸和对游子的思念而"双鬓欲俱白",同时,作者化用杜甫《戏题寄上汉中王三首》其一"百年双鬓白,一别五秋萤"诗意,表达离乡时间之久;结局则融化李白《送远诗十一首》(其十)"相思千万里,一书值千金"和杜甫《春望》"家书抵万金"诗句,以相隔遥远而音信难通表达思归的迫切,呼应开头。《次韵》写雨天受阻,欲归不能的焦躁心情。首句通过描述天气,传达心绪的忧愁沉闷;次句以"野馆"渲染凄凉的环境;三、四两句转用老农的欣喜做对比并反衬自己的愁苦烦躁,颇富哲理意味。二诗都是抒写内心感受和心态情绪,而比喻、想象、对比、衬托诸种手法的运用,使诗歌的意象粘连紧密,并呈现出通俗浅易的特点,带有明显的学唐宗唐痕迹。

第二节　首举不第与逸居乡里

黄庭坚自淮南返回家乡修水之后,便开始为参加制举考试做准备。宋仁宗嘉祐八年(1063),十九岁的黄庭坚首次参加科举,乡试夺魁,继又同他的童年好友王力道(字肱,1043－1078)①等,于次年春至京师省试。后来,黄庭坚在《王力道墓志铭》中回忆说:

---

① 《山谷全书·正集》卷31《王力道墓志铭》:"吾友力道,讳肱。……庭坚童子时与力道游……两孺子同学问相爱,故两家亦相爱。力道长予二岁,……终以酒死,得年三十有五"。黄庭坚生于宋仁宗庆历五年(1045),王氏长庭坚二岁,则应生于庆历三年(1043),由此顺延三十五年为宋神宗丰元年(1078),是为王肱卒年。

"吾友王力道,讳肱。……庭坚童子时与力道游……以两孺子同学问相爱,故两家亦相爱。……后七年比岁,以乡举士,俱集京师。甲辰、丁未岁相从也"(《山谷全书》正集卷31)。

可惜此次京师会考,未能金榜题名,黄庭坚与王力道俱落第而归。但是,这次省试,却首次公开展示了黄庭坚不同常俗的气质、品格和情操。宋人孙升《孙公谈圃》卷下①云:

黄鲁直得洪州解头,赴省试。公(孙升)与乔希圣数人待榜。相传鲁直为省元,同舍置酒,有仆自门被发大呼而入,举三指,问之,乃公与同舍三人,鲁直不与(预)。坐上数人皆散去,至有流涕者,鲁直饮酒自若。饮酒罢,与公同看榜,不少见于颜色。公尝为其妇翁莘老言,甚重之。

其冠乡士而赴京应考,肇端良佳;传为省元,似预料中事,同舍置酒相贺,亦在情理之中;然竟不中选而名落孙山,落差之大,俗人难免失态,故庆者或散或泣;黄庭坚却独能神情自若,不仅饮酒如故,且酒罢观榜,不见愠结之色,其入俗而又出俗的非凡品格和心态境界已初露端倪,故岳丈孙觉听说此事,愈加器重,而八年之后,苏轼在湖州初见鲁直诗文,即断言笔者"必轻外物而自重"②。

黄庭坚首次应举落第后,返回双井,族居乡里,一面同父兄友朋辈切磋琢磨学问,吟咏赋诗,课业待举,一面回归自然界中,醉心山水,雅意泉壑,领略隐逸之趣。由此,他写了部分抒怀之作和山水篇什,反映了诗人在当时特殊背景下的心态和情绪。其《赠元发弟·放言》③诗云:"亏功一篑,未成丘山。凿井九阶,不次水泽。行百里者半九十,小狐汔济濡其尾。故曰时乎?时不再来。终终始始,是谓君子。"④诗表达了一种有佳始而未善终的遗憾,这正是诗人首冠乡士而终未及第的特殊境况的内心反映,也是合乎常情常理的表现,故作者采用连喻的形式反复咏叹。但是,黄庭坚并没有把此事看得过重,故仅是遗憾而已,这才是黄庭坚!虽

---

① (宋)孙升.孙公谈圃:卷下[M].陶氏涉园影印宋刊百川学海本.

② (宋)苏轼.答黄鲁直书[M]//孔凡礼.苏轼文集:第52卷.北京:中华书局,1986:1532.

③ 此诗黄𩅞《黄山谷年谱》卷1定为治平四年(1067)及第后作,《山谷外集诗注》卷1因之不疑。今据山谷行实与诗意综合考察,则应为治平元年(1064)落第后作。黄庭坚首冠乡士而终未及第,故有"亏功一篑"之叹。

④ (南宋)史容.山谷外集诗注:第1卷[M].钦定四库全书本.

然他形诸歌咏,也只是兄弟之间说说而已,且诗的结尾以毫不灰心气馁的旷达情怀收束,更有一种向上的精神含纳其中。如果说此篇尚可见出黄庭坚入世之姿的话,那么,在他的另一首诗作《清明》里,则近乎超然出世了:

> 佳节清明桃李笑,野田荒垅只生愁。
> 雷惊天地龙蛇蛰,雨足郊原草木柔。
> 人乞祭余骄妾妇,士甘焚死不公侯。
> 贤愚千载知谁是?满眼蓬蒿共一丘。

——《山谷外集诗注》卷 1

这首七律的首联描述了自然界中不同的客观境象给人的截然相反的主观感受;颔联描述了天地间令人难以琢磨的自然变化景观;颈联拈出两个为人熟知的典故,展示了人类社会中人格品操、思想行为截然相反的两类人;尾联则以昭示人生最终的客观结局收束。平心而论,此诗不无消极的虚无主义成分。但是,作者将儒家正视现实的思想和释道超然物外的眼光有机地结合起来,审视宇宙万物和社会人生,反映了作者对矛盾表象的观察和认识,具有一定的客观哲理性,显示出诗人的悟性灵根和入世出俗的思想基础,这使得他一生执着于艺术的追求与创新,而不过于看重仕宦和利禄。对于此次应举落第,他的超脱达观由此诗亦可见一斑了。

这一时期,黄庭坚尚有《次韵叔父圣谟咏莺迁谷》《次韵十九叔父台源》《叔父钓亭》《岩下放言五首》(以上均见《山谷外集诗注》卷 1)诸诗。此数篇《黄山谷先生年谱》皆附置于治平三年(1066),且云:“凡诸父昆弟相与题咏赓唱,不可系以岁月者,悉附于早年乡居之时”①,是知年谱并未详审且论定作年,仅姑置于此。今细味诸诗内容,可大体推知为落第乡居所为。《次韵叔父圣谟咏莺迁谷》中云“黄鸟在幽谷,韬光养羽仪”,这既是对叔父的赞许,也是自己当时的写照。其后又云:“清风曜桃李,言语自知时。先生丘中隐,乔木见雄雌。引子迁绿荫,相戒防祸机。李杜死刀锯,陈张怨弃遗。不如听黄鸟,永昼客争棋”,则对隐居的自由和官场的倾轧做了鲜明的对比,表明了诗人清醒的认识和对隐逸的向慕。《次韵十九叔父台源》《叔父钓亭》则进一步表露了对自然的向往和隐居的兴趣:“人曾梦蚁穴,鹤亦怕鸡笼。万壑秋声别,千江月体同”“槛外溪风拂面凉,四围春草自锄荒。

---

① (南宋)史容.山谷外集诗注:第 2 卷[M].钦定四库全书本.

陆沉霜发为钩直,柳贯锦鳞缘饵香。影落华亭千尺月,梦通歧下六州王。麒麟卧笑功名骨,不道山林日月长"。《岩下放言五首》更是寄情于物,以物写人,发抒感慨,吐其心志,诸如"游渔净而知机,君子乐而忘归"(其一)、"水戏者游鱼,林乐者啼鸟"(其二)、"人就荫而息迹,鸟投暮而来归"(其五),皆言隐逸情趣;其三咏冠鼋台则谓"我来分自东,攀桂枝分容与",唐人称科举考试及第为折桂,这里诗人融化屈原《九歌》和楚辞《招隐士》中"聊逍遥分容与""攀援桂枝聊淹留"句意,写自己虽参加科举考试而未能青云得志的境况。

落第后的乡居生活,为黄庭坚二次应举奠定了坚实的基础,尤其是他对大自然的倾心以及由此而引发的浓厚的隐逸兴趣,不仅直接有助于第二次应考乡试的答题,而且贯穿于诗人一生的创作中,成为他体现人格品操的重要部分。

第三节　金榜题名与赴任叶县

宋英宗治平三年(1066),朝廷下诏开科取士。黄庭坚写了《戏赠诸友》诗(题下自注"时诏下"):

> 驽骀无长途,一月始千里。
> 骅骝嘶清风,只在一日耳。
> 诗酒废书史,诸友勿自疑。
> 宁为驽骀懒,当效骅骝嘶。
> 疏水必有源,析薪必有理。
> 不须明小辨,所贵论大体。
> 生死命有制,富贵天取裁。
> 傥能领真意,何有于我哉!
> 讨论销白日,圣知在黄卷。
> 自此宜数来,作诗情缱绻。

——丛书集成初编《山谷诗外集补》卷1

作者以劣马自况,而将友人喻为千里驹,希望能同友人一块切磋学问,讨论大体,准备应试。诗中表现了同友人的共勉与希望,传达了一种先尽人事、后听天命的思想,认为首先应在主观上积极努力,认真做好准备,至于能否考中则不必理会,这种考前的良好心理状态,既有严肃认真的现实主义精神,又有不拘不泥和超脱旷达的思想意识。是年秋初,庭坚作《新凉示同学》,悔叹考期日近而学业几废,述暮春染疾,暑夏一晃而过,今至秋凉,试读诸书,已甚生疏:

> 春深花落病在床,永夏过眼等虚掷。
>
> 卷帘昨暮得新凉,空堂呼灯照几席。
>
> 岂无熟书试一读,欲似平生不相识。
>
> 今日明日相寻来,百年青天过鸟翼。
>
> 夜阑叹息仰屋染,废弃寝膳思无益。
>
> 吾徒奈何纵漫游,君不见禹重寸阴轻尺璧。
>
> ——《山谷诗外集补》卷1

结尾部分直言时间的宝贵。

从黄庭坚现存诗文看,在当时准备应考的诸多同学中,黄庭坚与黄几复(?—1088)①过从最密,切磋最多,交谊最厚,唱和最夥。二人同窗苦读,相互启发,故鲁直《漫书呈几复三首》其二有"解衣扪虱对青灯"之句,其三又谓"秋虫振羽惊寒梦,河汉西斜夜独兴。欲罢不能呼子起,新凉宜近读书灯"(《山谷诗外集补》卷3)。据黄庭坚所撰《黄几复墓志铭》(见四部丛刊初编本《豫章黄先生文集》卷23),知几复居西山下,离双井不远,故"能来屈马蹄"(《山谷诗外集补》卷3《留几复饮》),朝夕相就,讨论学问。几复于庄老得之甚深,《墓志铭》称:

> 几复年甚少,则有意于六经,析理入微,能坐困老师宿学。方士大夫未知读庄老时,几复数为余言,庄周虽名老氏训传,要为非得庄周,后世亦难趋入。其斩伐俗学,以尊黄帝、尧舜、孔子,自杨雄不足以知之。予尝问《消摇(逍遥)游》,几复曰:"消者如阻动而冰消,虽耗也而不竭其本;摇者,如舟行而水摇,虽动也而不伤其内;游于世,若是,唯体道者能之。庭坚甚服其论,时作《几复读庄子戏赠》云:

---

① 四部丛刊初编本《豫章黄先生文集》卷23《黄几复墓志铭》:"吾友几复讳介……熙宁九年乃得同学究出身。……诸公将稍用之而几复死矣。盖元祐三年四月乙巳"。是知卒于1088年。

蜩化枪榆枋,鹏化搏扶摇。

大椿万岁寿,粪英不重朝。

有待与无待,定非各逍遥。

譬如宿舂粮,所诣岂得辽。

漆园槁项翁,闻风独参寥。

物情本不齐,显者桀与尧。

烈风号万窍,杂然吹籁箫。

声随器形异,安可一律调。

何尝用吾私,总领使同条。

惜哉向郭误,斯文晚未昭。

胡不弃影事,直以神理超。

木资不才生,雁得不才死。

投身死生中,未可优劣比。

深藏无所用,一寓不得已。

逍遥同我谁,岁莫于吾子。

——《山谷诗外集补》卷2

可见其深得庄老哲思精髓。庭坚《读书呈几复二首》曾描述当时二人苦读有得、相互感发的情形说:"身入群经作蠹鱼,断编残简伴闲居。不随当世师章句,颇识杨雄善读书。"(其一)"得君真似指南车,杖策方图向燕居。吾欲忘言得道妙,六经俱是不完书。"(其二)后来,黄庭坚还写有《庄子内篇论》,推评赞颂,发幽阐微,称其"法度谨严"(《豫章黄先生文集》卷6),并钩提各篇要旨;又有《书〈老子注解〉及〈庄子内篇论说〉后》,感叹"前儒者未能涣然顿解"老庄经典,深以为憾。庄子老子哲思贯穿于黄庭坚一生的创作实践中,成为他超然物外、雅意林泉、入世而脱俗的重要思想基础,这除了家学祖风的影响之外,与他早年同黄几复的切磋激发和深入研讨是分不开的。

　　经过一段紧张的温习准备,黄庭坚于秋天二次参加了乡举考试。这次的考题是以《野无遗贤》赋诗,黄庭坚所作有"渭水空藏月,傅岩深锁烟"二句,前句拈用周朝吕望故事,后句融化殷代傅说典实。渭水乃姜子牙未仕之前的隐居之地,《史记·齐太公世家》载,西伯周文王招贤纳士,出猎而遇吕尚于渭水之阳,请以辅佐朝政。唐代胡曾《渭滨》诗云:"岸草青青渭水流,子牙曾此独垂钩。当时未入飞熊梦,几向斜阳叹白头"即咏其事。傅岩为殷朝丞相傅说未仕之前的隐居地,相传傅说曾操筑(从事土木建筑的奴隶)于傅岩之野(《书·说命》有"(傅)说筑傅岩之野"之句),殷帝武丁(后称高宗)得以为相,从而使衰落的殷朝出现了中兴的局面。吕尚和傅说都是具有济世之才的圣贤大哲,长期隐埋乡野,可以说是"遗贤"的典型代表,但最终又都被朝廷访得并重用,成为治国理政的栋梁。黄庭坚拈出他们未仕前的闲居之地,又分别用"空藏月""深锁烟"描述现在的沉寂、冷幽景象,借以含蓄委婉地暗示此处已无贤人居住营生,从而不仅深切"野无遗贤"诗题,而且将历史与现实勾联一起,使诗歌意境深邃,含蕴丰富,耐人寻味。其中的意象如"渭水""傅岩""月""烟"等,又生动鲜明,浑然一体,有水有山,"藏月"写水中月影,以虚写实,水空合一,"锁烟"状山间云雾缭绕情景,迷离恍惚,若隐若现。而在表现形式上又对仗工稳,句法严整。只此两句,便充分显示出作者博雅的学识和非凡的诗才,故主考官李询(字仲同,庐陵人,皇祐己卯进士)读此二句之后"击节称赏"(周季凤《山谷黄先生别传》),且批云:"此人不惟文理冠场,异日当以诗名擅四海"(《续名臣言行录》)。由是,黄庭坚遂膺首选。

是年冬,黄庭坚冒着风雪严寒,踏上了进京的征程。治平四年(1067)春天,他参加了礼部进士考试,"登张唐卿榜第三甲进士"(《年谱》卷2)。其后来有《寄李师载》诗谓"同升吏部曹,往在纪丁未","丁未"即治平四年。其《故江阳杨君画像赞并序》称:"杨君存道,累世以儒学知名,荐于乡,乃登治平四年进士第,于予为同年进士"[1];其于《朝奉郎致仕王君墓志铭》中亦云:"君讳默,字复之。……登治平四年进士第……与庭坚同年进士也"[2]。

正如首次应举名落孙山而处之泰然一样,这次金榜题名,也并没有使黄庭坚欣喜若狂,在他看来应举不过是为生活计而已,故败不馁而胜不骄,绝不看重功名。倒是亲情、友情和林泉雅趣在他心目中占据的位置更多、更重,所以,及第后他首先挂念的便是自己的"慈母""闲友"和"故林"。下面几首诗为其及第归家途中所作,真实地反映了诗人当时的心态:

> 京尘无处可轩眉,照面淮滨喜自知。
>
> 风里麦苗连地起,雨中杨树带烟垂。
>
> 故林归计嗟迟暮,久客平生厌别离。

---

① (宋)黄庭坚.豫章黄先生文集:第14卷[M].四部丛刊本.
② (宋)黄庭坚.豫章黄先生文集:第22卷[M].四部丛刊本.

落日江南采苹去,长歌柳恽洞庭诗。

——《新息渡淮》

客子空知行路难,中田耕者自高闲。
柳条莺啭清荫里,楸树蝉嘶翠带间。
梦幻百年随逝水,劳歌一曲对青山。
出门捧檄羞闲友,归寿吾亲得解颜。

——《老山道中》

风裘雪帽别家林,紫燕黄鹂已夏深。
三釜古人千禄意,一年慈母望归心。
劳生逆旅何休息,病眼看山力不禁。
想见夕阳三径里,乱蝉嘶罢柳荫荫。

——《初望淮山》

　　三诗皆见《山谷诗外集补》卷3。新息、光山、淮山,均是由京城返回家乡途中经过的地方。新息(今河南息县)在宋代位于京西北路同淮南西路的交界处,濒临淮水而南望光山,隶属汝南郡;光山在淮南光州境内;淮山则泛指淮南境内的山峦。这组纪行诗不以纪事写景为主,而重在抒写心境,表露心态。

　　第一首写渡淮时的感触见闻和联想,表现脱离羁绊而回归自然的喜悦之情。首联叙述出京至淮,临水自喜的情绪;颔联描绘淮水两岸麦苗和杨柳的可爱,表现对自然风光的倾心;颈联转而感叹为求仕而客居京都,现在返回家园,无奈已是春去夏来,透出归晚之恨;尾联则借用梁代诗人柳恽《江南曲》"汀洲采白苹,日落江南春。洞庭有归客,潇湘逢故人。故人何不返,春花复应晚。不道新知乐,只言行路远"[1],委婉地点出"归客"身份,并暗示了节令与地点,既照应了颔联,又收束了全篇。由诗可见作者心志兴趣乃在大自然中,而并不以及第为意,甚至给人以未仕而思隐的感觉。

　　第二首的旨趣亦同上篇。首联通过"客子"与"耕者"的对比,表达对"高闲"的向慕;颔联描述"莺啭""蝉嘶""柳清""楸翠",透出对自然美景的醉心;颈、尾二联则以感叹人生短暂、时光易逝,传达出为功名利禄奔波不如归隐在家的思想。

---

① 逯钦立辑校.先秦汉魏晋南北朝诗中册:《梁诗》第8卷[M].北京:中华书局,1983:1673.

第三首则从回忆去冬离家赴京应举起笔,感叹而今返回已是仲夏季节,寒暑相易,时如过隙;三四句言自己也像古人一样,为了走入仕途,得到一点微薄的俸禄,而奔波异乡将近一年,使家中老母挂念惦记,这里诗人暗用《庄子·寓言》"视三釜(古代低级官吏的俸禄数量,一釜为六斗四升)、三千钟,如观雀蚊虻相过乎前"之说,表示并不看重仕禄,而以亲情为念;颈、尾两联又将自己的"劳生逆旅"和汉代蒋诩的辞官归里做了比较,据晋代赵岐《三辅决录·逃名》载,蒋诩辞官归里,塞门不出,舍中辟三径,唯与求仲、羊仲往来,黄庭坚暗用此典,委婉地否定了自己的应举求仕而肯定了蒋氏的隐居,透露了不求闻达,无意仕途的意识。总之,这三篇诗歌都饱含着浓厚的归隐意识而丝毫看不出中举及第的得意,体现了诗人不凡、不俗的气质和心态。黄庭坚曾多次宣称"平生濯缨心,鸥鸟共忘年"(《山谷外集诗注》卷8《十月十三日泊舟白沙江口》),他的应举求仕亦不过如其所言"智效一官全为亲"(《山谷外集诗注》卷1《次韵戏答彦和》),而并不想在政治上有所作为,故其归隐意识伴随着他的全部仕宦生涯,而在绝大多数作品里都有鲜明的反映。黄庭坚在《濂溪诗·序》中对"好读书雅意林壑"的周茂叔推崇备至,以为"人品甚高,胸中洒落如光风霁月","虽仕宦三十年而平生之志终在丘壑"(《山谷别集诗注》卷上),其推评周氏,亦是自评。他的这种思想意识的产生和发展,除了受宗族中先辈的影响之外,释老禅理哲思的启悟熏染是又一重要的方面,而客观环境和社会因素又为诗人的归隐意识的产生发展提供了条件。

黄庭坚及第释褐后,调汝州叶县(今河南叶县南)尉。但他并未马上赴任,而是首先返家省亲,故途中有《新息渡淮》《光山道中》《初望淮山》诸作。是年宋英宗赵曙驾崩,其子赵顼即位,庙号神宗。次年改元熙宁。黄庭坚熙宁元年(1068)秋始离家赴任,《早行》诗:"失枕惊先起,人家半梦中。闻鸡凭早晏,占斗辨西东。薝湿知行露。衣单觉晓风。秋阳弄光影,忽吐半林红。"[1]即描述赴任途中早起晓行露重衣单和秋阳初升的景象。九月至汝州,已延误了上任日期,被镇相富弼(1004－1083,字彦国)拘留于幕府中,查问根由,且准备申报朝廷,另行改官,数日后方放行叶县,未加大罚。拘留期间,黄庭坚写了《思亲汝州作》:

> 岁晚寒侵游子衣,拘留幕府报官移。
>
> 五更归梦三百里,一日思亲十二时。
>
> 车上吐茵元不逐,市中有虎竟成疑。

---

① (南宋)史容.山谷外集诗注:第3卷[M].钦定四库全书本.

秋毫得失关何事,总为平安书到迟。

——《山谷外集诗注》卷1

黄𥊽《黄山谷年谱》卷3谓:"按玉山王氏有先生此诗真迹,题云:'戊申九月到汝州,时镇相富郑公',而首句与集中不同,云'风力霜威侵短衣'"。可证黄庭坚行实及作诗背景。诗的首联直陈于暮秋到汝逾期遭受责罚的境况;颔联渲染远离家乡日夜思念亲人的情形;颈联则借用《韩非子·内储说》中庞恭典实和《汉书·丙吉传》中丙吉掌故,写曾有人谗言诋毁,幸上司宽厚,未予大罚。《汉书》载丙吉为人深厚,对官属掾吏掩过扬善,其为丞相时,随从侍吏醉呕车上,西曹主吏欲斥逐,丙吉止之曰:"以醉饱之失去士,使此人将复何所容? 西曹第忍之,此不过污丞相车茵耳",遂不去。这里以丙吉比富郑公。《韩非子·内储说》载魏因庞恭将与太子一起到赵国邯郸去作人质,临行前,庞恭问魏王,有一人或两人说市中有虎,你相信吗? 魏王皆说不信。庞恭又问,有三个人说市中有虎呢? 魏王答曰:"寡人信之。"庞恭接曰:"夫市之无虎也明矣,然三人言而成虎。今邯郸之去魏也远于市,议臣者过于三人,愿王察之"。"市中有虎竟成疑"即暗示了别人的诋毁使镇相疑惑,致被拘留。结尾两句点明思亲原因并非是逾期受责,而是因为没有收到家中的书信,不知目前家中的状况。全诗通过描述境况心态,表达了对故乡和亲人的留恋。

北宋汝州郡治在梁县(今河南临汝),叶县位于梁县东南方,相距并不甚远。黄庭坚于暮秋至任所,写了《初至叶县》诗:

> 白鹤去寻王子晋,真龙得慕沈诸梁。
> 千年往事如飞鸟,一日倾愁对夕阳。
> 遗老能名唐郡邑,断碑犹是晋文章。
> 浮云不作苞桑计,只有荒山意绪长。

——《山谷诗外集补》卷3

旧题汉代刘向《列仙传》载,王子晋乃周灵王太子,名乔,好吹笙作凤凰鸣,游于伊洛间,被道士浮丘公接上嵩高山,三十年后已是得道仙人,乘坐白鹤至缑氏山巅探望家人。《古诗十九首》之十六有"仙人王子乔,难可与等期"之句。又,《后汉书·方术传》载,河东人王乔,显宗世为叶县令,每月朔望,自县诣召朝,帝怪其来数,而不见车骑,密令太史窥望,见其来时,辄有双凫从东南飞来,后常以双凫代指县令或地方官员。诗首联即融汇了这两个典故,一方面说明自己来到了当年王乔做县令的地方,紧扣了诗题,一方面暗示了对王子晋的向慕和愿追随为伴的愿望,透出虽入仕途而超脱世俗的心境。次联是面对现实的感叹,王子晋乃"千年往事",自然不能寻得,无有知音,顿觉寂寞。"一日倾愁对夕阳",正直述苦闷心绪,唯一使诗人稍感慰藉的便是叶县的"遗老"和"断碑",前者可以谈谈此地的历史沿革和变迁,而后者可令诗人品鉴和联想。尾联以比喻的手法、委婉地写出了为官不作久远之计,最后终当归隐山林的想法,既收束了全诗,又照应了开头。全诗意境深沉,透露了作者刚到任所时的情绪和心态。

　　黄庭坚至叶县后,生活暂时安定下来,且有一定的俸禄,不久,便迎娶兰溪在叶县完婚。七年前,孙觉将十一岁的女儿许给了年仅十七岁的黄庭坚,至此方结成连理,始为夫妻。后来黄庭坚在《黄氏二室墓志铭》中回忆说:

> 庭坚之初室曰兰溪县君孙氏,故龙图阁直学士高邮孙公觉莘老之女。年十八归黄氏。能执妇道,其居室相保惠教诲,有迁善改过之美,家人短长不入庭坚之耳。方是时,庭坚为叶县尉,贫甚,兰溪安之,未尝求索于外家。……
>
> ——《山谷全书·外集》卷22

可见黄庭坚对兰溪的品德十分满意,夫妻琴瑟和鸣,生活和谐,感情很深。

　　县尉在当时是协助县令处理各种事务性具体工作的低级官吏,举凡巨细公务,均得参与,故忙碌碌烦冗,诗人尝自言,"我为折腰吏,王役政敦薄。文移乱似麻,期会急如雹"(《外集补》卷1《戏答公益春思二首》其一),常常是"简书催出似驱鸡"(《雪中连日行役戏书简同僚》,史容《山谷诗外集补》卷3),少有闲暇。熙宁二年(1069)春初,黄庭坚受遣往邻县舞阳(属颖昌府)勘察一桩人命案件,下榻于舞阳县城西的一座寺庙里。饭后徜徉于寺塔,看到了七年前首次赴京应举时,路过此处书写在塔壁间的诗句,回想到那时首冠乡试,于同学中誉望甚高,其"拂尘落笔之时,观者左右",而今似乎事隔数百年,惚恍梦中,"信今梦中强记昔梦耳",由此,诗人引发出一番深含禅机哲理的感慨并吟诗一首。序曰:

> "新物代故物,如十指相为倚伏。抵掌而谈,缩手入袖,遂成前尘。造形乃悟,已非其会,矢贯其首,方且睨引弓者谁?故古人尝眇万物以为言,以谓枢始得其环中,以应无穷。嗟乎!浩浩七年,其间兴废成坏,所更多矣。自其究竟言之,谁废谁兴,谁成谁坏,非见无我,非我无见,故曰无所见。见去言以观吾言,后当有知言者。"

诗云：

> 万事纷纷日日新，当时题壁是前身。
> 寺僧物色来相访，我似昔人非昔人。

——《山谷外集补》卷3

其中自然含纳了诗人的经历与对世事的理解，尤其呈露了他对禅机的领悟和慧根。

三月间，黄庭坚让长兄大临将母亲和弟弟妹妹们送来叶县，随食同住。元明返回家乡修水时，黄庭坚写了《还家呈伯氏》送行：

> 去日樱桃初破花，归来着子如红豆。
> 四时驱逼少须臾，两鬓飘零成老丑。
> 永怀往在江南日，原上急难风雨后。
> 私田苦薄王税多，诸弟号寒诸妹瘦。
> 扶将白发渡江来，吾二人如左右手。
> 苟从禄仕我壇回，且慰家贫兄孝友。
> 强趋手板汝阳城，更责愆期被诃诟。
> 法官毒螫草自摇，丞相霜威人避走。
> 贱贫孤远盖如此，此事端于我何有？
> 一囊粟麦七十钱，五人兄弟二十口。
> 官如元亮且折腰，心似次山羞曲肘。
> 北窗书册久不开，筐篋黄尘生锁钮。
> 何当略得共讨论，况乃雍容把杯酒。
> 意气敷腴贵壮年，不早计之且衰朽。
> 安得短船万里随，江风养鱼去作陶朱公。
> 斑衣奉亲伯与侬，四方上下相依从。
> 用舍由人不由己，乃是伏辕驹犊耳。

——《山谷外集诗注》卷1

此诗黄𦋺《黄山谷年谱》卷4以为作于熙宁四年，史容《山谷外集诗注》卷1亦沿袭不疑,其实,诗乃写于熙宁二年夏初。《年谱》的失误乃是由于对作品的误解和失察造成的。黄庭坚家在修水,题有"还家"二字,理应作于双井,但《年谱》《诗注》均言"原注叶县作",是知此诗作于叶县而不作于修水,可见"还家"者非诗人。细味全诗,可知"还家"者实乃"伯氏"。诗以"去日"起笔,正从诗题"还家"生发,因为有"去"方能"还","去"者即离家也;而次句"归来"恰扣"还家"。从"樱桃初破花"到"着子如红豆",时隔不足一月,而樱桃初夏成熟,故知所写乃三月间事。又,诗中以"丞相"称富弼,考富氏熙宁二年二月拜相,十月罢免,可知诗只能写于熙宁二年,况诗中谈到赴任延误日期而受责难之事,亦可知相去未远。黄庭坚熙宁元年九月到任,根据宋代通例,在任期间一般是不能擅离职守回家省亲的,何况黄庭坚前已有延期赴任之过,而次年春不会再有双井之行。所有这些,《年谱》均未详察,故编年失误。这首七言古歌行起四句切题写伯氏离家与返回的时间、节令,并由此感叹日月如梭催人老;次四句通过回忆往昔在家时的劳作和贫苦生活,言兄弟感情之深厚;"扶将"四句点出离家本事根由,并称颂伯氏品行。"强趋"以下十句叙述入仕以来的遭遇,表达自己虽然不愿做官,但为家人生计,也只能暂时"折腰""曲肘";"北窗"以下十句抒写归隐读书、奉亲益年的志向和愿望。结尾两句转写目前的境况,表达既入仕籍而无自由的怨慨。全诗坦诚直率,浅易通俗,意境明晰,感情诚挚,表现了作者当时复杂的内心世界。

黄庭坚俸禄微薄而家人众多,所谓"一囊粟麦七十钱,五人兄弟二十口",生活十分艰难。"慨予方食贫,予腹岂屡厌。藜羹稀糁苇,寒菹薄醢盐"(《送醇父归蔡》,谢启昆《山谷外集补》卷2),以野菜稀粥度日尚且缺少醋盐,可见其贫甚。且弟妹渐已成人,又须嫁娶,食且不丰,何能筹措嫁资!诗人常常为生活的贫困而忧伤,为妻子弟妹不得温饱而自疚:

> 诸妹欲归囊褚单,值我薄宦多艰难。
>
> 为吏受赇恐得罪,吃菽饮水终无欢。
>
> 永怀遂休一夜梦,谁与少缓百忧端。
>
> 古人择婿求过寡,取妇岂为谋饥寒!
>
> ——《山谷诗外集补》卷1《伤歌行四首》其三

生活落到家人"吃菽饮水"的程度,难怪乎诗人产生了以自耕而得温饱的想法:"人间若有不税地,判尽筋力终年锄"(《伤歌行四首》其四)。长时间的贫困生活使妻子兰溪的身体衰弱致疾。熙宁三年(1070)暮春,兰溪已病体难支,黄庭坚于《再和答张仲谋陈纯益兄弟》诗中说：

> 渡江羁宦襄江北，红尘染尽春衫色。
>
> 春畲辍耕草冉冉，瘦妻病余废组织。
>
> 官仓得粟何常饱，清夜饥肠吟唧唧。

是年七月初二日，兰溪病逝，年仅二十。黄庭坚为失去这样一位明达贤惠的妻子爱人而痛感悲伤，哀痛不已，并将兰溪葬于叶县，二十二年后，迁葬于双井祖茔。黄庭坚与兰溪感情很深，兰溪逝世后，黄庭坚的感情受到强烈的冲击，对这位共同生活了两年的结发妻子系念难忘，经常写诗悼念，寄托哀思。《哀逝》即写于兰溪病逝后不久：

> 玉堂岑寂网蜘蛛，那复晨妆觐阿姑。
>
> 绿发朱颜成异物，青天白日闭黄垆。
>
> 人间近别难期信，地下相逢果有无？
>
> 万化途中能邂逅，可怜风烛不须臾。

——《山谷诗外集补》卷3

这首诗的首联写兰溪生前居室今已蛛网锁布，冷漠沉寂，由此想起妻子生前每天早晨起床后在这里梳洗打扮完毕，然后去拜见婆母，给婆母请安，而今人已仙逝，睹景伤情，无限悲哀凄楚；颔联写兰溪芳年早逝，命归黄泉，使诗人痛彻肺腑；颈联以希望能在地下相逢，写对妻子的眷恋和执着深情；尾联写自己哀伤过度，好似风中的蜡烛，恐怕坚持不了多久，也会追随妻子而去。全诗呈现出悲痛欲绝的情调，使读者可以想见诗人痛不欲生的悲哀情景，传达了作者对爱人真挚深切的感情。感情上的沉重打击，胸中的巨大悲痛，使深好庄老之学的诗人也无法达观，难以超脱感情的羁绊，无力战胜对妻子凝重深挚的情感和难以忘怀的思念，其《红蕉洞独宿》①就是叙述和描写自己企图通过庄子哲思来控制感情，摆脱对妻子的痛苦思念，然而竟毫无效果：

> 南床高卧读逍遥，真感生来不易销。

---

① （清）谢启昆.山谷诗外集补:第4卷[M]//黄诗全集.清乾隆谢氏树经堂刻本.

枕落梦魂飞蛱蝶,灯残风雨送芭蕉。

永怀玉树埋尘土,何异蒙鸠挂苇苕。

衣侊妆台蛛结网,可怜无以永今朝。

诗首联以叙述与议论起笔,颔联化用《庄子·齐物论》中"庄周梦蝶"的故事和唐明皇杨玉环的生死之恋,表达梦魂追逐爱妻魂魄之生死难离的缠绵之情,表达自己于秋雨梧桐叶落时的深夜对妻子的深切思念。颈联点明诗旨,在倾诉怀念亡妻的同时,化用《荀子·劝学篇》中"蒙鸠以羽为巢,而编之以发,系之苇苕,风至苕折,卵破子死"的故事,说明自己虽活在人世,亦岌岌可危,将不久于人世,以表达对爱妻的追恋。尾联以衣架妆台的结满蛛网写室内的凄惨与悲凉,感叹孤寂难熬,从而收束了全诗。全诗通过叙述、议论、比喻、描写等诸种艺术手法,将对兰溪的深切爱恋、悼念之情呈现给读者,感人至深。熙宁四年(1071),黄庭坚游黄山还写下了《宿黄山》:"平时游此每雍容,掩袂今来对晚风。白首同归人不见,黄山依旧月明中"①,表达对兰溪的怀念和哀思。

熙宁四年(1071)冬初,黄庭坚叶县尉任满,入京等待改官,此间曾过洛阳漫游,写下了《予既不得叶,遂过洛滨,醉游累日》诗:

瘿民见我亦悠悠,瘿木累累满道周。

飞凫已随王令化,真龙宁为叶公留。

未能洗耳箕山去,且复吹笙洛浦游。

舍故趋新归有分,令人何处欲藏舟。

——《山谷外集补》卷3

诗人使用了飞凫王令、叶公好龙、许由洗耳、子晋吹笙等传说和典故,抒写了卸职后的行踪、境遇和未能归隐的心态。又有《离汝寄张子》"草枯木落晚凄凄,目断黄尘听马嘶,想子重行分首处,荒凉巢父井亭西"②,言其离开汝州之境的时间季节和友人送行情景。

是年冬,朝廷诏举四京学官,黄庭坚应诏参加了此次考试,并以优等成绩被录取。

---

① (清)谢启昆.山谷诗外集补:第3卷[M]//黄诗全集.清乾隆谢氏树经堂刻本.
② (清)谢启昆.山谷诗外集补:第3卷[M]//黄诗全集.清乾隆谢氏树经堂刻本.

自英宗治平四年(1067)春及第释褐至神宗熙宁四年(1071)冬参加学官考试,这五年是黄庭坚向诗坛快速挺进的时期,也是他早期创作的第一个丰收季节,而且在创作意识和艺术境界方面,发生了极大的变化。如果说及第之前,黄庭坚写诗尚属习作,且带有一定功利色彩,即为求仕做准备而被迫进行创作磨炼(当然不全是如此)的话,那么,释褐后的作品,已消除了功利嫌疑而自然地进入了主动创作的状态(当然也有自觉磨炼的成分)、写诗成为黄庭坚生活的重要组成部分。他用诗反映社会现实、表现个性意识,写友情、诉亲情、言吏事、谈家常,乃至讲学论诗、参禅悟道、写景咏物、慨叹人生……总之,以诗来描绘广阔的社会人生和个人的心态情绪,展示了早期创作内容的丰富性。同时,黄庭坚在躬身创作的实践中,一方面广泛吸收前人的成功经验,继承和发扬汉民族优秀的艺术传统,一方面又竭力体味摸索诗歌创作中的奥秘和规律,力求有所变化和发展,因此,这一时期已经写出了一些很有代表的优秀作品,成为后来崭露圭角和主盟诗坛的良好开端。

受儒家仁政思想的影响,黄庭坚释褐后写出了部分关心民瘼和反映民生疾苦的诗篇。熙宁元年秋,其赴任途中写有《渔父二首》,其一有云:"不因田赋与王役,一船妻子乐无穷",对渔父颇受赋役之害深表同情。又有《虎号南山》诗三章,诗题自注云"虎号南山,民怒吏也",全诗曰:

> 虎号南山,北风雨雪。百夫莫为,其下流血。
> 相彼暴政,几何不虎? 父子相戒,是将食汝。
> 伊彼大吏,易我鳏寡。翙彼小吏,取桎梏以舞。
> 念昔先民,求民之瘼,今其病之,言置于壑。
> 出民于水,惟夏伯禹。今俾我民,是垫平土。
> 岂弟君子,伊我父母。不念赤子,今我何怙!
> 呜呼昊天,如此罪何苦!

"苛政猛于虎"是一个古老的话题,自孔子揭橥以来,后世文学多有表现,柳宗元曾运化于散文,写了《捕蛇者说》,今黄庭坚又熔铸为四言古诗。首章破题,写暴政恶于虎;次章写大小官吏不管人民死活;尾章怀古叹今。全诗表现了作者对现实政治的不满,充满了对人民的深切同情,颇有为民请命的味道。这种关心民瘼、同情人民的思想,在不少作品里都有体现:

赋敛及逋逃,十九被木索。

——《戏答公益春思二首》其一

书简催出似驱鸡,闻道饥寒满屋啼。

——《雪中连日行役戏书简同僚》

行有流移携襁褓,坐看憔悴拾薪蒸。

素餐每愧斯民病,改作常为法吏绳。

——《次韵邵之才将流民……均田》

　　熙宁元年秋冬,河朔地区连续地震,幸存者纷纷逃往河南谋生。次年春,黄庭坚在叶县目睹其状,写下了《流民叹》诗:

朔方频年无好雨,五种不入虚春秋。

迩来后土中夜震,有似巨鳌复戴三山游。

倾墙摧栋压老弱,冤声未定随洪流。

地文划劙水膴沸,十户八九生鱼头。

稍闻澶渊渡河日数万,河北不知虚几州。

累累襁负襄叶间,问舍无所耕无牛。

初来犹自得旷土,嗟尔后至将何怙?

刺史守令真分忧,明诏哀痛如父母。

庙堂已用伊周徒,何时眼前见安堵?

疏远之谋未易陈,市上三言或成虎。

祸灾流行固无时,尧汤水旱人不知。

桓侯之疾初无证,扁鹊入秦始治病。

投胶盈掬俟河清,一箪岂能续民命?

虽然犹愿及此春,略讲周公十二政。

风生群口方出奇,老生常谈幸听之。

——《山谷外集诗注》卷1

　　诗人叙述了河北地区在连年旱灾之后又遭地震,灾民流往河南的情形,而希望这些灾民能得到妥善的安置,以求生存。

熙宁四年(1071)春,黄庭坚接受差遣,与僚友一起赴马鞍山向农民推广水稻栽培,时朝廷"欲化西北之麦垅,皆为东南之稻田",地方官吏为邀功请赏、强制施行,对此,黄庭坚极为不满,但身在官籍,又不得不执行上司的命令,于是他写下了《按田》诗并序,表达了自己的看法。其在《序言》中云:

> "夫土性者,自先王所不能齐,而一切不问,薅夫故苗,灌为新田,茫茫水陂,邱垅平尽,其君子威以法刑,其小人毒以鞭朴。有举斯有功,有功斯有赏。作者之议曰:'前日吏持印相授,以媮眼前,而厚利弃于苍烟野草之间'。是岂不可笑! ……夺民之故习,而强以所未尝,其利安在?兴利者,受实赏;力田者,受实弊。郡县行空文,朝廷收虚名。名为利民,其实害之。"

其诗则描述此次"按田"即巡察督办的情形,诗中叙述了马鞍山农民的勤劳及其对麦地改作稻田的态度:

> 新民数十家,飘寓初栖托。
> 壮产无惰农,荒榛尽开凿。
> 临流遣官丁,悉使呼老弱。
> 恩言谕官意:"鄟水陂可作。
> 春秧百顷秔,秋报千仓获。"
> 掉头笑应侬:"吾麦自不恶。
> 麦苗不为稻,诚恐非民瘼。
> 不知肉食者,何必苦改作"?

显然,诗人完全站在农民的角度说话,批评官府不顾实际的妄自行为。

叶县任上,黄庭坚创作的反映民生疾苦的诗歌数量并不多,但它展示了诗人早期创作和思想的一个重要侧面,说明了黄庭坚早期创作保持了"唯歌生民病"的优秀传统,说明他十分重视诗歌的讽喻性和社会功能。黄氏家族世习儒业,而黄庭坚本人又禀赋仁厚慈善,终生奉行"临人如有父母之心",故其同情受苦的百姓,反映民瘼乃自然之事。

叶县三年的"折腰"生涯,使黄庭坚"忽忽不乐",他写了《思亲汝州作》《次韵戏答彦和》《郭明甫作西斋于颍尾》《过平舆怀李子先》等诗,表达了思亲念家、向慕归田的情怀。

第四节　蹭蹬仕途与病逝戍楼

熙宁五年诏举四京学官,黄庭坚参加了这次考试,以文章优等,遂被任为大名府(今河北大名)国子监教授。时大名府留守文彦博非常欣赏黄庭坚的才华和品格,黄庭坚教授任满,太师文彦博举以连任,故黄庭坚在大名留任达七年之久。

黄庭坚在大名结识了诗人谢景初(字师厚)。谢氏诗学杜甫,很赞赏山谷的诗作,曰:"'吾得婿如是足矣。'庭坚因往求之。"谢景初果然把女儿介休嫁给了他。在此期间翁婿多有酬唱,黄庭坚自谓"从谢公得句法"(《黄氏二室墓志铭》)。元丰元年(1078),黄庭坚向徐州知州苏轼投赠《古风》二首,表示仰慕之忱。苏轼早在孙觉、李常处得知山谷的文才,这次读到赠诗,很为高兴,当即次韵两首,并复函鼓励,从此山谷成为苏轼的门下弟子。七年的学官生涯,虽然较为清寒,但对淡泊名利、热心书史的山谷来说,却也心安理得。"十年不见犹如此,未觉斯人叹滞留"(《闰月访同年李夷伯子真于河上》),虽系赞人,亦是诗人自我情绪的流露。

元丰三年(1080),黄庭坚入京改官,被派知吉州太和县(今江西太和)。秋天自汴京起程赴任,过高邮,同秦观定交,并为少游书《龙井》《雪斋》二记。十月,道经舒州怀宁(今安徽潜南),游览了境内三祖山山谷寺、石牛洞,爱其林泉之胜,遂自号山谷道人。次年春,山谷抵任所。太和县为贫瘠之邑,黄庭坚到任,勤于职守,宽厚临民。"下田督未耘,入岭按新畬"(《代书》)、"我不忍敲民,教养如儿甥"(《己未过太湖……寄答》),是当时邑政的纪实。他常常攀崖越岭,深入山村,了解下情,访求民瘼。《上大蒙笼》《劳坑入前城》《金刀坑迎将家待追浆坑十余户山农不至》《彤陂》等反映山农疾苦的诗篇,就是依据他巡行山区的见闻写成的。

当时正在推行新法。新法中的盐政规定由官府向各地颁发盐筴,以便打击奸商,控制食盐供销。然而各地官吏为了向上邀功,竟对百姓强行超负荷摊派,唯独黄庭坚依照实际情况办理,虽"大吏不悦,而民安之"(《宋史·本传》)。"官宁惮淹留,职在拊鳏嫠"(《丙辰仍宿清泉寺》),决不以牺牲老百姓的利益来换取升迁,这是山谷抱定的宗旨。诗人不仅把吏治情况形诸歌咏,而且还以奇绝的诗笔描绘了太和的清秀山水,名篇《登快阁》即作于此时。元丰六年(1083)十二月,黄庭坚移监德州德平镇(今山东商河境内)。诗人由太和顺路回乡省亲后于次年春北上,经扬州、泗州,夏秋间抵达任所。山谷在泗州僧伽塔前书《发愿文》,中云"愿从今日尽未来世不复食肉",后人遂有"菜肚老人"之称。诗人到任后,德州通判赵挺之欲在德平推行市易法,黄庭坚认为"镇小民贫,不堪诛求,若行市易,必致星散"。因为他不肯阿附上僚,同赵挺之发生争论,不料竟酿成怨隙。德州官衙生活的落寞无聊,不免使他对远在天涯的亲友倍增思念。山谷的续室谢氏,早在婚后不久的元丰二年病殁。在赴德州任前他续娶的妾生了一个儿子,他很想念留在家乡的幼儿小德,故这时所写的《寄家》诗,有"梦回官烛不盈把,犹听娇儿索乳声"之句。怀友名作《寄黄几复》也写于宦游德平时期。

元丰八年三月,神宗病死,年幼的哲宗赵煦即位,高太后垂帘听政,朝廷起用旧党,黄庭坚被除授秘书省校书郎,六月应召抵京。不久,苏轼也回朝任职。次年改元祐元年(1086),至三月,因司马光推荐,黄庭坚参与核定《资治通鉴》。十月,黄庭坚被授予神宗实录院检讨官之职,主持编写《神宗实录》,遂有"黄太史"之称。十一月,召试学士院,黄庭坚同张耒、晁补之并擢馆职。随后,秦观、陈师道也相继入京。一时黄庭坚出入苏轼之门,并与其他苏门弟子交游酬唱,十分快意。元祐六年三月,《神宗实录》修成,修史人员均有升迁,黄庭坚也被擢为起居舍人。六月,黄庭坚因母亲去世,扶柩还乡。六年馆阁生活中,黄庭坚写了不少师友唱酬、官场赠答和题画谈艺的诗作,其中也不乏关涉时政的内容。如王安石病死,新党失势,他写了《次韵王荆公题西太一宫壁》,对王安石表示悼惜;边将生擒果庄,他写了《和游景叔月报三捷》,颂扬边防军的胜利。次韵苏轼的"效庭坚体"、《老杜浣花溪图引》《题竹石牧牛》等,都是这一时期的名作。

元祐八年冬,哲宗亲政,吕惠卿等人复官,黄庭坚方除服不久,闲居故乡,因预感政局有变,上章辞免京官。绍圣元年(1094)除知宣州(今安徽宣城),旋又改知鄂州(今湖北鄂城)。未及赴任,《神宗实录》史祸发生,言者指责《神宗实录》隐没先朝良法美意,含寓讽刺,朝廷令编修人员暂寓畿邑听候勘问。十一月黄庭坚抵达陈留(今河南开封市东南四十里)。章、蔡党人从《神宗实录》中摘举千余条,"谓为无验证,既而院吏考阅,悉有依据,所余才三十二事。"其中黄庭坚曾写神宗时"用铁龙爪治河有同儿戏"等语,朝臣提出勘问,黄庭坚对曰:"时官北都,尝亲见之,真儿戏耳!"凡有问皆直辞以对(《宋史·黄庭坚传》)。遂以"诬毁"先朝罪名,责授涪州别驾,黔州安置。绍圣二年初,长兄黄大临伴送黄庭坚自陈留经许昌,渡汉水,至江陵,然后取水路沿江而上,四月底到达黔州(今四川彭水),寓居开元寺摩围阁。这年六月,长兄离开黔州回家,兄弟"掩泪握手"为别,山谷写了情韵凄婉的《和答元明黔南赠别》诗送行。黔州太守曹谱(字伯达)、通判张先(字茂宗)皆"好事尚文"(黄庭坚《与杨明叔书》),对诗人颇为敬重,待之甚厚。一年后,三弟黄叔达从芜湖携带自己与山谷的眷属来黔州团聚。诗人自谓年来谢病杜门,"买地畦菜,已为黔中老农"(《与宜春朱和叔书》)。黄庭坚在黔曾题《蚁蝶图》来讽刺世态。又闲居无聊,尝摘白居易《长庆集》卷10卷11中诗句,成《谪居黔南十首》,借前人语以摅泻自己复杂的谪迁情怀。元符元年(1098)春,黄庭坚外兄张向提举夔州路常平,为避亲嫌他奉诏移戎州安置。黄庭坚六月至戎州(今四川宜宾市),寓居南寺,以"槁木庵""死灰寮"名其室,后僦居城南,又有"任运堂"之名。黄庭坚谪黔徙戎,六易春秋,身处穷荒,艰难困顿。但讲座"泊然不以迁谪介意。蜀士慕从之游,讲学不倦,凡经指授,下笔皆可观"(《宋史·黄庭坚传》)。在戎州,他还书写了杜甫在蜀川和夔州创作的全部诗歌,刻之于石,并建《大雅堂》,以储存诗碑。这一时期,诗人因"责授涪州别驾,黔州安置"而自号"涪翁""黔江居士"。

元符三年(1100)正月,哲宗去世,徽宗即位,太后向氏听政,旧党遭受迫害的局面有所改变。五月,黄庭坚复宣议郎,监鄂州盐税,山谷上表请辞,十月准告,复奉议郎,签书宁国军节度判官。十二月离戎东归。次年正月,皇太后向氏去世,徽宗亲政,改元建中靖国。三月,黄庭坚于东归途中接到权知舒州(今安徽潜山)的任命,四月至荆南时,朝廷以吏部员外郎召令入京。黄庭坚预料政局还会变化,连续上表请求差遣外郡,并暂寓荆州候复,这期间写了《病起荆江亭即事十首》。崇宁元年(1102)正月,诗人离荆州东归。途经巴陵,登岳阳楼,吟《雨中登岳阳楼望君山》绝句。随后经通城,回修水故乡,再取道萍乡,会晤时任县令的长兄黄大临。途中,得诏命,准领太平州(今安徽当涂)事。五月,过筠州、江州、湖口,六月九日抵达任所,接任九天即被罢职。黄庭坚当天即解印登舟,离开当涂,溯江而上,经舒城、江州,九月抵鄂州(今湖北武汉),遂流寓此地。崇宁二年,朝臣迫害元祐旧臣变本加厉,黄庭坚被列入元祐党籍。两年前寓居荆州时山谷作《承天院塔记》,转运判官陈举拟书名碑尾以托不朽,山谷不允。如今陈举挟怨报复,摘取《塔记》中"天下财力屈竭"等语,向原与山谷有隙的副相赵挺之诬告山谷"幸灾谤国",十一月诗人遂被除名羁管宜州(今广西宜州市)。十二月十九日,黄庭坚自鄂州携家赶赴贬所。崇宁三年(1104)初过洞庭,经潭州、衡州,三月上旬船泊浯溪,中旬将家属留在永州,然后只身通过全州、桂州等地,于五、六月间抵达宜州。宜州不仅环境艰苦,地方官员还处处刁难年迈的诗人。黄庭坚来贬所半年,仍没有安身之地,官府不准山谷住在城里,他只好在城南租赁了一间"上雨傍风,无有盖障"的民房,于崇宁三年十一月"抱被入宿乎"其中(《题自书卷后》)。后来为避免官府故意找房主的岔子,又于崇宁四年五月搬到城头的一座破旧的戍楼里栖身。

黄庭坚暮年虽备受折困,但仍浩然自得,口不停吟,手不辍书,并撰写日记名《宜州家乘》。当地人民求教索诗者,他均热忱相待。蜀中青年范寥远道谒访,诗人同这位书生同居戍楼，"围棋诵书，对榻夜语，举酒浩歌，跬步不相舍"（《宜州家乘序》）。九月三十日，六十一岁的诗人病逝于戍楼。守候身边的范寥替他料理了后事。南宋高宗时期朝廷追赠黄庭坚为龙图阁学士加太师，谥号文节。

黄庭坚出身仕宦之家，从小受着传统儒学的熏陶教育，儒家经典，烂熟于胸，主张"读书数千卷，以忠义孝友为根本"（《与韩纯翁宣义》）。在苏轼门下弟子中，他最深于禅学。宋代的洪州是禅宗盛行的地方，诗人自言家乡"多古尊宿，道场居洪州境内者以百数"（《洪州分宁县云岩禅院经藏记》）。黄庭坚自为儿童时就开始接触禅僧，青少年时期因作艳词还受到法秀禅师的棒喝。元丰末过泗州僧伽塔，曾作《发愿文》，立誓痛戒酒色、肉食。他还成为临济宗黄龙派祖心禅师的入室弟子，祖心"将入灭，命门人黄大史庭坚主后事"①。作为黄龙心禅师法嗣，《五灯会元》专为山谷立传。对于佛家经典如《维摩经》《楞严经》《圆觉经》《华严经》等，黄庭坚都很精熟。而且禅味渗透在他的诗文创作中，故朱熹说山谷之学"诣力多得之释氏"（《山谷全书》卷3《评黄》）。黄庭坚同当时许多著名禅师如惟清禅师、悟新禅师、云居祐禅师、翠岩真禅师等等，酬唱赠答，切磋禅理，有深厚的友谊。黄庭坚也酷好老庄，作有《庄子内篇论》，称其"法度谨严"，并一一阐发各篇写作意旨。他不满于"儒者谓其术异不求"，对"前儒者未能涣然顿解"老庄经典，叹为憾事（《书〈老子注解〉及〈庄子内篇论说〉后》）。

黄庭坚恪守儒术而又融通释老，他认为"佛法与《论语》《周易》意旨不远，《论语》大旨不过迁善改过，不自复藏"（《与王雍提举》），"《列子》书时有合于释氏，至于深禅妙句，使人读之三叹"（《跋亡弟嗣功〈列子〉册》）。同苏轼相比，黄庭坚融汇儒释道三家而更为倾心于释老。他奉行儒家的出处大节，所谓"在朝之士观其见危之大节，在野之士观其奉身之大义"（《书赠韩琼秀才》）。黄庭坚一生或长期放逐草野，或虽身处京阙而心慕林泉，故更多地讲求"奉身之大义"。其于"奉身"之道最强调超物脱俗，狷介自守，认为"士生于世，可以百为，唯不可俗"（《书嵇叔夜诗与侄木夏》）。苏轼"超轶绝尘，独立万物之表，驭风骑气，以与造物者游"②等语，就是对黄庭坚性格的描述。要达到这种修养，黄庭坚颇强调内向的心性养练功夫，所说"治经之法……一言一句，皆以养心治性"（《书赠韩琼秀才》）、"正心诚意而游于万物之表"（《跋元圣庚清水岩记》），就是诗人养性修身的要旨。与苏轼的敢怒敢骂有所不同，黄庭坚侧重于以"和光同尘"的形式达到洁身自持的

①　（宋）释普济.五灯会元:第17卷[M]钦定四库全书本.
②　（宋）苏轼.答黄鲁直书[M]//孔凡礼.苏轼文集:第52卷.北京:中华书局,1986:1532.

目的。他在《答人求学书》中说:"古之人学问高明,胸中如日月,然后能似土木,与世浮沉。"他还告诫友人,"事业宜深自修蕴,而处同僚中须亲睦,勿露圭角也。仕路风波,三折肱乃知为良医耳。"(《与宋子茂书》)可见内心通明而外形如土木,与世俯仰而超然尘垢之外,是黄庭坚追求的应世之术。这种带有避世全节、介然拔俗倾向的处世哲学,是黄庭坚融通儒释道三家思想而形成,也是诗人所处党争日剧、仕途风险日烈特定时代的产物。

第三章

黄庭坚与苏轼的友谊及其对宋代
文化发展的影响(上)

　　《毛诗·小雅·常棣》序云:"自天子至于庶人,未有不须友以成者也。亲亲以睦,友贤不弃,则民德归厚矣。"①考诸史实,无不信然。古之志士仁人、明贤圣哲,凡有建树者,莫不善友而重谊。在人文科学的研究中,友谊也是为人乐道的重要话题,甚至成为追寻历史演进轨迹的途径之一。譬如在中国古代文化史上,"诗仙"李白与"诗圣"杜甫的深厚友谊、"词中巨龙"辛弃疾与抗战志士陈亮的莫逆之交,都曾为人称扬不已,传为文坛佳话。李、杜同游梁、宋,复遇齐、鲁,"醉眠秋共被,携手日同行"(杜甫《与李十二白同寻范十隐居》),别后怀念不止,"思君若汶水,浩荡寄南征"(李白《沙丘城下寄杜甫》),友谊至老不衰。辛弃疾、陈亮临安初聚、"话头多合"(陈亮《贺新郎·寄辛幼安》),江西再会,"憩鹅湖之清阴,酌瓢泉而共饮,长歌相答,极论世事",至陈亮辞世,稼轩"涕不能已",为文以祭,推称"天下之伟人"(辛弃疾《祭陈同甫文》)。李白与杜甫之交,辛弃疾与陈亮之谊,皆志同道合,终生不渝,且在文化史上有着较为广泛的积极影响。这是一种决然有别于常俗的高境界、高层次的友谊。

　　较之李白与杜甫、辛弃疾与陈亮的友谊,一代文豪苏轼与诗坛巨子黄庭坚建立的友谊,在中国文化史上发生的影响更为深广,特别是同宋代文化的繁荣与发展,有着更直接、更明显、更密切的联系。二公以硕学宏才,鼓行士林,以文学行谊卓绝当时,为宋代文化的繁荣高涨大开契机,前人或称苏、黄交游"最密","苏公真知鲁直者"②,鲁直"亦心契东坡"③,或言二公"风节行谊,铿轰一时,炳耀千古"④,或曰"宋之诗,以苏黄盛"⑤,都不同程度地论及了苏轼与黄庭坚之间的友

---

① 黄侃.黄侃手批白文十三经[M].上海:上海古籍出版社,1983.
② 洪炎.豫章黄先生退听堂录序[M]//黄诗全集.乾隆五十四年树经堂本.
③ 黄宗羲.宋元学案:第19卷[M].北京:中华书局,1986:809.
④ 查仲道.山谷全书书后[M]//山谷全书.清乾隆三十四年缉香堂刻本.
⑤ 蒋芝.黄诗内篇序[M]//黄诗内篇.明嘉靖刊本.

谊及其社会效应。笔者以为,考察苏、黄友谊及其对宋代文化的影响,将有益于探寻宋代文化的发展轨迹,有益于研究宋代文化发展的特殊性与规律性。故本章初步梳理稽考苏轼与黄庭坚友谊之史实,并大要分析其在宋代文化发展中的作用。

第一节　黄庭坚与苏轼友谊的序曲:品文识友与推扬汲引

《论语》有云:"君子以文会友,以友辅仁"(《颜渊篇》),苏轼与黄庭坚的友谊,就是从品评诗文开始的。

宋神宗熙宁五年(1072)十二月,杭州通判苏轼接受差遣到湖州公干。湖州太守孙觉(字莘老)既是黄庭坚的泰山岳父,又是苏轼的故交友人。黄庭坚少时游学淮南,孙莘老甚爱其才,"许以远器",不仅"饮食教诲,道德文章,亲承讲画"①,而且还将女儿兰溪许配给黄庭坚,成翁婿之好②。而孙莘老于仁宗嘉祐年间在京编校昭文书籍时,即已结识苏轼,英宗治平年间,苏轼直史馆,交往益厚,宋神宗熙宁中,孙莘老因言事"黜知广德军,逾年,徙湖州"③。苏轼则因与变法派政见不合,乞放外任,通判杭州。此次孙莘老与苏轼接晤外郡,友人相会,欣喜万分。款叙之余,孙莘老将新任北京国子监教授黄庭坚的诗文出示给苏轼,求其指教,且云:"此人,人知之者尚少,子可为称扬其名"④。苏轼阅后,"耸然异之,以为非今世之人",且"观其文以求其为人",知为"必轻外物而自重者"⑤,对黄庭坚的文风与品格深表赞赏,由此奏响了苏、黄友谊的序曲。

其后至熙宁十年(1077),由于黄庭坚舅父李常(字公择)的介绍和推引,苏轼对黄庭坚诗文及人品又有了进一步的了解。这一年,苏轼自密州将赴河中,正月经青州至济南,齐州太守李迎而款叙多日,并同游大明湖。苏轼与李常为至交,施元之谓二人"皆以论新法摈黜远外,意好最厚"⑥。李公择"神宗初,为右正言,

①　黄庭坚.祭外舅孙莘老文[M]//山谷别集:卷7.影缩四库全书本.上海:上海古籍出版社,1987.

②　时年十一岁,参见拙作《山谷始婚考辨》,中华书局《文史》35辑。

③　王偁.孙觉传[M]//东都事略:第92卷.钦定四库全书本.

④　孔凡礼.答黄鲁直书[M]//苏轼文集:第52卷.北京:中华书局,1986:1532.

⑤　同②。

⑥　孔凡礼.苏轼诗集卷16《送李公择》施注[M]//苏轼诗集:第16卷.北京:中华书局,1982:816.

力诋新法"①,出判滑州,后徙鄂州、湖州、齐州等。苏轼熙宁七年(1074)九月离开杭州,赴任密州,途中曾携张先等专访李常于湖州任上,唱和颇多,相得甚欢,至密州仍诗文往来不绝。此次经过济州,旧友重逢,喜不自胜,苏轼作《至济南⋯⋯》诗尚忆前事,且云:"到处逢君是主人"。盘桓期间,李常出其外甥黄庭坚诗文求证苏轼,且于黄庭坚其人多所议论。故苏轼《答黄鲁直》书云"其后过李公择于济南,则见足下之诗文愈多,而得其为人益详"②。

黄庭坚自儿时就甚得舅父喜爱,十四岁亲父逝世,次年即跟李常游学淮南,随侍左右,学业大进,其《再和公择舅氏杂言》谓"外家有金玉我躬之道术,有衣食我家之德心,使我蝉蜕俗学之市,乌脯仁人之林"③,《祭舅氏李公择文》亦云"长我教我,实惟舅氏"④。李常对黄庭坚的禀赋个性知之最细最深,既出其诗文求证苏轼,言及作者其人乃自然之事,而苏轼由此推断黄庭坚"意其超逸绝尘,独立万物之表,驭风骑气,以与造物者游,非独今世之君子所不能用,虽如轼之放浪自弃,与世阔疏者,亦莫得而友也"⑤,其对黄庭坚的推许褒扬,正是已入神交的证明。

元丰元年(1078)三月,李常罢齐州知府而赴淮南西路提点刑狱,路经徐州,造访苏轼,"故人相逢,五斗径醉","莫逆之契,义等于天伦,不腆之辞,意勤于地主"⑥,二人诗酒留连,款叙友情,忆去年盘桓济南,喜今日重聚彭城,苏轼兴奋地挥毫而书:"淮西按部威尤凛,历下怀仁首重回。还把去年留客意,折花临水更徘徊。"⑦其离别之时,苏轼将李公择送至龙云山且赋诗曰:"宜我与夫子,相好手足侔。比年两见之,宾主更献酬。乐哉十日饮,衎衎和不流。论事到深夜,僵卧铃与驺。颇尝见使君,有客如此不?欲别不忍言,惨惨集百忧。"⑧

孙觉、李常与苏轼的深厚友情,以及对黄庭坚的荐引和绍介,使苏轼初步了解了黄庭坚的人品,并引以为友,从而拉开了苏、黄友谊的序幕。苏轼对黄庭坚的推扬汲引,也自然会通过各种渠道传达到黄庭坚耳中,故其后黄庭坚在《上苏子瞻

---

① 秦观.李公择行状[M]//淮海集.四部丛刊本.
② 孔凡礼.答黄鲁直书[M]//苏轼文集:第52卷.北京:中华书局,1986:1532.
③ 史容.山谷外集诗注:第15卷[M].四部备要本.(下引山谷诗注皆此本,不另注)
④ 黄庭坚.山谷全书·正集:第29卷[M].清同治戊辰重刻缉香堂本.(下引全书皆此本,不另注)
⑤ 孔凡礼.答黄鲁直书[M]//苏轼文集:第52卷.北京:中华书局,1986:1532.
⑥ 孔凡礼.寒食宴提刑致语口号[M]//苏轼诗集:第45卷.北京:中华书局,1982:2509.
⑦ 同④。
⑧ 孔凡礼.苏轼诗集卷16《送李公择》施注[M]//苏轼诗集:第16卷.北京:中华书局,1982:816.

书》里说"传音相闻,阁下又不以未尝及门过誉斗筲,使有黄钟大吕之重"①,其知音、知遇之感溢于字里行间。

第二节　黄庭坚与苏轼友谊的确立:投书赠诗与作答次韵

元丰元年(1078)春末夏初,苏轼接到了黄庭坚自北京投寄的书信与赠诗,这是苏、黄友谊的一个里程碑。黄庭坚《上苏子瞻书》首先从正面表达了自己"齿少且贱",于苏轼虽"尝望见眉宇于众人之中,而终不得备使令于前后"之向慕已久而不能随侍左右的心情;继对苏轼"海涵地负"的高才大德极表钦仰,所谓"学问文章,度越前辈;大雅岂弟,博约后来";然后以婉转的笔法表述了自己不同流俗的品格,即"晚学之士"皆欲"亲炙光烈,以增益其所不能",而自己"非用心于富贵荣辱",这实际上是对苏轼推评"必轻外物而自重"的疏证,以表示苏轼是知音与知己。信中还言及仰慕苏轼由来已久,所谓"早岁闻于父兄师友";谈到"未尝得望履幕下""乐承教而未得"之心中的遗憾;并对自己"未尝及门"而得推扬汲引表示衷心感激。书信饱含对苏轼的敬重钦仰和师事之意,执礼谦恭。

与书信的直言正达有所不同,赠诗则托物引类,委婉含蓄,情真意切:

> 江梅有佳实,托根桃李场。桃李终不言,朝露借恩光。
> 孤芳忌皎洁,冰雪空自香。古来和鼎实,此物升庙廊。
> 岁月坐成晚,烟雨青已黄。得升桃李盘。以远初见尝。
> 终然不可口,掷置官道旁。但使本根在,弃捐果何伤。
>
> ——《山谷诗集注》卷1《古诗二首上苏子瞻》其一

> 青松出涧壑,十里闻风声。上有百尺盖,下有千岁苓。
> 自性得久要,为人制颓龄。小草有远志,相依在平生。
> 医和不并世,深根且固蒂。人言可医国,何用太早计。
> 大小材则殊,气味固相似。
>
> ——《山谷诗集注》卷1《古诗二首上苏子瞻》其二

---

① 山谷全书·正集:第18卷[M].清同治戊辰重刻缉香堂本.

这两首诗对正确理解苏、黄友谊至关重要,它是黄庭坚终生遵循的原则,其精神贯穿于苏、黄友谊的全部过程中。但历来对二诗的诠释与理解见仁见智,间有遗落或不合本意者,故于此稍做诠释。

第一首是写师从之心。首二句作者以"遗核野生,不经栽接"(《群书通要》庚一)的江梅自比,并且暗用白居易《春和令公绿野堂种花》"令公桃李满天下"诗意和唐代关于狄仁杰"天下桃李,悉在公门"的故实,言尚未受名师栽培,欲往依苏轼。次二句借用"桃李不言,下自成蹊"之说和白乐天《木》"风烟借颜色,雨露助华滋"诗意,说实际上自己已是苏轼门生,因为苏轼此前早已给予过推扬汲引,所谓实至而名归。"孤芳"二句仍自喻江梅,并化用韩愈《孟生》诗"异质忌处群,孤芳难寄林。谁怜松林性,竟爱桃李荫"、鲍照"艳阳桃李节,皎洁不成妍"诗意,说明自己虽有孤傲之嫌而实则非常盼望师长训导,不过自己就像江梅一样,在桃李盛开的季节无人欣赏,所以只好孤芳自赏。"古来"二句笔锋陡转,说自古以来,江梅的果实就是调和鼎食不可缺少的佐料,因此它是当然的朝廷庙廊中物,这样就以含蓄婉转的隐喻手法,表达了辅助治理国政的愿望和志向,故清代陈衍《宋诗精华录》有"求仕"①之说。然而,志犹未酬,"岁月"句一方面表达了时光流逝而一事无成的惆怅之情,一方面通过点化《古诗十九首》"思君令人老,岁月忽已晚"表达了仰慕思念的迫切和趋拜恨晚的遗憾;"烟雨"句说梅子由青变黄而成熟。其下是说,将梅子装在盛放桃李的盘子里,请看在远道进呈的心意上予以品尝,如不合口味就掷于路旁,只要托于桃李的本根存在,抛弃又有何妨!此处反用白居易《京兆府新栽莲》"托根非其所,不如遭弃捐"之诗句,不仅照应了开头,而且写出了求师的执着。通篇以江梅为喻,写师事之愿,情意迫切而又高雅却俗。

第二首是写交友之意。此乃上首诗意的延伸,本旨为同声相应,同气相求。从内容与结构的安排看,前六句咏松,次六句咏草,尾二句点题,而"松以属东坡"②,草则自况。开头二句通过描绘青松的形象和声势,喻写苏轼超世拔俗的品格和高洁的情操以及声名远播的影响。次二句赞颂苏轼的仁义之风:"百尺盖"③以树冠之大写荫护之广;"千岁苓"即"千岁茯苓",《史记·龟策传》言,茯苓乃"千岁松根也,食之不死",故其下有"为人制颓龄"之句。"自性"二句乃是对青松自然本性的概括。这样,作者通过描述与评论青松,传达出对苏轼的崇拜敬仰之情。

---

① 陈衍.宋诗精华录:第2卷[M].四川:巴蜀书社,1992:259-260.

② 任渊.山谷诗注[M].上海:上海古籍出版社,2003:7-9.

③ "盖"一作"丝",据朋九万《东坡乌台诗案》苏轼所记改。

此后,诗人又以小草自况,言有远大志向,愿与青松平生相依,结为挚友。"医和"四句"意谓依附贤者,足以自乐;至其不为当世所知,则亦自重"①。结尾二句将青松与小草相比较,认为材之大小悬殊而气味却相近相似,从而收拢了全诗。文乃翁《马洲山谷祠记》云黄庭坚"定交苏文忠公也,先之以江梅青松二诗以寄意,至谓'但使本根在,弃捐果何伤',师友之所以相规傲者"②,所言甚是。

苏轼于春末夏初收到黄庭坚的投书与赠诗后,"喜愧之怀,殆不可胜",只是由于"入夏以来。家人辈更卧病"③,直到秋初方作复并和诗。苏轼回信首先回忆了两次闻知黄庭坚的情形与感觉,其始于孙觉处见黄庭坚诗文即断言"此人如精金美玉,不即人而人即之,将逃名而不可得",绝非俗辈,且认为"今之君子莫能用也",后在黄庭坚的舅舅李常处了解愈深,从而说明了二人虽然未曾面晤,但却是早已神交的事实;继对黄庭坚投书赠诗表示逊谢,且描述了阅读黄庭坚来信时的心态,同时说明了"裁答甚缓"的原因;然后议论赠诗,认为"托物引类,真得古诗人之风"。回信全篇将黄庭坚视作故交畏友,推扬汲引,如恐不及,德风仁意,充溢其间。苏轼的和诗《次韵黄鲁直见赠古风二首》亦托物吟讽,趣如原作,而尤其挥洒自如,意境开阔,含纳丰厚:

> 嘉谷卧风雨,稂莠登我场。陈前漫方丈,玉食惨无光。
> 大哉天宇间,美恶更臭香。君看五六月,飞蚊殷回廊。
> 兹时不少假,俯仰霜叶黄。期君蟠桃枝,千岁终一尝。
> 顾我如苦李。全生依路旁。纷纷不足愠,悄悄徒自伤。
>
> ——其一,《苏轼诗集》卷16

> 空山学仙子,妄意笙箫声。千金得奇药,开视皆豨苓。
> 不知市人中,自有安期生。今君已度世,坐阅霜中蒂。
> 摩挲古铜人,岁月不可计。阆风安在哉,要君相指似。
>
> ——其二,《苏轼诗集》卷16

和作与原诗共为一组有机的整体,意绪相联,旨趣相通,但苏轼和作不囿于原

---

① 任渊.山谷诗注[M].上海:上海古籍出版社,2003:7–9.
② 山谷全书·首卷:第2卷[M].清同治戊辰重刻缉香堂本.
③ 孔凡礼.答黄鲁直书[M]//苏轼文集:第52卷.北京:中华书局,1986:1532.

诗而随意挥洒。第一首从评论黄庭坚及其境遇入手,既正面推许,以"嘉谷""蟠桃"相比喻,又反面衬托,用"稂莠""飞蚊"做对比,密切联系现实,同时还自况"苦李",谦称逊谢。据《乌台诗案》,作者自释此篇云,起四句"以讥今之小人胜君子,如稂莠之夺嘉谷",其下"意其君子小人进退有时,如夏日蚊虻纵横,至秋自息。比黄庭坚于蟠桃,进必迟,自比苦李,以无用全生。又取《诗云》'忧心悄悄,愠于群小',以讥讽当今进用之人皆小人也。"这些都大体昭示了诗的主旨与意蕴。纵观全篇,既有对黄庭坚的称赏,又有深切的理解与同情,既有热忱的鼓励和期待,又有对现实的不满与抨击。诗中喻体生动形象,而含意又丰厚明朗。

第二首主要针对黄庭坚原诗的赞颂表示谦虚和感谢,并视作者为挚友。起笔二句先说自己有出世脱俗的愿望,以示与黄庭坚"超逸绝尘"之气味相似,次说自己枉负虚名;"千金"二句意谓无须寄望过高。其下则将黄庭坚比作安期生、蓟子训,安氏"卖药东海边,时人皆言千岁",蓟氏度世多年,"后人复于长安东霸城见之,与一老人共摩挲铜人",作者使用这两个典故,传达和比喻黄庭坚遗世脱俗,恬淡无欲,自可延寿。结尾二句暗用《离骚》"朝吾将济于白水兮,登阆风而绁马"之意,回应黄庭坚原诗"气味固相似"之说,以要去仙人居住的昆仑之巅,说明自己见贤思齐、遗世脱俗的决心,婉转地表达了同心为友的意愿。与前篇相比,第二首同黄庭坚原作的联系更密切,几乎句句作答。但无论前首还是后篇,都给人以如对如晤、如话体己、如语家常、亲切放达而又博雅高妙的感觉,故黄庭坚谓"和诗词气高妙,无以为喻"①。

黄庭坚秋末自卫州考试举人回到大名府,户曹郑谨(字彦能,彭城人,是年春赴任时,苏轼作《送郑户曹》诗送行)将苏轼寄来的答书与和诗转交给黄庭坚,黄庭坚阅后对苏轼之"不以污下难于奖拔接引,开纳勤勤恳恳,俯伛而忘其臂之劳,强驽马于千里",表示感激,并决心"勉奉鞭勒,至于胜任而后已"(《与苏子瞻书》)。至此,苏轼与黄庭坚正式订交,并开始了新的友谊阶段,黄庭坚自此真正成为苏轼的门下士,二人的政治生命也从此联为一体,开始将"相依在平生"付诸实践。

顺便指出,关于黄庭坚投书赠诗和苏轼作答较为确切的时间,历代均未详察,故各种诗注、年谱乃至近年出版的笺释,都只是系年,偶有涉及时月,则又失考。如投书时间,《乌台诗案》记苏轼供状云:"元丰元年二月内,北京国子监教授黄庭坚寄书一封并古诗二首与轼",其说因出自苏轼之口,故学人多信以为实,任渊《山谷诗集注》所附年谱仅有系年,姑置不论,施元之为苏轼诗作注、黄𪾢《黄山谷年

---

① 黄庭坚.与苏子瞻书[M]//山谷别集:第5卷.上海:上海古籍出版社,1987.

谱》等均引此说,后世亦沿袭不疑。殊不知,《乌台诗案》所记,未必可信,同篇供状中即将"古风二首"写为"六首",诗中字句亦多有出入。盖事隔已近两载,或记忆难以准确,或记录者笔误,当未可知。若言二月投书,李常三月至徐州,与苏轼留连数日,唱和颇多,却无一言及之黄庭坚。苏轼与李常情如手足,且于去年在济南推荐黄庭坚事隔未远,倘接黄庭坚赠诗,自当言之。今检黄庭坚《上苏子瞻书》有云"自入夏以来",细加玩味,参之李常离徐时间,可推知黄庭坚作书当于暮春,而苏轼收于夏初。王文诰《苏文忠公诗编注集成总案》①倒是不囿旧说,颇有识察,其卷16将"黄庭坚自京上书并以古风二首为贽作报书"与苏轼"和赠"同排于元丰元年四月至六月间,不过,苏轼作答则在七月,其书中有"秋署"二字,言之甚明。

第三节　黄庭坚与苏轼友谊的发展:诗文唱和与翰墨往还

苏轼与黄庭坚订交之后,诗书往来,酬唱赠答,友谊不断发展。元丰二年(1079)春初,黄庭坚二次奉书苏轼,感谢其奖拔接引,"往闻执事恺悌之声,今食其实,独恨未有亲近之幸耳"②。这一年春天,黄庭坚一面潜心研读苏轼作品,一面不断次韵相和。黄庭坚在《次韵答尧民》诗中谈研读苏轼诗歌的微妙感觉和深切体会说:"君问苏公诗,疾读思过半。譬如闻韶耳,三月忘味叹。"且认为自己难以比附:"我诗岂其朋,组丽等俳玩。不闻南风弦,同调广陵散。鹤鸣九天上,肯作家鸡伴"③。大约同时前后,黄庭坚次韵与和作苏轼诗多篇,如《次韵子瞻春菜》《次韵子瞻与舒尧文祈雪雾猪泉唱和》《薄薄酒二章》《见子瞻粲字韵和答三人四返不困而愈崛奇,辄次韵寄彭门三首》《再和寄子瞻闻得湖州》等。

苏轼《春菜》诗写于元丰元年徐州任上,作者由北方春天无菜而食野蔬,回忆蜀中情形,引发思乡与退隐之情,尾言"明年投劾径须归,莫待齿摇并发脱"④,婉转地传达出仕途失意的淡淡惆怅。黄庭坚《次韵子瞻春菜》亦从春蔬野菜着笔,极写归隐蔬食旨趣,且暗以《晋书·张翰传》张翰谓顾荣"天下纷纷,祸难未已,吾本山林间人,无望于时"之语,传达失志而相知之情,结尾"万钱自是宰相事,一饭且

①　王文诰.苏文忠公诗编注集成总案[M].四川:巴蜀书社 1985 年影印本.
②　黄庭坚.与苏子瞻书[M]//山谷别集:第5卷.上海:上海古籍出版社,1987.
③　史容.山谷外集诗注:第5卷[M].钦定四库全书本.
④　孔凡礼.苏轼诗集卷16[M]//苏轼诗集.北京:中华书局,1982:790.

从吾党说。公如端为苦笋归,明日青衫诚可脱"①,不仅直接表达了志趣的相同和对时局的不满,而且也传达了甘愿陪伴友人隐退的意向,实践"相依在平生"的诺言。此诗史容《山谷外集诗注》据原作在苏轼诗集中位于《次韵黄鲁直见赠古风二首》之前,断定"盖未通问时先和此诗也"。目录所附《年谱》视黄庭坚次韵为熙宁十年(1077)作,皆失察,其时原作尚未问世,何言次韵!

　　黄庭坚《次韵子瞻与舒尧文祈雪雾猪泉唱和》赞颂苏轼体恤民瘼,义感龙蛇。据《苏诗总案》卷17,苏轼于元丰元年十一月祈雪唱和,黄庭坚次韵当在其后不久,且诗有"使君闵雪无肉味,煮饼青蒿下盐豉"之语,乃隐含苏轼《春菜》"碎点青蒿凉饼滑"诗意,故可推知与次韵《春菜》相去不远,抑或同时所作。苏轼《薄薄酒》诗据《乌台诗案》所记作于熙宁九年②,作者以"薄薄酒"起兴,就人生的穷达隐显、富贵荣辱、是非忧乐等发表了自己的看法,其中多合释氏之义,颇含机锋,虚无中不无达观,同时还表露了"隐居求志"的想法,该诗实乃对现实不满的发泄,故黄庭坚以"愤世疾邪,其言甚高"推评。黄庭坚和作《薄薄酒二章》③较原作更富禅机,诸如"富贵于我如浮云""万里封侯不如还家""醇醁养牛等刀锯、深山大泽生龙蛇""绮席象床廻玉枕,重门夜鼓不停挝,何如一身立四壁,满船明月卧芦花",其超脱尘世的色彩尤浓,而又不止归隐。

　　熙宁七年,苏轼在密州任上写了《除夜病中赠段屯田》④,向友人表述了当时的心态和境遇,结尾部分说:"此生何所似,暗尽灰中炭。归田计已定,此邦聊假馆。三径粗成资,一枝有余暖",坦露了归隐之意,诗中自然有对现实的不满。提刑段绎、太傅乔叙时为和篇,苏轼又有《乔太傅见和复次韵答之》《二公再和亦再答之》。黄庭坚读此数篇,写了《见子瞻粲字韵诗和答三人四返不困而愈崛奇辄次韵寄彭门三首》⑤,诗中表达了对苏轼才学品德和人格节操的景仰:"公才如洪河,灌注天下半""文似离骚经,诗窥关雎乱""先生古人学,百氏一以贯";也表达了相从恨晚与渴望拜晤的心情:"贱生恨学晚,未曾奉巾盥""仁风从东来,试目望斋馆""仰看东飞云,只使衣带缓""东南望彭门,官道平如案";其中也有对苏轼"入宫又见妒,徒友飞鸟散""元龙湖海士,毁誉略相半"之境遇的不平,以及以"臭腐暂神奇"之现实的挞伐;全诗体现了作者渴慕之情和理解之心。其中对苏轼"只令文字

---

①　史容.山谷外集诗注:第3卷[M].钦定四库全书本.

②　孔凡礼.苏轼诗集卷14[M]//苏轼诗集.北京:中华书局,1982:687.

③　史容.山谷外集诗注:第5卷[M].钦定四库全书本.

④　孔凡礼.苏轼诗集卷12[M]//苏轼诗集.北京:中华书局,1982:607.

⑤　史容.山谷外集诗注:第5卷[M].钦定四库全书本.

垂,万世星斗粲"的预言,更使今人瞠目!元丰二年(1079)三月初,苏轼以祠部员外郎直史馆移知湖州,黄庭坚闻讯写了《再和寄子瞻闻得湖州》,诗有"天下无相知,得一已当半""相思欲面论""要以道渐盥""安得垂天翼,飞就吴兴馆"之句,传达知遇之情。

苏轼收到黄庭坚和诗后,即挥毫写了《往在东武与人往返作粲字韵诗四首,今黄鲁直亦次韵见寄,复和答之》:

> 苻坚破荆州,止获一人半。中郎老不遇,但喜识元叹。
> 我今独何幸,文字厌奇玩。又得天下才,相从百忧散。
> 阴求我辈人,规作林泉伴。宁当待垂老,仓座收一旦。
> 不见梁伯鸾,空对孟光案。才难不其然,妇女厕周乱。
> 世岂无作者,于我如既盥。独喜诵君诗,咸韶音节缓。
> 夜光一已多,剡获累累贯。相思君欲瘦,不往我真懦。
> 吾侪春微禄,寒夜抱寸炭。何时定相过,径就我乎馆。
> 飘然东南去,东水清且暖。相与访名山,微言师忍粲。
>
> ——《苏轼诗集》卷18

作者对识得黄庭坚表示异常欣慰,对黄氏及其诗作了高度赞扬,直视为知己畏友,思欲相见,邀其过谈。

这一时期的唱和进一步密切了黄庭坚与苏轼的友谊。不过,黄庭坚所和均为苏轼旧篇,可知黄氏乃在研读苏诗的过程中所为,故有一定的选择性。若将原作与和诗统而观之,不难觉察这些作品,都流露了雅意泉壑的归隐思想,表现出高洁的情操和相同的志趣,也都微含对现实的不满,而在艺术上又典实丰富,天运神化,显示出博雅雄厚的学识。所有这些,正体现了苏轼与黄庭坚相近的志趣心态以及相互理解的程度。

时隔不久,发生了震惊朝野的"乌台诗案"。苏轼四月二十日抵湖州任所,七月二十八日被捕,八月十八日入狱,受审期间,还有意保护黄庭坚,"不说曾有黄庭坚讥讽文字等因依"[①]。黄庭坚在北京得知苏轼系狱消息,既焦急又愤慨,一方面为苏轼的受人谗陷而愤慨不平,一方面为自己人微言轻无力援救而忧心如焚,且意识到自己恐怕也难免此劫。其《二十八宿歌赠别无咎》诗云:

---

① 朋九万.东坡乌台诗案[M].台北:新文丰出版社,1986.

虎剥文章犀解角,食未下亢奇祸作。

药材根氏雁厮掘,蜜虫夺房抱饥渴。

有心无心材慧死,人言不如龟曳尾。

卫平哆口无南箕,斗柄指日江使噫。

狐腋牛衣同一燠,高丘无女甘独宿。

虚名挽人受实祸,累棋既危安处我。

室中凝尘散发坐,四壁蟊蟊见天下。

奎蹄曲隈取脂泽,娄猪艾豭彼何择。

倾肠倒胃得相知,贯日食昴终不疑。

——《山谷外集诗注》卷6

案结后,苏轼于十二月二十九日出狱,贬谪黄州,黄庭坚亦被"罚金",故张耒《与鲁直书》云"苏公以文章得罪,而闻足下实与其间"①。后来,苏轼在写给司马光的信中曾说,"某以愚昧获罪,咎自己招,无足言者,但波及左右,为恨殊深,虽高风伟度,非此细故所能尘垢,然某思之,不啻芒背尔"②。

元丰三年(1080)春初,苏轼赶赴黄州贬所,二月至黄州,即杜门谢客,"不复作文字,自持颇严"③。挚友李常寄诗相慰,苏轼答书有云:"吾侪虽老且穷,而道理贯心肝,忠义填骨髓,直须谈笑于死生之际,若见仆困穷便相于邑,则与不学道者大不相远矣!"④,其"极不以公择慰问为然,而反以规之,千载之下,犹见其生气凛然"⑤。

是年,黄庭坚则罢北京教授至京师吏部改官,得知吉州太和县。"吏事之余,独居而疏食,陶然自得"⑥。此后三年间,未见苏轼黄庭坚唱和。然士之相知,温不增华,寒不改叶,贯四时而不衰,历夷附带而益固,苏轼黄庭坚均为重道而得道者,乐在相知,重内而轻外,所谓"祸福得丧,付与造物",自与常俗殊别。

黄庭坚元丰四年(1081)写信给苏辙,转达音问,中云:"比得报伯氏(苏轼)书

①　张耒.柯山集:第46卷[M].文渊阁四库全书本.

②　孔凡礼.苏轼文集:第50卷[M].北京:中华书局,1986:1442.

③　孔凡礼.苏轼文集:第52卷[M].北京:中华书局,1986:1536.

④　孔凡礼.苏轼文集:第51卷[M].北京:中华书局,1986:1500.

⑤　王文浩.苏文忠公诗编注集成总案[M].影印本.四川:巴蜀书社1985.

⑥　苏辙.答黄庭坚书[M]//栾城集.上海:上海古籍出版社,1987:492.

诗过辱,不遗绪言,见及敢问,不肖既全于拙矣。于事无亲疏,不了人之爱憎,人谓我疏愚非所恤,独不知于道得少分否"①;又有《次元明韵寄子由》《再次韵寄子由》等诗,表达辞官归隐之意与思念苏轼之情,所谓"欲解铜章行问道""想见苏耽携手仙",亦有对时局境遇的不平,所谓"麒麟坠地思千里,虎豹憎人上九天"。而苏轼亦挂念着黄庭坚,且常引以为自豪。其元丰五年(1082)二月《答李昭玘书》云,轼"每念处世穷困,所向辄值墙谷,无一遂者。独与文人胜士,多获所欲,如黄庭坚鲁直、晁补之无咎、秦观太虚、张末文潜之流,皆世未之知,而轼独先知之",又云,"鲁直既丧妻,绝嗜好,蔬食饮水,此最勇决",可见对黄庭坚的叹赏与深情关注。十二月又有《答李昭玘书》云:"观足下新制及鲁直、无咎、明略等诸人唱和,于拙者便可搁笔,不复措词"②。

元丰六年(1083),黄庭坚致书苏轼,其云:

> 自往至今,不承颜色,如怀古人。顷不作书,且置是事,即日不审何如?伏惟坐进此道,如听浮云之去来,客土不给,伏腊尚可堪忍否?夫忠信孝友,不言而四时并行,晏然无负于幽明。而至于草衣木食,此子桑所以歌不任其声,求贫我者而不得也。且闻燕坐东坡,心醉六经,滋味糟粕而见存乎其人者,颇立训传以俟后世,子云安得一见之!

——《山谷全书·正集》卷18

其敬慕理解之心、勤恳体贴之情,固溢于字里行间,而不以谪居芥蒂,超然物外的旷达襟怀,又与苏轼随缘自适、安贫乐道的雅调何其相似! 黄庭坚在这封信中还谈了近读苏轼诗《初秋寄子由》③的体会:"昨传得寄子由诗,恭俭而不迫,忧思而不怨,可愿乎如南风报德之弦,读之使人凛然增手足之爱",并附呈《食笋十韵》④诗一首与轼。

苏轼接黄庭坚书并诗,即有《和黄鲁直食笋次韵》⑤:

> 饱食有残肉,饥食无余菜。纷然生喜怒,似被狙公卖。

---

① 山谷全书正集:第18卷[M].清同治戊辰重刻缉香堂本.
② 孔凡礼.苏轼文集:第55卷.[M].北京:中华书局,1986:1659-1660.
③ 孔凡礼.苏轼诗集:第22卷[M].北京:中华书局,1982:1169.
④ 史容.山谷外集诗注:第12卷[M].钦定四库全书本.
⑤ 孔凡礼.苏轼诗集:第22卷[M].北京:中华书局,1982:1170-1171.

尔来谁独觉？凛凛白下宰。一饭在家僧,至乐甘不坏。
多生味蠹简,食笋乃余债。萧然映樽俎,未肯杂菘芥。
君看霜雪姿,童稚已耿介。胡为遭暴横,三嗅不妨嘬。
朝来忽解箨,势迫风雷噫。尚可饷三闾,饭筒缠五采。

　　黄庭坚原作首写洛下笋为美味而价昂,太和则遍地皆是,不为人重,"茸栗戴地翻,殻觫触墙坏,戢戢入中厨,如偿食竹债";次写烹制而食,然不合小儿口味:"小儿哇不美,鼠壤有余嘬";最后"尚想高将军,五溪无人采",则用唐代高力士谪黔州《咏荠》诗"两京作斤卖,五溪无人采。夷夏虽有殊,气味都不改",收束全篇并揭示题旨。全诗明赋食笋,暗寓身世;含蓄委婉,意蕴丰厚,其中笋之倔强性格、遭烹命运、摈弃境遇,均与诗人相似。当时旁州士大夫多有和诗,但"要自不满人意"(黄庭坚《上苏子瞻书》)。唯有"燕坐东坡,心醉六经"的苏轼一望而知其意,故和作开头部分即有"似被狙公卖"与"尔来谁独觉,凛凛白下宰"之语,"一饭"四句则将读书与食笋巧妙地联系起来,写谪居之乐,甚是得道语,极见胸襟,亦极风趣;"萧然"六句写对竹笋的珍惜与喜爱,其中暗用《语林》孙休射雉故事中"虽为小物,耿介过人"之意以赞笋;结尾融化《续齐谐记》《荆楚岁时记》中有关屈原的传说与风俗,屈原曾为三闾大夫,五月五日投汨罗江,楚人哀之,每年此日以竹筒盛米投水祭之,是日人们又以五色线系臂避邪避病,称长命缕,作者以屈原自寓,既体现了失意遭遇贬谪的境况,又传达了食笋与珍重的意思,同时还照应了黄庭坚诗中潜含的"气味都不改"之意。纪昀谓此诗"不粘不脱,信手无痕,而玲珑四照"可谓善识。由和诗可窥苏轼与黄庭坚心神相契的程度。

　　元丰七年(1084)正月,诏下苏轼量移汝州。四月初苏轼离开黄州,十月于扬州上《乞常州居住表》,次年正月于泗州再上《乞常州居住表》,二月恩准。此时,黄庭坚监德州德平镇,得知这一消息,写了《次韵清虚喜子瞻得常州》诗:

喜得侵淫动缙绅,俞音下报谪仙人。
惊回汝水间关梦,乞与江天自在春。
罨画初游冰欲泮,浣花何处月还新。
凉州不是人间曲,仵见君王按玉宸。

——《山谷别集诗注》卷上

　　作者由时局的变化及朝廷的准乞,预料到苏轼艰难的谪居生活即将结束,从而为友人境遇变好感到由衷高兴。

时隔不久,黄庭坚即于元丰八年(1085)四月以秘书省校书郎召还朝中,季夏离德平,秋初至京师,而苏轼亦于是年六月闻命复朝奉郎起知登州,十月十五日到任,仅五日,又以礼部郎中召还,十二月抵京都(至京时间《苏诗总案》卷26有辩)。从此苏轼与黄庭坚的友谊进入了新高潮。

第四节　黄庭坚与苏轼友谊的鼎盛:京师初晤与翱翔馆阁

苏轼与黄庭坚在元丰八年先后于秋初冬末相继入京,然是年尚未面晤。至元祐元年(1086)初,这对相知相慕、朝思暮想、心神两契的诗星至友,终于盼到了展晤之期。

关于苏轼与黄庭坚初晤的准确时间,稽查诸书,均无确载,苏轼与黄庭坚集中亦均未明示。检《苏轼文集》卷19有《鲁直所惠洮河石砚铭》,其云:

> 洗之砺,发金铁。琢而泓,坚密泽。
> 郡洮岷,至中国。弃矛剑,参笔墨。
> 岁丙寅,斗东北。归予者,黄鲁直。

铭文写石砚的打制、质地、产区、用途以及赠者、时间。其中"岁丙寅,斗东北"二句乃记赠砚年月。"丙寅"即哲宗元祐元年,无须赘言。"斗东北"则为时月。古人以北斗星斗柄方向的转换代指季节。《鹖冠子·环流》云:"斗柄东指,天下皆春;斗柄南指,天下皆夏;斗柄西指,天下皆秋;斗柄北指,天下皆冬。""斗东北"[①]则言斗柄由北向东渐转之象,此正是冬末春初态势。由此可知黄庭坚赠砚苏轼乃在元祐元年初春季节。苏轼另有《题憩寂图诗并鲁直跋》云:"元祐元年正月十二日,苏子瞻、李伯时为柳仲远作《松石图》……此一卷公案,不可不令鲁直下一句。或言:子瞻不当目伯时为前身画师,流俗人不领,便是诗病。伯时一丘一壑,不减古人,谁当作此痴计。子瞻此语是真相知。鲁直书。"[②]是日众人作画题诗,而庭坚身与其间,议论并题书,则至晚此日已拜晤苏轼,抑或即此日赠砚。又考山谷晚

---

① 　一作"斗南北",是则非夏即冬,无确指性,疑为后人臆改,俟考。
② 　孔凡礼.苏轼文集:第68卷[M].北京:中华书局,1986:2138.

年《跋子瞻木诗》谓"及元祐中,乃拜子瞻于都下"(《山谷题跋》卷2,丛书集成初编本,下引此本不另注);《题东坡像》又云"元祐之初吾见东坡于银台之东"(《山谷别集》卷10);可知苏轼与黄庭坚始晤于元祐元年春初,此正与苏轼砚铭所记相合。《苏诗总案》将"黄庭坚始拜公都下"系于元祐元年正月条下,虽未言依据,而大体不差。顺便指出,古柏《苏东坡年谱》云正月"八日黄庭坚拜于东坡门下为学生"乃由《苏诗总案》删节推衍而来,恐非确实,难以为据。

综上文献资料可以推知,黄庭坚于元祐元年春初首次拜晤苏轼,并赠之以洮河石观,终于实现了十数年来的夙愿。苏轼自熙宁五年(1072)于孙觉处闻知黄庭坚,至此首尾十五载始得相见,而黄庭坚从元丰元年(1078)投书苏轼,于今九度春秋,方得拜晤。从此,苏轼与黄庭坚步入了终生最为快意的一段翰墨友谊生活。

苏轼自黄州贬所起知登州,"到州五日而召以省郎,到省半月而擢为右史"①,元祐元年三月迁中书舍人,八月除翰林学士知制诰,直迁内制,视草西垣,至元祐四年三月十六日除龙图阁学士知杭州,于四月下旬离京赴任,前后在朝不足三年半,这是苏轼入仕以来最为显达的时期。而黄庭坚自元丰八年秋初至京任校书郎,直至元祐六年夏末丁母忧扶柩归里居丧,立朝六载,官至起居舍人、著作佐郎,亦是仕宦鼎盛期。苏轼与黄庭坚在京供职相处三年有余,政暇雅集,讲道论艺,酬唱赠答,切磋诗文,鉴书赏画,大畅平生师友之情。据今流传于世的苏轼、黄庭坚诗注不完全统计,其间二人唱和几乎达百篇之多,全都情调高雅,意味隽永,情趣相似,且创作主题意外地集中、统一,几乎全是围绕友谊和林泉志趣。如元祐元年春,黄庭坚作《有惠江南帐中香者戏答六言二首》,苏轼有《和黄鲁直烧香二首》,又有《再和二首》《有闻帐中香以为熬蝎者戏用前韵二首》。赠香、烧香本琐事、细事,乃至庸事,何为唱和再三不止?玩绎诸篇,则见多以佛典禅宗珠发妙语,传达出世之思,既含机锋,又富谐趣,正如黄庭坚诗中所言"九衢尘里偷闲""深禅相对同参",表现出心神两契的非凡友谊。又如苏轼作《送杨孟容》,且"自谓效黄鲁直体",而庭坚有次韵《子瞻诗句妙一世……》表示逊谢;黄庭坚有《双井茶送子瞻》,苏轼作《次韵为谢》;苏轼创作了《书晁补之所藏与可画竹三首》,黄庭坚皆次其韵而和之……苏轼与黄庭坚唱和,既交流了情感,实现了心灵的沟通,增进了友谊,同时又开始倡导一种新文风,故有"元祐文章,世称苏黄"②之说。

---

①　孔凡礼.苏轼文集:第23卷[M].北京:中华书局,1986:662.

②　胡仔.苕溪渔隐丛话前集:第49卷[M].耕经楼藏版.

元祐元年十一月,苏轼上《试馆职策问》,"御笔点用"①,是月二十九日主持学士院考试,黄庭坚、张耒、晁补之等并擢馆职。次年正月,黄庭坚除著作佐郎。至夏秋间,苏轼、黄庭坚等人英集王诜西园,李伯时图而画之,苏东坡"乌帽黄道服,提笔而书",黄山谷"团巾茧衣,手秉蕉箑而熟视",晁补之"披巾青服,扶肩而立",米元章称"自有林下风味,无一点尘埃气"(《西园雅集图记》)。至冬,苏轼上《举黄庭坚自代状》云:"蒙恩除臣翰林学士,伏见某官黄某,孝友之行追配古人,瑰玮之文妙绝当世,举以自代,实允公议"②,苏轼在举状中,对黄庭坚的品德与文学给予高度评价,其对黄庭坚的推举已是无以复加,以至于成为赵挺之弹劾苏轼的口实。

元祐三年正月,苏轼领贡举事,聘黄庭坚等人为参详官(《山谷题跋》卷8《题太学试院》),同锁试院,考试进士。据苏轼《书试院中诗》云:"三月初,考校即毕,待诸厅会,故数往诣伯时",同观李伯时画马并赋诗,而"黄鲁直诗先成,遂得之"③,黄庭坚诗《观伯时画马礼部试院作》结尾云:"眼明见此玉花骢,径思着鞭随诗翁,城西野桃寻小红",不仅含有赞赏李伯时之画、追随苏东坡之意,而且坦露了向往大自然之情怀。苏轼《次韵黄鲁直画马试院中作》中有"十年髀肉磨欲透,那更陪君作诗瘦,不如芋魁归饭豆",谦逊感谢之意中,亦含纳归隐田园之雅意。朝廷发榜公布结果时,李廌落第,苏轼有《余与李廌方叔相知久矣,领贡举事,而李不得第,愧甚,作诗送之》,黄庭坚也创作了《次韵子瞻送李豸》;三月十四日,苏轼黄庭坚等人同游金明池,黄庭坚创作了《次韵宋茂宗……》诗,苏轼写有《和宋肇游西池次韵》篇;夏间,苏东坡叔丈王宣义致书求红带,苏轼"既以遗之,且作诗为戏,请黄鲁直、秦少游各为赋一首";秋末,苏轼作《送钱穆父出守越州绝句二首》,谓"我恨今犹在泥滓,劝君莫棹酒船回";黄庭坚《次韵子瞻送穆父二绝》,亦有"谪官犹得住蓬莱"之句;冬季,黄庭坚作《嘲小德》言其儿子小相之可爱,苏轼则有《次韵黄鲁直嘲小德》,又于题中注云:"小德,鲁直子,其母微,故其诗云'解著潜夫论,不妨无外家'。"且以"名驹已汗血,老蚌空泥沙"叹赏,喜悦之情如同山谷。暮冬,黄庭坚有《拟省题岁寒知松柏》诗咏松自寓,"心藏后雕节,岁有大寒知",苏轼作《和黄鲁直效进士》亦云"炎凉徒自变,茂悦两相知",二人之神契可见。

是年三月,苏轼因台谏攻击不已,接连上札以疾乞郡,请求外放,朝廷不许;又

---

① 孔凡礼.苏轼文集:第27卷[M].北京:中华书局,1986:788-789.

② 孔凡礼.苏轼文集:第24卷[M].北京:中华书局,1986:714

③ 孔凡礼.苏轼文集:第68卷[M].北京:中华书局,1986:2139.

上《乞罢学士除闲慢差遣札子》云:"顷自登州召还,至备员中书舍人以前,初无人言,只从参议役法,及蒙擢为学士后,便为朱光庭、王严叟、贾易、韩川、赵挺之等攻击不已,以致罗织语言,巧加酝酿,谓之诽谤","盖缘臣赋性刚拙,议论不随,而宠禄过分,地势侵迫","臣只欲坚乞一郡……得归丘壑,以养余年,其甘如荠。今既未许请郡……乞解罢学士,除臣一京师闲慢差遣……庶免众人侧目,可以少安"①,札上不许,而宠遇益厚。九、十月间,群小交攻不已,谗谤日至,故又连札请郡,意欲远离京城。苏轼在十月十七日《乞郡札子》中云:"御史赵挺之,在元丰末通判德州,而著作黄庭坚方监本州德安镇。挺之希合提举官杨景棻,意欲于本镇行市易法,而庭坚以镇小民贫,不堪诛求,若行市易必致星散,公文往来,士人传笑。其后挺之以大臣荐,召试馆职,臣实对众言,挺之聚敛小人,学行无取,岂堪此选! ……以此,挺之疾臣,尤出死力。"贴黄又云:"臣所举自代人黄庭坚……皆诬以过恶,了无事实。"②札中点明了台谏交攻的根由,亦谈及黄庭坚由此而受到攻击和株连。

元祐四年春,黄庭坚过访苏轼,苏轼得黄庭坚承宴墨半挺,至三月四日苏轼书《记夺鲁直墨》云:"黄鲁直学吾书,辄以书名于时,好事者争以精纸妙墨求之,常携古锦囊,满中皆是物也。一日见过,探之,得承宴墨半挺。鲁直甚惜之,曰:'群儿贱家鸡,嗜野鹜',遂夺之,此墨是也。"③山谷之言正叹苏轼不同流俗。三月十六日,苏轼除龙图阁学士知杭州,至四月离京时往别文彦博,文氏嘱其"至杭少作诗,恐为不相喜者诬谤"(《苏诗总案》引《明道杂志》)。自此,苏轼与黄庭坚结束了终生难忘的京师欢聚,唱和跌入波谷。任渊谓"山谷在京师多与东坡唱和,四年夏,东坡出知杭州,遂无诗伴,而山谷常苦眩目,多在史局,又多侍母夫人医药,至六年六月遂丁家艰,故此数年之间作诗绝少"。(《<山谷诗集注>目录》)

元祐六年三月,苏轼被召入朝任翰林学士知制诰,五月底抵京,继遭洛党攻击,八月出知颍州,次年二月改知扬州,八月又以兵部尚书召还,旋迁端明殿学士兼翰林侍读守礼部尚书。元祐八年九月,哲宗亲政后,苏轼出知定州,永别京城。此间,黄庭坚于元祐六年三月因完成《神宗实录》而迁起居舍人,六月丁母忧扶枢归里,与苏轼失之交臂,其后居丧在家,至元祐八年七月除编修官,九月服除,知政局有变,故上章辞免。总之,元祐后期,苏轼与黄庭坚直接的交流和接触已经

---

① 孔凡礼.苏轼文集:第28卷[M].北京:中华书局,1986:816-817.

② 孔凡礼.苏轼文集:第29卷[M].北京:中华书局,1986:829.

③ 孔凡礼.苏轼文集:第70卷[M].北京:中华书局,1986:2226.

很少。

第五节　黄庭坚与苏轼友谊的深化：彭蠡诀别与挽歌湖海

哲宗绍圣元年(1094)，北宋朝廷内部党争加剧，苏轼于去年因受洛党攻击而出知定州，今年闰四月又以所谓"讥斥先朝"罪，落职追官，贬谪英州，"火急治装，星夜就道"①，未至任所，六月再贬惠州，又责授宁远军节度副使惠州安置，不得签书公事，十月初抵惠州。

是岁，黄庭坚继去年辞免编修官居家待命，夏初始除知宣州，未抵任，旋改鄂州，尚未到官，台谏指责所修《神宗实录》"多诬"，史祸发生，朝廷于六月命"新知鄂州黄庭坚管勾亳州明道宫"，且令赴京畿勘问，十一月至陈留。

苏轼乘舟赴惠州，而黄庭坚离家就任，二人七月中旬相遇彭蠡，"相会三日"(黄庭坚《与佛印书》)，故后来山谷《题东坡像》云："绍圣之元，吾见东坡与彭蠡之上"②。其间，苏轼为黄庭坚作《黄鲁直铜雀砚铭》③，据黄𥫃《黄山谷年谱》言，苏轼"亲笔刻砚上"，且有款识"绍圣元年七月十三东坡居士书"。次年，苏轼《与黄鲁直书》有"承中途相见，尊候甚安"语，即指此事。苏轼与黄庭坚此次接晤彭蠡，遂成诀别，这是两位文坛巨子所始料未及的，加之政局多变，行色匆匆，苏轼与黄庭坚的文集诗集中竟无唱和踪迹。

苏轼与黄庭坚离别彭蠡，各奔南北。苏轼十月初抵惠州贬所，至绍圣四年(1097)四月再贬海南，责授琼州别驾昌化军(今海南岛)安置，不得签书公事。六月渡海，三年后方得内迁。而黄庭坚十一月抵京畿陈留，勘问结束，以"诬毁"先朝罪于十二月责授涪州别驾，黔州安置，次年四月至黔；元符元年又移戎州安置，苏轼内迁时，黄庭坚亦复宣德郎，监鄂州在城盐税。这一时期，苏轼与黄庭坚贬居两地，间隔千里，而相互萦怀，或书信往来，或题跋字画，或追和旧作，友情似海，称颂不已，斑斑见诸集中。

绍圣二年(1095)正月，徐彦和持黄庭坚永思堂所跋《远近景图》《北齐校书图》《右军斫桧图》三画谒见苏轼，苏轼再跋之，发明黄山谷之意。四月，苏轼作

---

① 孔凡礼.苏轼文集：第37卷[M].北京：中华书局，1986：1042.

② 山谷别集：第10卷[M].钦定四库全书本.

③ 孔凡礼.苏轼文集：第19卷[M].北京：中华书局，1986：552.

《梡榔杖寄张文潜》诗,题云:"时初闻黄鲁直迁黔南",中有"身随残梦两茫茫""遥知鲁国真男子,独忆平生盛孝章"句,表示对张文潜、黄鲁直的称叹和怀念。其《答张文潜》书又说,闻"鲁直远贬,为之凄然"。黄庭坚在赴黔州途中传书苏轼,十二月,东坡作答:

> 方惠州遣人致所惠书,承中途相见,尊候甚安。即日想已达黔中,不审起居何如?风土何似?或云大率似长沙,审尔,亦不甚恶也。惠州已久安之矣。度黔,亦无不可处之道也。闻行囊无一钱,途中颇有知义者,能相济否?某虽未至此,然亦近之矣。水到渠成,不须预虑。……隔绝,书问难继,惟倍祝保爱。不宣。
>
> ——《苏轼文集》卷52

其对黄庭坚的惦记、体贴、关心、安慰与勉励之深情,溢于言表。

绍圣三年(1096),苏轼侄婿王庠欲问学黄庭坚,遣人求苏东坡作荐书,苏轼"嘉其有奇志,故为作书"。苏轼在信中陈述了作书缘由,且言王郎"文行皆超然,笔力有余,出语不凡,可收为吾党也";又云其"有致穷之具,而与不肖为亲,又欲往求。黄鲁直,其穷殆未易量也"①,推引同道,尤见神契。苏轼有《跋山谷草书》②记昙秀持山谷草书一轴来见,而东坡作跋称之。是年,黄庭坚亦有《跋秦氏所置法帖》,中云"东坡居士出于眉山,震辉中州,蔚为翰墨之冠"③,推重钦佩,可见一斑。

元符元年(1098),已是苏轼谪居海南的第二年,是岁重九,黄庭坚在戎州与诸人游无等院,观甘泉绕井,"见东坡老人题字,低回其下,久之不能去"(黄㽦《黄山谷年谱》卷37),想到生活在天涯海角的老人,担心、记挂、思念、不平、愤懑等复杂的情绪交织一起,心情无比沉重。次年,黄庭坚在戎州发现了多年前苏轼写给叔丈王庆源的一封信,尚未为人珍视,黄山谷异常痛惜,故题其后云:"东坡道人书尺,字字可珍,委顿人家蛛丝煤尾败篚中,数十年后,当有并金悬购者"④。

元符三年(1100)正月,哲宗去世,徽宗即位,太后向氏听政,旧党遭受迫害的局面稍有改观。苏轼五月内迁移廉州安置,黄庭坚复宣义郎,监鄂州盐税。时苏

---

① 孔凡礼. 苏轼文集:第52卷[M].北京:中华书局,1986:829.

② 孔凡礼. 苏轼文集:第69卷[M].北京:中华书局,1986:829.

③ 黄庭坚.山谷题跋:第1卷[M].丛书集成新编本.台北:新文丰出版社.

④ 黄庭坚.题子瞻与王宣义书后[M]//山谷题跋:第7卷.丛书集成新编本.台北:新文丰出版社.

轼《答秦观书》谓"鲁直云,宣义监鄂酒",知黄庭坚曾写信给苏轼。黄庭坚于秋季在青神作有《和东坡送仲天贶王元直六言韵》,其自序云:"王元直惠示东坡先生与景文老将唱和六言十篇,感今怀昔,似闻东坡已渡瘴海",显见怀念之情。

建中靖国元年(1101)皇太后去世,徽宗亲政并改元。苏轼于去年十一月得旨复"朝奉郎,提举成都府玉局观,在外州郡任便居住"(见《谢表》),而黄庭坚亦离开戎州东归。是岁正月,黄庭坚写有《书王周彦东坡贴》,中云:

> 东坡云:"大字难于结密而无间,小字难于宽绰而有余",此确论也。余尝申之曰:结密而无间,《瘗鹤铭》近之;宽绰而有余,《兰亭》近之;若以篆文说之,大字如李斯绎山碑,小字如先秦古器科斗文字。东坡先生道义文章,名满天下,所谓青天白日,奴隶亦知其清明者也。心悦而诚服者,岂但中分鲁国哉! 士之不游苏氏之门,与尝升其堂而畔之者,非愚则傲也。……建中靖国元年正月乙酉书。

——《山谷题跋》卷9

这是冠亚宋代的两位书法大师专业的交流与心灵的对话,由此可见黄庭坚对苏轼的钦服、崇敬。

四月间,黄庭坚至荆州,在承天寺观阅东坡和陶诗卷,"叹息弥日,作小诗题其后"(山谷自序):

> 东坡谪岭南,时宰欲杀之。
> 饱吃惠州饭,细和渊明诗。
> 彭泽千载人,东坡百世士。
> 出处虽不同,风味乃相似。

——《跋子瞻和陶诗》《诗注》卷17

诗中饱含义愤不平、理解同情和对品格情操的高度赞扬。五月间,黄庭坚与王霖等人同观苏轼墨宝于沙市舟中,作《题东坡字后》云"东坡居士极不惜书,然不可乞,有乞书者,正色诘责之,或终不与一字",并回忆"元祐中锁试礼部,每来见过,案上纸不择精粗,书遍乃已",且谓"东坡简札,字形温润,无一点俗气"①。至

---

① 黄庭坚.山谷题跋:第5卷[M].丛书集成新编本.台北:新文丰出版社.

七夕,黄庭坚在荆州"次东坡七夕韵"作《鹊桥仙》,起句云"八年不见"(自彭蠡分别至是首尾八年),结尾又谓"百钱端欲问君平,早晚具、归田小舫"。又有《病起荆州亭即事十首》,第七首专为东坡而发:

> 文章韩杜无遗恨,草诏陆贽倾诸公。
>
> 玉堂端要直学士,须得儋州秃鬓翁。

作者哪里料想得到,其诗成不久,苏轼于七月二十八日仙逝。黄庭坚失去了这位终生钦服的良师益友,心中无限悲痛,悬像室中,奉之终身。邵博《邵氏闻见后录》①载,"赵肯堂亲见晚年悬东坡相于室中,每早作衣冠,荐香肃揖甚敬。或以同时声名相上下为问,则离席惊避曰:'庭坚望东坡门,弟子耳,安敢失其叙哉!'"

苏轼人归道山之后,黄庭坚用笔表达着沉痛的哀思和深切的怀念,同时也竭尽全力发扬光大苏轼的文化思想,仅崇宁元年(1102)中,此类文字就多达二十余篇。是年初夏,其在给友人的信中说:"去年失秦少游,又失东坡公,今年又失陈履常,余意文星已宵坠矣!"(《山谷别集》卷20《简杂》)且言"至太平且遣人往祭之"(指苏轼)。五月,在赴任太平途中,经江州湖口时,李正臣持苏轼去年四月所作次韵《壶中九华诗》来见,山谷见诗怀人,感慨万端。苏轼所喜欢的"异石九峰"已为人取走,"石既不可复见,东坡亦下世矣!感叹不足,因次前韵",诗有"能回赵璧人安在?已入南柯梦不通"之句,笔重情深,催人泪下。六月中旬,在太平看到苏轼所画墨竹,睹画怀人,遂作《书东坡画郭功父壁上墨竹》诗:"郭家糁屏见生竹,惜哉不见人如玉。凌励中原草木春,岁晚一棋终玉局。巨鳌首戴蓬莱山,今在琼房第几间?"黄庭坚至太平领州事,九日而罢,"即日解船至江口",于江州紫极宫见苏轼元丰七年所和李白诗,遂《次苏子瞻和李太白浔阳紫极宫感秋诗韵追怀太白子瞻》,云"不见两谪仙,长怀倚修竹","往者如可作,抱被来同宿"。九月抵鄂州(今湖北武汉),遂流寓此地,写了《追和东坡题李亮功归来图》称扬子瞻古雅之风,又有《武昌松风阁》诗悼念"东坡道人已沉泉"。

是年暮秋,张耒以房州别驾黄州安置来到苏轼曾经谪居的黄州,这里与武昌隔江相对,黄庭坚与张耒多相过从,旧友重逢,感叹今昔,唱和诗篇,山谷写了《次韵文潜》《和文潜舟中所题》《次韵文潜立春日三绝句》等:"年来鬼祟覆三豪,词林根柢颇动摇。天生大材竟何用?只与千古拜图象。""经行东坡眠食地,拂试宝墨生楚怆。""信矣江山美,怀哉谴逐魂。""眇然今日望欧梅,已发黄州首更回。""传得黄州新句法,老夫端欲把降幡。"其对故人的怀念深情溢于字里行间。

次年,黄庭坚在鄂州写了《梦中和觞字韵》诗,其序云:"崇宁二年正月已丑梦东坡先生于寒溪西山之间,予诵《寄元明觞字韵》诗数篇,东坡笑曰:'公诗更进于曩时。'因和予一篇,语意清奇。予击节称叹,东坡亦自喜。于九曲岭道中连诵数过,遂得之",其因思成梦,而梦中犹在论道赋诗,神契之笃可见。是年十一月,黄庭坚被除名羁管宜州,岁末自鄂州赴贬所,次年春经衡州,于花光寺见苏轼、秦观诗卷,作诗悼友,题云:"花光仲仁出苏、秦诗卷,思两国士不可复见,开卷绝叹,因花光为我作梅数枝及画烟外远山,追少游韵记卷末",诗谓:"长眠桔洲风雨寒,今日梅开向谁好? 何况东坡成古丘,不复龙蛇看挥扫","叹息斯人不可见,喜我未学霜前草。"

崇宁四年(1105)是黄庭坚人生旅途中的最后一年,五月间《题东坡小字两轴卷尾》云:

> 此一卷多东坡平时得意语,又是醉困已过后书,用李北海、徐季海法,虽有笔不到处,亦韵胜也。轩辕弥明不解世俗书而无一字,东坡先生不解世俗书而翰墨满世,此两贤,隐见虽不同,要是魁伟非常人也。王右军书妙天下,而庾稚初不信,况单见浅闻又未尝承其言论风旨者乎! 刺讥嗤点盖其所也。
> (崇宁四年五月丙午观于宜州南楼)
>
> ——《山谷题跋》卷5

九月三十日,黄庭坚阒然长逝。但苏轼与黄庭坚的友谊并未就此终结,而是继续影响着一代乃至数代优秀正直的文人学子,在中国古代文化史上产生着不容低估的积极影响。

第四章

黄庭坚与苏轼的友谊及其对宋代
文化发展的影响（下）

第一节　黄庭坚与苏轼友谊的轴心：历史意识与群体意识

黄庭坚与苏轼的友谊，直接或间接地推动了宋代文化的发展和繁荣，这在宋代的诗坛词苑、学子士林、释道僧侣中以及书法绘画、哲学伦理等领域中，都有具体的表现。黄庭坚与苏轼一为勤苦型通才，一为天赋型全才，二人均博学高识，思力果锐。他们于诗文辞赋、书画哲思都堪称名家巨匠，其自身就具备着很强的影响力和号召力，二人的友谊又使这种影响力和凝聚力成倍扩张，从而自然地形成了以苏、黄为中心的强劲凝聚力和推动力，促进着宋代文化的发展，给宋代文化带来了繁荣与生机。

强烈的历史意识与群体意识是苏、黄友谊的轴心。苏轼自觉地将维护和促进文化发展作为义不容辞的责任，其与黄庭坚的友谊始终受着这种思想的指导。如果说李白、杜甫还基本上是以个体的卓越成就，不自觉地影响并带动着诗歌发展，为促进唐诗繁荣做出了不朽贡献的话，那么，苏、黄友谊则更多地体现出明显的群体意识、历史意识和充分的自觉性。作为宋诗的代表作家，他们除了个体的创作成就外，还充分利用自身的影响，有意识地提携奖掖后进，拔擢培养新秀，从而形成阵容强大的文化群体，共同推进文化的发展，构筑出一种文化发展的新模式。因此，苏、黄友谊实际上已远远超出了个人交谊的范围，而自然地进入了有意识推动历史文化发展的高档层次和理想境界。苏门六君子中的李廌在《师友谈记》（上海古籍影缩四库全书本）中记载：

> 东坡尝言，文章之任亦在名世之士相与主盟，则其道不坠。方今太平之盛，文士辈出，要使一时之文有所宗主。昔欧阳文忠常以是任付与某，故不敢

不勉。异时文章盟主,责在诸君,亦如文忠之付授也。

众所周知,一代文宗欧阳修为革除当时文风的浮靡积习和"士子尚为险怪奇涩之文"①的痼弊,曾不遗余力地拔擢优秀人才,《宋史》称其"奖引后进,如恐不及,赏识之下,率为闻人",曾巩、王安石、苏氏父子皆"布衣屏处,未为人知,修即游其声誉,谓必显于世"②,由此自然地形成了一个以欧阳修为领袖的强大的文人群体,最终获得了极大的成功,取得了诗文革新运动的胜利,"文格遂变而复古"(欧阳发《欧阳文忠公事迹》)。苏轼出自欧门,深得个中三昧,故秉承师风,谨领雅训,"喜奖与后进,有一言之善,则极口褒赏,使其闻于世而后已"③,推扬汲引同道,意欲使文章"其道不坠",促进文学的发展。正是在这种思想指导下,他极力称扬黄庭坚诸人。苏轼在元丰八年(1085)十月写给张耒的信中说:

> 先帝晚年甚患文字之陋……议者欲稍复诗赋,立《春秋》学官,甚美。仆老矣,使后生犹得见古人之大全者,正赖黄庭坚、秦少游、晁无咎、陈履常与君等数人耳。
>
> ——《苏轼文集》卷49《答张文潜县丞书》

其有意推动文学发展的意识甚明。在苏门弟子中,苏轼首先将主盟文坛的重任寄厚望于黄庭坚,且有意推扬汲引,树立他的威望。黄庭坚在《与王周彦书》中曾讲述了秦观、张耒同自己论诗、学诗的转变过程:

> 往在元祐初,始与秦少游、张文潜论诗,二公初不谓然,久之,东坡先生以为一代之诗,当推鲁直,而二公遂舍其旧而图新。方其改辕易辙,如枯弦敝轸,虽成声而疏涧跌宕,不满人耳;少焉,遂能使师旷忘味,钟期改容也。
>
> ——《山谷别集》卷19

使秦、张"改辕易辙"的根本原因乃是苏轼对黄庭坚诗的推扬肯定。元祐元年八月二十二日,苏轼与王定国、苏辙同观山谷诗,且跋诗后二首云:"每见鲁直诗

---

① 脱脱.宋史:第319卷[M]//欧阳修传.标点本.北京:中华书局.
② 脱脱.宋史:第319卷[M]//欧阳修传.标点本.北京:中华书局.
③ 葛立方.韵语阳秋[M].影印本.上海:上海古籍出版社,1984.

文,未尝不绝倒。然此卷妙语,殆非悠悠者所识能绝倒者也,是可人。"①又谓:"读鲁直诗,如见鲁仲连、李太白,不敢复论鄙事,虽若不入用,亦不无补于世也。"吕本中《东莱吕紫微诗话》载,"欧阳季默尝问东坡'鲁直诗何处是好',东坡不答,但极口称重黄诗。"而苏轼本人也学黄庭坚作诗,谓"效黄鲁直体"。在苏轼的推扬下,黄庭坚的诗一方面接受苏轼的指导与鼓励,确立了自己的风格,一方面逐渐受到士林的重视、喜爱和欢迎,越来越多的人学习黄诗的艺术风格,从而为江西诗派的形成和展现宋诗的独特风貌打下了坚实基础。就连苏门四学士中的秦观、晁补之、张耒也都服膺山谷,向其请教作诗,故黄氏有"执持荆山玉,要我雕琢之""晁张趿然来,连璧照书儿"②之句。陈师道则"一见黄豫章,尽焚其稿而学焉"③,且赠诗山谷"陈诗传笔意,愿立弟子行"④。其后,学黄诗者日众,"法席盛行,海内称为江西宗派"⑤。明代宋濂指出:"元祐之间,苏、黄挺出,虽曰共师李、杜,而竟以己意相高,而诸作又废矣。自此以后,诗人迭起,或波澜富而句律疏,或锻炼精而性情远,大抵不出于二家。观于苏门四学士及江西宗派诸诗,盖可见矣!"⑥此正看到苏轼黄庭坚主盟诗坛的现象以及产生的文化效果。

第二节　一代诗风的树立:变唐为宋与阳春白雪

　　宋诗风格多样而又不同于前代,这是众多作家共同努力的结晶,其形成自然是一个历史的过程,这是不言而喻的。这里我们所要特别指出的是,如果说黄庭坚诗歌艺术是宋诗风格的代表,那么,苏轼正是促使宋诗风格形成的最有力支持者,对此,上面已有所涉及。一种新的艺术风格的形成确立并得到社会的承认、肯定,乃至为人们自觉地接受、学习和弘扬,并非易事。对于已经习惯于欣赏唐诗、学习唐诗的人们来说,黄庭坚面临的挑战更严峻。

　　众所周知,唐诗的基本特征之一便是其社会性、通俗性,名篇俊章,雅俗共赏,而宋诗部分作品则转向高雅化,不具备一定的学识很难领悟其奥妙,故严羽《浪浪

---

① 苏轼.苏轼文集[M].北京:中华书局.1986:2135.
② 山谷全书[M].清同治戊辰重刻缉香堂本.
③ 陈师道.后山居士集:第9卷[M]//答秦觏书.四库全书影印本.
④ 陈师道.后山居士集:第4卷[M]//赠鲁直.四库全书影印本.
⑤ 郭绍虞.中国历代文论选[M].上海:上海古籍出版社,1979:425.
⑥ 宋濂.宋学士文集:第28卷[M]//答张秀才论诗书.四部丛刊初编本.

诗话》一方面指出唐宋诗"气象不同"(《诗评》),一方面批评宋人"以文字为诗,以才学为诗"(《诗辨》)。钱钟书有"唐诗多以丰神情韵见长,宋诗则以筋骨思想见胜"(《谈艺录》)之评,而缪钺有"唐诗如芍药海棠,浓华繁采,宋诗如寒梅秋菊,幽韵冷香"(《论宋诗》)之喻,皆为至语。宋代由于学校、科举、书籍制度、文化政策等多种因素的综合效应,使文化相对普及,苏轼称"释耒耜而执笔砚者,十室而九"①,人们的文化素质有了较大提高,特别是文人士子的知识面和信息量就整体水平而言,大大优于唐代,出现了不少通才、全才作家。因此,部分学力深而智商高的文人,审美意识和审美追求有所改变,他们不再满足于唐诗的雅俗共赏,而追求内涵更为深广、艺术更为曲折新颖的高档作品,一些博学多才的作家也自觉或不自觉地向这方面发展,创作出部分属高新产品的阳春白雪来。黄庭坚的部分作品即属此类。一种新事物的出现,总会有人欢迎,也有人怀疑,乃至反对。如上所述,黄庭坚颖异奇崛的诗风是经过苏轼的鉴定推扬后,才得以推广流行的。设若没有苏轼的称扬和支持,很难说会有江西诗派的盛行,宋诗的风貌或者将是另一番景象。从这个角度讲,苏、黄友谊的确为宋诗的开拓和发展大开契机。南宋刘克庄曾言:

> 至六一、坡公,巍然为大家数,学者宗焉,然二公亦各极其天才笔力之所至而已,非必锻炼勤苦而成也。豫章稍后出,荟萃百家句律之长,穷极历代体制之变,搜猎奇书,穿穴异闻,作为古律,自成一家,虽只字半句不轻出,遂为本朝诗家宗祖。②

清人翁方纲亦指出,宋诗"其总萃处,则黄文节为之提挈,非仅江西派以之为祖,实乃南渡以后,笔虚笔实,俱从此导引而出,……继往开来,源远流长,所自任者,非一时一地事矣"③;山谷为"本朝诗祖"、宋诗"提契",除时代、个人的因素外,则与苏轼的揄扬密切相关,至有如此广泛深入的影响。宋人吴坰云山谷"受知于东坡先生,而名达四夷,遂有苏、黄之称"(《五总志》),即是看到了苏轼推扬黄庭坚的社会效果。

另外,苏、黄友谊使宋诗完成了由反映社会到表现个体的大转变。宋代以前的

---

① 苏轼.苏轼文集[M]//谢范舍人启.北京:中华书局.1986:1425.
② 王运熙.中国文学批评史新编[M].上海:复旦大学出版社.2006:319.
③ 翁方纲.石洲诗话[M].北京:中华书局.丛书集成初编本.

诗歌,大都以反映社会为主,个体意识涵纳其中,并不显要,宋诗则以表现个体意识为主,通过个体反映社会。苏轼、黄庭坚之前的宋诗,宗唐的痕迹十分明显,不必说北宋前期的白体、晚唐体、西昆体都瓣香唐人,即如具体作品王禹偁《感流亡》《对雪》,梅尧臣《田家语》《汝坟贫女》,苏舜钦《庆州败》《吴越大旱》,乃至欧阳修《食糟民》《边户》,都是反映社会现实的篇章,艺术上虽不无变化,题旨乃是表现社会的。苏轼也有《吴中田妇叹》之类的作品,黄庭坚在投师苏轼之前,也有《流民叹》《虎号南山》之类的篇章,趋拜苏门后,则集中地表现自我。建炎年间其甥洪玉父编豫章集,"独取元祐入馆后所作,史容《山谷外集诗注序》说'盖必有谓';任渊《山谷诗注·内集诗注原目》云"近世所编豫章集,诗凡七百余篇,大抵山谷入馆后所作。山谷尝仿庄子,分其诗文为内外篇,此盖内篇也。晚年精妙之极,具于此矣";洪咨夔《豫章外集诗集序》亦称"内集断自入馆以后,极其终矣"①。综合诸家之说,知山谷极重入馆后诗,此乃与苏轼切磋酬唱的高峰期,诗艺臻熟,风格独立,以博雅精深见长。今检山谷内集诗,始自元丰元年苏、黄订交之时,且以《古风二首上苏子瞻》冠诸篇首,"以见鲁直受知于苏公,有所自也"(洪炎《豫章黄先生退厅堂录序》),内容则无论赠答酬唱、题咏物事,皆以表现个人性情识度为主,无复直接表现和反映社会现实的篇章。苏、黄之后,陈师道把表现个体意识推进到新的深度,即使南宋时期,民族矛盾空前尖锐复杂,绝大多数人仍是通过个体意识来反映现实,像陆游《书愤》即十分典型,而范成大《催租行》一类作品却极少见了。

第三节　词体疆域的拓展:举首高歌与逸怀浩气

苏、黄友谊促进了宋词的繁荣与发展,使词的内部机制发生质变,抒情主体意识由儿女情长向写怀言志转换,并由此形成了雅重豪放的风格流派,宋词发展呈多元化趋势。

苏轼之前,宋词的主流乃是月下花前、儿女柔肠,以香软艳媚为主调,以助晏佐欢为职能,商业化色彩浓重。苏轼不为传统习尚所囿,用词言志抒怀,表现自我意识,使词脱俗入雅,且笔力豪纵,风格迥异于前代,正如胡寅所说:"及眉山苏氏,一洗绮罗香泽之态,摆脱绸缪宛转之度,使人登高望远,举首高歌,而逸怀浩气,超然乎尘垢之外,于是《花间》为皂隶而柳氏为舆台矣"(《酒边词序》)。诸如熙宁八

①　洪咨夔.洪咨夔集[M].杭州:浙江古籍出版社.2015:256.

年写于密州任上的《江城子·密州出猎》表现驰骋边廷、卫国立功的雄心,元丰五年写于黄州贬所的《念奴娇·赤壁怀古》抒发有志难酬的悲愤情怀,无不饱含强烈的自我意识,且风格雄放,笔力豪健。苏轼锐意革新词风,广开词境,变俗为雅,因不合传统习尚而颇受訾议,连苏门弟子其初亦有"子瞻以诗为词"①"先生词似诗"(《王直方诗话》)之论。黄庭坚与苏轼订交后,黄庭坚着意学习东坡,王灼说黄庭坚学苏轼"韵制得七八"(王灼《碧鸡漫志》卷2),黄庭坚今存一百八十余首,近三分之二的篇什为言志抒怀、描述贬谪生活、表现个体意识的壮词、旷词。晁补之曾云:"黄鲁直间作小词,固高妙,然不是当行家语,自是著腔子唱好诗"②,清代陈廷焯亦谓"黄九于词,直是门外汉"③,均就黄氏雅词而论,而其写儿女风情的艳词则深得褒扬,甚至因此被推为"当代词手""唐诸人不逮也"④。其实,黄庭坚学苏轼作词,无疑是对苏轼革新词风的有力支持。无咎虽曾讥刺山谷,但既从山谷学诗,作词亦随山谷学坡公,与黄庭坚一起成为苏轼词风的高扬者。今存晁补之词,作年可考者,其元祐之后的作品几乎全是抒写贬谪情怀和归隐情趣⑤。冯煦以为晁补之"所为诗余,无子瞻之高华,而沈咽则过之"(《蒿庵论词》),刘熙载则说晁补之词与苏东坡相比,"坦易之怀,磊落之气,差堪骖靳"(《艺概·词曲概》)。张耒、陈师道存词无多,张有词六篇,四首抒怀,师道存篇五十有余而三十多首是学苏学黄的清壮之词。秦观号为婉约代表,其"以绝尘之才,早与胜流,不可一世,而一谪南荒,遽丧灵宝。故所为词,寄慨身世,闲雅有情思"⑥,其名篇《望海潮·梅英疏淡》《千秋岁·水边沙外》《踏莎行·雾失楼台》皆是言怀之作。况周颐说:"有宋熙丰间,词学称极盛,苏长公提倡风雅,为一代山斗。黄山谷、秦少游、晁无咎,皆长公之客也。山谷、无咎皆工倚声,体格于长公近。唯少游自辟蹊径,卓然名家,……而其所以契合长公者独深"⑦。

　　总之,苏轼开创的新词风,经过黄庭坚诸人的高扬,方形成强大的阵容和浩荡的声势,使北宋词坛呈现出婉约豪放并行不悖多元发展的繁荣局面,并直接影响着南宋词人的创作道路,尤其是爱国词的创作。王灼说:"东坡先生非心醉于音律

①　陈师道.后山居士文集[M].上海:上海古籍出版社.影印宋蜀刻本.
②　罗根泽.中国文学批评史[M].北京:商务印书馆.2015:957.
③　陈廷焯白雨斋词话[M].上海:上海古籍出版社.2009:15.
④　陈师道.后山居士集[M].四库全书影印本.
⑤　杨庆存,刘乃昌.晁氏琴趣外篇·晁叔用词[M].上海:上海古籍出版社,1991.
⑥　黄霖,蒋凡.新编中国历代文论选[M]//冯煦,蒿庵论词.上海:上海教育出版社.2008:130.
⑦　周义敢,周雷.秦观资料汇编[M]//况周颐,蕙风词话.北京:中华书局.2001:377.

者,偶尔作歌,指出向上一路,新天下耳目,弄笔者始知自振"①,王氏在评论苏轼于词之发展贡献的同时,也提出了当时词坛创作的实际。汤衡指出:"元祐诸公,嬉弄乐府,寓以诗人句法,无一毫浮靡之气,实自东坡之发之也"(《于湖词序》);元好问亦云:"坡以来,山谷、晁无咎、陈去非、辛幼安诸公,俱以歌词取称,吟咏情性,留连光景,清壮顿挫,能启人妙思……皆自坡发之"(《新轩乐府引》);汤、元二氏或立足当时,或着眼于历史,点明了苏轼与黄庭坚诸人对宋词发展的杰出贡献。

第四节　宋代书道的振起:冠亚书林与书艺理论

　　黄庭坚与苏轼的友谊还促进了宋代书法艺术的繁荣和书法学的形成。苏轼、黄庭坚冠亚宋代四大书法家之列,二公书法艺术造诣精深,不仅在实践中创立了独具风韵的苏体、黄体,为后世留下了无数具有很高审美价值和历史价值的墨宝,而且在书法艺术理论方面有着很多独到的见解,形成具有一定系统性和个性鲜明的书法艺术理论,成为书法学中的重要一派。

　　苏书黄字,各为一体,笔势风貌虽然有别,而意韵相近,宗法为一,要之皆超轶绝尘,姿媚隽秀,故南宋杨万里说:"予每见山谷自言学书于东坡,初亦默然,恐是下惠之鲁男子也;今观《心经》,乃知波澜莫二"(《跋苏黄滑稽录》)。苏书气魄雄伟,笔势隽逸,瘦健与丰腴浑然一体,互为衬托,故姿媚神秀,圆劲有韵,内刚而外柔,所谓"端庄杂流丽,刚健含婀娜"②,苏轼自称"余书如绵裹铁",又谓"平时作字,骨撑肉,肉没骨"③。今传苏字体势多为扁方,源于隶法而取其风神,用笔厚重劲健,取法于颜真卿笔意,兼得五代杨凝式之韵。黄庭坚曾谓苏轼"少日学兰亭"(《山谷题跋》卷5《跋东坡墨迹》),"规摹徐会稽,笔圆而姿媚有余;中年喜临写颜尚书真行,造次为之,便欲穷本;晚乃喜李北海,其豪放多似之"(《山谷题跋》卷9《跋东坡自书所赋诗》),苏轼亦"常自比于颜鲁公"(《山谷题跋》卷5《题欧阳佃夫所收东坡大字卷尾》),且曾记潘延之语"寻常于石刻见子瞻书,今见真迹,乃知为颜鲁公不二"(《苏轼文集》卷69)以为切实。由上可知苏轼书法乃博采众家,自成一体,而尤重颜书风韵。

①　王灼,岳珍.碧鸡漫志校正[M].成都:巴蜀书社.2000:37.
②　苏轼诗集[M]//王文诰辑注.次韵子由论书.北京:中华书局.1982:209.
③　苏轼.苏轼文集[M]//题自作字.北京:中华书局.1986:2203.

　　黄庭坚书学苏轼而以劲健奔逸、雄放瑰奇、飘洒飞动、变化无际著称。山谷着意研学书法,乃在趋拜苏门之后,故其《书韦深道诸帖》云:"至元祐末所书诸帖差可观,然用笔亦不知起倒,亦自蜀中后书,少近古人耳"(《山谷题跋》卷7)。从苏学书,山谷"因知力事皆当帅古"(《山谷题跋》卷8《钟离跋尾》)。与苏轼相似,黄庭坚亦精研前代诸家书艺奥妙而尤喜颜书,且颇得颜氏真髓。其《杂书》云:"余极喜颜鲁公书,时时意想为之,笔下似有风气,然不逮子瞻远甚。子瞻昨为余临写鲁公十数纸,乃如人家子孙,虽老少不类,皆有祖父气骨"(《山谷题跋》卷7)。苏轼黄庭坚书法皆与颜书为近,姿媚隽逸,刚柔相济,而表现形态的不同又形成了各自的个性特征。

　　苏、黄在切磋书艺和交流体会的过程中,还形成了一整套独具特色的书法理论。苏轼认为,习书须从正楷入手,"书法备于正书,溢而为行、草,未能正书而能行草,犹未尝庄语而辄放言,无是道也"(《苏轼文集》卷69《跋陈隐居书》),又谓"真生行,行生草,行如行,草如走,未有未能行立而能走者也"(《苏轼文集》卷70《书唐氏六家书后》),指出习书路数。其《记与君谟论书》云,"作字要手熟,则神气完实而有余韵,于静中自是一乐事……学书如溯急流,用尽气力,船不离旧处"(《苏轼文集》卷69《记与君谟论书》),以切身体验说明书法必勤学苦练坚持不懈乃能得其艺趣,有所长进。苏轼还认为,"书必有神、气、骨、肉、血,五者阙一不为成书也"(《苏轼文集》卷69《论书》);又云"真书难于飘扬,草书难于严重,大字难于结密而无间,小字难于宽绰而有余"(《苏轼文集》卷69《跋王晋卿所藏莲华经》),概括了书法形体风神与气势结构等方面的要求和特点,均为有得之言。尤其难能可贵的是,苏轼将人品与书品视为一体,提高了书法艺术审美的境界与层次,也丰厚了书法艺术的内涵。其《跋欧阳文忠公书》云:"欧阳文忠公用尖笔干墨作方阔字,神采秀发,膏润无穷。后人观之,如见其清眸丰颊,进趋裕如也"(《苏轼文集》卷69);《跋钱君倚书遗教经》又云:"人貌有好丑,而君子小人之态不可掩也。言有辩讷,而君子小人之气不可欺也。书有工拙,而君子小人之心不可乱也。"(《苏轼文集》卷69)苏轼认为,"凡书像其为人""古之论书者,兼论其平生,苟非其人,虽工不贵也""其言'心正则笔正'者,非独讽谏,理固然也。世之小人,书字虽工,而其神情终有睢盱侧媚之态,不知人情随想而见"(《苏轼文集》卷69《书唐氏六家书后》)。苏轼还特别强调书法艺术的创新独造,要求"出新意,求变态""逸于绳墨之外"(《苏轼文集》卷69《跋叶致远所藏永禅师千文》),自谓"吾书虽不甚佳,然自出新意,不践古人,是一快也"(《评草书》)。

　　黄庭坚进一步阐释和发挥了苏轼的书法理论,并结合亲身实践的心得,将其推向新的深度。他主张"凡书要拙多于巧"(《山谷题跋》卷7《李致尧乞书书卷后》),字要"肥不剩肉,瘦不露骨"(《山谷题跋》卷7《书王右军兰亭草后》),"肥字要须有骨,瘦字要须有肉"①;强调书法亦须严谨,"所谓失一点如美人眇一目,失一戈如壮士折一臂"②(《山谷简尺》卷下,《四库全书》本);提出"学书欲先知用笔之法,欲双钩迴腕,掌虚指实","书字欲如人有精神"(《论作字》)。黄庭坚在《书赠福州陈继月》(《山谷题跋》卷5)、《书王周彦东坡贴》(《山谷题跋》卷9)诸文中还多次对苏轼"大字难于结密而无间,小字难于宽绰而有余"之论予以直接阐释和印证。黄庭坚论书法还提出了"笔、意、韵"诸说,认为"字中有笔,如禅家句中有眼"(《山谷题跋》卷4《跋法帖》);"书,意与笔皆非人间轨辙"(《山谷题跋》卷5《李致尧乞书书卷后》),"锋在笔中,意在笔前";"凡书画当观韵","此与文章同一关纽"(《山谷题跋》卷5《题摹郭尚书图》)。并指出"用笔不知擒纵",则"字中无笔"(《山谷题跋》卷5《自评元祐间字》),"若使胸中有书数千卷,不随世碌碌,则书不病韵"(《山谷题跋》卷5《跋周子发帖》),"书字虽工拙在人,要须年高手硬,心意闲淡,乃入微耳"(《苏轼文集》卷69《题所书宝月塔铭》)。山谷亦强调独创,其《论写字法》云:"随人学人终旧人",《题乐毅论后》谓"予尝戏为人评书云:小字莫作痴冻蝇,乐毅论胜遗教经。大字无过瘗鹤铭,随人作计终后人,自成一家始逼真"(《山谷题跋》卷4)。他认为,学古人书,应该"萧然出于绳墨之外而卒与之合"(《题彦鲁公帖》)。

黄庭坚论书也特别强调人格、学问、修养和性情。他说:"学书要须胸中有道义,又广之以圣哲之学,书乃可贵。若其灵府无程政,使笔墨不减常逸少,只是俗人耳"(《山谷题跋》卷5《书缯卷后》)。其《跋范文正公帖》云:"今士大夫喜书,当不但学其笔法,观其所以教戒故旧亲戚,皆天下长者之言也。深爱其书,则深味其意,推而涉世,不为古人志士,吾不信也"(《山谷题跋》卷6)。至《题王观复书后》则曰:"此书虽未及工,要是无秋毫俗气。盖其人胸中块垒,不随俗低昂,故能若是。今世人字字得古法,而俗气可掬者,又何足贵哉!"(《山谷题跋》卷7)。他在《论写字法》中还教导后学"要须得一佳士与游,养其忠厚之源,此最为先务也"(《山谷题跋》卷7)。

黄庭坚与苏轼论书,所见多合。黄庭坚《跋颜鲁公东西二林题名》曾云:"余尝评鲁公书独得右军父子超轶绝尘处,书家未必谓然,唯翰林苏公见许"(《山谷题

---

① 山谷全书别集:第6卷[M]//论作字.清同治戊辰重刻缉香堂本.
② 山谷简尺:卷下[M].四库全书影印本.

跋》卷4);其《跋东坡书》又谓:"余尝论右军父子以来,笔法超轶绝尘唯颜鲁公、杨少师二人。立论者十余年,闻者瞠若,晚识子瞻,独谓为然。士大夫乃云,苏子瞻于黄鲁直爱而不知其恶,皆此类。岂其然乎?"(《山谷题跋》卷5)黄庭坚精于鉴赏,他对苏轼字推崇备至,以为"东坡书如华岳三峰,卓立参昂,虽造物之炉锤,不自知其妙也。中年书圆劲而有韵,大似徐会稽,晚年沈着痛快,乃似李北海。此公盖天资解书,比之诗人是李白之流",其字"笔圆而韵胜,挟以文章妙天下,忠义贯日月之气,本朝善书,自当推为第一,数百年后,必有知余此论者"(《山谷题跋》卷5《跋东坡墨迹》),又云:"翰林苏子瞻书法娟秀,虽用墨太丰,而韵有余,于今为天下第一"(《山谷题跋》卷5《跋自所书与宗室景道》),"苏翰林用宣城诸葛齐锋笔作字,疏疏密密,随意缓急,而字间妍媚百出。古来以文章名重天下,例不工书。所以子瞻翰墨尤为世人所重。今日世人持之以得善价,百余年后,想见其风流余韵,当万金购藏耳"(《山谷题跋》卷5)《跋东城书帖后》)……今天,历史早已证明了黄庭坚评论的中肯性与预言的准确性,此无须赘言,而在当时,讥刺苏轼书法作品者却不乏其人,黄庭坚多有驳斥:

> 士大夫多讥东坡用笔不合古法,彼盖不知古法从何出尔。杜周云三尺安出哉,前王所是以为律,后王所是以为令。予尝以此论书而东坡绝倒也。
>
> ——《跋东坡水陆赞》

> 东坡书随大小真行,皆有妩媚可喜处,今俗子甚讥评东坡,彼盖用翰林侍书之绳墨尺度,是岂知法之意哉!余谓东坡书,学问文章之气,郁郁芊芊发于笔墨之间,此所以他人终莫能及尔。
>
> ——《跋东坡书远景楼赋后》

宋人曾敏行《独醒杂志》卷3记苏轼与黄庭坚论书事:"东坡尝与山谷论书,东坡曰:'鲁直近字虽清劲,而笔势有时太瘦,几如树梢挂蛇。'山谷曰:'公之字固不敢轻议,然间觉褊浅,亦甚似石压虾蟆。'二公大笑,以为深中其病。"此事苏、黄集中均未见记载,可信性亦令人生疑,或好事者仿其声口为之。既如曾氏所记,笔者亦认为反映了苏轼与黄庭坚的善识善评、善喻善对和思维敏捷、幽默风趣,说明了二公心灵的相通。"树梢挂蛇""石压虾蟆"乃化用传统的灵蛇仙蟾之说,肯定了对方的书法艺术个性,前者言遒劲而有灵气,后者云其简重而富仙韵,戏谑或许有之,而讥刺决非本意。黄庭坚指导后学也往往以苏轼所书为标范,其《跋自所书与宗室景道》曾说:"余书不足学,学者辄笔软无劲气,今乃舍子瞻而学余,未知为能择术也",《跋周越书后》亦谓:"周子下笔沉著,是古人法,若使笔意姿媚似苏子瞻,便觉行间茂密,去古人不远矣"(《山谷题跋》卷9)。苏轼、黄庭坚的超前意识、超常智慧和超俗心态,往往难以找到相同层次的知己,黄庭坚在《跋东坡叙英皇事帖》中曾言,苏轼有"手泽袋盖二十余,皆平生作字语,意类小人不欲闻者,辄付诸郎入袋中,死而后可出示人者也"(《山谷题跋》卷5)。可见其独与黄庭坚神契绝非偶然。

在中国古代书法史上,唐中叶以后,书道下衰,欧阳修与蔡襄论书,曾谓"书之盛,莫盛于唐,书之废,莫废于今……,屈指可数者,无三四人"[1];苏轼《评杨氏所藏欧、蔡书》亦云:"自颜、柳氏没,笔法衰绝,加以唐末丧乱,人物凋落磨灭,五代文采风流,扫地尽矣……国初李建中号为能书,然格韵卑浊,犹有唐末以来衰陋之气,其余未见有卓然追配前人者"(《苏轼文集》卷69);欧、苏都谈到了北宋前期书道的衰落景象,而苏轼、黄庭坚杰出的书法成就和理论建树,以及他们之间的研讨切磋,相互声援,不仅使宋代书艺大振,而且泽及后人,其对当时与后世书法艺术发展的影响,是不言而喻的。

第五节　风操雅韵的高扬:爱人以德与相勉于道

黄庭坚与苏轼的友谊,体现了一种高尚的情操和优秀的品格,堪称文人士子行谊楷模,也是促进社会文明的典范,这给宋代文化带来的影响同样不容忽视。欧阳修有言:"君子与君子以同道为朋",其"所守者道义,所行者忠信,所惜者名节。以之修身则同道而相益,以之事国则同心而共济,始终如一"(《朋党论》),苏轼和黄庭坚的友谊是典型的实践例证。苏、黄友谊建立与发展的全部过程,都体现了一种"君子仁人"之风,始终贯串着一种崇高的思想境界。"务相勉于道,不务相引于利"(《苏轼文集》卷49《与李方叔书》)是苏轼择友、交友中遵循的最根本的原则,也是苏、黄友谊最突出的特征之一。苏轼珍视人的才华,而更重视人的品德,故于《书黄鲁直画跋后》云:"君子爱人以德"(《苏轼文集》卷70),其评黄庭坚则首谓"孝友之行追配古人",次言"瑰玮之文妙绝当世"(《举黄庭坚自代状》),可

---

[1]　欧阳修.欧阳修全集·集古录跋尾:第6卷[M]//唐安公美政颂.北京:中国书店.1986:1167.

见其衡鉴人物的标准是品学兼优而德重于才。苏轼曾对李鹰的要求提出批评劝告,告诫他"但信道自守,当不求自至。若不深自重,恐丧失所有"(《与李方叔书》)。如前所述,苏、黄友谊最初就是从观文论"道"开始的,所谓"相引以造于道"(苏轼《问渊明》诗自注)。苏轼于孙觉处首见黄庭坚诗文即断言"此人如精金美玉""必轻外物而自重者",后于李常处见山谷"诗文愈多,而得其为人益详,意其超逸绝尘"(《苏轼文集》卷52《答黄鲁直书》),由诗文而知山谷,遂引为道友,视为畏友。黄庭坚首次投书苏轼亦言"非用心于富贵荣辱""道不同不相为谋",则同道而师之意甚明。直到苏轼仙逝后,黄庭坚还在梦中与其切磋诗艺。苏、黄对文学艺术的共同嗜好,对思想、情操、人格的追求,至旗鼓相当的学识与思维敏捷的相似,这一切,都成为终生友谊的坚实基础,不管风云如何变幻,都始终不渝。黄庭坚亲言"子瞻知我不以势利交之"(《山谷题跋》卷5《跋李康年篆》);《四库全书提要·<师友谈记提要>》亦云"知其交游神契,非以势利相攀"。

　　苏轼对黄庭坚的推扬已见前述,其另有《再和黄鲁直》诗云:"丹青已是前世,竹石时窥一斑。五字当还靖节,数行谁似高闲",对山谷诗画评价甚高。清代学者翁方纲曾盛赞苏轼品格:"苏文忠公凌卓千古,独心折山谷之诗,数效其体,前人之虚怀如此!"(《<七言诗歌行钞>凡例》)而黄庭坚人谓"孝友忠信,笃行君子人也"①。黄庭坚一生都特别强调个人道德修养,提出人"须胸中有道义"(《书缯卷后》)、"穷而不违仁,达而不病义"(《山谷题跋》卷6《跋欧阳老……》),"择师而行其言,如闻父母之命,择胜己者友,而闻其切磋琢磨,有兄之爱,有弟之敬,不能悦亲则无本,不求益友则无乐,常傲恨则无救"(《山谷题跋》卷7《书生以扇乞书》),故对苏轼"平生服膺推毂,形为歌咏者,每不敢与之并肩"②。宋人王楙在谈到苏、黄友谊时说"苏、黄二公同时,实相引重,黄推苏尤谨,而苏亦奖成之甚力"③(《野客丛书》卷7)。

　　苏轼黄庭坚友谊这种"务相勉于道,不务相引于利"的高洁情操,无论在当时还是于后世,对很多正直的文人士子都产生积极影响,表现出重道自守的文化品格和摈弃势利的气节操守。江西诗派三宗之一的陈师道"居都下一年,未尝一至贵人之门,章子厚欲一见,终不可得"(苏轼《与李方叔书》),苏轼称其"文词高古,度越流辈,安贫守道,若将终身"(《苏轼文集》卷27《荐布衣陈师道状》),宁冻病

---

① 黄震.黄氏日钞[M].四库全书影印本.
② 周之鳞.宋四名家诗钞[M]//山谷先生诗钞序.会文堂书局本.
③ 王楙.野客丛书:第7卷[M]//苏黄互相引重.北京:中华书局.1987:76.

而死决"不著赵挺之绵袄"①。吕本中由此提出"涵养吾气"说,至陆游广而大之,指出"文以气为主,出处无愧,气乃不挠","不少屈于权贵,不附时论以苟登用"②,皆依稀可见苏轼黄庭坚气节的影响。

友谊,是人类社会普遍存在的行为,它涵纳着善良、美好,也标志着精神文明的程度。发生对象不同,社会效果亦不尽一样。小者给人留下美好的回忆,大者或许规范历史的发展。苏轼与黄庭坚的友谊,由于多方面的因素而促进了宋代文化的发展,也提高了人类社会的文明程度,因此,值得肯定,值得研究,尤其应予弘扬,从而把人类文明推向新的高度。

---

① 黎靖德.朱子语类:第130卷[M].北京:中华书局.1986:3121.

② 陆游.渭南文集:第15卷[M]//傅给事外制集序.世界书局影印本.

第五章

黄庭坚的诗歌创作与艺术创新

宋人严羽在《沧浪诗话》中指出：

> 国初之诗尚沿袭唐人：王黄州学白乐天；杨文公、刘中山学李商隐；盛文
> 肖学韦苏州；欧阳公学韩退之古诗，梅圣俞学唐人平淡处。至东坡、山谷始自
> 出己意以为诗，唐人之风变矣。山谷用工尤为深刻，其后法席盛行，海内称为
> 江西诗派。

严氏在探寻北宋诗歌发展轨迹的同时，指出了苏轼、黄庭坚自出己意、变尽唐风的特点，尤其强调了黄庭坚的专精与影响，是颇具慧眼的。苏轼与黄庭坚共同为宋诗的发展和宋诗风格的形成做出了重要贡献，而黄庭坚于诗用力尤勤，宋诗至黄庭坚笔下才一改唐人辙迹而蔚成奇观大国，与唐诗争衡媲美。黄庭坚终生潜心于诗歌的研讨和创作，在理论与实践诸方面都有精深的造诣，故被推为江西领袖，视为"诗家宗祖"，成为宋代乃至中国古代诗歌史上最为杰出的作家之一。然而，由于种种原因，人们对于黄庭坚诗歌的创作实绩和理论主张，都还缺乏全面、客观、公正的认识与了解，缺乏细致、深入、中肯的研讨与评价。

第一节　黄庭坚的诗歌创作

黄庭坚幼承家学，七八岁即已写诗，年未弱冠，已有诗名，中年曾手编《焦尾集》《弊帚集》，五十多岁时又自编《退听堂集》，惜原集皆已不存。山谷诗作今传世者约一千九百多首，见于《山谷全集》《山谷诗集注》诸书。四库全书本《山谷全集》七十卷，包括内集三十卷，外集十四卷，别集二十卷，另有词一卷，简尺二卷，年谱三卷。是编内集为山谷甥洪炎据退听堂本编订，外集为李彤所编，别集为其裔

孙黄㽦所编。三集皆诗文合收。黄㽦所撰年谱考订行事较为详审。涵芬楼影宋乾道刊本、四部丛刊本《豫章黄先生文集》三十卷,编次依文体排列,首赋,次古诗律诗六言,再铭赞、记序、题跋、书简等散文,单纯的诗集有《山谷诗集注》内集二十卷,收诗起元丰元年,终崇宁四年,任渊注;外集十七卷,收诗起嘉祐六年,终崇宁三年,史容注;别集二卷,收洪、李所编内外集之遗,不编年,史季温注。有四库全书本、光绪二十六年义宁陈三立四觉草堂仿宋本、四部备要本等。乾隆四十九年,南康谢蕴山取翁方纲家藏本《山谷诗注》刻印。其书所收内、外、别集诗及三家注,均与四库本大致相同,惟多出《外集补》四卷,《别集补》一卷,收诗约近四百首,有编年,无注释。似为谢氏所辑补。谢氏刊刻本,今收入《丛书集成》初编中。另有《山谷全书》八十一卷,计正集三十二卷,外集二十四卷,别集十九卷,附《伐檀集》二卷,序传目次等四卷,为乾隆三十年江宁缉香堂刻本。有同治间复刻本。近代如皋祝氏据宋本重雕《豫章先生遗文》十二卷,所收时有上述各本之遗落。

黄庭坚现存的一千九百首诗歌,题材多种多样,内容十分丰富。反映民生疾苦和边防时事,是黄庭坚诗歌的重要内容。这些诗作大都写得坦率直露,表现了作者对劳动人民的同情、对黑暗吏治的不满以及对国防边事、和平安定的关注,具有较强的现实性和批判性。

黄庭坚在叶县任上,就写了反映人民苦难的《流民叹》,描写洪水泛滥给人民带来的严重灾难:"倾墙摧栋压老弱,冤声未定随洪流。地文划蠡水咸沸,十户八九生鱼头。"而侥幸活下来的人也无家可归,只好扶老携幼,背井离乡,流亡外地:"稍闻澶渊渡河日数万,河北不知虚几州! 累累襁负襄叶间,问舍无所耕牛无。"诗的最后,作者还尖锐地批评朝廷未能采取有效的预防措施防患于未然,灾情发生后又未能做好灾民的救济安置,表现了诗人忧国忧民的品质。

元丰中,黄庭坚知太和,时朝廷推行盐政新法,诗人深入山区,察访民隐,目睹百姓疾苦,以纪行的方式创作了《上大蒙笼》《劳坑入前城》《丙辰仍宿清泉寺》等十几首描写山农困苦生活的诗篇。其《上大蒙笼》云:

> 黄雾冥冥小石门,苔衣草路无人迹。
> 苦竹参天大石门,虎坑兔蹊聊依息。
> 阴风搜林山鬼啸,千丈寒藤绕崩石。
> 清风源里有人家,牛羊在山亦桑麻。
> 向来陆梁嫚官府,试呼使前问其故。
> 衣冠汉仪民父子,吏曹扰之至如此。

　　　　　　　穷乡有米无食盐,今日有田无米食。

　　　　　　　但愿官清不爱钱,长养儿孙听驱使。

　　作品首先描述了深山的荒凉奇险,然后写了人们在这里居住是为了躲避官府的欺压骚扰。但"官府"还是追来了,真可谓"任是深山更深处,也应无计避征徭"(杜荀鹤《山中寡妇》)。当时的盐政新法规定,百姓吃盐均由官府派购,很多地方官吏为了邀功受赏,强行摊派,搞得民不聊生。诗的末四句就是对这种社会现实的揭露和控诉。《劳坑入前城》也有同样的反映:"借问淡食民,祖孙甘餔糟? 赖官得盐吃,政苦无钱刀。"其《二月二日晓梦会于庐陵西斋作寄陈知家长》更是毫无掩饰地指出了盐政新法在执行中给人民带来的灾难,并表示自己尽职而决不加害百姓:

　　　　　　　饱食愧公家,曾无助毫末。

　　　　　　　劝盐推新令,王欲恂独活。

　　　　　　　此邦淡食伧,俭陋深刺骨。

　　　　　　　公囷积山邱,贾竖但圭撮。

　　　　　　　县官恩乳哺,下吏用鞭挞。

　　　　　　　政恐利一源,未塞兔三窟。

　　　　　　　寄声贤令尹,何道补黥刖。

　　　　　　　从来无研桑,顾影愧簪笏。

　　　　　　　何颜课殿上,解绶行采葛。

　　诗人认为盐政新法本质是好的,所谓"王欲恂独活",但在执行中出现的流弊,加重了人民的负担和痛苦,对此,作者同情人民而又为国担心。《己未过太湖僧寺得宗汝为书寄山芋白酒长韵诗寄答》还把目睹的情形及自己的想法告诉友人:"山农颇来服,见其父孙翁。苦辞王赋迟,户户无积藏。民病我亦病,呻吟达五更。……铜墨贝王命,职思慰孤恂。"其他如《虎号南山》把贪吏暴政比成猛虎,批评苛政虐民的错误做法;《送刘士彦赴福建转运判官》希望友人到任体恤民情,改革邑政;《送顾子敦赴河东》嘱告朋友"上党地寒应强饮,两河民病要分忧。犹闻昔在军兴日,一马人间费十牛";无不贯注着诗人关怀现实、体恤民隐的深情。

　　北宋国力虚弱,西北面临辽夏威胁,御敌防边始终是许多进步作家共同关注的社会课题,黄庭坚也不例外,元祐二年,岷州知州种谊和将作监丞游景叔擒获了勾结西夏、叛服无常的西藩首领鬼章青宜结,苏轼等人有诗祝捷,山谷也写了《和游景叔月报三捷》《次韵游景叔闻兆河捷报寄诸将四首》等诗,热情歌颂边将战功。其前首云:

> 汉家飞将用庙谋,复我匹夫匹妇仇。
> 真成折箠禽胡月,不是黄榆牧马秋。
> 幄中已断匈奴臂,军前可饮月氏头。
> 愿见呼韩朝渭上,诸将不用万户侯。

作者盛赞边防将帅为国建功,洗雪边防遭受侵略的耻辱,希望国家版图早成一统,各民族共为一家,永息边衅,表现出强烈的爱国热情。在《送范德儒知庆州》《次韵奉答吉邻机宜》诗中,作者还以昂奋的激情,勉励负有守边责任的友人为巩固边防做出贡献。其他如《和谢公定河朔漫成八首》(其六、七、八)、《次韵公定世弼登北都东楼四首》(其二、三、四)、《和谢公定征南谣》等诗,或批判宋廷的妥协求和政策,或抒发为国堪忧的悲愁,或记叙当时的战事,都充分表现了山谷对国防边事的见解主张和高度关注。

黄庭坚反映民生和边事的诗篇,在他全部诗作中所占的比例虽然不是很大,但已足见其对国家、对人民、对现实的关心,故洪炎说山谷诗"极其致忧国爱民,忠义之气蔼然见于笔墨之外"(《豫章黄先生退听堂录序》)。

抒写胸襟情怀,表现性情风操是黄庭坚诗歌创作最突出的内容。这类诗歌大体包括即事抒怀、思念亲友、写景抒情等几方面的作品。黄庭坚主张诗写性情,寓识见,所谓"文章本心术""矢诗写予心",这种思想贯穿了诗人创作的始终,故其集中十之六七的篇什都是表达作者性情识见与品格风操的,个性化色彩十分鲜明。

黄庭坚为人有抱负、有识见、讲操守,自言"丈夫存远大,胸次要落落"(《次韵杨明叔见饯》),这在他的即事抒怀诗中表现得最充分。北宋后期,党争激烈,官场倾陷成风,时局仓皇反复,一派得势,就要把另一派踩在脚下,很多治理国家的有用人材成了党争的牺牲品。对此,山谷痛心疾首,写了不少诗篇抒发自己的义愤不平,表达个人的见解。如元祐元年秋,在史馆任职的黄庭坚游览西太一宫,看到王安石在宫壁上的题诗深有感触,写下了《次韵王荆公题西太一宫壁二首》,其一云:

> 风急啼鸟未了,雨来战蚁方酣。

真是真非安在？人间北看成南。

诗借急风、啼鸟、战蚁摹写北宋激烈的党争，说明在党派倾轧中，往往朝秦暮楚，南北颠倒，没有真是真非和客观标准存在，从而对当时置国家民生于不顾，不问是非曲直一味倾轧的党争表示了愤慨。在《病起荆江亭即事十首》其四、《次韵子由绩溪病起》和《再作答徐无隐》等诗中，黄庭坚还呼吁破除党派成见，广开才路，提出了"不须要出我门下，实用人材即至公""人材包新旧，王度济宽猛""开纳倾万方，皇极运九畴，闭奸有要道，新旧随才收"等可贵的见解。山谷政治升沉，是同元祐旧僚连在一起的，新政废止后，旧派对王安石攻击不遗余力，而黄庭坚对王安石的人品和新学却给予很高的评价。其《有怀半山老人再次韵二首》即为缅怀逝去的王安石而作。诗人对王安石在政治和文学、文化上的建树表示钦佩，认为其文章可与《易经》媲美，诗歌则与《诗经》中的《周南》相近。《奉和文潜赠无咎篇末多见及以既见君子云胡不喜为韵》（其七）云：

> 荆公六艺学，妙处端不朽。
> 诸生用其短，颇复凿户牖。
> 譬如学捧心，初不悟己丑。
> 玉石恐俱焚，公为区别不？

诗人在高度评价王氏成就的同时，又因后生的不善学习而担心会遭受歪曲甚至毁灭。这些诗作都表现了黄庭坚以国家为重、以大局为重，能超脱门户之见，比较客观地看待问题，反映出他超人的识见和坦荡的胸襟。

黄庭坚一生"为人慈祥，其德行于孝友殊笃"①"于亲旧间，上承下逮，一以恩意为主"②，所以在山谷的诗作中，思亲怀友的篇章极多。这些作品不论是写骨肉之情，还是叙师朋友谊，大都以纯朴真挚、浓重深沉见长。熙宁元年，黄庭坚初仕至汝州，因赴任逾期被镇相富弼拘留于幕府，家中又无书信寄来，他非常挂念家中的高堂老母与兄妹，写了《思亲汝州》诗，"五更归梦三百里，一日思亲十二时"，表达了作者对亲人的深切思念。熙宁四年，山谷在叶县任上所写的《还家呈伯氏》，通过回忆往时的生活情景，表达了对兄长、对亲人的深厚感情：

---

① 陆心源.宋诗纪事补遗[M].清末刊本.
② 黄庭坚.黄庭坚全集[M]//李之仪 跋山谷帖.成都：四川大学出版社.2001：2464.

> 永怀往在江南日，原上急滩风雨后。
> 私田苦薄王赋多，诸弟号寒诸妹瘦。
> 扶将白发渡江来，吾二人如左右手。
> 苟从禄仕我擅回，且慰家贫兄孝友。

诗人元丰四年写于太和任上的《代书》诗，对季弟阿熊在学业上的长进表示惊喜和欣慰：

> 阿熊去我时，秋暑削甘瓜。
> 离别日月除，莲房倒箭筊。
> 得书报平安，肥字如栖鸦。
> 汝才跃炉金，自必为镆铘。
> 穷年抱新书，挽条咀春葩。
> 弄笔不能休，屈宋欲作衙。

山谷元丰七年写的《寄家》、元祐三年所作《嘲小德》，字里行间都洋溢着诗人对家庭的眷恋和深厚的父爱之情：

> 近别几日客愁生，固知远别难为情。
> 梦回官烛不盈把，犹听娇儿索乳声。
>
> ——《寄家》

> 中年举儿子，漫种老生涯。
> 学语啭春鸟，涂窗行暮鸦。
> 欲嗔王母惜，稍慧女兄夸。
> 解著《潜夫论》，不妨无外家。
>
> ——《嘲小德》

其他如《赣上食莲有感》以比兴手法写对慈母、兄弟姐妹的思念深情；《和答莘老见赠》抒写对岳父的一片敬重感激之情；《都下喜见八叔父》描述叔侄相逢京都"咨嗟旧田园，恸哭新松楸""破啼为笑语，霜夜尽更筹"的情景；无不诚挚动人，如话家常，充满了浓厚的生活气息和人情味，富有强烈的艺术感染力。黄庭坚晚年

的思亲诗由于生活的磨难和忧患的压迫而变得深婉凄恻,感情极为凝重。如绍圣二年六月所写的《和答元明黔南赠别》诗:

> 万里相看忘逆旅,三声清泪落离觞。
> 朝云往日攀天梦,夜雨何时对榻凉?
> 急雪脊令相并影,惊风鸿雁不成行。
> 归舟天际常回首,从此频书慰断肠。

黄庭坚被贬涪州,哥哥元明陪伴送至贬所,"淹留数月不忍别,士大夫共慰勉之,乃肯行。掩泪握手,为万里无相见期之别"(黄庭坚《书萍乡县厅》),赋此篇赠别,传达了悲痛欲绝的心情。

黄庭坚还写了很多赠答诗,或表达对师长先贤、同年挚好的思慕敬仰,或表达对晚生后学的怀念关切。如《古风二首上苏子瞻》即以"托物引类"的比兴手法,含蓄地表达了自己对苏轼的敬仰、爱戴,他把东坡比作"青松",而以"小草"自喻,渴望能"相依在平生"。《和邢惇夫秋怀十首》其九、《送少章从翰林苏公余杭》极力称扬友人陈师道、秦少游的道德才学:"吾友陈师道,抱瑟不吹竽。文章似扬马,咳唾落明珠。固穷有胆气,风壑啸於菟。秋来八诗律,陶谢不枝梧""东南淮海唯扬州,国士无双秦少游。欲攀天关守九虎,但有笔力回万牛"。黄庭坚与张耒、晁补之同出苏门,感情笃厚,每于诗中推重称许,如谓张耒"短褐不磷缁,文章近楚辞。未识想丰采,别去令人思。"(《次韵答张文潜惠寄》)说晁补之"文章落落映晁董,诗句往往妙阴何"(《次韵无咎阎子常携琴入村》)等。黄庭坚元丰八年春天在德平任上所写的怀友名篇《寄黄几复》更是为人熟知:

> 我居北海君南海,寄雁传书谢不能。
> 桃李春风一杯酒,江湖夜雨十年灯。
> 持家但有四立壁,治病不蕲三折肱。
> 想得读书头已白,隔溪猿哭瘴溪藤。

黄几复为黄庭坚同乡挚友,时知广州四会县。此诗首联叹喟双方远隔天南地北,音问难通,颔联叙忆从前的欢聚之乐与别后的漂泊之苦,颈联赞扬友人为官清廉及吏治才能,尾联想象对方在困危的环境中仍勤读奋发的情景。全诗充满了对故人的思念关切,表现了作者深厚的情谊。黄庭坚与晚辈后学恩义颇重,每每指导奖掖,鼓励称许。如山谷赞扬王观复、洪驹父、高子勉等人的才华和成就:"王侯文采似芋兔,洪甥人间汗血驹"(《和王观复洪驹父谒陈无己长句》)、"文章瑞世惊人,学行刿心润身""句法俊逸清新,词源广大精神"(《赠高子勉四首》其一、其三),体现了诗人在培养后生身上所灌注的心血和感情。其他如《寄悲仲谋》《赠送张叔和》《忆邢惇夫》《次韵几复和答所寄》《次韵师厚五月十六日视田悼李彦深》等,都是感情笃实、内容丰富的怀友佳作。

黄庭坚的写景诗,大都具有浓厚的抒情色彩。他在太和任上创作的《登快阁》即是脍炙人口的写景名篇:

> 痴儿了却公家事,快阁东西倚晚晴。
> 落木千山天远大,澄江一道月分明。
> 朱弦已为佳人绝,青眼聊因美酒横。
> 万里归船弄长笛,此心吾与白鸥盟。

作者以遒劲的笔力叙述和描写了公事之余登临快阁亭的感受见闻,以高远明净的秋景表现豪迈开阔的胸襟,同时也引发了知音难遇、有志难酬的落寞心情,读来颇为感人。为人乐道的《雨中登岳阳楼望君山二首》以叙写登临岳阳楼观望君山的情景,表现了遇赦生还的欣喜。其他如《池口风雨留三日》,通过描写池口镇景物,表现与世无争的恬淡心情;《上萧家峡》描写山村春初的美景和集市的盛况,透露出对山村生活的热爱;无不情景相契,表现出强烈的抒情性。

题咏书画和亭轩,也是黄庭坚诗歌的主要内容之一。这部分作品,不少篇章都具有较强的思想性和艺术性。作者不拘于题咏对象本身的描绘,而根据其各自不同的特点生发开去,或赋予深刻的思想内容,或开拓出崭新的意境,或发人深思,耐人咀嚼,或妙趣横生,余味无穷。

黄庭坚题咏书画,注重神髓,发明画意,往往结合社会现实,丰富其内涵,或驰骋想象,拓展其画面。如《蚁蝶图》《题竹石牧牛》《题阳关图二首》《题李亮工戴嵩牛图》等皆是为人称诵的名篇。

> 蝴蝶双飞得意,偶然毕命网罗。
> 群蚁争收坠翼,策勋归去南柯。

——《蚁蝶图》

断肠声里无形影，画出无声亦断肠。

想得阳关更西路，北风低草见牛羊。

——《题阳关图二首》其一

野次小峥嵘，幽篁相倚绿。

阿童三尺棰，御此老觳觫。

石吾甚爱之，勿遣牛砺角。

牛砺角尚可，牛斗残我竹。

——《题竹石牧牛》

《蚁蝶图》写于崇宁元年。山谷身历仕途三十五载，目睹宦海浮沉，饱经风霜忧患，观图而深有感触，题写此诗，深入发明了画中意趣，借评述蝴蝶的"双飞得意"与"偶然毕命"以及群蚁的"争收坠翼"邀功请赏，寓人世间社会现实生活中复杂的人事纷争于其中，有力地讽刺了那些得意忘形、窃利贪功的势利庸俗之徒，使读者很容易联想到当时的党派争斗，全诗含蓄深厚，耐人寻味。

王维《送元二使安西》（又称《渭城曲》）是流传极广的表现离情的送别诗，李伯时据以创作了《阳关图》，变声诗为图画。《题阳关图》根据《阳关图》的创作特点，首先以赞叹的方式点出其在主题内容上的继承性及在艺术效果上的共同性，然后想象开去，三、四两句开拓画境，变有限的平面图画为无限广袤的空间，不仅拓展了画面，使意境更为开阔远大，而且增加了悲怆凄凉的感情色彩，深化了离情"断肠"的主题。《题竹石牧牛》前半篇写了怪石、幽篁、牧童、老牛的"意态"，后半篇作者则与画中牧童直接交谈，嘱其勿令牛在石上砺角，更不要让牛践踏损坏了竹子，既表达了诗人对此画的无限喜爱之情，又开拓了画意，使画面充满了浓厚的生活气息，平添了许多情趣。以故，《历代诗话》称赞"此诗机致圆美，只将竹、石、牛三件顿挫入神，自成雅调"，连对山谷诗向有微词的王若虚也不得不承认此诗"固佳"（《滹南诗话》）。

其他如《题李亮工戴嵩牛图》在称赏戴氏"瘦牛"与韩干"肥马"同样妙绝之后，又用拟人化的手法，生发开凿了"瘦牛"的意识："觳觫告主人：'实已尽筋力，乞我一牧童，林间听横笛。'"含蓄地反映了当时的社会现实，也透露出作者恬退的心情，可谓言近旨远，妙趣横生。题《小鸭》"自知力小畏沧波，睡起晴沙依晚照"、《题伯时天育骠骑图二首》"想见真龙如此笔，蒺藜沙晚草迷川"（其一），也都揉进了诗人的身世之感，包含着对现实的深沉慨叹，既开拓了画面的意境，又丰富了画题的内涵。《题归去来图》(其一)、《题郑防画夹五首》(其一)、《题子瞻枯木》等篇,或开拓画境令观者神游心醉,或以错觉烘托渲染图画的逼真,或借评论画者的思想胸襟,说明画技坚实的基础和深厚的功力,无不风趣巧妙,各具特色。

黄庭坚题咏亭阁轩壁的诗篇,或以奇特的写景取胜,或以丰厚的情致动人,或以深刻的理趣见长,各呈风姿奇态,十分耐人品味。如《题落花流水星寺岚漪轩》根据寺轩的位置特点,从不同角度极写临轩见到的异景奇观,突出了该轩的雄居深藏,故方回极力称道其"意境奇恣"(《瀛奎律髓》)。元祐四年三月,黄庭坚同吕元明游览汴京洪福寺,看到元明旧题,不禁联想到目前的政局国事,很有感触,即书《同元明过洪福寺戏题》,末云:"春残已是风和雨,更著游人撼落花",含蓄地抒发了忧国忧民之情,发人深省。《题宛陵张待举曲肱亭》则对亭子主人的品格、境遇分别表示了赞扬与同情:"人贤忘巷陋,境胜失途穷。寒菹书万卷,零乱刚直胸。偃蹇勋业外,啸歌山水重"。其《题竹尊者轩》《颐轩诗六首》(其一)更是耐人品味:

> 平生脊骨硬如铁,听风听雨随宜说。
> 百尺竿头放步行,更向脚头参一节。
>
> ——《题竹尊者轩》

> 金石不随波,松竹知岁寒。
> 冥此芸芸境,回向自心观。
>
> ——《颐轩诗》其一

二诗不仅十分切合题咏对象名称的特点,而且很容易使人想到山谷其人的思想性格和品行节操。其他如《题默轩和遵老》"平生三业净,在俗亦超然"、《太平寺慈氏阁》"谁与洗涤怀古恨,坐有佳客非孤斟"等,无不深含情致。有些篇章则极富理趣,如《寂住阁》"庄周梦为蝴蝶,蝴蝶不知庄周。当处出生随意,急流水上不流",《题胡逸老致虚庵》"藏书万卷可教子,遗金满籯常作灾"等,耐人深思。

第二节　黄庭坚的诗歌理论

黄庭坚的诗歌理论,是他长期从事诗歌创作的经验总结和深切体会,大都散见于书札题跋和部分诗篇中。如果我们把握内在的联系和本质,那么就不难发现,这些看似散碎的议论,实际上已经构成了一个相当完整的理论系统。

要求出新和独创,是黄庭坚诗歌理论系统的核心。面对唐诗艺术的高峰,是望而却步、规摹攀附,还是自辟蹊径、别成一家? 这是宋代每一位诗人都不可回避的问题。黄庭坚以卓异的才华、胆略、识见和笔力,力主后者。他对北宋诗坛那种亦步亦趋、处处效颦唐人的风气十分不满,一再指出:"随人作计终后人"(《题乐毅诗后》)、"随人学人终旧人"(《论写字法》),并借用古代俚谣对这种现象进行讽刺批评:"楚宫细腰死,长安眉半额。比来翰墨场,烂漫多此色。"(《寄晁元忠十首》其五)诗人认为,"文章本心术,万古无辙迹"(同上),作者应自出机杼,各表新意。其《几复读庄子戏赠》诗还以生动的比喻说明"物情"不一,诗文也应各异:"物情本不齐,显者桀与尧。烈风号万窍,杂然吹籁箫。声随器形异,安可一律调?"

基于这种认识,黄庭坚主张诗歌创作要不傍他人门户。他有"文章最忌随人后"(《赠谢敞、王博喻》)、"自成一家始逼真"(《题乐毅诗后》)等名言,诗人自己也立志独辟蹊径,别树一帜,宣称"着鞭莫落人后"(《再用前韵赠子勉》)、"我不为牛后人"(《赠高子勉》)。对敢于创新的同道,山谷总是给予热情的支持鼓励,如赞扬王定国"不守近世师儒绳尺,规摹远大……欲以长雄一世,虽未尽如意,要不随人后"(《王定国文集序》)、称誉张仲谋诗"自成一家"(《书张仲谋诗集后》)、赵智能文"有胸臆"(《答鲜自源》)等。他还嘱诫其甥:

> 文章最为儒者末事,然既学之,又不可不知其曲折,幸熟思之。至于推之使高,如泰山之崇崛,如垂天之云,作之使壮,如沧江八月之涛,海运吞舟之鱼,又不可守绳墨,令俭陋耳。
>
> ——《答洪驹父书》

清代周煌指出,黄庭坚不仅自己"独辟门户","不向如来行处行",而且"衣被天下,教人自为"(《宋黄山谷先生全集序》),是深得山谷诗论要义的。黄庭坚还指示了创新的具体门径。他认为,要创新,必须首先善于学习,故其每每告诫初学诗者第一步应该规摹古人,即所谓先法而后成。山谷有云:"作文字须摹古人,百工之技,亦无有不法而成者"(《论作诗文》);又云:"欲学诗,观老杜足矣"(《书老杜诗跋》)、"学文则观古人之摹"(《与王立之承奉直方》)、"作赋须要以宋玉、贾谊、相如、子云为师"(《论作诗文》)。但这绝不是倡导简单因袭和模仿,而是在于"领略古法生新奇"(《次韵子瞻和子由观韩干马,因论伯时画天马》)。黄庭坚认为,"词意高胜要从学问中来"(《论作诗文》),必须广泛地学习借鉴前人,并融会贯通,消化吸收,为我所用,然后才能达于新境,这是文学创作的普遍规律:"当熟读《左传》《国语》《楚辞》《庄周》《韩非》,欲下笔略体古人致意曲折处,久久乃能自铸伟辞。虽屈(原)宋(玉)亦不能超此步骤"①。对于学古而不能创新者,山谷就毫不客气地提出批评:"予友生王观复作诗有古人态度,虽气格已超俗,但未能从容中玉佩之音,左准绳,右规矩尔。意者读书未破万卷,观古人之文章,未能尽得其规摹,及所总览笼络,但知玩其山龙黼黻成章耶。"(《跋书柳子厚诗》)黄庭坚还指出,"要当于古人不到处留意,乃能声出众上"(引自蔡绦《西清诗话》)②,这就要求必须充分了解、熟悉和把握前人,能发现其"不到处",才能开辟出新境。

黄庭坚影响最大的"点铁成金""夺胎换骨"说,实质上也是为人们提示的出新途径。他在《答洪驹父书》中说:

> 自作语最难,老杜作诗,退之作文,无一字无来处,盖后人读书少,故谓韩、杜自作此语耳。古之能为文章者,真能陶冶万物,虽取古人之陈言入于翰墨,如灵丹一粒,点铁成金也。

此信写于崇宁二年,时山谷已五十九岁。洪驹父寄呈诗文求教于舅父,山谷因作此书,"极论诗与文章之善病",其中自然包含着诗人长期创作的甘苦。这篇书札涉及文章写作的诸多问题,如主题思想、脉络重心、布局结构、修辞技巧等。书札在论及洪氏所寄《青琐祭文》的缺点时,针对其"用字时有未安处",讲了"自作语最难"这段话。作者以前人为例,指出创作必须善于吸收和学习前人的语言,即使杜甫韩愈这样的宗师巨匠也不能例外,但运用"古人之陈言",必须经过"陶冶"的功夫,方能达到出新生辉的境界。这里的"点"铁的过程,实际上就是创新的过程。"夺胎换骨"说见于释惠洪《冷斋夜话》卷1:

> 山谷云:诗意无穷,而人之才有限,以有限之才,追无穷之意,虽渊明、少陵不得工也。然不易其意而造其语,谓之夺胎法;窥入其意而形容之,谓之换骨法。

---

① 黄䎦.山谷先生年谱[M]//跋自画枯木道士赋后.北京图书馆珍藏本年谱丛刊影印.

② 周裕锴.宋代诗学通论[M].上海:上海古籍出版社.2007:169.

　　黄庭坚认为,诗意的无限性与认识的有限性,难免导致诗歌题材内容的重复或雷同。在这种情况下,创新的难度加大了,但仍然可以翻出新样,超过前人,其方法就是"夺"其胎而"造其语",即不改变作品原来的主题内容,而通过组织崭新的语言赋予作品以新的艺术生命和美感,或者是"换"其骨而"形容之"。"窥入其意"是指对原作主题有了新的理解或感受,从而用新的语言表现出来,故曰"形容之"。如果说"夺胎"侧重于语言的再创造,那么,"换骨"的创造性则更多地表现在对主题内容的发掘和改变上。不论是"夺胎"还是"换骨",显然都立足于创新,这是毋庸置疑的。这里的"造语""夺胎""形容""换骨"无疑都是创新的过程。文学语言的继承和某些题材内容的沿袭是古代诗歌创作中带有普遍性的问题,黄庭坚针对这种现象提出了"点铁成金""夺胎换骨"说,为人们指出了推陈出新的方法,是不无积极意义的。这种方法把学习与创新、继承与发展完全同步化,世以为名言,而江西诗人奉为不二法门,自有其道理。至于有人忽视其创新的目的性而指责为提倡"剽窃"蹈袭,进行挞伐非难,则实在是令人遗憾的曲解和误会。

　　重视诗歌的社会作用与思想内容,是黄庭坚诗论的又一特点。以前的不少论者,批评山谷轻视内容、注重形式,事实并非如此。黄庭坚继承和发扬了古代文论的优秀传统,十分重视诗歌的社会功能,强调为文的目的性。他主张为文必须有益于世,赞成文章要"规摹远大,必有为而后作"(《王定国文集序》),一再指出,文章不能济世,就失去了生命力:"文章不经世,风期南山露。"(《寄晁元忠十首》其十)"文章功用不经世,何异丝窠缀露珠。"(《戏呈孔毅父》)重视文学的社会作用,必然重视诗文的内容和意义。黄庭坚总是把思想内容作为评价作品的重要尺度。如他称赞晁元忠诗"兴托深远"(《答晁元忠书》)、王观复诗"兴寄高远"(《与王观复书》)、胡宗元诗"其兴托高远,则附于《国风》;其忿世疾邪,则附于《楚辞》"(《胡宗元诗集序》);而批评秦观诗"工在遣词,病在骨气"(《与秦少章觌》)。其评论杜甫《北征》与韩愈《南山》二诗云:

　　　　若论工巧,则《北征》不及《南山》;若书一代之事,以与国风、雅、颂相表里,则《北征》不可无,而《南山》虽不作未害也。

　　　　　　　　　　　　　　　　　　　　　　　　——范温《潜溪诗眼》

　　可见诗人视内容重于形式。山谷指导后学读书,亦要求"深探其意味"(《与敦礼秘校帖》),防止"但得其皮毛"(引自胡仔《苕溪渔隐丛话》前集卷5)①。

在创作上,黄庭坚主张诗歌要寓理、写事、表情,要有充实的思想内容,"非有为不发于笔端"(《与王立之四帖》)。他提出诗歌应"以理为主,理得而辞顺,文章自然出群拔萃"(《与王观复书三首》其一),赞成"作文皆道实事,要为有用之言"(《与王观复书三首》其二),充分肯定杜甫"善陈时事"(潘淳《潘子真诗话》)的特点,指出杜诗的流传不朽,正在于其对现实敢于表示是非,有忠义之气:"老杜文章擅一家,国风纯正不欹斜。……千古是非存史笔,百年忠义寄江花"(《次韵伯氏……学老杜诗》)。

山谷尤其强调诗写情性,其《书王知载〈朐山杂咏〉后》云:

> 诗者,人之情性也,非强谏争于廷,怨愤诟于道,怒邻骂座之为也。其人忠信笃敬,抱道而居,与时乖逢,遇物悲喜,同床而不察,并世而不闻,情之所不能堪,因发于呻吟调笑之声,胸次释然,而闻者亦有所劝勉,比律吕而可歌,列干羽而可舞,是诗之美也。其发为讪谤侵陵,引颈以承戈,披襟而受矢,以快一朝之忿者,人皆以为诗之祸,是失诗之旨,非诗之过也。

诗吟情性,并非山谷首倡。但作者对人之情性做了区分,认为不是所有的性情都适合或者都必须用诗来表现,诸如"争于廷""诟(辱骂)于道""怒邻""骂座"之类,由于特定的环境和条件决定了它们完全不必用诗来表现。山谷认为诗表现的情性内容,必须具有一定的教育意义,作者可以"胸次释然","而闻者亦有所劝勉",或者具有一定的美学意义:"比律吕而可歌,列干羽而可舞。"由此出发,作者认为"以快一朝之忿"的诗歌,是不符合上述要求的,故谓"是失诗之旨"。这篇题跋,主张诗写情性,其中不无维护温柔敦厚传统诗教的用意,作者认为不宜用诗表现的情性,大约是深感于北宋后期激烈党争的政治形势,或许晚年惩于文字狱之祸,不愿再被"讪谤侵凌"的罪名,使自身陷于"承戈""受矢"的境地,故有此论。从强调诗歌的特性出发,要求浑厚而有艺术魅力,避免浅露而乏意韵,山谷此论不无道理,何况其立足点乃在于顾及诗歌的社会效果而并非主张文艺完全脱离政治。或有根据这段文字断言黄庭坚"逃避现实""回避政治""取消诗歌的战斗作用",显然是欠公允的。

由诗写性情出发,黄庭坚特别强调诗人自身的修养。山谷强调指出:"文章虽

---

① 　胡仔.苕溪渔隐丛话[M].芸经楼仿宋本.

末学,要须茂其根本,深其渊源,以身为度,以声为律,不加开凿之功自宏深矣。"(《答秦少章帖》)又云:"文章乃其粉泽,要须探其根本,本固则世故之风雨不能飘摇。"(《与徐甥师川》)他还有诗说:

> 生珠之水砂砾润,生玉之山草木荣。观君词章亦如此,谅知躬行有君子。
>
> ——《走笔答明略适尧民来相约》

可见作者看到了作家的人格修养是文章之根底,作品是作家心志性情的表露。

讲究诗歌的艺术性,是黄庭坚诗论的第三个突出特征。

黄庭坚论诗在重视思想内容的前提下,同时也十分重视诗歌的艺术表现技巧。他在诗歌的章法结构、谋篇布局、造句用字、声韵音律诸方面,都发表了一系列的意见。山谷强调"文章必谨布置",指出"自古有文章便有布置,讲学之士不可不知也"①。他主张"始学诗者要须每作一篇,辄须立一大意,长篇须曲折三致焉,乃为成章耳"(《论作诗文》)。这就要求把内容和艺术作为一个密不可分的整体系统统筹安排。为了使初学者有具体的认识,山谷"每见后学,多告以《原道》命意曲折"(《潜溪诗眼》),为其提示观摩的范例。范温就曾根据山谷的提示"概考古人法度",并分析过杜甫《赠韦见素》诗的"一篇立意"与结构关联,认为此诗"布置最得正体,如官府甲第厅堂房室,各有定处,不可乱也。"诗人甚至以通俗的比喻具体地说明诗歌的布置法:"作诗正如作杂剧,初时布置,临了须打诨,方是出场。"②(引自《王直方诗话》)

黄庭坚也特别强调诗歌的句法。他推重鲍照、谢灵运、陶渊明、杜甫、苏轼等人在诗句上的锻造:

> 寄我五字诗,句法窥鲍谢。
>
> ——《寄陈适用》

> 拾遗句中有眼,彭泽意在无弦。
>
> ——《赠高子勉》

---

① 胡仔.苕溪渔隐丛话[M].芸经楼仿宋本.
② 周裕锴.宋代诗学通论[M].上海:上海古籍出版社.2007:318.

句法提一律,坚城受我降。

——《子瞻句法妙一世……》

黄庭坚也时常慨叹诗坛后学"无人知句法"(《奉答谢公定……长韵》)。由此,山谷积极引导后学:"但熟观杜子美到夔州以后诗歌,便得句法简易而大巧出焉"(《与王观书》)。对于在诗歌句法方面稍有成就者,他总是每每服膺,称许不已:

传得黄州新句法,老夫端欲把降幡。

——《次韵文潜立春日三绝句》

句法俊逸清新,词源广大精神。

——《再用前韵赠高子勉四首》其二

诗来清吹拂衣中,句法词锋觉有神。

——《次韵奉答少激纪赠三首》其一

在用字方面,黄庭坚强调"置字有力"(《跋欧阳元老诗》)、"安排一字有神"(《荆南签判……奉酬》)、"置一字如关门之键"(《跋高子勉诗》);而在声韵音律上则强调"谐律吕""从容中玉佩之音"(《跋书柳子厚诗》)、"比律吕而可歌,列干羽而可舞。"(《书王知载〈朐山杂咏〉后》)为了在艺术上精益求精,山谷还提出"作文字不必多,每作一篇,要商榷精尽,检阅不厌勤耳"(《答秦少章帖》)。

黄庭坚在诗歌艺术方面提出了一套详备而又具体的理论主张,以致有人视其为形式主义者。其实,山谷在谈艺术技巧时,并没有离开作品的内容而孤立地讲究技巧,相反,他总是围绕如何更好地表达内容来谈艺术。其《答洪驹父书》云:

凡作一文,皆须有宗有趣,始终关键,有开有阖,如四渎虽纳百川,或汇而为广泽,汪洋千里,要自发源注海耳。

"有宗有趣"即是主题与艺术的融合。作者用生动形象的比喻,说明文章的关键开合必须为表现内容服务——"要自发源注海耳。"诗人在嘱咐孙克秀才"请读老杜诗,精其句法"的同时,又指出"每作一篇,必使有意为一篇之主,乃能成一家"

113

（《与孙克秀才》）。其以"善陈旧事，句律精深，超古作者"称誉杜甫，也是内容与艺术并举。诸如他所论及的"诗意无穷""兴寄高远""立意""命意"等，无不立足于内容来谈艺术表现。

黄庭坚不仅不单纯地一味追求形式技巧，而且还反对只重形式技巧而无充实内容的创作倾向。他不满于刻意求奇，认为"好作奇语，自是文章病"。对于"建安以来好作奇语"，致使文章"气象衰苶"，表示不满。山谷也反对一味雕琢。以为文章"无斧凿痕，乃为佳作"（《与王观书三首》）；有意雕琢，专事辞藻，只是低能文人的伎俩，故其批评"后生玩华藻，照影终没世"（《奉和文潜赠无咎……为韵》），他要求写诗必须达到"不雕而常自然"（《苏李画枯木道士赋》）的化境。他还以白云、流水为喻，说明文贵平淡而自然："流水鸣无意，白云出无心。水得平淡处，渺渺不厌深。"（《以同心之言……寄李子先》）诗人赞叹陶潜"不烦绳削而自合"（《题意可诗后》），称赏"子美诗妙处，乃在无意为文"（《大雅堂记》）。正由于此，山谷反对"构空强作"（《论作诗文》），主张"待境而生"①，明确提出"非有为不发于笔端"（《与王立之四帖》）。

综上所述，黄庭坚诗论的宗旨和核心是创新，他重视诗歌的社会作用和思想内容，同时又看重磨研诗文的形式和技巧，诗人以个人学诗写诗的切身体会，为人们指出了借鉴的途径。山谷提倡学习古人，不过是创新的借鉴和准备，由于他没有突出地强调创作与现实生活的关系，故往往给人以错觉，至被讥刺为在故纸堆里讨生活，这是不能苛求古人的。黄庭坚极力推崇杜甫，倡导宗杜学杜，除了杜甫本身卓异的艺术成就之外，则是因为山谷所有的诗歌主张都在杜甫身上有着突出的体现，而山谷本人的创作，无疑也深受杜甫的影响。

第三节 黄庭坚诗歌的艺术独创

黄庭坚一生追慕杜甫，转益多师，在广泛学习和借鉴前人创作经验的基础上，力主创新，独辟蹊径，终于获得成功。他的诗歌"包含欲无外，搜抉欲无秘，体制通古今，思致极幽眇，贯穿驰骋，工夫精到"②，且"语必生造，意必新奇，想力所通，直

---

① 胡仔.苕溪渔隐丛话[M].芸经楼仿宋本.
② 罗大经.鹤林玉露[M].上海：上海古籍出版社.2012：174.

穷天际"(引自陈衍《宋十五家诗选·山谷诗选序》)①,被人誉为"英笔奇气,杰句高境,自成一家"②,具有鲜明的艺术独创性。

首先,黄庭坚诗歌富有思致机趣,耐人寻绎回味。山谷善于即景宣情,托物寄意,借鲜明的形象,寓深邃的哲理。如《寺斋睡起二首》其二以"桃李无言一再风,黄鹂唯见绿匆匆"写艳丽的桃李无端遭受风雨蹂躏很快逝去的景象,感喟春事已去,使人想到美好事物遭受摧残而又无力抗争的情形;《同元明过洪福寺戏题》用"春残已是风和雨,更着游人撼落花"写暮春景象,又使读者联想到北宋后期岌岌可危的政治形势;作者对人生际遇和政治局势的痛苦思索借桃李、春花的形象得以含蓄地表现。《蚁蝶图》《次韵王荆公题西太一宫壁》用自然界景物寄寓深刻的政治见解;《演雅》通过描写生理本能、生活习性各不相同的小动物,影射不同类型的人物,表现作者对世事极为冷静的洞察分析以及在此基础上形成的人生观;《古风二首上苏子瞻》则以"托物引类"的手法,表达对苏轼的敬慕和才能品格的推重以及"至其不为当世所知,则亦自重,难进而未尝汲汲"(任渊注)的考虑。这些诗篇无不言近旨远,极富机趣,耐人寻绎。

黄庭坚有些诗直接抒写议论,阐扬哲理,思致深邃,有着普遍的训诫意义。《次韵答斌老又和》"宴安鸩毒间,蛟鳄垂涎地,君子履微霜,即知坚冰至",告诉人们须见微知著,不要溺于安乐,要防微杜渐,具备预见性和敏锐性;《送李德素归舒城》"人生要当学,安宴不彻警,古来唯深地,相待汲修绠",表达人生必须坚持学习,任何时候都不能放松,精神的造诣有待于长期的功力;《赠别李次翁》讽喻世态末俗随风俯仰,毫无操守,而称颂"德人天游,秋月寒江"。其他如"万卷藏书宜子弟,十年种木长风烟"(《郭明父作西斋于颍尾请予赋诗二首》其一)、"藏书万卷可教子,遗金满籝常作灾"(《题胡逸老致虚堂》)……这里不管是切身经验还是哲思升华,都直接以议论出之,但又绝不同于玄言诗或押韵论文,因为作者都是用精练的形象语言,体现一种富有普遍启迪性的理趣和哲思,发乎此而归乎彼,言有尽而意无穷。这比单纯写景抒情诗意境更深邃,思路更幽眇,是诗与哲理的统一。故刘熙载谓山谷诗"妙能出之以深隽,所以露中有含,透中有皴,令人一见可喜,久读愈有致也"③。

其次,结构奇崛深折,章法谨严细密,是黄庭坚诗歌的又一特色。山谷十分重

---

① 谢海林.清代宋诗选本研究[M].上海:上海古籍出版社.2011:96.
② 方东树.昭昧詹言:第1卷[M].广文书局印本.
③ 刘熙载.艺概:第2卷[M].清光绪间刻本.

视诗歌的布局谋篇,他充分利用和发挥诗歌跳跃、转折的特点,不论长篇还是短制,都精心结构,而在诗意层次的转折跳荡方面尤显特出,其或劈空而来,其或猛然转折,回旋腾挪,顿挫奇崛,看似不相联属,反复玩味,脉络线索又极为缜密精细,犹如大川之流经群山,表面峰峦耸立叠起,而江水自隐然贯乎其间。如《双井茶送子瞻》:

> 人间风日不到处,天上玉堂森宝书。
> 想见东坡旧居士,挥毫百斛泻明珠。
> 我家江南摘云腴,落硙霏霏雪不如。
> 为君唤起黄州梦,独载扁舟向五湖。

　　此诗首联写友人翰林院的生活环境,起首突兀;颔联转换角度,写自己想象对方挥毫写作文思如涌语言精美的情形;颈联笔墨突然陡转,极写家乡茶叶的采制和冲泡新茶的情景;尾联转而又以唤梦、舟游之事来写归隐和回归自然的情趣。全篇步步转换,腾挪跳跃,乍看不相联属,细品则筋骨牵连,如线穿珠,浑然一体。前四句言子瞻读书、为文,后四句言送上家乡的茶叶,为友人解除疲劳,提神止渴,从而表达了对苏轼的敬慕爱戴、体贴关怀的深厚情谊。尾联化用唐代何讽《梦渴赋》"奔九江走五湖"之典,既点明了主题又收拢了全诗,意境开阔,情思深远,风趣盎然,章法十分巧妙。《次韵子瞻题郭熙画秋山》开篇即追叙苏轼被贬黄州的经历,接着又突然转写玉堂观画,起笔突兀,转折陡峭;其后才题咏画面,稍见平缓;至"坐思"句又奇峰耸起,抒写由观画引起的思乡之情,再由思乡猛然顿回,落到画家身上。全诗以回荡开阔、纵横驰骋的笔势抒发观画跃动的感情,诗意层次转折顿挫,跳跃的幅度极大。仔细品味,内在的联系又极为密切:追忆往昔、思念家乡,均由画面而起,笔墨始终紧扣主题。前人称赞此诗"馀情远韵,力透纸背,曲折驰骤,有江海之观,神龙万里之势"①,是深具眼力的。类似的篇章如《寄黄几复》《戏呈孔毅父》《送谢公定作竟陵主簿》《次元明韵寄子由》等等,无不体现出山谷诗在章法结构上的特点。方东树谓"山谷之妙,起无端,接无端,大笔如椽,转折如龙虎。扫弃一切,独提精要之语。每每承接处中亘万里,不相联属,非寻常意所及"②,是很中肯切实的。

---

① 方东树.昭昧詹言.第15卷[M].广文书局印本.
② 方东树.昭昧詹言.第12卷[M].广文书局印本.

　　第三，在语言方面，黄庭坚长于点化锻造，下语奇警，句法烹炼，音节拗峭，不喜作艳语、绮语、软语。山谷诗歌语言的来源极广，除博采经史诗赋，还汲取禅家、道家和小说语言。他有不少警句和名篇就是由点化前人语言锻造而成。如《雨中登岳阳楼望君山》"银山堆里看青山"本于刘禹锡"白银盘里一青螺"（《望洞庭》）、《思亲汝州作》"五更归梦三千里，一日思亲十二时"源自朱昼《喜陈懿至》"一别一千日，一日十二忆，苦心无闲时，今夕见玉色"，等等，都是在继承的基础上重加创新，或同原诗各极其妙，或比原作更为精工。

　　山谷最善融化历史掌故，博采现成说法，锻造成新警的诗家语言。如"寻师访道鱼千里，盖世功名黍一炊"（《王稚川既得官都下有所盼未归》）、"塞上金汤唯粟粒，胸中水镜是人才"（《送顾子敦赴河东》），这里除了"黍一炊"用《枕中记》的故事，"胸中水镜"用《世说新语》"人之水镜"的掌故外，"鱼千里"和"唯粟粒"，也化用前人之说。《关尹子》有"以盆为沼以石为坞，鱼环游之，不知其几千万里"的说法，山谷把它概括为"鱼千里"用以比喻往复不停地奔走，就把王稚川求师的辛勤做了充分描绘。晁错上疏有"带甲百万而无粟，弗能守也"的见解，山谷吸收他的意思，凝练成"塞上金汤唯粟粒"，借以说明粮食在边防中的重要作用，这就把劝告友人重视农业的思想表达得十分鲜明。

　　黄庭坚在用字上更是千锤百炼，一丝不苟。洪迈《容斋随笔》载："黄鲁直诗'归燕略无三月事，高蝉正用一枝鸣'，'用'字初曰'抢'，又改曰'占'、曰'在'、曰'带'、曰'要'，至'用'乃定。"这种精心锤炼的严肃态度，使他的不少诗句贴切深刻，力透纸背，色彩鲜明，对比强烈，笔锋奇妙，新警异常。如"心犹未死杯中物，春不能朱镜里颜"（《次韵柳通叟寄王文通》），一个"死"字，一个"朱"字，把酒兴不衰、年华已逝镌刻得入木三分；"故人相见自青眼，新贵即今多黑头"（《次韵盖郎中率郭郎中休官》），"故人"同"新贵"对仗，"青眼"和"黑头"映衬，对比十分鲜明；"麒麟坠地思千里，虎豹憎人上九天"（《再次韵寄子由》），用"骐麟"比志在千里的贤者，以"虎豹"喻忌人向上的权臣，用语警策精妙。山谷有时下字异乎寻常，出人意表。如《过平舆怀李子先》尾联"酒船渔网归来是，花落故溪深一篙"，作者先摆出"酒船渔网"渲染隐居生涯的幽雅，然后提出"归来"，归来才可以享受饮酒打鱼的惬意生活，句尾突然下一判断谓语"是"，肯定归来完全正确，简洁有力，一字千钧，使人意想不到。黄庭坚作诗不仅"用一事如军中之令，置一字如关门之键"（《跋高子勉诗》），只字半句不轻出，而且还特别注意句法的烹炼。除锻炼句意，力求生新之外，在诗句组合上，山谷往往冲破一般语法规范，以使句意曲折，文气跌宕，在生拗的组合中给人挺拔奇峭之感。如"十分整顿乾坤了""不居京洛不江湖",前者用副词"十分"修饰动词"整顿",在名词"乾坤"后面下一补语"了";后者则用"不"否定名词"江湖";都使诗句带有生新奇峭的特点。

黄庭坚也常常改变诗的传统句式之节奏,以避免诗句的平软滑熟。如"吞五湖三江""石吾甚爱之""牛砺角尚可"将五言诗传统的上二下三式节奏改成上一下四式或上三下二式;"管城子无食肉相,孔方兄有绝交书""邀陶渊明把酒碗,送陆静修过虎溪"将七言诗二二三的传统句式节奏变为三一三式或一三三式。这些不同于传统节奏的散文化句式,具有清新瘦硬、矫健峭拔的特点,读来别有风味。黄庭坚还发展了始自杜甫的拗句拗律体制。王俌《匡山丛话》卷 1 云:

> 鲁直换字对句法,如"只今满座且尊酒,后夜此堂空月明""秋千门巷火新改,桑柘田园春向分"等句,其法于当下平声处以仄字易之,欲其挺拔不群,前此未有。此体独出于老杜。

吴沆《环溪诗话》卷中亦云:杜诗拗体"以律而差拗,于拗中又有律焉。此体唯山谷能之。故有'黄流不解涴明月,碧树为我生凉秋''石屏堆叠悲翠玉,连荡宛转芙蓉城''纸窗惊吹玉蹀躞,竹砌翠撼金琼瑶''蜂房各自开窗牖,蚁穴或梦封侯王'等语,皆为可观。"王、吴二氏提到的这些诗句都是不依平仄常格的拗句,劲直峭拔,富有力感。张耒谓"鲁直一扫古今,直出胸臆,破弃声律,作五七言,如金石末作,钟声和鸣,浑然天成"(引自张耒语)①,即由其拗体而发。

在语言色泽方面,黄庭坚诗则"洗尽铅华,独标隽旨,凡风云月露与夫体近香奁者,洗剥殆尽"(陈丰《辨疑》)。即便是偶涉儿女之情,也多属借用或加以净化、雅化。如"公诗如美色,未嫁已倾城"(《次韵刘景文登邺王台见思》)、"习之实录葬皇祖,斯文如女有正色"(《次韵子瞻送李豸》),都是借美女比喻文章风格。《和陈君仪读太真外传》虽题咏杨贵妃故事,而侧重总结历史教训,写得雅洁庄重;连理枝本来是爱情关系的象征,但山谷的《戏答陈季常寄黄州山中连理松枝》偏不从儿女情上发挥,而是化用佛典,说松枝长成连理,不过是偶然的例外,正像金沙滩头偶现妇人身形的观音,本质上仍是菩萨骨骼,写得雅洁劲峭。

第四,黄庭坚诗风瘦硬峭拔,兼有老朴沉雄、浏亮芊绵的特色。山谷诗不但情思超迈,韵格高绝,而且章法谨严,造句奇崛,笔势雄健,且又发展了杜甫的拗体,以此来约晚唐的熟滑,矫西昆的丽靡,这就形成了独有的瘦硬峭拔的风格。正如方东树所说:"山

---

① 胡仔.苕溪渔隐丛话[M].芸经楼仿宋本.

谷所得于杜,专取其苦涩惨淡、律脉严峭一种,以易夫向来一切意浮功浅、皮傅无真意者耳。"①如《次韵几复和答所寄》《题李亮工戴嵩牛图》,无论情思和笔力,都给人一种英特不凡的感受,确是山谷的创格。但山谷的五古、七古,有些却写得老朴沉雄,如《留王郎》《送王郎》《送舅氏野夫之宣城》《赠陈师道》《老杜浣溪图引》等等。李调元也说:"黄山谷七言古歌行,如歌马歌阮,雄深浑厚,自不可没"②。

黄庭坚的不少七律七绝则笔势如风,一贯而下,饶有顿挫之致,并无钉铰之感。如"世上岂无千里马,人中难得九方皋"(《过平舆怀李子先》)、"安得雍容一尊酒,女郎台下水如天"(《郭明甫作西斋于颖尾请予赋诗》),不管颔联对仗或尾联收煞,不论是否用典,都能做到顺势而下,流丽晓畅。陈丰曾说:"或谓山谷诗一以生硬为主,何所见之褊也!公诗祖陶宗杜,体无不备,而早年亦从事于玉溪生,故集中所登,慷慨沉雄者固多,而流丽芊绵者亦复不少。……世人未览全集,辄以生硬二字蔽之,不知公时作硬语,而老朴中自饶丰致"(《辨疑》)。

黄庭坚在诗歌理论和创作实践方面的建树,奠定了他在宋代文学史上的杰出地位,同时也由此而产生了广泛深远的影响。刘克庄说,山谷"会萃百家句律之长,究极历代体制之变,蒐奇笔,穿异穴,间作为古律,自成一家,虽只字半句不轻出,遂为本朝诗家宗祖"③。其在当时,"一文一诗出,人争传诵之,纸价为高"(《豫章先生传》),士大夫既"翕然效之"④,学诗者也"多以鲁直为师"⑤,致法席盛行,遂成江西一派。

至南宋,黄庭坚的影响更是笼罩了整个诗坛,杨万里、陆游、姜夔等著名诗人,均备受熏陶。宋亡之后,黄庭坚随着人们对宋诗评价的不同而在历代的影响力虽然各有消长,但其衣被天下的痕迹依然十分明显。元代的刘壎、方回、戴表元,明代的宋濂、贝琼、唐顺之都极推重山谷,清代研学其诗者更是不胜枚举,至有"大江南北,黄诗价重,部值十金"⑥(清施山《鳖露庵笔记》卷6)的状况,直到晚清的同光体诗人,还深得山谷启迪。

自然,黄庭坚的文论和诗作也不无缺陷。如向现实生活用力不够,过多地在技巧上下功夫,讲究用字有来处,专以拗峭避俗;喜欢用典,时而因其"取过火一路"而显得晦涩深僻;刻意求工,有时又因"太著意"而少自然天成之趣;以警创为

---

① 方东树. 昭昧詹言. 第8卷[M]. 广文书局印本.
② 李调元. 雨村诗话[M]. 清刻本.
③ 刘克庄. 后村先生大全集:第95卷[M]. 上海涵芬楼影印本.
④ 金沛霖. 四库全书子部精要:南窗纪谈[M]. 天津:天津古籍出版社. 1998:758.
⑤ 朱彝尊. 曝书亭集:第37卷[M]. 上海涵芬楼影印本.
⑥ 傅璇琮. 黄庭坚和江西诗派资料汇编:望云诗话[M]. 北京:中华书局. 1978:379.

奇,又时而因"雄健太过而遂流入险怪";另外,其次韵过多,亦是缺憾。王若虚说:"山谷之诗有奇而无妙,有斩绝而无横放,铺张学问以为富,点化陈腐以为新,而浑然天成、如肺肝中流出者不足也。此所以力追东坡而不及软!"①(《溿南诗话》)这段话评议黄庭坚诗歌的缺点,虽不尽然而大体切合。然而,这毕竟瑕不掩瑜。山谷在诗艺上崇尚独创,其用意和获取的实绩足可沾沠后人,彪炳千古。前人论及宋诗,每每苏、黄并称,苏轼、黄庭坚诗的艺术境界是不同的,但他们各尽才智笔力,共同创造了宋诗的新天地与大奇观,以与唐诗比肩抗衡,同样为宋诗的发展做出了巨大贡献。

第四节　黄庭坚诗的艺术形象

宋诗的代表作家黄庭坚是位理性色彩很浓的诗人,又是一位十分注重诗歌技巧的诗人。他喜参禅,好佛老,不仅对儒、道、佛三家思想有着兼收并蓄式的研究和发挥,对时事政治有着独立的见解,而且对养生、教子、处世、情操等问题都有一系列新的思索。与此同时,黄庭坚又特别强调诗歌艺术的独特性,有许多独到精湛的见解和成功的艺术创新。这两方面的特点使他的诗歌在思想内容和艺术形象的结合上达到了一个新的境界。在黄庭坚诗中,我们不仅可以从饱满生动的形象中体味到那些深邃的哲思、独到的见解、幽默的机趣,而且可以看到一些用独特的色彩和线条构成的别具一格的艺术画面。

在多姿多彩的自然景色中,提取那些和诗人意识相暗合的现象加以艺术的揭示,是黄庭坚诗歌的一个重要特征。《同元明过洪福寺戏题》诗中的名句"春残已是风和雨,更著游人撼落花"就十分典型。元祐间,新法完全废弃,旧党也开始分裂,政局陷入深刻的危机之中。在这种情况下,朝廷,部分官吏依然不顾国家安危,继续着党派的争斗,诗人带着强烈的痛惜之感将自己的不满和愤怒,以比喻的手法借自然界中的景象形象地揭示出来。有时,诗人为了使形象的象征意蕴更为显豁明确,还在形象描述的同时夹带两句单刀直入的议论。如:"风急啼鸟未了,雨来战蚁方酣。真是真非安在? 人间北看成南!"(《次韵王荆公题太一宫壁》)诗的前两句,以两幅习见的自然图景暗示出当时政治气候的多变和新旧党争的激烈。后两句,则直接对此情景做出评价。它犹如绘画中画龙点睛般的题词,使形

---

①　郭绍虞.历代文论选:溿南诗话[M].北京:中华书局.1962:202.

象本身的内涵更加深刻鲜明。黄庭坚的著名小诗《蚁蝶图》只是一首题画诗,却使蔡京大怒,"将指为怨谤",也是因为他在对蝴蝶和群蚁的描写中暗示了自己的政治见解,触及了当权人物的隐痛。有时,诗人则在自然景物和其他意象的直接组合中,显示出他对生活和人事的分析评价。如"短世风惊雨过,成功梦迷酒酣"(《有怀半山老人再次韵二首》其一)、"有子才如不羁马,知公心是后凋松"(《和高仲本喜相见》)、"明月清风非俗物,轻裘肥马谢儿曹"(《答龙门潘秀才见寄》)。这些诗句,都以生动可感的形象表现出一定的理性认识。

比喻是黄庭坚诗中常用的一种手法。在黄庭坚诗中,比兴不但可以"托情",而且在更多的情况下还用来喻理,作为喻体的艺术形象更多地带有理性的色彩。对此,清人张佩纶说,黄庭坚作诗,"秘旨在以比为赋,自能避俗生新"(《涧于日记》)。赋的特色在于抒情叙事的直接性,"赋者,敷陈其事直言之也"。黄庭坚诗叙事成分并不多,所谓"以比为赋",当是指将那些最容易用赋的手法"直言之"的内容用比的方式写出来。比如他提到的《演雅》一诗,通篇所有的形象都是作为喻体出现的,诗人从桑蚕、蜘蛛、燕子、蜂蝶,写到虿蚁飞蛾、蝉螋螳螂等,共写了近四十种动物,它们虽然生理本能和生活习性不同,但共同的特点都是终生在某种需要的驱使下忙忙碌碌,显然,动物的世界就是人的世界。这些生活目的、方式、特点、习性不同的种种动物,正是大千世界中种种不同类型人物的真实写照。至于作者自己,他在最后写道:"江南野水碧于天,中有白鸥闲似我"。他对世事极为冷静的洞察分析全是用具体的形象来表现的,它不但避免了直接的陈述的乏味,而且能借助形象使内涵更为丰富。

元丰四年,诗人在太和任上作的《赣上食莲有感》一诗,也被人称作是"以比体入妙"的佳作。全诗以对"莲"的比喻性描写为线索,"发端在家庭间,渐引入身世相接处,落落穆穆,甘苦自知"①,充满了对父母兄弟儿女之情的感慨和对个人立身处世的思索。《古风》二首之二"松以属东坡,菟苓以属门下之贤者,菟丝以自况"向苏轼表述了"至其不为当世所知,则亦自重,难进而未尝汲汲"的考虑和对友人才能品格的推重。这种写法大受苏轼赞赏,他说:"《古风》二首,托物引类,真得古诗人之风"(《答黄鲁直书》)。黄庭坚的不少文学评论,也常常用比体写成。如评论陈师道:"陈侯学诗如学道,又似秋虫噫寒草"(《赠陈师道》);评论刘景文:"公诗如美色,未嫁已倾城,嫁做荡子妇,寒机到天明"(《次韵刘景文登邺王台见思五首》);评论苏轼:"我诗如曹郐,浅陋不成邦。君如大国楚,吞五湖三江……句

---

①　汪薇. 诗伦[M]. 北京:中华书局. 1985:85.

法提一律,坚城受我降。枯松倒涧壑,波涛所冲撞。万牛挽不前,公乃独立扛。"如此等等。这些比喻,都借助形象幽默诙谐地表现出他对友人们不同风格和成就的评价。

运用典故说明生活哲理、人生经验,也是黄庭坚诗经常运用的一种手法。诗人用典不仅能以十分精练的语言使诗意得到明晰的传达,而且能使诗歌的内涵由于典故本身的生动复杂而得到丰富和延伸。因此,黄庭坚有"用一事如军中之令"之说。但是,典故的运用也是一个技巧的问题。黄庭坚和陈师道都有一首以《陈留市隐》为题的诗,两首诗在称赞那位刀镊工"无一朝之忧,而有终身之乐"的生活态度时,也都使用了《庄子·养生》的典故。黄诗云:"养性霜刀在,阅人清镜空。时人能举酒,弹镊送飞鸿。"陈诗云:"诗书工发冢,刀镊得养生。飞走不同穴,孔突不暇黔。"后山只用养生这一较为抽象的词语,意义虽然说得很明白,但终觉情韵不足,没有回味咀嚼的余地。山谷则以"霜刀"对"清镜",构成两个鲜明的艺术形象,在形象中含蕴深邃而丰满的诗意,令人回味不尽。由此可以看出,典故只是诗歌创作的原始材料,要使它成为艺术生命的组成部分,同样需要一个提炼、选择和形象化的艺术处理,没有这样一个过程,难免犯"掉书袋"之大忌。黄庭坚写诗,用典是较多的,经过匠心独运的艺术处理,这些典故大都能以生动的艺术形象显示出更为深刻、含蓄、丰富的内涵,使诗意变得警策而又饱满。

情节生动的历史故事或传说,本身就富有形象感,诗人于其中精选那些最能反映某种特质的形象或情节,用精练的语言展现在读者面前。如:

> 楚宫细腰死,长安眉半额。
> 比来翰墨场,烂漫多此色。
>
> ——《寄晁元忠十首》之一

前两句出自《后汉书·马援传》。援子廖上疏云:"传曰:'吴王好剑客,百姓多创瘢;楚王好细腰,宫中多饿死。'长安语曰:'城中好高髻,四方高一丈;城中好广眉,四方且半额;城中好大袖,四方全匹帛。'斯言如戏,有切事实。"黄庭坚从这里提炼出"细腰死"和"眉半额"这两种可笑的模仿典型,有力地讥刺了文学创作中模仿因袭而无创新的现象。

再如,《史记·邹阳传》中有这样一段话:"明月之珠,夜光之璧,以暗投之于道,众莫不按剑相眄者。"黄庭坚据此写道:"白璧明珠多按剑,浊径清渭要同流。"(《闰月访同年李夷伯子真于河上,子真以诗谢次韵》)用这一生动的情节和形象,比喻友人高尚的品格和行为得不到世人的理解,十分耐人寻味。

除了直接从典故中提取富有表现力的形象外,在更多的情况下,黄庭坚是以丰富的联想和创造使典故内容形象化。比如,《通典》中有这样一段记载:"秘书郎自齐梁之末,多以贵游子弟为之,无其才实。当时谚曰:'上车不落则著作,体中如何即秘书'"。意思是说,登上仕途只要不落选,就被任为著作郎;只要能写一般问候书信的人就被任为秘书郎。"体中如何"即"身体怎么样",是古代书信尺牍中的客套语。黄庭坚在《戏呈孔毅父》一诗中,将此典故活用为:"校书著作频诏除,犹能上车问何如?"幽默风趣,生动形象。再如,宋玉《登律子好色赋》中写道,东邻有一位美女在墙头上窥视他,以示爱慕之意。这段典故被黄庭坚用在《次赏韵梅》一诗中,形成了这样一幅美丽的图景:

> 安知宋玉在邻墙? 笑立春晴照粉光。

显然,"笑立"的神情和明媚的色调都是诗人创造性的想象和补充。

在黄庭坚用典故构成的诗句中,最受人称道的是《和答钱穆父咏猩猩毛笔》中的几句:

> 爱酒醉魂在,能言机事疏。
> 平生几两屐? 身后五车书。

四句诗用了三个典故:一是关于猩猩喜欢喝酒著屐的故事,二是晋代阮孚爱屐的故事,三是《庄子》中关于惠施的记载。这三个典故本来互不相连,黄庭坚却在对猩猩毛笔的拟人化讽咏中,把它们揉在"猩猩"这一形象上,从它生前喝酒种种有趣的习性,写到它死后对人类的奉献。清人王士禛说:"咏物诗最难超脱,超脱而复精切,则尤难也。宋人《咏猩猩毛笔》云'生前几两屐,身后五车书'超脱而精切,一字不可移易。"黄庭坚之所以能超脱,奥妙就在能够借助典故生发出新奇的艺术联想;而之所以能够精切,则在于对典故形象巧妙的艺术组织。正是这种联想和组织使典故中的形象融合于作者的一片诗情之中,从而产生了动人的魅力。含有典故的艺术形象,兼有知识性、历史性和直感性的特点,使作品显得深沉、典雅而富有艺术美。

在自然景物的描写方面,黄庭坚注意追求形象本身的奇特感。在黄庭坚诗中,细致具体的景物描写是很难看到的。他写景往往一两句就勾勒出一幅新鲜别致的大画面,如"落木千山天远大,澄江一道月分明""江形篆平沙,分脉回劲笔"。它们继承了唐诗凝练概括、开阔深远的特色,又以明朗简洁的线条勾勒代替了像"江流天地外,山色有无中"那样浑茫蕴藉的艺术画面。这种轮廓分明、线条粗犷的画面很容易使我们想起现代绘画中的印象派图画。着力描绘诗人从自然界获得的瞬间印象,"体现光色变化下影物的整体与气氛",而这种瞬间整体印象的获得和表达,都要凭借诗人的感官,从自己的主观感受出发,揭示出大自然的美。吴曾在《能改斋漫录》中有这样一段记载:"欧阳季默尝问东坡:'鲁直诗何处是好?'东坡不答,但极称重黄诗。季默云:如'夜听疏疏还密密,晓看整整复斜斜,'岂是佳耶? 东坡云:'正是佳处。'"欧阳季默举出的这句诗,很能体现黄庭坚诗的这一特色。"疏疏还密密"是由"听"而形成的印象,"整整复斜斜"是由"看"而形成的印象,它们既非纯粹的客观,也非纯粹的主观,而是诗人对客观事物的主观感觉印象的复写。这是一个新的角度,新鲜的诗意正由此而来。再如:

> 可惜不当湖水面,银山堆里看青山。
>
> ——《雨中登岳阳楼望君山二首》之二

> 春风春雨花经眼,江北江南水拍天。
>
> ——《次元明韵寄子由》

> 四顾山光接水光,凭栏十里芰荷香。
>
> ——《鄂州南楼书事四首》其一

虽然没有明显的"看""见"等字样,但角度都是一样的。在这些诗句里,自然景物经过诗人视角的过滤,细节部分隐去了,而轮廓状态更突出鲜明了。在色调上,有时他着意突出事物色彩的浓度,如"横云初抹漆,烂漫南纪黑。"(《贵池》)有时又特别显示景物的亮度和光泽,如"连空春雪明如洗""姮娥携青女,一笑粲万瓦",等等。黄庭坚还在鲜明的对比中显示事物不同色调的杂糅或搭配。如"青玻璃盆插千岑,湘江水碧无古今"。清陈衍说:"诗贵风骨,然亦要有色泽……有花卉之色泽,有彝鼎图画之色泽。王右丞,金碧楼台之山水也,陈后山,淡淡靛青峦头耳;黄山谷则加赭石,时复著色砂。"[①]点出了黄庭坚诗的"画境"并不求对自然景

---

① 陈衍.石遗室诗话:第23卷[M].沈阳:辽宁教育出版社.1998:313.

物色泽逼真细致的描摹再现,而是将自己感受最强烈的某种色彩给予渲染和强化,让读者印象深刻。

美是直接、生动而可感的,诗意的美同样如此。由于形象在美的领域中占有重要地位,所以,对诗歌形象性的追求,也就是对那种能直接拨动人们心弦的生动可感的诗意美的追求。黄庭坚在这方面成功的艺术实践和大胆创新,不仅使他的诗歌呈现出独特的艺术风貌,也为古代诗歌艺术画廊增添了新的光彩,同时,对宋诗的发展和整个宋诗风貌的形成都有着重要的意义。

第五节　黄庭坚诗的章法、句法和字法

众所周知,黄庭坚在诗歌创作中是以杜甫为效法的榜样。尽管人们对他的"青杜""宗杜"有不同看法,但他在对杜甫诗歌的学习中,孜孜进行艺术方面的探求,对宋诗的发展起了重要影响,这是不能否认的。他的诗歌讲求"章法""句法""字法"。在这方面,他有理论阐述,并在作品中鲜明地表现出来。在章法方面,他认为"文章必谨布置",在句法上,他说"但熟观杜子美到夔州以后诗歌,便得句法简易而大巧出焉。"(《与王观复书》)在字法上,他强调"以杜子美为标准,用一事如军中之令,置一字如关门之键"(《跋高子勉诗》)。这样,黄庭坚就抓住了杜甫诗歌创作中很有价值的准则。他严格遵循这些准则,"左准绳右规矩"地迈出了坚实的步伐。

首先,黄庭坚在诗歌章法上精益求精,将每一篇作品都作为一个完整严密的结构系统来考虑。他说:"每作一篇,先立大意,长篇须曲折三致意乃成章耳。"又说:"作诗正如作杂剧,初时布置,临了须打诨,方是出场"(《王直方诗话》)。诗歌要求跳跃和曲折,由此形成一个个诗意想象的空间,然后,由读者在这空间中自由地补充"水中之月""镜中之花""象外之象"。因此,跳跃性是诗歌最基本的结构特征。古典律诗的"起承转合"和对仗工整的程式,正是适应这种跳跃性的内在结构逐渐产生并且定型化的。较为自由的古体长篇没有律诗那种固定程式,因此,黄庭坚特别指出"长篇须曲折三致意"。所谓"曲折",正是跳跃性的表现。但是,在北宋前期那样一个散文蓬勃发展的时代,诗歌这种特殊的结构方式有时却被人忽略。从梅尧臣、苏舜钦、欧阳修、苏轼等的作品中,我们常看到,跳动的内在诗情有时是在散文般的结构层次中细腻展现的。我们不能不为他们那种"状难写之景如在目前"的描绘本领和"有必达之隐,无难显之情"的艺术笔触感到震惊,但是,

细致具体的描绘和直泻无余的倾吐却使诗的空间缩小了,弹性减弱了。对诗歌来说,细密的结构毕竟不是其基本特征,于是便有"以文为诗"的批评。黄庭坚在他的创作中,却明显地表现对这种倾向的回避和纠正。如果说在梅尧臣、欧阳修、苏轼这些诗坛巨子那里,由于"随物赋形,信笔挥洒,不拘一格"(赵翼《瓯北诗话》)的写作风尚,对诗歌传统的跳跃性结构方式时或有所忽视,那么,在黄庭坚这里,这种结构方式则又在力图步武杜甫诗歌的努力中被重视起来。

对于这一点,清人方东树有着明确的体察。他说:"杜公所以冠绝诸公数家,只是沉郁顿挫,奇横恣肆,起结承转,曲折变化,穷极笔势,迥不由人。山谷专于此苦用心。"①由此,他又进一步看出:"山谷之妙,起无端,接无端,大笔如椽,转折如龙虎,扫弃一切,独提精要之语。每每承接处,中亘万里,不相联属,非寻常意计所及。"②这正是典型的跳跃性结构所呈现的特点。如他写的《次韵子瞻题郭熙画秋山》是一首观画诗,诗中舍弃了对画面的精确描绘而侧重抒发由观画引起的诗人兴会。首四句写友人苏轼由放逐经历而形成的对"山"的特殊感情以及这种感情在观赏郭熙画时产生的共鸣和涌动。接下来切入正题,整个画面的内容只概括点出。其后诗笔一转,写自己由观画而引起的思乡之情,再由思乡之情猛然顿回,落到画家身上,点出宗旨。全诗没有那种前衔后接的细密描写和铺叙,而是以回荡开阖的笔势抒发跃动的感情。就在这种转折起落、迂回顿挫之间,诗人为我们留下了许多想象的空间。

这种跳跃式结构的特点在黄庭坚那些精心锤炼的律诗中表现得更为明显。如《寄黄几复》:

> 我居北海君南海,寄雁传书谢不能。
> 桃李春风一杯酒,江湖夜雨十年灯。
> 持家但有四立壁,治病不蕲三折肱。
> 想得读书头已白,隔溪猿哭瘴溪藤。

首联先用典故向我们展示了"北海"与"南海"这样一个辽远巨大的空间,又以"大雁""传书"都"不能",来表现空间相隔之远,对他和友人感情交流造成困难之大,颔联以回忆当年"桃李春风"的欢乐和目前各自"江湖夜雨"境况,表达相思

---

① 方东树.昭昧詹言:第14卷[M].广文书局印本.
② 方东树.昭昧詹言:第12卷[M].广文书局印本.

相忆的心情,两种不同意象之间的巨大跳跃展示了一个漫长的时间跨度。后四句是对离别十年的远方友人品格的赞扬和其境况的推想。全诗起四句"一起浩然,一气涌出,五、六一顿"①,七、八句荡开,在兀傲纵横的笔势中展现出起伏的感情波澜。尤其结尾两句,看似"中亘万里,不相联属",实则有着非常完整的内在意蕴。

在杜诗中,纵横开阖的跳跃性结构恰恰成为奔腾涌动的感情的良好支架,但在黄庭坚的诗中,诗人的感情由于理性的渗入而减弱了跃动的幅度,从而与原来的"支架"之间形成了一定的距离,这样,黄庭坚一方面不能削足适履地改变情感的素质去俯就形式,另一方面,又要遵守形式结构的基本规范从而使诗更像纯粹的诗。在形式与内容的苦心弥合之间,诗人常常显示出生新奇特的创造。他独特的格局,也在这"领略古法生新奇"的创造中产生了。从"子瞻诗句妙一世,乃云效庭坚体"的情形中,可以看出他在继承和创造中产生的新的结构体式在当时就产生了重要影响。

其次,诗人在句法和字法上的推敲锤炼,说明他在注意到诗歌特殊结构方式的同时,还注意到用以组织这种结构的材料——语言的特殊性。诗的语言不同于散文,它的跳跃性结构要求全诗的每一句、每个字都必须像音符一样牢牢地固定在自己的位置上,作为感情波动的标志。因此,由于高度集中凝练而形成的语言的力度便成为黄庭坚诗歌的一种基本素质。

诗句是诗的基本结构单位,尤其在句数固定的律诗中,每一句都占有非常重要的地位。因此,单句的锤炼就成了诗歌创作中关键的一环。而散文化的诗歌,却恰恰在一定程度上忽视了单句的锤炼。从韩愈、欧阳修、梅尧臣到苏轼,我们可以为他们那美妙的诗意所打动,但却很少像读唐诗那样,不时为其格言般的警句所震惊。《宋诗精华录》曾做"东坡摘句图",选出苏轼诗中若干典型的诗句,但是平心而论,像"读书万卷不读律,致君尧舜知无术""自言长官如灵运,能使江山似永嘉"这样的诗句,其深刻、警策、典型、动人的程度显然都不能和李白、杜甫等唐代诗人的名句相比。在这种情形下,黄庭坚看到了单句锤炼的重要性。他在对杜甫诗歌的学习中,在自己艰苦的艺术摸索中,体验出诗句组织技巧的某些独特规律和原则,并将它们用"句法"二字明确地表示出来,以"会粹百家句律之长"的丰富创作有力地向我们说明他对诗歌句法的重视。

从句法着眼,黄庭坚注意到诗意的表达同诗句的"伸""缩"关系至为重要。

---

① 方东树.昭昧詹言:第20卷[M].广文书局印本.

同样的意思,在词语的繁简增删之间,艺术效果有着明显差别。有时简洁能使诗意凝练,有时修饰词语的增加能使诗意更为丰富有力,两者都是为了使诗更有力量。因此,白居易《寄元九》诗云:"百年夜分半,一岁春无多",庭坚衍之为:"百年中半夜分去,一岁无多春再来。"卢同云:"草石自亲情",庭坚衍之为"小山做朋友,香草当姬妾"。杜甫《戏题画山水图歌》云:"十日画一水,五日画一石",庭坚浓缩为"十日五日一水石",从这些对前人诗句的改造中,我们可以大体窥见庭坚在诗句伸缩方面的技巧。有时他以浓缩而凝练的诗句表达复杂的内容,如《送范德孺知庆州》:"乃翁知国如知兵,塞垣草木识威名。敌人开户玩处女,掩耳不及惊雷霆。平生端有活国计,百不一试薶九京。"短短六句便将范仲淹作为一个政治家和军事家的出色才能及其平生坎坷描述出来。有时,山谷又在回旋往复的诗句中将感情表达得丰富而强烈。如《赣上食莲有感》在对"莲"的反复抒写中,寄寓了浓厚的思乡之情和生活感慨。由此看出,诗人善于利用诗句的"伸"和"缩",表达不同的思想内容。

诗句内部的语法关系有其特殊性,它可以颠倒主谓语之间的关系,如"荡胸生层云,决眦入飞鸟";颠倒修饰与被修饰语之间的关系,如"胡马大宛名,锋棱瘦骨成";相同的辞语可以重复,如"有弟有弟在远方,三人各瘦何人强?"黄庭坚深谙这一特点,在诗句的组合上,极尽变化而又不失规范。如"十分整顿乾坤了""十分倾酒对春寒",用副词"十分"修饰动词"倾酒",在名词"乾坤"后面加"了"这一补语;"小草真成有风味"用"真成"修饰动宾词组"有风味","不居京洛不江湖",将否定副词"不"放在名词"江湖"之前,"并作南楼一味凉"用"一味"修饰"凉"等等。而像"白璧明珠多按剑,浊泾清渭要同流""少游醉卧古藤下,谁与愁眉唱一杯"这样的句子,或有意用背离通常的语法关系使诗意的表达更为有力,或用不协调的衔接组合使意蕴更为突出,常常在生拗的组合中给人以挺拔奇峭之感。

再看字法。在古代诗论中,黄庭坚是最早提出"置字"问题的,这"置字"应属"字法"范围。在《跋欧阳元老诗》中,他说:"子勉作唐律,五言数十韵,用事稳贴,置字有力,元老未能也。"在《跋高子勉诗》中,他又再次提到这一点:"高子勉作诗,以杜子美为标准,用一事如军中之令,置一字如关门之键。"这两段话,体现了他对置字问题的看法:一是用字的技巧,可以作为衡量诗歌艺术高低的一条标准,而在这方面最好的榜样便是杜甫;二是用字技巧的高下,关键要看是否"有力"。这就要求诗人们"用一个动词就要使对象生动,用一个形容词就使对象的性质鲜明"。因而,在句子的推敲组织过程中,关键字辞的选择使用便成了一个至关重要的问题。在黄庭坚诗中,我们可以明显地看到他为追求这种"着一字而境界全出"

的艺术效果所做的努力。洪迈《容斋随笔》云：

> 黄鲁直诗"归燕略无三月事，高蝉正用一枝鸣"，"用"字初曰"抱"，又改曰"占"、曰"在"、曰"带"、曰"要"，至"用"乃定。

这种反复修改、精心锤炼的严肃态度使他的不少诗句能因其"句中有眼"而增添了诱人的魅力。像"阅人清镜空"的"空"字，"月上梨花放夜阑"的"放"字，"一笑粲万瓦"的"粲"字，"短纸曲折开秋晚"的"开"字等等，都显示出诗人炼字的高超技巧和深厚功力。不仅如此，有时，他的着意选择和精心安排还具有生新奇峭的特色。如"春不能朱镜里颜"的"朱"字，"出门一笑大江横"的"横"字，不仅选字新奇，而且用得巧妙，"落木千山天远大"的"远大"二字，"未到江南先一笑"的"一笑"二字，选用通常字面，但效果奇特。

在语词锤炼这一环节上，黄庭坚提出了"点铁成金"这一著名理论。他说："自作语最难。老杜作诗，退之作文，无一字无来处，盖后人读书少，故谓韩杜自作此语耳。古之能为文章者，真能陶冶万物，虽取古人之陈言入于翰墨，如灵丹一粒，点铁成金也。"（《答洪驹父书》）这段话强调不要自造生词，而要首先从前人给我们留下的语言海洋中摄取材料，经过融化形成新的文学语言。如果不把此话推向极端，那么，其理性还是值得肯定的。然而人们往往不认真地体察这段话的底蕴就望文生义地把它误解为对前人诗句的简单改动或挪用。在诗人生前就有过这种误解。据说，他的学生范寥曾问他，像《黔南十绝》这样的诗是否就是"点铁成金"？黄庭坚大笑说："乌有是理，便如此点铁！"①可见所谓"点铁成金"绝非对前人现成诗句作局部改动，而是推陈出新。在杜甫诗中，我们几乎随时都可以看到这种"点铁成金"之处。如"摇落深知宋玉悲，风流儒雅亦吾师"。其中"摇落"来自宋玉《九辨》"萧瑟兮草木摇落而变衰"，"风流儒雅"来自庾信《枯树赋》："殷仲文风流儒雅，海内知名"。这些陈言经过"点铁成金"的锻造，形成新的诗的语言，表达了新的内容。黄庭坚的不少名句也正由此而来。如"春风春雨花经眼，江北江南水拍天"中的"花经眼"和"水拍天"分别来自杜甫的"且看欲尽花经眼"和韩愈的"海水昏昏水拍天"二句；"落木千山天远大，澄江一道月分明"中的"一道"来自白居易的诗句"星河一道水中央"；"白发齐生如有种，青山好去坐无钱"的"无钱"来自温庭筠的诗句"自是无钱可买山"，如此等等。这些前人诗句中并不

---

① 尤玘.道山清话[M].百川学海本.

十分醒目的语辞,由诗人"重经号令",都取得了很好的艺术效果。当然,我们也不能忽视他在这方面的一些偏向。当他不注意诗意的需要和精心的锤炼,用已经僵死的"陈言"连缀成篇时,其作品就由于语言的晦涩生奥而令人难以卒读了。

"点铁成金"而外,黄庭坚在对语辞的学习运用方面还很注意"以俗为雅"。他在《再次韵杨明叔》引中说:"盖以俗为雅,以故为新……此诗人之奇也。"所谓"以俗为雅",就是"从正在创造新语言和革新旧语言的生活中学习语言",并且对其进行一番提炼和加工,使其成为精致的文学语言。鲁迅说:"方言土语里,很有些意味深长的话,我们那里叫'炼话',用起来是很有意思的,恰如文言的用典,听者也觉得趣味津津。"看来古往今来的文学大师都深明此理,庭坚把"以俗为雅"和"以故为新"提到了同样重要的地位。他强调的"以俗为雅"和"点铁成金"一样,是一个对俗语提炼、融汇、加工的过程。俗语和陈言都是诗人语言的丰富矿藏,但并非诗歌语言本身。在诗这块领地上,"俗语"要登堂入室,还要有个"雅"化的过程。试看这些诗句:"明月湾头松老大,永思堂下草荒凉"(《宜阳别元明用"觞"字韵》),"南窗读书声吾伊,北窗见月歌竹枝","我家白发问乌鹊,他家红妆占蛛丝"(《考试局与孙元忠博士竹间对窗……戏作竹枝歌三章》之一),"骑驴觅驴但可笑,非马喻马亦成痴"(《寄黄龙清老三首》之三)。它们读来都很流利浅显,但又不乏锤炼锻造之功。像"老大""吾伊""骑驴觅驴"等这样的口语,在和其他精致的文学语言的配搭中,恰恰取得了相映成趣的效果。有的诗句,则已将口语的明快和书面语的典雅融而为一,形成了生动活泼而又富有韵致的文学语言。

综上所述,黄庭坚在诗的艺术结构和语言方面,努力学习唐人尤其是杜甫诗歌的跳跃、凝练、整饬的风格和技巧,在"章法""句法""字法"上下功夫,克服当时诗歌创作中的散化倾向,使宋诗的发展出现了新的转折和生机。南宋诗人刘克庄说,宋诗"至六一、坡公,巍然为大家数,学者宗焉。然二公各极其天才笔力所至而已,非必锻炼勤苦而成也。豫章稍后出,会粹百家句律之长,究极历代体制之变……间作为古律,自成一家,虽只字半句不轻出,遂为本朝诗家宗祖。"①这段话确实道出了黄庭坚在诗歌结构和语言方面的创变和影响。

---

① 　刘克庄.后村先生大全集:第95卷[M].上海涵芬楼影印本.

第六章

黄庭坚诗歌家法与江西诗派

黄庭坚独树一帜的诗歌创作理论与影响深广的创作实绩,催生了北宋后期文坛最大的诗歌流派——江西诗派。

北宋徽宗时期,吕本中作《江西宗派图》,首推黄庭坚为宗派之主,而"自豫章以降,列陈师道、潘大临、谢逸、洪刍、饶节、僧祖可、徐俯、洪朋、林敏修、洪炎、汪革、李錞、韩驹、李彭、晁冲之、江端本、杨符、谢过、夏倪、林敏功、潘大观、何觊、王直方、僧善权、高荷,合二十五人以为法嗣,谓其源流皆出豫章"①,江西诗派由此得名确立。吕本中《宗派图》今已不传,其所列诗派名单及图序大意,最早为《苕溪渔隐丛话》载录。其后赵彦卫《云麓漫钞》、刘克庄《江西诗派小序》、王应麟《小学绀珠》所载名单稍有出入。赵彦卫《云麓漫钞》(卷14)、严羽《沧浪诗话》(《诗体》)分别将吕本中、陈与义归入诗派,刘克庄《茶山诚斋诗选序》则把曾几等人归入诗派②。宋人曾梓行《江西诗派诗集》,杨万里为之序③,陈振孙《直斋书录解题》卷15著录此书正集一百三十七卷,续集十三卷,可惜这两部书都已失传。

江西诗派作家以江西籍人为多,成就虽各有高下,其师承传授、艺术见解,均与黄庭坚有一脉相承之处。论其创作成就,除诗派创始人黄庭坚外,尤以陈师道、陈与义、吕本中诸人最为显著。故方回认为"老杜之后有黄(庭坚)陈(师道)",又有简斋,又其次则吕居仁之活动,曾吉甫之清峭,凡五人焉④,并首倡"一祖三宗"之说,谓"古今诗人当以老杜、山谷、后山、简斋四家为一祖三宗"⑤。这里主要介绍陈师道、陈与义和吕本中三位作家。

---

① 胡仔.苕溪渔隐丛话:第48卷[M].芸经楼仿宋本.
② 刘克庄.后村先生大全集:第97卷[M].上海涵芬楼影印本.
③ 杨万里.诚斋集:第97卷[M].影印四库全书本.
④ 方回.瀛奎律髓:第24卷[M].影印四库全书本.
⑤ 方回.瀛奎律髓:第26卷[M].影印四库全书本.

第一节　陈师道的创作风格

陈师道(1053—1102),字履常,一字无已,号后山居士。世家彭城(今江苏徐州)。祖父陈泊官至三司盐铁副使。父陈琪字宝之,庆历初入仕,官至国子博士通判绛州。为人豁达磊落,自谓:"行而畏人知者,吾不为也。"(《先君行状》)母庞氏,颍国公庞籍之女,晚年贫不能家,"人以为忧,夫人安之"(《先夫人行状》)。

陈师道生于宋仁宗皇祐五年(1053)①。他自幼励志好学,年十六,以文谒见散文家曾巩,"曾大器之,遂业于门"(魏衍《后山陈先生集记》)。熙宁中,王安石经义之学盛行,朝廷用以取士,"(陈)师道心非其说,遂绝意进取"②,隐居力学不殆。元丰初,谒拜徐州知州苏轼,当时恰巧秦观也来徐州谒拜苏轼,因得纳交于秦观(《秦少游字序》)。元丰四年,朝廷命曾巩主修国史,曾巩曾举荐陈师道为僚属,未获准而罢。枢密章惇希望他能前来谒拜,拟引荐于朝,而陈师道终不往见。三十五岁之前,他始终以一介布衣,泊然自守,故晁补之称他"怀其所能,深耻自售,恬淡寡欲,不干有司"(《荐布衣陈师道状》)。迫于生计,元丰七年,陈师道妻父郭概提刑西川,他只好让妻子儿女随同入川就食,其名篇《送内》《别三子》《寄外舅郭大夫》等诗即为此时所作。

元祐二年四月,苏轼、傅亮、孙觉等人,向朝廷荐举陈师道,被授亳州司户参军,充徐州教授③。不久,又因梁焘荐,除太学博士(《宋史·本传》)。元祐四年,苏轼出知杭州,五月途经南京(今河南商丘),陈师道自徐州越境送别,为言者弹劾,遂罢徐州教授。未几复职,故谢启有"怜其母子之穷,还以斗升之禄"语。《嘲秦觏》《答张文潜》《示三子》《送外舅郭大夫夔路提刑》等,都是教授徐州时期的作品。

元祐五年冬,陈师道移颍州教授。赴任途中,作《田家》《巨野》《泛淮》等诗。次年,苏轼来知颍州,后山从之游,酬唱颇多。苏轼离别颍州以后,陈师道写了《寄侍读苏尚书》叙述居颍的寂落,有"一时宾客余枚叟,在处儿童说细侯"之句。三年的颍州学官,后山不仅得以游谒苏门,且与欧阳修的两个儿子欧阳棐(字叔弼)、欧

---

①　方回.桐江集:第3卷[M]//读后山诗话跋.影印四库全书本.

②　脱脱.宋史[M]//陈师道传.北京:中华书局.1977:10207.

③　陈师道.后山居士集:第15卷[M]//谢徐州教授启.影印四库全书本.

阳辩(字季默)交往甚密,同时与苏轼的门生黄庭坚、秦观、张秉、晁补之等人以及苏轼的很多朋友都有交往,翰墨往还,友谊日深。

哲宗亲政后,言者复论陈师道进非科第,乃于绍圣元年夏末,"以例罢官,遂赴部,得监海陵酒"①;又"换江州彭泽令"。未行,其母于绍圣二年三月病逝,七月,扶枢归葬徐州。其后依郭概(时知曹州)寓居曹州,往返于徐州,"不言仕者凡四年,左右图书,日以讨论为务。"(《彭城陈先生集记》)。绍圣五年,陈师道服除赴阙请官,"不蒙注拟,罢官六年,内无一钱之入,艰难困苦,无所不有"(《与鲁直书》)。直到元符三年(1100)徽宗登位,方复除棣州教授,后山"喜而成诗"。他于秋末冬初启程,临行作《别乡旧》有"平生郡文学,邓禹得三为"之句。此行未至任所,即于十一月除秘书省正字,入京供职。其《除官》诗:"扶老趋严召,徐行及圣时。端能几字正,敢恨十年迟。"即为此而发。宋徽宗建中靖国元年十二月二十九日,陈师道殁于官,时年四十九岁。

陈师道生前有甲乙丙稿,死后其子将全稿交门人魏衍编次。魏衍"厘诗为六卷,类文为十四卷,次皆从旧,合二十卷",而"诗话、丛谈,各自为集"(《后山陈先生集记》)。魏衍所编"编次有序,岁月可考"②,惜未见传本。今存南宋绍兴初刊行的《后山居士文集》二十卷,诗六卷,计六百六十首,文十四卷,共一百六十五篇,有上海古籍出版社影印本。四部备要本《后山集》二十四卷,即明马暾所传,清赵鸿烈刊行本,计诗八卷六百八十九首,散文九卷,丛谈四卷,理究、诗话、长短句各一卷。适园丛书本《陈后山集》三十卷,有诗十二卷,文十八卷,包括丛谈、诗话在内。陈师道的诗歌注释本,有《后山诗注》十二卷,宋任渊编年诠注。注者将原编各卷厘为上下,起自元丰六年,终于建中靖国元年,有四库全书本、四部丛刊初编本,并收入丛书集成初编。清代冒广生又有《后山诗注补签》十二卷,《后山遗诗签》二卷,补注任渊未注的诗,有冒氏丛书本。《后山词》一卷,通行的有毛晋汲古阁《宋六十名家词》本。

黄庭坚《次韵秦觏过陈无已书院观鄙句之作》诗云:

> 陈侯大雅姿,四壁不治第。
>
> 碌碌盆盎中,见此古罍洗。
>
> 薄饭不能羹,墙阴老春荠。

---

① 陈师道.后山居士集:第10卷[M]//与鲁直书.影印四库全书本.

② 任渊.后山诗注[M].四部丛刊初编本.

唯有文字工,万古抱根柢。

黄庭坚的这首诗,概括了陈师道的气质品格、生活境遇,也高度肯定了他的文学成就。陈师道于文、诗、词皆有一定的创作实绩。他为文师曾巩,作诗宗黄庭坚,填词颇受苏轼影响。其中尤以诗歌成就最高,当时即有"黄、陈齐名"①之说,吕居仁作《宗派图》、任渊笺注诗稿,无不黄、陈并尊。后山《答秦觏书》云:"仆于诗初无师法,然少好之,老而不厌。数以千计,及一见黄豫章,尽焚其稿而学焉。……仆之诗,豫章之诗也。"(《后山居士文集》卷9)在《赠鲁直》诗中,他明确表示:"陈诗传笔意,愿立弟子行。"这都可见出陈师道对黄庭坚的敬佩与师法。

在诗歌理论方面,陈师道不少见解都与黄庭坚相近,如主张学杜甫,提倡创新、强调学力、讲究技巧等。后山认为"子美诗奇常、工易、新陈莫不好也",明确提出"学诗当以子美为师,有规矩,故可学"(《后山诗话》)。他学习黄庭坚,大概也出于同样的原因。与此同时,陈师道又反对"滞古""徇今",而主张在学习借鉴的基础上力争创新。他认为"滞古则舍已而就规矩,徇今则略法而逐世好",提出应当"会法而忘世,会理而忘法"。由此,后山称赞门人魏衍诗有新语、高近风骚(《魏衍见过》),指出"文章从古不同时"(《后山集》卷8《赠秦觏二首》其二),要求诗歌"不主故常"(《后山诗话》),变化创新。

陈师道于学诗虽重才情,但更讲后天功力,故有"学诗如学仙,时至骨自换"(《次韵答秦少章》)之喻。以此,他于写诗特重艺术追求,悉心刻苦锻炼,曾提出"学诗之要,在乎立格、命意、用字而已",要"学者体其格,高其意、炼其字"②(张表臣《珊瑚钩诗话》卷2),并要善于"因事以出奇"(《后山诗话》)、"因难而见奇"(《颜长道诗序》)。他还揭橥出"宁拙毋巧,宁朴毋华,宁粗毋弱,宁僻毋俗"(《后山诗话》)的原则,有意矫正尖巧、华靡、纤弱、浅俗的诗风。正由于此,他反对冲口而出,率意为之。他认为"黄(庭坚)诗、韩(愈)文,有意故有工"(《后山诗话》),非常赞同欧阳修为文"看多、做多、商量多"的方法,以为苏轼诗作偶尔"失于粗,以其得之易也"(《后山诗话》)。陈师道的这些主张,在他的创作实践中都有明显的体现。

陈师道现存诗歌六百九十首,多为结识山谷以后的作品。后山诗的内容多集中于自己身边的日常生活,正面取材于较尖锐的社会政治者寥寥无几。如像《田

---

① 刘克庄.后村先生大全集[M].上海涵芬楼影印本.
② 张表臣.珊瑚钩诗话:第2卷[M].百川学海本.

家》描写农民生活,《鸣呼行》批评赈济失措,《送杜侍御纯陕西转运》言及边廷防
务的诗篇,百不一见,且对现实问题的感受和探索,远不及前人同类作品言切而意
深。黄庭坚是善于表现自我,从而间接反映现实的诗人,但在涉猎学问、阅历世事
方面,陈师道又不免略有逊色于山谷,因而后山诗歌观照生活的眼界比起山谷更
显狭窄。但陈师道有他自己的独特贡献。他写得最为深至而引人注目的题材,是
亲子家人的骨肉分离之情,文人独处闾巷的清贫生涯,志士怀才不售的愤慨与傲
骨,故旧交游间同病相怜、以沫相濡的友谊等等。

《送内》《别三子》《东阿》《送外舅郭大夫概西川提刑》《示三子》《寄外舅郭大
夫》等,是写骨肉亲情的名篇。由于生活穷窘,诗人与妻子儿女被迫分离,这种生
活情景,形之歌咏,大多言质意挚,笔端饱蘸悲怆之情,不假雕镂而凄楚动人。如
《别三子》:

> 夫妇死同穴,父子贫贱离。
> 天下宁有此,昔闻今见之。
> 母前三子后,熟视不得追。
> 嗟乎胡不仁,使我至于斯。
> 有女初束发,已知生离悲。
> 枕我不肯起,畏我从此辞。
> 大儿学语言,拜揖未胜衣。
> 唤爷我欲去,此语那可思。
> 小儿襁褓间,抱负有母慈。
> 汝哭犹在耳,我怀人得知!

这里截取一个离别场面,勾勒小儿女临行时依依难舍的情态,便极真切地把
清贫人家相依为命的骨肉深情渲染出来。其《示三子》描写诗人初见久别儿女时
一刹那间复杂微妙的心态,也真切动人。这类诗篇诚如古人所说:皆"沛然至性中
流出,而笔力沈挚又足以副之"[1];"淡而真,是天性中物,不可以雕琢得者"[2]。

后山一生"寿不过五十,官不过正字,困顿饥寒,以殁于位"(陈衍《祭陈后山
先生文》)。他饱尝人世冷暖,以此多有倾诉饥寒之作。"我贫无一锥,所向皆四

---

① 潘德舆.养一斋李杜诗话:第6卷[M].影印四库全书本.

② 汪薇.诗伦[M].北京:中华书局.1985:83.

壁"(《后山居士文集》卷1《答张文潜》)、"漏屋檐生菌,临江树作门"(《后山居士文集》卷4《次韵夏日江村》)、"十年都城客,孤身冒百艰"(《九月十三日出善利门》)、"菁盐度岁每无余,垂橐东归口未糊"(《后山居士文集》卷7《简李伯益》),这些诗句都坦率地描述了诗人生活的拮据困窘。《暑雨》诗更是他清贫的乡居生活的真实写照:

> 密雨吹不断,贫居常闭门。
> 东溟容有限,西极更能存。
> 束湿炊悬釜,翻床补坏垣。
> 倒身无著处,呵手不成温。

暑雨连绵,屋漏薪湿,使闭门蛰居的诗人身无着处、炊事难继,读来令人酸楚。后山有时穷到衣食无着,不得不伸手向人借贷,《谢宪台赵史惠米》《寄单州张朝请》就反映了这种处境。后首末二联说:"一言悟主心犹壮,百巧成穷发自新。闻说监河收贷栗,定倾东海活穷鳞",作者毫不掩饰自己寄望于友人接济的苦衷。

后山沉沦湖海,蹭蹬不偶,不免在诗中宣泄出满腔的牢骚和不平。如《赠关彦长》诗中说:

> 问君胡为然,竟坐文字误。
> 人事久难知,高才常不遇。
> 论人较贤智,富贵宁在数!
> 不见竹林诗,山王俱不与。
> 湖塘发高兴,山林有佳处。
> 迨此闲暇时,观游莫辞屡。
> 功名如附赘,得失何用顾!

作者由感喟人事舛错,才高不偶,进而怨尤文章误身,归结到漠视功名,诗句中含蕴着愤激不平之气。这种对怀才不遇的人生道路的回顾和反思,在后山诗中屡见不鲜。如"慷慨四方志,老衰但悲伤。虚名自成误,失得略相当"(《还里》)、"文章徒自苦,纸笔莫更存"(《寄邢和叔》)、"自怜落落终难合,白首读书漫五车"(《和富忠容朝散值两感怀》)。

后山无力改变当时压抑人才的社会环境,只有在和故旧知己交流感情、互相

策勉、同病相怜中,求得精神的慰藉和平衡。如:

> 平生经世策,寄食不资身。
> 孰使文章著,能辞辙迹贫?
> 帝城分不入,书札诃何人。
> 子未知我懒,吾宁觉子贫。
>
> ——寄子方叔

> 海外三年谪,天南万里行。
> 生前只为累,身后更须名!
> 未有平安报,空怀故旧情。
> 斯人有如此,无复泪纵横。
>
> ——怀远

前一首是寄给终生不得志的李鹰的,后一首是怀念远窜南荒的苏轼的。在北宋末叶,无论文场新秀或儒林宿老,他们各有自己的不平和不幸,后山的诗歌,既是同情朋友,也是自我悲叹,它抒写了怀才不遇的知识分子的不平之鸣,体现了朋友之间相互理解、相互支持和以沫相濡的淳厚情谊。

总之,诗人陈师道的创作视野有限,取材较窄,但亦自有其胜境和独诣。他的诗歌是贫穷而正直的知识分子寒素生活的坦诚自白,是一个怀才不遇的儒林布衣耿介心曲的平缓颤动。透过他的诗歌,我们可以看到当时知识分子的际遇和命运,可以感受到诗人对当时社会和生活的某些侧面的独特感受和反思,其历史意义和美学价值是不容忽视的。

陈师道在诗歌艺术上是沿着黄庭坚开辟的路子走的。黄庭坚重视诗人的后天学养,讲究作诗技法和门径,于诗句不惜功力地实行千锤百炼。陈师道师承了这种创作传统,又兼一生处穷,才无所展,遂把毕生精力贯注于文章事业。故有绝句云:

> 此生精力尽于诗,末岁心存力已疲。
> 不关庐王争出手,却思陶谢与同时。

这表明他对诗艺的追求有较高的标准,对诗歌创作态度十分严谨。罗大经曾把陈师道与秦少游的写作作风做比较说:"山谷云:'闭门觅句陈无己,对客挥毫秦少游。'此传无已每有诗兴,拥被卧床,呻吟累日,乃能成章;少游则杯觞流行,篇咏错出,略不经意"①(《鹤林玉露》卷6),可见少游写诗放笔快意,是"天才型"的作风,近乎东坡;后山每有所作,往往惨淡经营,是"苦吟型"的作风,略与唐代的孟郊、贾岛一派相近。后山由于刻意于句法锻造,故惯于融化前人诗句。其句法远承老杜,近师山谷,五古还出入于郊、岛之间。后山学杜甫表现在规模杜诗沉着浑朴的气象,效法杜诗句法和点化杜诗语句等方面。如《寄外舅郭大夫》:

> 巴蜀通归使,妻孥且旧居。
> 深知报消息,不忍问何如。
> 身健何妨远,情亲未忍疏。
> 功名欺老病,泪尽数行书。

这首诗情味深幽,通体浑朴,方回认为是学老杜而逼真者。纪昀赞其"情真格老,一气浑成",是不错的。三、四句是从杜诗"反思消息来,寸心亦何有"(《述怀》)脱胎而来。再如《次韵答晁无斁》《次韵无斁五日述怀》《次韵春怀》等诗,或点化杜句,或模仿其句法,均可看出杜诗的影响。后山曾有"陈诗传笔意,愿立弟子行"(《赠鲁直》)、"平生师友豫章公"(《送刘主簿》)之句,足见在写诗上他是以山谷弟子自居的。

陈师道学习黄庭坚,体现于广泛运用山谷在锻句上的点铁成金、夺胎换骨法。陈师道化用熔裁别人的诗意和成句,也包括当代作家在内。如《舟中》诗:"读书满腹不及口",脱胎于苏轼诗"平生五千卷,一字不救饥"(《和孔郎中荆林马上见寄》);《何郎中出示黄公草书》"妙手不为平世用,高怀犹有故人知",是熔裁王安石的诗句"妙质不为平世得,微言唯有故人知"(《思王逢原》)。山谷诗喜用新警的比拟法,后山诗中也时见别出心裁的妙喻,如"君诗如静女,妙绝人所敬"(《次韵德麟吴越山水》);"君如双井茶,众口愿共尝"(《赠鲁直》);"吾老不可待,草露湿寒蛩"(《观文忠公家六一堂图书》)等等。这里以少女喻诗风,以名茶喻人品,以秋虫怨鸣喻诗人吟咏,设譬都颇为别致。

由于后山生活基础不厚,眼界不广,学问也没有苏、黄那样淹博,而过多地从

---

① 罗大经.鹤林玉露[M].北京:中华书局.1983:334.

诗句的点化锻造方面下力,不免显露出局促、穷窘之态。"招携好客供谈笑,拆补新诗拟献酬"(《隐者郊居》);"小家厚敛四壁立,拆东补西裳作带"(《次韵苏公西湖徙鱼》)。"拆补"云云,也许可以看作后山诗歌创作生涯的自我反省吧!

在江西派中,陈师道诗自有其足以名世的个性特征。感情真醇浑厚,语言朴拙隽永,风韵清劲雅洁,是陈诗的显著特色。陈师道论诗,重真情,反虚伪。他引用古语"诗可以怨",认为"人之深情皆以为怨,情发于天,怨出于仁"(《颜长道诗序》)。又认为"士莫患于伪"(《章善序》)。他有诗说:"孰知文有忌,情至自生哀"(《寒夜》)。陈氏确有不少情至生哀的作品。前文已论及的写家人骨肉情的诗篇即可印证。再看其写求仕情怀的诗篇也是如此。封建时代是官本位的社会,当时的知识界无不追求"学而优则仕"。因为这不仅是有为于世和建功立业所必需,而且也是衰乱之时糊口养家之所资。但宋代文人自命清高,往往对求禄谋生讳言莫深。后山却于诗中坦率地披露:"卧家还就道,自计岂苍生"(《宿合清口》);"老作诸侯客,贫为一饱谋,折腰真耐辱,捧檄敢轻投"(《元符三年七月蒙恩复除棣学喜而成诗》)。在《次韵春怀》中,诗人还写道:

> 欲作归田计,无如二顷何。
>
> 折腰方赖禄,拭面未伤和。

陈师道是以"高介有节,安贫乐道"(《宋史·陈师道传》)著称的诗人,但他坦然承认为了求禄,不得不"折腰""拭面",委曲求全。卢文弨说:"后山之诗,于淡泊中确乎有醇味,其境皆真境,其情皆真情,故能引人之情,相与流连往复而不能自已。"①(《抱经堂文集》卷13)。

陈师道诗中涉及重大社会问题者不多,而多取材于最平淡的日常生活,唯其如此,诗人能写得情真、境真,道人之所未道,便更加不易。刘辰翁在《须溪集》卷6《陈生诗序》中谓:"若平生父子兄弟家人邻里间,意愈近而愈不近,着力政难。有能率意自道,出于孤臣怨女之所不能者,随事纪实,足称名家。"这话很有道理,陈氏的部分诗歌正是以率意自道、随事纪实且能写出真情真境而著称的。

陈师道提出"宁拙毋巧,宁朴毋华"的主张,立意追求一种朴拙美。陈师道的语言不像苏轼那样爽如哀梨、触处生春,也不同于山谷的石破惊天,奇警过人,而

---

① 卢文弨.抱经堂文集:第13卷[M].四部丛刊初编本.

是以老健朴拙见长。如《送外舅郭大夫夔路提刑》：

> 天险连三峡，官曹据上游。
>
> 百年双鬓白，万里一身浮。
>
> 可使人无讼，宁须意外忧。
>
> 平生晏平仲，能费几狐裘？

　　全诗无色彩浓丽的字面，无僻典、无奇语，平平说来，却有无穷的意味。这首送岳父入川做官的五律，四联分别从四个角度下笔。首联从空间上写行者所去之地形势险要，次联从时间上称扬对方不辞劳苦，年迈远游。三、四两联从公与私两方面慰勉和规谏对方，只取邑政清平，百姓安乐，身外之物，何苦多求。诗篇语颇简拙，而内在的思想涵纳量却极宏阔丰富。末联虽以问句收结，却包含着知足常乐的人生哲学。后山《送李奉议亳州判官》赞友人"持身如处子，得句有余味"，这话正可视为陈氏的夫子自道。他的诗句正是外淡而实腴，细加品题，余味无穷。诸如"客久艰难极，情忘去就轻"（《鸡笼镇》）；"残年憎送岁，病眼怯逢春"（《湖上晚归寄诗友》）；"穷多诗有债，愁极酒无功"（《夏日书事》）；"发短愁催白，颜衰酒借红"（《除夜对酒赠少章》）等等，都是言简意深，饱含人生体验的佳句。刘埙云："后山翁之诗，世或病其艰涩，然锻炼之工，自不可及。""若他人必费尽多少言语摹写，此独简洁峻峭，而悠然深味，不见其际。"①其说颇能道出陈师道诗的长处。

　　陈师道的诗风，在老健瘦硬处同乎江西派，但亦与江西诸人同中有异。方东树引姚姜坞之论，谓："后山之祖子美，不识其混茫飞动，沉郁顿挫，而溺其钝涩迂拙以为高。其师涪翁，不得其瑰玮卓诡，天骨开张，而耽乎洗剥渺寂以为奇。"又说："其五、七律，清纯沈健，一削冶态瘁音，亦未可轻蔑。"②这是说陈师道诗缺少杜甫诗的混茫沈郁和黄庭坚诗的瑰玮卓奇，而偏于苍坚幽邃、沈健峻洁。《归田诗话》曾比较后山和秦观诗格之异说："后山诗如'坏墙得雨蜗成字，古屋无人燕作家'，寥落之状可想；淮海诗如'翡翠侧身窥绿酒，蜻蜓偷眼避红妆'，艳冶之情可见。二人他作亦多类此。"后山诗确乎常给人以高古牢落的气象。下面两首可作代表：

> 断墙着雨蜗成字，老屋无僧燕作家。

---

① 陈师道.后山诗注补笺［M］//隐居通议.北京：中华书局.1995：138.

② 方东树.昭昧詹言：第10卷［M］.广文书局印本.

剩欲出门追语笑,却嫌归鬓着尘沙。
风翻蛛网开三面,雷动蜂窠趁两衙。
屡失南邻春事约,只今容有未开花。

——春怀示邻里

土山宛转屈苍龙,下有盘盘盖世翁。
万木刺天元自直,丛篁侵道更须东。
百年富贵今谁见?一代功名托至公。
少日拊头期类我,暮年垂泪向西风。

——东山谒外大父墓

两诗一抒写春怀,一缅怀长辈,在摄取意象上,都是避甜熟,就生新,避柔媚,就刚拙,以一种寂落、苍劲的意象,表达一种矫厉磊落的情怀,而呈现出一派高古的气韵。

陈师道的诗较少正面描摹撩拨创作主体情思的外在实景,而惯于摅写由外在物事所逗起的自我的独特感受。如:

书当快意读易尽,客有可人期不来。
世事相违每如此,好怀百岁几回开。

——绝句

这首小诗由日常读书、会客的感受转而推进到对人生世事的感喟,道出了人生的共同体验,具有引人共鸣、耐人寻味的艺术力量。由于陈氏造句、取象和感受的独特性,形成了他足以卓然自立的诗风。陈氏也有语言艰涩的作品,自然是其短处。纪昀说其诗"大抵绝不如古,古不如律,律又七言不如五言,弃短取长,要不失为北宋巨手"(《后山集钞题记》),此说大体是符合实际的。

陈后山以诗名世,然其少师南丰,受业于曾巩,散文亦颇有造诣。他的《黄楼铭》《与曾枢密书》等均以法度谨严为人所称。其《秦少游字序》《王平甫文集集后序》《答秦觏书》等,或记述友谊,或称道人品,或谈论艺文,既有一定识见,辞章亦灿然可读。纪昀谓陈师道"其古文之在当日殊不擅名,然简严密栗,实不在李翱、孙樵下"①。

陈师道于词颇为自负,曾称"余他文未能及人,独于词自谓不减秦七黄九"(《书旧词后》)。其《渔家傲·从叔父乞苏州湿线笺》亦云:"拟作新词酬帝力。轻落笔,黄秦去后无强敌。"今检《全宋词》所收五十四首,内容多恋情、咏物、酬赠、写景,题材上没有什么拓展,艺术上也缺乏鲜明的个性。后山词写得较好的,是为女性写情爱的艳词,如《木兰花》写闺怨,有"不辞歌里断人肠,只怕有肠无处断"之句,写女郎禁锢深闺的孤寂,语颇凄婉。《菩萨蛮》写七夕忆情人,有"河桥知有路,不解留郎住。天上隔年期,人间长别离"之句。把天上与人间情人的分离对照来写,意谓人间徒然有桥,反造成情人远行;天上可一年一会,人间却欢聚难期。出语亦颇新警。后山有《南乡子·九日用东坡韵》二首,《木兰花·汝阴湖上同东坡用六一韵》一首,步东坡词韵,亦颇有苏词风调。不过就整体成就而论,现存词作与后山的自我评价未见吻合。故陆游《跋后山居士长短句》云:"陈无已诗妙天下,以其余作词,宜其工矣。顾乃不然,殆未易晓也。"②(《渭南文集》卷28)后山《诗话》承《六一诗话》之遗风,说诗谈艺,兼及古文;言诗不偏于论事,论辞不限于摘句,注重艺术品评,在内容和体例方面有所拓展,使诗话一体跨入理论批评殿堂,对后来《诚斋诗话》诸书曾有影响。不过,今传《后山诗话》已经后人增损,多有抵牾,并非全是后山手笔。

第二节　陈与义的诗歌艺术

纪昀在《四库全书总目提要》中云:"(陈)与义之生,视元祐诸人稍晚,故吕本中《江西宗派图》中不列其名。然靖康以后,北宋诗人凋零殆尽,惟与义为文章宿老,岿然独存。其诗虽源出豫章,而天分绝高,工于变化,风格遒上,思力沈挚,能卓然自辟蹊径。"③由此指出了陈与义在宋代诗歌发展史上结束北宋并开启南宋的重要地位,以及其诗歌创作的艺术特点。

陈与义(1090—1138)字去非,号简斋,又号园公。其先世居京兆,后避乱入蜀,家于青神,至曾祖陈希亮徙洛阳(今属河南),遂为洛人。陈氏为仕宦之家,陈

---

①　永瑢.四库全书总目提要[M].上海:上海古籍出版社缩印本.
②　陆游.渭南文集[M].北京:中国书店.影印世界书局本.
③　永瑢.四库全书总目提要:简斋集[M].上海:上海古籍出版社缩印本.

与义的曾祖官至太常卿,祖父陈恂为奉议郎,父亲做过朝请大夫。外祖张友正则是著名的书法家。

哲宗元祐五年六月,陈与义生于洛阳。他幼年好学,"卓厉不群,篇籍之在世者无不读,既读辄记不忘。"(葛胜仲《陈去非诗集序》)早年曾学诗于名重一时的崔鶠(字德符),后又就读于太学。政和三年(1113)春,以上舍甲科及第,授文林郎,教授开德府(今河南濮阳)。六年八月解职归京,常与亲旧赏画吟诗,直到八年十月方除辟雍录。"四岁冷官桑濮地,三年羸马帝王州"(《若拙弟说汝州可居……用韵寄元东》)即是诗人写自己教授开德、闲居都城的经历。

宣和二年,母张氏病逝,尚在辟雍录任上的陈与义为母服丧忧居汝州(今河南临汝),结识了州守葛胜仲。宣和四年服除入京,葛氏力荐于朝,并"以去非《墨梅》诗缴进"①,为时宰王黼识纳,擢为太学博士。次年,"徽宗皇帝见所赋《墨梅》诗善,亟命召对,有见晚之嗟,遂登册府"(《陈去非诗集序》),除秘书省著作佐郎。六年闰三月,除司勋员外郎,旋擢符宝郎,并曾充任省闱考官。年末王黼被黜,斥逐同党,陈与义受到迁累,贬为陈留(今河南开封境内)酒税,次年抵任所。陈与义身在馆阁之日,交游渐广,诗名日著,往往"辞章一出,名动京师"②,写于宣和五年的《夏日集葆真池上以绿荫生昼静赋诗得静字》诗,就是轰动一时的名作,据传诗成出示,僚友"皆诧为擅场","京师无人不传写"③。由此可见南渡之前,他在诗坛上已经负有盛名。

钦宗靖康元年(1126),陈与义以父丧去官,这时正值金兵南犯京师,他只身自陈留寻避地,流寓邓州南阳(今河南邓州市),自号简斋,作《题简斋》诗。秋初北返陈留携家南奔。本年十一月,金兵攻陷汴京。次年五月,康王赵构在南京(今河南商丘)即皇帝位,改元建炎(1127),建立了偏安江左的南宋王朝。高宗执行逃跑避敌路线,于十月往扬州。次年金兵分三路继续南侵。建炎三年,金兵奔袭扬州,高宗逃往镇江、杭州,金兵渡江追击,高宗先后被赶到越州、明州、定海、温州,直到绍兴二年,金兵北退,高宗才返回临安。陈与义在兵燹中携家逃难,辗转来到邓州,卜居城西。建炎二年,金兵进逼邓州,诗人逃往房州(今湖北房县),不料金兵已攻入房州,陈与义仓惶奔入南山,有《正月十二日自房州城遇房奔入南山》诗。后又出山去钧州(今湖北均县),经郢州(今湖北钟祥),南趋岳州(今岳阳市)。建

---

① 葛立方.韵语阳秋[M].上海:上海古籍出版社,1984 年影印本.
② 张嵲.紫薇集:陈公资政墓志铭[M].影印四库全书本.
③ 洪迈.容斋随笔:第 14 卷[M].上海:上海古籍出版社.2015:444.

炎三年,暂寓郡宗圃君子亭,自号园公。在岳州,为避兵乱,曾泛舟洞庭湖,转徙湖中,由华容还郡。秋离岳阳,经潭州(今长沙市),过衡山,东去邵州(今邵阳市),投奔亲故,寄居紫阳山中。此已是建炎四年。是年春,金兵退兵。四月,高宗驻跸越州,以从班人少,命群臣共议,广行召擢,起用谪籍旧臣。五月,陈与义因友人富季申之荐,被召授尚书兵部员外郎。其《拜诏》诗云:"紫阳山下闻皇牒,地藏阶前拜诏书。乍脱绿袍山色翠,新披紫绶佩金鱼"。秋间他由紫阳山入邵州,过永州(今湖南零陵)、道州(今湖南道县)、贺州(今广西贺州市南)、康州(今广东德庆),绍兴元年(1131)春到达广州。既又取道漳州(今属福建),由闽入浙,自黄岩入台州,夏抵会稽行在所,秋迁起居郎。从靖康事变到召回行在,诗人流亡逃难,间关江湖,艰辛备尝,危难丛生。"避盗半九围,两脚不遗力。川陵各异态,艰难常一律"(《晚晴》)。复杂、奇险、曲折的经历开阔了诗人的视野,也加深了他对人世的感喟,故而这一时期创作了大量的优秀诗篇,成为他一生诗歌创作的旺盛期。诸如《感事》《伤春》《登岳阳楼二首》《晚晴野望》《雷雨行》等都是这一时期的名篇。

绍兴二年(1132)陈与义从驾至临安,历任中书舍人,吏部侍郎、礼部侍郎等职。在此期间他曾上书,奏请搜访元祐党籍及元符上书人名录,以便朝廷优予褒恤。四年秋,因疾请外,出知湖州。明年召为给事中,因与时相论事不合,引疾求去,得请奉祠,卜居青墩(镇名,在今浙江桐乡市北)。六年六月复召为中书舍人兼侍讲直学士院,陛谢,高宗谕曰:"朕当以卿为内相。"①(《系年要录》卷103)十一月拜翰林学士、知制诰。七年正月,除左中大夫参知政事。一年后,以病乞退,再知湖州。八年七月,诗人于湖州任上病重乞闲,解职不久,便于十一月二十九日病逝于湖州乌墩僧舍,享年四十九岁。避难还朝之后,陈与义受知于高宗,位至宰辅,在南渡诗人中最为显达。但他无力扭转偏安定局,只好把一腔家国身世之深情熔于诗中,在那些题画咏花、叹老伤病的篇什中充满了忧国忧民、希冀统一的精神。

陈与义有《简斋诗集》和《无住词》。今传刻本,以宋光宗绍熙元年胡稚注《简斋诗集》三十卷(附《无住词》一卷)为最早,原藏常熟瞿氏铁琴铜剑楼,后同元刊《陈简斋诗外集》一起影印,收入《四部丛刊》。另有日本覆刻明嘉靖朝鲜本《须溪评点简斋诗集》,其中有刘须溪增注。中华书局排印本《陈与义集》,即依据胡稚注本,补入刘氏增注,并参校各本整理而成,有诗六百二十六首,词十八首,赋三篇,杂文四篇,是目前较完善的本子。

---

① 杨义.中国古典文学图志[M].北京:生活、读书、新知三联书店.2005;216.

楼钥《简斋诗笺叙》指出："参政简斋陈公，少在洛下，已称诗俊，南渡以后，身履百罹，而诗益高，遂以名天下。"点明了陈与义诗歌创作的不同阶段和特点。陈与义一生经历了北宋末期和南宋初期两个阶段，靖康之难，将诗人的创作生涯截然界划为前后两个时期。

前期的陈与义，身居京洛，交游士林，经太学步入仕途。然而，北宋末期朝廷昏庸，政治腐朽，党派倾轧，世风已坏，诗人仕宦蹭蹬，久沉下僚，没有机会一展宏图壮志，便转而致力创作，将才情寄之于诗，且开始在文坛崭露圭角，自谓"有诗酬岁月，无梦到功名"（《道中寒食》其二）。其后，曾一度以诗名见知于徽宗皇帝，但不久即遭贬黜。当时江西法席盛行，海内翕然向风，陈与义在诗歌艺术上也深受山谷、后山影响。观其前期诗作，多为言怀、咏物、题画、写景、酬唱赠答之篇，内容、情趣大体与黄（庭坚）陈（师道）相近，艺术上也不乏新警之处。

抒写仕宦的落寞和志不得申的情愫，或鞭笞浇薄庸俗的世态，是陈与义前期诗歌的重要内容。写于开德任上的《次韵周教授秋怀》即是慨叹沉沦下僚，透露归隐之心："一官不辨作生涯，几见秋风卷岸沙。……误矣载书三十乘，东门何地不种瓜！"其闲居都城时创作的《杂书示陈国佐胡元茂四首》，在对自己不被任用表示愤懑不平的同时，也对官场的倾轧表示了畏惧："顾将千日饥，换此三岁闲""不忧稻粱绝，忧在罗网间"（其一）。政和七年秋，诗人写了《书怀示友十首》，从不同的角度抒写和坦露了自己的襟怀，其六云：

> 有钱可使鬼，无钱鬼揶揄。
> 百年堂前燕，万事屋上乌。
> 微官不救饥，出处违壮图。
> 相牛岂无经？种树亦有书。
> 如何求二顷，归卧渊明庐。
> 曝背对青山，鸟鸣人意舒。
> 试数门前客，终岁几覆车！

诗的开头借用鲁褒《钱神论》有钱使鬼、《世说新语》罗友乞禄的故实，批判了金钱万能的庸俗世风，继又点化刘禹锡《金陵怀古》诗意和《说苑》爱屋及乌之典，谴责了朝廷不能选贤用能而一味任人唯亲的错误做法。其后，直言自己官微俸薄，不被重用，难为生计，虽有壮图，却无际遇，不如归卧田园，相牛种树，可享青山鸣鸟之趣，能避官场倾覆之险。全诗充满了对庸俗世态和自身际遇的愤慨与不满。语言典重而不艰涩。其他如"二十九年知己非，今年依旧壮心违"（《以事走郊外示友》）、"纷纷骑马尘及腹，名利之窟争驰逐"（《题画鹿》）等，无不抒写有志难酬的情怀和疾恶庸俗的意绪。《题小室》《食薤》《述怀呈十七家叔》《道中寒食》《放慵》诸篇，都是值得注意的抒怀言志之作。

　　咏物、题画，是陈与义前期创作的又一重要内容。在这些诗篇中，作者往往寄寓着个人的品格情操和审美理想，甚至熔铸着对社会现实的感受。像咏曼陀罗花写其与众花"同时不同调"的"殊不俗"处（《曼陀罗花》）寄寓个人品格、咏春雪颂以"聊回万斛润，点点付黎藿"（《次韵张元方春雪》）表达济世理想，《题易元吉画鹿》《题画兔》又将仕宦风险融入诗中，都是典型的例子。简斋咏物诗《和张规臣水墨梅五绝》最为著称，这是诗人的成名之作，当时传诵极广，连徽宗皇帝也叹赏不已。作者以爽朗明快兼有委婉含蓄的议论笔法题咏墨梅：

> 巧画无盐丑不除，此花风韵更清姝。
> 从教变白能为黑，桃李依然是仆奴。
>
> ——其一

> 粲粲江南万玉妃，别来几度见春归。
> 相逢京洛浑依旧，唯恨淄尘染素衣。
>
> ——其三

> 含章檐下春风面，造化工成秋兔毫。
> 意足不求颜色似，前身相马九方皋。
>
> ——其四

　　其一用"极丑无双"的"无盐邑之女"喻墨色，赞赏以水墨表现素洁高雅的梅花，愈发显得清姿秀丽，并以俗艳著称的桃李反衬墨梅的清淑；其三咏唱梅花洁白的素质，并化用谢玄晖"谁能久京洛，淄尘染素衣"诗句，以幽默的笔法表达梅为淄尘所染的遗憾；其四融化寿阳公主人日睡卧含章殿下，梅花落额上与九方皋相马"得其精而忘其粗，在其内而忘其外"的故实，颂扬墨梅内在的骨相美。三首均突出了"墨梅"的特点，贯注着反尘俗、厌污浊、轻形迹的超拔诗情。其"使事而得活法"①"语意皆妙绝"②,确乎达到了"有神无迹"③(陈衍《宋诗精华录》)的境界。诗的笔法、格调乃至遗貌取神、追求清幽的审美思想,都颇近山谷。作者的情操人品也在诗中得到了充分的体现。

陈与义题画诗的艺术成就由《题牧牛图》可窥一斑:

> 千里烟草绿,连山雨新足。老牛抱朝饥,向山影觳觫。犊儿狂走先过浦,却立长鸣待其母。母子为人实仓廪,汝饱不惭人愧汝。牧童生来日日娱,只忧身大当把锄。日斜睡足牛背上,不信人间有广舆。

作者采取描述与议论相吉合的方法,着意挖掘和表现动态中的景物,充分展示并加强了画面的层次感、立体感、流动感,有形象、有声音、有色彩,特别是对老牛、犊儿、牧童各自神情意识的描述生发,充满了浓厚的意趣,同时又将人世间的不平寓于议论之中,思致深幽,令人回味不绝。其意趣堪与山谷的《题竹石牧牛》媲美。

陈与义前期的写景诗,大都刻画工细,尤擅白描,给人以清淡自然的美感享受。《江南春》《襄邑道中》《雨晴》《秋夜》《中牟道中》《春日》《夏至日与同舍会葆真二首》等等,都是意新语隽的佳篇。轰动一时的《夏日池上》以悠闲清新的画面,表现幽静、淡雅的境界:"鱼游水底凉,鸟宿林间静""微波喜摇人,小立待其定";语言省净而意趣横生,潘德舆赞曰"词意新峭可喜,虽西江风格,而能药俗"④(《养一斋诗话》卷9)。其《雨晴》诗云:

> 天缺西南江面清,纤云不动小滩横。
> 墙头语鹊衣犹湿,楼外残雷气未平。
> 尽取微凉供稳睡,急搜奇句报新晴。
> 今宵绝胜无人共,卧看星河尽意明。

首联刻画天空、纤云、江南、小滩等幽静的自然景观;颔联通过描写"语鹊""残雷"的"衣犹湿""气未平"点出雷雨刚过;颈联以趁凉稳睡和写诗报晴表现生活的

---

① 陈与义.陈与义集校笺[M]//怀古录.杭州:浙江古籍出版社.2014:104.
② 洪迈.容斋随笔[M].上海:上海古籍出版社.2015:213.
③ 陈伯海.唐诗汇评[M]//宋诗精华录.上海:上海古籍出版社.2015:3778.
④ 郭绍虞.清诗话续编[M]//养一斋诗话.上海:上海古籍出版社.1983:2145.

恬淡自适;尾联落笔于星河夜空。全诗紧扣"雨晴"题意,抓住微妙多变的景象,写出了自然界的一派生机和凉爽宜人的气韵,诗行里洋溢着舒畅喜悦的感受,荡漾着人与自然的感情交流。在细腻工巧的描写中,透出劲健的笔势和浓郁的韵致。至如"雨意欲成还未成,归云却作伴人行"(《中牟道中》)、"朝来庭树有鸣禽,红绿扶春上远林"(《春日》)、"明波影千柳,绀屋朝万荷""游鱼聚亭影,镜面散微涡"(《夏至日》)无不意境清新,趣味盎然,令人陶醉。

　　总的说来,陈与义前期诗作大都取材于文人士子的日常生活,其中或寄寓有志难酬的激愤,或传达对庸俗世态的疾恶,或反映个人的品格情操,或表现自然界的幽美景观,均具有相当的艺术性,使他在北宋末期的诗坛上享有盛名。

　　靖康事变使陈与义的生活和思想都发生了突变。他流离颠沛,备尝兵荒马乱之苦,目睹山河破碎之状,民族的浩劫和个人的苦难,激起了诗人无限的忧伤和深沉的感慨。创作视野空前扩大,艺术风格趋向沉雄悲壮。感叹流亡、忧愤时政、颂扬抗敌、怀念乡国,成为他后期诗歌的主流,大批诗章贯注着忧国伤时的爱国主义精神。刘克庄说陈与义"建炎以后避地湖峤,行路万里,诗益奇壮。"①正指出了简斋后期诗作的重大变化。

　　其一,陈与义用诗歌纪述了其仓皇逃难的情景。"大道不敢驱,山径费推寻"(《次舞阳》)、"今朝过山下,贼急不敢留"(《过君山不获登览》)、"辞巢已万里,两脚未遑住"(《别岳州》),作者用朴实的语言描述了逃难的惶惶情形。《避虏入南山》是一篇纪实长诗,诗人记述了在房州突遇金兵而奔入南山的一段危险经历:"今年奔房州,铁马背后驰。造物亦恶剧,脱命真毫厘"。脱敌的惊险,令人心有余悸。其《自五月二日避寇转徙湖中……》《初至邵阳……》或言其奔窜疲命:"回环三百里,行尽力都穷。巴丘左右移,章华西转东";或叹其转徙不定:"湖北弥年所,长沙费月余。初为邵阳梦,又作桂林书";都备述逃难的艰辛。诗人流寓岳阳所写的《居夷行》、避寇均阳创作的《同左通老用陶潜不定期旧居韵》、道经衡麓吟成的《衡岳道中四首》其一等等,都是描写流亡生涯的诗篇,作者倾诉了颠沛流离之苦,漂泊无依之忧。陈与义的这部分诗歌,记事简略,感喟深沉,以平易浅显,朴实凝练的语言,真实地记录了战乱给人民带来的巨大不幸和灾难,反映了家国事变中难民们的共同遭遇和感受,极富典型意义,与杜甫《三吏》《三别》在精神上是一致的。

　　其二,陈与义用诗歌抨击赵宋王朝的腐朽。残酷的社会现实,不能不引起诗

---

　　①　刘克庄.后村先生大全集:第2卷[M].上海涵芬楼影印本.

人的深沉思考。他开始探寻事变的原因。靖康元年，陈与义逃难至邓州，写了《邓州西轩书事十首》，以绝句联章评议时政，指斥赵宋王朝缺乏明智的将相，官僚间互相倾轧，当轴者决策失误，招致了强敌进攻。他痛心地批评朝廷治国无道，政失民怨，方腊起义于江浙也没有引起朝廷的警悟，终于导致了金兵的入侵："东南鬼火成何事？终待胡锋作争臣！"（其五）作者还以唐德宗时杨炎、刘宴倾轧误国为喻，谴责了热衷倾轧的权臣蔡京、童贯、王黼之流使国家倾覆、黎民受难，指出国家需要的应该是像廉颇、蔺相如那样能密切配合、抵御外侮的将相：

> 杨刘相倾建中乱，不待白首今同归。
> 只今将相须廉蔺，五月并门未解围。
>
> ——其六

建炎元年，高宗建立了南宋王朝，但战局并未好转，金军继续南侵，徽、钦二帝被掳至燕山后又迁徙漠北，幽禁相府；宋高宗不采用抗金将领宗泽、李纲等人"驻跸襄、邓，系望中原"的建议，而取黄叔敖等逃跑者的主张，一再南迁，诗人怀着沉重的心情挥笔写下了《感事》诗：

> 丧乱那堪说，干戈竟未休。
> 公卿危左衽，江汉故东流。
> 风断黄龙府，云移白鹭州。
> 云何舒国步？持底副君忧？
> 世事非难料，吾生本自浮。
> 菊花纷四野，作意为谁秋！

诗以沉痛悲凉的感喟起笔，接着便把笔锋转向弄权误国的当轴者，指责其无力扭转时局，使二帝远囚北漠不能回还，高宗播迁驻跸不能定国安邦。"云何"四句以愤怒的笔调对公卿朝臣提出了质问。结尾收笔于纷然自开的秋菊，意境凄凉，感慨深沉。全诗感事伤怀，沉郁慷慨，激愤怨怒，批判了朝廷的腐朽和无能，神韵"颇逼老杜"①。其他如《次韵尹潜感怀》《巴丘书事》等篇，都是忧愤时政的代

---

① 刘克庄.后村先生大全集:第2卷[M].上海涵芬楼影印本.

表作品,后人以为"悲壮激烈""近逼山谷、远诣老杜"①(方回《瀛奎律髓》)、"意境宏深"。

其三,陈与义用诗歌颂扬抗敌御侮的志士。面对国耻家难,诗人内心激荡着报国热情。建炎元年,高宗即位后曾诏令州郡荐举贤能以谋恢复,简斋为此写了《题继祖蟠室三首》,其三云:

> 中兴天子要人才,当使生擒颉利来。
>
> 正待吾曹红抹额,不须辛苦学颜回。

作者将高宗视为"中兴天子",而用唐李靖破突厥生擒颉利可汗、娄师德戴红抹额应诏讨吐蕃八遇八克的故实,表达了对朝廷招纳人才、抗金复国有望的欣喜和自己准备出山报效国家的决心。然而,这投笔请缨的壮怀,毕竟难有条件机缘实现,故诗人把关怀国运的一腔精诚完全倾注于颂扬卫国、批判怯敌的诗章之中,写出了《刘大资挽词》《伤春》《周尹潜以仆有郢州之命作诗见赠有横槊之句次韵谢之》《雷雨行》等名作。挽词悼念靖康国难中凛然不屈的四壁守御官刘大资,"一代名超古,千年泪染衣","河洛倾遗愤,英雄叹后尘",落笔雄浑博大,下语典重肃穆,充分表达了人们对以身殉国烈士的崇敬之情。建炎四年春,陈与义在紫阳山中听到了友人向子諲英勇抗击金兵的消息,写下了著名的《伤春》诗,予以赞扬:

> 庙堂无策可平戎,坐使甘泉照夕烽。
>
> 初怪上都闻战马,岂知穷海看飞龙。
>
> 孤臣霜发三千丈,每岁烟花一万重。
>
> 稍喜长沙向延阁,疲兵敢犯犬羊锋。

金兵自宣和末入侵中原,靖康初进犯京师,灭亡北宋后又挥军南下,席卷江南。建炎三年十二月,赵构"航海避兵",乘楼船次定海、昌国、幸温州、台州;四年春初,"御舟碇海中"(《宋史·高宗本纪》)。本年二月,金兵攻潭州(治所在今湖南长沙),知州直龙图阁向子諲率军民固守八日(《系年要录》卷31),"督兵巷战,又收溃卒复入治事"(《宋史本传》)。作者去年客居长沙月余,同向氏交往甚密,

---

① 方回.瀛奎律髓[M].合肥:黄山书社.1994:20.

多次写诗勉励向氏杀敌报国，今闻友人抗金壮举，颇多感触，因成此篇。诗的首联、颔联强烈谴责了宋廷的腐败无能，痛心疾首地回顾了战乱事态的发展；颈联写在烟花万重的春天，诗人无心赏景而为国忧愁的情形；尾联写正在此时，听到了友人抗金的消息，不禁转忧为喜，流露出民族的自豪感，从而以对比、烘衬的手法表达了对抗战将士的钦敬。全篇语言精美，音调嘹亮，沉挚雄壮，气格浑茫，深得杜甫七律神韵。其《周尹潜次韵》表达了"西州破贼"的壮志豪情、《雷雨行》鼓励"诸君"杀敌立功"光竹素"，均慷慨激昂，传达了人们抗敌御侮、收复失地的普遍要求和愿望。

其四，陈与义用诗歌表达了对故国家园的深切思念。战争使诗人逃离家园，流亡异乡。他既为国家破亡而痛苦，又为有家难归而悲伤。"易破还家梦，难招去国魂"（《道中书事》）、"京洛了在眼，山川一何迁"（《述怀》）、"江南非不好，楚客自生哀"（《渡江》），这些诗句无不浸透着作者思念故国家园的深情。

陈与义生长于北方，对自己的家乡怀有深厚的依恋之情，故不论漂泊何处，总是念念不忘："五湖七泽经行遍，终忆吾乡八节滩"（《雨中》）。看到江南李花盛开，他幡然想起昔日故乡采花簪发的情景，勾起了一片乡思："洛阳路不容春到，南国花应为客开。今日岂堪簪短发，感时伤旧意难裁！"（《望燕公楼下李花》）其《正月十二日……暴雨滂沱》写在梦中回到了洛阳，仿佛听到了龙门涧水潺潺流动的声音，醒后方知是屋檐滴水声："梦到龙门听涧水，觉来檐溜正潺潺。"《题画》《牡丹》更是这方面的代表作：

> 分明楼阁是龙门，亦有溪流曲抱树。
> 万里家山无路入，十年心事与谁论！
>
> ——《题画》

> 一自胡尘入汉关，十年伊洛路漫漫。
> 青墩溪畔龙钟客，独立东风看牡丹。
>
> ——《牡丹》

前者由观画引起联想，悲叹有家难还，后者因看花引出乡思，传达暮年的凄楚。二诗皆深沉悲切，体现了作者对故国家园的深厚感情。陈与义怀念故国家园的诗章，典型地表达了当时大量流亡江南的北方人民的共同心声，同李清照、辛弃疾南渡后的部分词作同样深沉感人，成为其爱国诗的重要组成部分。

其五,陈与义后期的写景咏物诗大都融入了家国身世之感,往往雄浑苍茫,悲壮深沉。《登岳阳楼》《雨中再赋海山楼诗》《观雨》诸篇都是为人称颂的佳作。建炎二年秋末,诗人避乱抵岳州,创作了《登岳阳楼》二首,其一云:

> 洞庭之东江水西,帘旌不动夕阳迟。
> 登临吴蜀横分地,徙倚湖山欲暮时。
> 万里来游还望远,三年多难更凭危。
> 白头吊古风霜里,老木苍波无限非。

作者描述了临楼观览的情景及所见所感。洞庭湖和长江深广磅礴的宏伟景观、诗人临眺之际"还望"故国的情形同伤时忧事的悲愤感慨完全交融在一起,故纪昀称赞此篇"意境宏深,真逼老杜"。绍兴元年春写于广州的《海山楼诗》更是雄劲苍茫,神情激越,令人不胜感怆:

> 百尺阑干横海立,一生襟抱与山开。
> 岸边天影随潮入,楼上春容带雨来。
> 慷慨赋诗还自恨,徘徊舒啸却生哀。
> 灭胡猛士今安有? 非复当年单父台。

首联描述楼外"海立""山开"的壮伟景象与诗人胸襟顿旷的感觉,颔联刻画水天合一、浪卷潮涌的奇观和春容带雨的凄迷苍茫,颈联转写诗人感慨百端,焦虑悲伤的情状,尾联由海山楼想到陷入金人手中的江北单父台,发出了无人抗金灭胡的悲叹痛惜,坦露了忧国的情怀。《观雨》篇则通过风云变幻、倒江翻海的雨景描写,表达了世事艰危的感慨与渴望太平的心愿。在诗人笔下,孤雁、风竹、涧水等都在为国家、为人民、为自己悲忧感叹:

> 凉风又落宫南木,老雁孤鸣汉北洲。
>
> ——《重阳》

> 二更风薄竹,悲吟连夜分。
>
> ——《正月十六日夜》

扶节共坐槎牙石,涧水悲鸣无歇时。

——《坐涧边石上》

这些诗句无不移情于物,意境凄凉,饱含着诗人忧伤国事、备极艰难的酸辛。由于简斋后期的大部分写景诗都取境阔大,措意深沉,笔力雄劲,往往既有杜诗的沉郁,又有山谷的幽邃和后山的清劲,故方回以为"非深透老杜、山谷、后山三关不能也"(《瀛奎律髓》)。

总之,陈与义后期创作一变前期风调,努力学习杜甫的现实主义精神,创作了大量反映爱国思想的优秀诗篇。故纪昀评论简斋说:"至于湖南流落之余,汴京板荡以后,感时抚事,慷慨激越,寄托遥深,乃往往突过古人"(《四库全书总目提要》)。

综上所述,陈与义一生经历了两个不同的时期,其诗歌创作也因经历的不同而呈现着异样的风貌。大抵前期以清迥幽邃见胜,后期以雄浑悲壮著称。他渊源江西而又锐意拓展,终于形成了自己鲜明的艺术个性。尤其是时代风雨、家国变故,使他的诗作进入崭新的境界,在学习杜甫的现实主义精神方面,度越前辈,成为两宋之际最为杰出的诗人。张嵲称简斋诗"体物寓兴,清邃超特,纡余闳肆,高举横厉,上下陶谢韩柳之间"(《陈公资政墓志铭》)、刘克庄谓其"造次不忘忧爱,以简洁扫繁缛,以雄浑代尖巧。第其品格,故当在诸家之上"①,都从不同的方面概括了简斋诗的艺术成就。陈与义无愧于江西派的大家。吕本中作《江西宗派图》时,简斋尚少,自然不会提及;而方回据其师承渊源和创作实绩,并参考前人评价,把陈氏列为江西诗派的"三宗"之一,同黄庭坚、陈师道并论,是极有见地的。

第三节　北宋江西派其他诗人

吕本中《江西诗社宗派图》写作年代,向来有两说。范季随《陵阳先生室中语》记吕本中自谓"乃少时戏作"。吴曾《能改斋漫录》卷 10 载,宗派图作于"绍兴癸丑之夏"。绍兴三年癸丑(1133),吕本中五十岁,已届晚年。假定少时为二十岁左右,则时当崇宁初年,有学者据其中涉及的人物,考定此图作于崇宁之初。即使

---

① 刘克庄.后村先生大全集:第 2 卷[M].上海涵芬楼影印本.

吕氏此图作于晚年，也仅当南渡四五年之后，足见图中所列作者，其创作活动主要应在北宋。刘克庄《江西诗派序》作于南宋，对《苕溪渔隐丛话》所载宗派图名单次第略有调整，而增入吕本中。按时代，吕本中宜列入南宋。其余作者除黄庭坚、陈师道前已论列，何颙、潘大观、刘克庄作序时已"有姓名而无诗"，可略而不论外，今依刘氏诗派序次第，略加缕述。

韩驹（1080—1135），字子苍，蜀仙井监（今四川仁寿）人。政和初，以献颂补假将仕郎。召试舍人院，赐进士出身，除秘书省正字。历任兴州分宁知县、著作郎。宣和五年（1123）除秘书少监，六年迁中书舍人兼修国史。高宗即位，知江州，绍兴五年，卒于抚州（《宋史·文苑传》）。著作有《韩子苍集》，已佚。今存《陵阳集》四卷，有四库全书本，清宣统沈曾植刊《西江诗派韩饶二集》本，存诗三百四十余首。

韩驹诗多是个人抒怀和酬唱赠答，南渡后，也时有伤乱忧时、人事沧桑之感，如"遥知驻跸艰危地，尚有忧时老大臣"（《次韵曾寺丞观早朝上徐谏议》），"学士南来尚岩穴，神州北望已丘墟"（《抚州邂逅彦正提刑道内感叹》），"丧乱难堪重离别，可无书札问衰翁"（《余往岁与逊叔侍郎同寓广陵……绍兴二年复同寓临川感念畴昔奉送一首》）等。不过时代内容远没有陈与义宏阔沉厚。他的《九绝为葛亚卿作》，写友人葛亚卿与妓女的恋爱故事，以女主人公的口吻倾诉流落风尘的女性对情人的痴情爱恋和离别深愁，情词凄婉，风调缠绵，是宋代少见的一组爱情诗。

韩子苍的创作态度和诗风，无疑曾受江西派影响。"学诗当如初学禅，未悟且遍参诸方。一朝悟罢正法眼，信手拈出皆成章"（《赠赵伯鱼》）；"点检转工新句法，楷磨难减旧风情"（《次韵侯思孺将至黄州见简》）。这些论诗见解显然承绍江西。刘克庄谓"其诗有磨淬剪裁之功，终身改窜不已。有已写寄人数年，而追取更易一两字者"（《江西诗派序》）。这种严谨刻苦的创作作风也与黄庭坚极其相近。其现存诗作，也有颇具江西风神的篇章，如：

> 北风吹日昼多阴，日暮拥阶黄叶深。
> 倦鹊绕枝翻冻影，飞鸿摩月堕孤音。
> 推愁不去如相觅，与老无期稍见侵。
> 顾藉微官少年事，病来那复一分心。
>
> ——和李上舍冬日书事

全诗下字奇警,骨骼瘦劲,意象清迥,逼似黄陈。不过,韩驹早年师法苏轼,受知于苏辙,后经徐俯介绍,认识黄庭坚。晚年虽濡染江西,多数作品却写得平畅自然,喜欢白描,不多用典。《夜泊宁陵》《送子飞弟归荆南》可作代表。周紫芝说:"大抵子苍之诗极似张文潜,淡泊而有思致,奇丽而不雕刻。"①这种评价是切实有据的。

徐俯(1074—1140)字师川,自号东湖居士,洪州分宁(今江西修水)人。少年能诗,曾得舅父黄庭坚指授,黄庭坚称他"词气甚壮,笔力绝不类年少书生。"②以父荫授通直郎,张邦昌僭位,挂冠而去。建炎初应召入朝。绍兴二年赐进士出身,历任翰林学士、端明殿学士、签书枢密院事、兼权参知政事。九年知信州,十年病卒。著有《东湖居士诗集》,已佚。今存宋代陈思辑《东湖居士集》,见于四库全书本《两宋名贤小集》中,共存诗二十五首。

徐俯早年受山谷熏陶,主张"作诗自立意,不可蹈袭前人。"(《童蒙诗训》)有人请教他作诗法门,他说:"目力所及,皆诗也。但以意剪裁之,驰骤约束,触类而长,皆当如人意,切不可闭门合目,作镌空忘实之想"③。足见他不赞成诗人离开生活而一味雕镌文字。晚年他更想超越江西而自立,故教人学习六朝及《选》体(见于曾季狸《艇斋诗话》)。宋人对徐俯评价颇不一致。黄庭坚、韩驹、洪朋、吕本中等人甚为推重,称扬多有溢美之词。刘克庄则谓"集中不能皆善",方回亦云"在江西派中无甚奇也""律诗绝无可选"④(《瀛奎律髓》卷21)。徐俯有些残存佳句,如"平生功名心,夜窗短檠灯""诗如云态度,人似柳风流""心如野鹤与尘远,诗似冰壶见底清"等等,以往颇受人称赞。但从现存的二十几首诗篇中,却看不出有什么鲜明的特色。倒是《后村千家诗》中录存了他一首意境幽美的写景绝句:

双飞燕子几时回?夹岸桃花蘸水开。

春雨断桥人不度,小舟撑出柳阴来。

——春游湖

这首小诗出语自然,充满画意。赵鼎臣曾有"解道春江断桥句,旧时间说徐师

①　傅璇琮.中国诗学大辞典[M]//太仓稊米集.杭州:浙江教育出版社.1999:881.

②　黄庭坚.豫章黄先生文集:第26卷[M].四部丛刊本.

③　曾敏行.独醒杂志[M].北京:中华书局.1985:26.

④　方回.瀛奎律髓[M].合肥:黄山书社.1994:531.

川"之句①,足以说明当年传诵之广。

潘大临,字邠老,先世闽人,后家黄州(今湖北黄冈),应举不第,布衣终身。曾与苏轼、黄庭坚、张耒等交游。崇宁五年(1106)客死蕲春(见张耒《潘大临文集序》)。潘大临弟大观,字仲达,亦列宗派图,宋时已"有姓名而无诗"②。潘大临著有《柯山集》二卷,已佚。今存陈思辑《潘邠老小集》一卷,见四库全书本《两宋名贤小集》中,共收诗十四首。另有零篇及残句十余则,散见于《宋文鉴》《苕溪渔隐丛话》诸书。

潘大临早得诗律于东坡,被黄庭坚称为"天下奇才"(《书偶戮轩诗后》)。惠洪说他"工诗,多佳句"。谢逸向他函索新作,潘答书谓夜闻风雨,欣然题壁曰:"'满城风雨近重阳',忽催租人至,遂败意,只此一句奉寄。"③后谢逸用此佳句,写成三绝。赵蕃还有诗说:"好诗不在多,自足传不朽""我谓此七字,已敌三千首。"④这句诗后来演变成为家喻户晓的成语。邠老集中除一首送别诗外均为题画诗,佳作不多。送别诗为《江夏别鲁直送之宜州》:

> 翰墨精神全汉魏,文章波澜似春秋。
> 可是中州著不得,江南已远更宜州。

崇宁二年(1103)黄庭坚谪宜州,本篇当为作者在鄂州送别友人而作。诗中称颂山谷的书法、文章,对他迭遭远窜深表同情。《苕溪渔隐丛话》引录其《江间作四首》,其一为绍圣年间在黄州泛舟怀友而作,诗云:

> 白鸟没飞烟,微风逆上船。
> 江从樊口转,山自武昌连。
> 日月悬终古,乾坤别逝川。
> 罗浮南斗外,黔府若何边?

诗从江行所见,转入对宇宙无穷、岁月流逝的感慨,引出对远放南荒的苏(轼)黄(庭坚)的怀思。尾联极意驰想罗浮、黔州之迢遥,不明言怀人,而关切好友的深

---

① 赵鼎臣.竹隐畸士集:第7卷[M]//和默庵喜雨述怀.影印四库全书本.
② 刘克庄.后村先生大全集[M]//江西诗派序.上海涵芬楼影印本.
③ 释惠洪.冷斋夜话:第4卷[M].上海进步书局印本.
④ 赵蕃.淳熙稿[M].北京:中华书局.1985:8.

情充溢于笔端。运思深沉精警,气象浑茫,眼界宏阔,与山谷五古风韵颇有仿佛之处。

三洪。江西洪氏有四兄弟:洪朋,字龟父;洪刍,字驹父;洪炎,字玉父;洪羽,字鸿父。南昌人,其母为黄庭坚之妹,父早卒,由祖母教授经义,后从黄庭坚学习诗法。黄庭坚称"洪氏四甥才气不同,要之皆能独秀于林"(《书倦壳轩诗后》)。洪羽,早卒,诗文不传。三洪被列入宗派图中。

洪朋,应举不第,三十八岁病殁,著有《洪龟父诗》一卷,已佚。四库馆臣自《永乐大典》辑得诗一百七十余首,编成《洪龟父集》二卷,收入《四库全书珍本初集》。另有佚诗七首,见于栾贵明辑《四库辑本别集拾遗》。洪朋诗内容不外写景、抒怀、题画、酬赠,艺术上步武山谷,句法警绝。如《独步怀元中》:

> 净尽西山日,深行城北村。
>
> 琅玕鸣佛屋,薜荔上僧垣。
>
> 时雨慰枵腹,夕风清病魂。
>
> 所思渺江水,谁与共忘言。

不仅诗情牢落,所下"鸣""上""慰""清"等词清劲灵动。

洪刍,绍圣元年(1094)进士,崇宁三年(1104)被列入元祐党籍,后叙复原官。靖康中为谏议大夫。汴京沦陷时,因替金军搜刮金银,玷污名节,建炎初流放沙门,死于岛上。著有《老圃集》,今存四库馆臣辑本,收诗一百八十余首。另有《洪驹父诗话》,多论江西诗人,早佚,今有郭绍虞《宋诗话辑佚》本。洪刍失节贬废,人品不为时重,诗作颇受抑揄。断句如"眼中人物东西尽,肺病京华故倦游""关山不隔还家梦,风月犹随过海身""深秋转觉山形瘦,新雨能添水面肥"等,宛然江西句法。周紫芝称"其诗用意精深,颇加雕绘之功,盖酷似其舅"[①],所言甚是。

洪炎,元祐末登第释褐,因受洪刍牵连,列入党籍被贬,后起用,历官著作郎,秘书少监。建炎三年(1129)曾避兵龙潭(江苏镇名),高宗召为中书舍人。著有《西渡集》,有四库全书据浙江鲍土恭知不足斋所藏转抄本,有《两宋名贤小集》本,存诗一百一十多首。洪炎经历国变,栖栖湖海,除日常写景诗外,多有反映干戈离乱、田庐丘墟之作,在三洪中成就最高。如《迁居》《已酉岁十一月二十六日避

---

① 傅璇琮.中国文学大辞典[M]//太仓稊米集.上海:上海辞书出版社.1997:463.

寇至龙潭……》叙写家国所遭的劫难,《石门中夏而寒》表达对复兴国运的渴望,《山中闻杜鹃》寄托思乡怀旧之情,表明其诗的社会内容较为充实。诗中感叹国难、民隐的诗句,如"蝼蚁轻民命,泥沙损国赀"(《庚戌岁六月四日至洪城……》);"六飞尚东巡,孤兔穴中州,戈铤塞河洛,冠盖集闽瓯"(《进石鼓山涌泉院》);"田园荆棘漫流水,河洛腥膻今几年"(《次韵公实雷雨》)等等;情词均称痛切。《将去宝峰诵老杜"更欲投何处",赋五言三首》兴象苍茫,措辞凝重,可以看出杜甫伤乱诗对洪炎有所影响。《四月二十三日晚同太冲表之公实野步》是玉父的写景名篇,中间两联:"鸟外疏钟灵隐寺,花边流水五陵源,有逢即画元非笔,所见皆诗本不言。"写景和设喻都新警可喜。总之,正如吴聿所言:"豫章诸洪作诗有外家法律,然多不见于世。"①(《观林诗话》)其中以洪炎诗集仅存,其所作亦多有可以称述之处。

夏倪,字均父,蕲州(今湖北蕲春)人,以宗女夫入仕,宣和中自府曹谪祁阳(今湖北县名)监酒。建炎初病卒。著有《远游堂集》,已佚。今有陈思辑《五桃轩集》,收入《两宋名贤小集》中,共收题画诗五首。其中《跋聚蚁图》:"纷然虫背蚁争环,付与高人一解颜,不待南柯昏宦毕,始知身寄大槐间",嘲讽权利纷争的世态颇为尖锐。另有《和山谷游百花洲盘礴范文正公祠下》十首五绝,见于《范文正公集》附录,《宋诗纪事》已收入。夏倪与山谷、饶节、惠洪、吕本中交游,《吕紫微诗话》称誉他"文词富赡,侪辈少及"。然今存诗过少,无从窥其概貌。

二谢。谢逸及其从弟谢过,临川(今江西抚州市)人,均以诗名,人称"二谢"。刘克庄云:"弟兄在政、宣间,科举之外,有歧路可进身……二谢乃老死布衣,其高节亦不可及。"(《江西诗派序》)可见二谢的人品。谢逸,字无逸,号溪堂先生,卒于政和三年(1113)。著有《溪堂集》已佚。今存《溪堂集》十卷,有《四库全书》本,乃四库馆臣自《永乐大典》辑出,收诗二百三十余首。《两宋名贤小集》中《溪堂集》一卷,仅收诗二十九首。其诗多写清贫生涯,纪江湖胜游,写四时风物,及酬赠寒士诗友。《明水寺》诗有云:

> 嗟予嵚崎人,平生百忧扰。
>
> 好古嗜简编,僻性乐鱼鸟。
>
> 每逢佳山水,耳听眸子瞭。

① 丁福保.历代诗话续编[M]//观林诗话.北京:中华书局.1983:121.

况同佳士游，意气溢云表。

这是诗人生活和性情的真诚自白。在这种狷介个性和留恋溪山的生活基础上，接受了黄庭坚、陈师道高洁拔俗创作风尚的熏陶，便使溪堂诗浸染了清逸幽隽的色调。"今观其诗，虽稍近寒瘦，然风格隽拔，时露清新"（《四库全书总目提要》）。纪昀的话，可视为谢逸诗风的定评。谢逸的七古，有的写得慷慨磊落，豪宕不羁，如《送董元达》：

> 读书不作儒生酸，跃马西入金城关。
> 塞垣苦寒风气恶，归来面皱须眉斑。
> 先皇召见延和殿，议论慷慨天开颜。
> 谤书盈箧不复辩，脱身来看江南山。
> 长江滚滚蛟龙怒，扁舟此去何当还？
> 大梁城里定相见，玉川破屋应数间。

全诗以奔湍的笔势挥洒而出，意在激励友人不为求显达而更易风操，也体现了作者的气宇轩昂、傲骨铮铮。

谢过，字幼盘，号竹友居士。终生以琴奕诗酒自娱，行迹诗文，与其从兄相近。著有《竹友集》，今存有《四库全书》本，《丛书集成》初编所收称《谢幼盘文集》，均诗文兼收，存诗二百七十余首。《两宋名贤小集》亦辑存其诗作。其诗内容上无非是山野隐居生涯的反映。艺术上师范黄庭坚、陈师道，律诗拗劲处逼近涪翁，佳句如"寻山红叶半旬雨，过我黄花三径秋"（《送珍上人》）；"雨牛鸣处地非远，万竹阴中吾所庐"（《招汪叔野》）；"人道奸藏有三窟，公知民病极千疮"（《赠通过陈虚中》）等，都颇为峭拔新巧，然而正如查慎行所评："大率有句而无篇，求其通首相称者寡矣。"①（《得树楼杂钞》卷5）也有些篇章斤斤于步趋黄、陈而未免流入苦涩。故其诗在艺术的圆熟上略逊于其兄。唯集中一些村野景物诗，颇为清逸可读。如《夏日游南湖》《鸣鸠》等七绝，更以精巧流美见长。

晁冲之，字叔用，初字用道，曾隐具茨山，人称具茨先生。巨野（今属山东）人。晁补之从弟，宋代著名藏书家晁公武之父。他早年曾邀游汴京，经历过肥马轻裘、酣酒挟妓的浪漫生活。绍圣之后惩于党祸，遂飘然隐去，栖息新郑（今属河南）。

---

① 查慎行.查慎行集［M］//得树楼杂钞.杭州:浙江古籍出版社.2014:73.

徽宗时再至京师,与陈师道、吕本中交游。吕氏把他列入宗派图。诗集名《晁具茨集》,今有《海山仙馆丛书本》《丛书集成》本,存诗一百六十余首。

晁冲之学诗于陈师道,与吕本中交游颇厚,一生主要栖志于林壑,有任心独往、不计荣利的个性,与江西派宗主人物有相近的一面。其诗自然受到黄、陈影响。如《僧舍小山》三首,锻炼、琢磨生新的语句,融化佛道典实,写山岩佛舍的幽僻景观,呈现一种僻、冷、幽邃气韵,颇具江西风调。不过晁冲之其人又有慷慨俊迈、倜傥风流作风,其诗也有不同于江西派的个性特色。他的七古《夷门行赠秦夷仲》盛赞古代豪侠的刚猛义烈,借以激励友人,笔势如飙风驰电,慷慨豪纵;七律《都下追感往昔因成二首》写浪漫生活,风流艳情,文藻华美而又婉转晓畅;在江西诗苑中较为少见。其他如为怀友而写的《感梅忆王立之》,以平易深稳、笔锋老健见称;为赠别妹夫而作的《送王敦集》,以家常自然、毫无矫饰见长。晁氏这些诗篇都未为江西诗律所拘囿。刘克庄称其诗,"意度沉阔,气力宽余,一洗诗人穷饿酸辛之态。"有的写得"激烈慷慨"(《江西诗派序》)。

李彭,字商老,南康军建昌(今江西永修)人,陈振孙、刘克庄均说他是李常从孙。与黄庭坚、谢过、惠洪、吕本中等皆有唱酬,惠洪称他与徐俯、洪刍为"南州近时人物之冠"[①]。其他行履不可考。李彭有《日涉园集》已佚。今存四库全书本《日涉园集》十卷,乃四库馆臣由《永乐大典》中辑出。共收诗七百二十余首。《两宋名贤小集》仅辑存其诗十二首,名《玉简小集》。李彭诗数量不算少,惜乎生活面不够开阔。有些作品写得较为平实明畅,如《望西山怀驹父》:

> 去岁湖湘赋凛秋,闻君江国大刀头。
> 百年会面知几遇,十事欲言还九休。
> 照眼遥岑落怀袖,过眉柱杖立汀州。
> 莫言青山淡吾虑,谁料却能生许愁。

写望山怀友的心情颇为真切。李彭诗也有些佳句,如"贪看山入座,惯听雨鸣廊"(《题名少冯听雨堂》);"瘦节直疑青嶂立,道心长与白鸥闲"(《寄希广禅师》);"远峤云屯钟磬晚,诸天目断薜萝深"(《送妙喜禅师往荆南》)等等,颇见江西磨淬之功。唯全篇称妙的较少。刘克庄说他"诗体拘狭,少变化"(《江西诗派

---

① 释惠洪.石门文字禅:第27卷[M].四部丛刊本.

序》），纪昀说他"边幅未宏，而锤炼精研，时多警策"（《四库全书总目提要》），都有一定根据。

三僧，指饶节、僧祖可和僧善权。三人中以饶节作品流传最多。

饶节（1065—1129）字德操，一字次守，抚州临川（今江西抚州）人。习儒而饱学，科考不第，流寓汴京，与名士交游，曾为曾布之客，政见多不合而离去，后削发为僧，法名如璧，作偈有"闲携经卷倚松立"句，遂号倚松老人。建炎三年卒。存《倚松老人诗集》，有《四库全书》本，《江西诗派韩饶二集》本。有诗三百七十余首。亦见于《两宋名贤小集》。

饶节与江西派诗人二谢、王直方、汪革、夏倪等人有酬唱，同陈师道、吕本中也有交往。他是一位逃禅避世的儒生，《阅旧诗轴见夏均父和晁之道次其韵》诗写了弃世入禅的思想过程。其《次韵答吕居仁》七律，首联"向来相许济时功，大似频伽饷远空"，化用佛典，运思警奇；颔联"文章不疗百年老，世事能排双颊红"，也炼字精巧而思致深厚，可以见出江西诗风的影响，故很受吕本中的赞赏。饶节有不少诗写幽僻的山僧生涯和绝去世虑的悠闲心境。但并不流于枯寂，而颇饶闲逸活脱的生活情致。如《晚起》："月落庵前梦未回，松间无限鸟声催。莫言春色无人赏，野菜花开蝶也来。"大致饶节的诗风比较清丽潇洒，不乏情致。吕本中说："饶德操萧散"（《紫微诗话》），刘克庄说"如璧诗轻快似谢无逸"（《江西诗派序》），陆游赞以"饶德操诗为近时僧中之冠"①（《老学庵笔记》卷2），均是允当之评。

祖可，字正平，俗姓苏，名序，京口人。有《东溪集》《瀑泉集》，均佚。善权，字巽中，俗姓高，靖安（今属江西）人。有《真隐集》，已佚。祖可今存佚诗二十首，善权不足十首。无法全面品衡他们的诗作。《苕溪渔隐丛话前集》卷57引《西清诗话》云："近时诗僧祖可，被恶疾，人号癞可。善权老亦能诗，人物清癯，人目为瘦权。可得之雄爽，权得之清淡。可诗如'清霜群木落，尽见西山秋'。又'谷口未斜日，数峰生夕阳。'皆佳句也。"徐俯《画虎行》末章云："忆昔余顽少小时，先生教诵荆公诗。即今耆旧无新语，尚有庐山祖可师。"可见祖可在江西诗人中较受推重。善权与饶节、谢逸、惠洪等人有交往，惠洪亦称重其诗。故刘克庄谓"祖可默读书诗，料多，无蔬笋气，僧中一角麟也。善权与祖可上下。"（《江西宗派图序》）可见祖可、善权在当时诗僧中还是有影响的。

---

① 陆游. 老学庵笔记：第2卷［M］. 北京：中华书局. 1979：20.

除上述诗人外,列入宗派图的作家,尚有林敏功、林敏修、汪革、高荷、江端本、李錞、杨符、王直方等八人。他们的作品留存至今的均不足十首,只可略做综合介绍。

林敏功,字子仁,有《高隐集》;林敏修,字子来,有《无思集》;蕲州(今湖北蕲春县)人。兄弟二人皆隐居不仕,世号"二林"。刘克庄时已说"二林诗极少",集皆不传。今只有佚诗数首。汪革,字信民,临川(今江西抚州市)人,做过学官,清贫自守,自言"人常咬得菜根,则百事可做"①。谢逸《怀亡友汪信民》亦有"吾友汪夫子,才力百夫赡""青衫困冷官,半世守寒俭"之句。卒于大观末年。其《青溪集》早佚,仅存佚诗五首。

高荷,字子勉,江陵(今属湖北)人,自号还还先生。黄鲁直自戎州归,荷以三十韵五律求见,鲁直有赠高子勉六言诗,对之颇表激赏,为忘年交。"晚为童贯客,得兰州通判以死,既不为时论所与,其诗亦不复传云"②。旧时著录有《还还集》,今仅存佚诗四首。《宋文鉴》所收《见黄太史诗》三十韵,典重精巧,通体不懈,受到山谷青睐,不为无因。其《蜡梅》七绝亦受人称赏。唯《瀛奎律髓》寄赠类所载七律《答山谷先生》,以通体粗鄙,被人视为江西恶诗。

江端本,字子之,开封人,江邻几之孙,端礼、端友(字子我)之弟。与晁冲之、吕本中等人酬唱。吕本中曾把他与冲之并称,有"老足交亲薄,江晁尔独贤。文章未遽绝,岁月或堪怜"(《同叔用宿子之家》)之句。江端本的《陈留集》今已不存,佚诗甚少。刘克庄曾有"子我诗多而上,舍兄而取弟,亦不可晓"之语(《江西诗派序》),对江端本列入宗派图表示困惑。

李錞,字希声,曾官秘书丞,其《李希声集》早已散佚,《王直方诗话》《宋诗纪事》等曾录存其佚诗残句数则。杨符,字信祖,其《杨信祖集》早已不存。刘克庄《江西诗派序》称其"史道官官恶,田家事事贤"为"唐人得意语"。刘克庄作诗派序,谓"王直方诗绝少,无可采。"不过王直方在当时文林中是颇为活跃的人物。王直方字立之,号归叟,汴京人,补承奉郎,曾监怀州(今河南沁阳)酒税,后退居汴京,处城隅一小园中,笑傲自适,喜从诸文人游,闻见日博,纂述文苑师友逸闻余论,成《王直方诗话》,卒于大观三年(1109),年四十一。其《归叟集》已佚,诗话今有郭绍虞辑本。诗作《宋诗纪事》辑得数首。方回云:王直方"亲炙苏、黄诸公,诗

①　宋人轶事汇编[M]//师友杂志.上海:上海古籍出版社.2015:1780.
②　叶梦得.石林遗书[M].影印四库全书本.

传不多。吕居仁位之派中。细读其诗,虽不熟,亦有格。"①(《瀛奎律髓》卷 35)可见其诗歌艺术可称述者不多。

　　总之,列入宗派图的江西派诗人,其艺术成就不一,作品流传多寡不等,但一般在诗法上亲炙或承传黄庭坚或陈师道,与江西派作家有交游唱酬,有刻苦锤炼的写作习尚,程度不同地表现出江西诗派的风格。

---

① 方回.瀛奎律髓[M].合肥:黄山书社.1994:850.

第七章

黄庭坚"点铁成金""夺胎换骨"渊流考

黄庭坚的"点铁成金""夺胎换骨"说,曾在古代文学史上和文艺批评领域发生过广泛而深远的影响。随着黄庭坚研究的不断开展,人们对于此说的认识也日趋深化。近年来学术界针对历史上产生的曲解和误会,给予了申述和廓清。然而,此说的价值和意义绝不止于诗歌创作的求新,更重要的是,它揭橥了古代文学创作中的一条艺术规律。本章试图从中国古代文学的创作实际和理论发展两方面,对其成说的渊源、基础与影响作较为系统的考察和研究,以求在更广阔的背景中,探讨黄庭坚此说的重大价值和意义。

第一节　先秦两汉时期的作品沿袭与理论滥觞

黄庭坚的"点铁成金"①说见于《答洪驹父书》,文存本集;"夺胎换骨"②论为释惠洪《冷斋夜话》所载,亦传于世。前者着眼于语言,后者立足于诗意,侧重点虽各有不同,而基本精神和核心实质却是一致的:都是强调在学习借鉴和继承的基础上进行创新,进行超越前人的艺术创造。在中国古代文学发展的全部历程中,学习、借鉴、继承、创新,是每一位作家都必须经历而无法回避的问题。黄庭坚之前,已有众多的作家和批评家都程度不同地实践或论及它。刘勰《文心雕龙》云:"古来辞人,异代接武,莫不参伍以相变,因革以为功"③,又说:"楚之骚文,矩式周人;汉人赋颂,影写楚世;魏之篇制,顾慕汉风;晋之辞章,瞻望魏采"④,即从宏观

① (宋)黄庭坚.答洪驹父书(其三)[M]//黄庭坚全集(第2册):正集第18卷.成都:四川大学出版社,2001:475.
② (宋)释惠洪.冷斋夜话:第1卷[M].北京:中华书局,1985:5.
③ (南朝梁)刘勰.文心雕龙(下篇):物色第46[M].上海:上海古籍出版社,2015:265.
④ (南朝梁)刘勰.文心雕龙(下篇):通变第29[M].上海:上海古籍出版社,2015:185.

上点明了文坛创作历代因革的广泛性。韩愈《南阳樊绍述墓志铭》谓"惟古于词必已出,降而不能乃剽贼,后皆指前公相袭,从汉迄今用一律"①,则诙谐幽默地指出了自汉至唐文学创作中语言沿袭的普遍性。正是这种广泛性和普遍性,成为黄庭坚"点铁成金"与"夺胎换骨"说的深厚渊源和重要依据。

　　周秦时期的著述,虽然向来被认为是"词必己出",但是仍不乏因革的实例。唐代魏征在《隋书经籍志集部序》中指出:"唐歌虞咏,商颂周雅,叙事缘情,纷纶相袭,自斯以降,其道弥繁。"②孔子有"周监于二代,郁郁乎文哉! 吾从周"③之言,孟子亦有"吾于武成,取二三策而已矣"④之说,而"逸响伟辞,卓绝一世"⑤的《离骚》,不仅"依诗取兴,引类譬喻"⑥,而且也"取熔经意"⑦。至如不少先秦典籍,在当时即已经过文人的加工整理,其中自然也包含着再创造的成分。但总的说来,秦汉之前,文学处于开创时期,前后模仿承袭的现象尚不突出,其后,文学开始步入有意识的创作,方日见鲜明,正如刘勰指出的:"六国以前,去圣未远,故能越世高谈,自开户牖。两汉以后,体势漫弱,虽'明乎坦途',而类多依采。"⑧

　　汉代以史传和辞赋成就最高。刘熙载说"汉家文章,周、秦并法"⑨,即从整体和宏观的角度指出了汉人对前代的学习继承。刘汉的史传家和辞赋家十分重视对前人成果的学习借鉴和承袭,并在此基础上师心独造,故往往建树卓异。

　　司马迁的《史记》被鲁迅誉为"史家之绝唱,无韵之离骚"⑩,是开创我国纪传体文学的不朽名作,但它的问世,则是胎息于前代史书,作者 绌绎于金匮石室,"正《易传》,继《春秋》,本《诗》《书》《礼》《乐》之际"⑪,写成了一部"究天人之际,通古今之变,成一家之言"⑫的辉煌巨著。与《史记》并称的《汉书》是我国的第一

---

① (唐)韩愈.南阳樊绍述墓志铭[M]//马其昶,校注.韩昌黎文集校注:第7卷.上海:上海古籍出版社,1986:452.

② (唐)魏征,令狐德.隋书(第2册):第35卷[M].北京:中华书局,1973:726.

③ 杨伯峻译注.论语译注[M].北京:中华书局,1980:28.

④ 《孟子·尽心下》[M].十三经注疏本.北京:中华书局,1962:565.

⑤ 鲁迅.汉文学史纲要.第4篇[M]//鲁迅全集:第9卷.北京,人民文学出版社,2005:382.

⑥ (后汉)王逸:《离骚经序》,郭绍虞主编;中华书局上海编辑所编辑.中国历代文论选(上册)[M].北京:中华书局,1962:121.

⑦ (南朝梁)刘勰.文心雕龙(上篇):辨骚第5[M].上海:上海古籍出版社,2015:24.

⑧ (南朝梁)刘勰.文心雕龙(上篇):诸子第17[M].上海:上海古籍出版社,2015:109.

⑨ (清)刘熙载.艺概:第1卷[M].上海:上海古籍出版社,1978:11.

⑩ 鲁迅.汉文学史纲要第10篇[M]//鲁迅全集:第9卷.北京,人民文学出版社,2005:435.

⑪ (东汉)班固.司马迁传[M]//汉书(第9册):第62卷.北京:中华书局,1962:2717.

⑫ (东汉)司马迁.报任安书[M]//(东汉)班固.汉书(第9册):第62卷.北京:中华书局,1962:2735.

部断代史,不仅体制沿袭《史记》,部分"纪""传"亦夺胎于《太史公书》,然其简练整饬,详赡严密,"序事不激诡,不抑抗,赡而不秽,详而有体,使读之者娓娓而不厌","当世甚重其书,学者莫不讽诵"①,可见班固呕心沥血之创造。赵晔《吴越春秋》、袁康《越绝书》均胎息《国语》而兼采《左传》《史记》,亦自成一体。

辞赋大家扬雄,最著名的作品《甘泉》《河东》《羽猎》《长杨》四赋,承司马相如,"皆斟酌其本,相与放依而驰骋"②,他的骚体赋《七谏》因袭楚辞、《解嘲》模仿东方朔《答客难》,而于后世均有影响。班固的《两都赋》模仿扬雄《蜀都赋》与司马相如《子虚》《上林》赋,承流接响而开京都大赋一体;《答宾戏》仿东方朔《答客难》、扬雄《解嘲》;《幽通赋》仿《楚辞》与扬雄《太玄赋》;均有成就。其他如"枚乘《七发》出于宋玉《招魂》"③,而傅毅作《七激》、崔骃写《七依》、张衡成《七辩》,作者继踵,因袭不绝;司马相如"《大人赋》出于《远游》,《长门赋》出于《山鬼》"④;张衡模《子虚》《两都》制《二京》,务求"出于其上","逐字琢磨,逐节锻炼"⑤,成京都大赋"长篇之极轨",都是著名的例子。

汉代的散文如刘向《新序》《说苑》《列女传》诸书,内容多采诸先秦典籍;《封禅书》一类"虽复道极数殚,终然相袭,而日新其采者,必超前辙焉"⑥;诗歌如辛延年《羽林郎》亦模拟《陌上桑》……诸如此类的因袭、模仿、创新的现象,在两汉文坛上已大量存在,甚至形成了一种风气和成见,"文当于前合""文必有与合,然后称善""必谋虑有合,文辞相袭",方可"名佳好,称工巧"⑦,故王充《论衡》书成,因"独抒己见,思力绝人"⑧,"稽合于古,不类前人"⑨,而受到时人非难。

至于字句、语意方面的因袭翻新就更为普遍了。如"枚乘《七发》云:'通望兮东海,虹洞兮苍天。'相如《上林》云:'视之无端,察之无涯,日出东沼,月生西陂。'马融《广成》云:'天地虹洞,固无端涯;大明出东,月生西陂。'扬雄《校猎》云'出入

---

①　(南朝)范晔. 班固传[M]//后汉书(第5册):第40卷. 北京:中华书局,1965:1334.

②　(东汉)班固. 扬雄传[M]//汉书(第11册):第87卷. 北京:中华书局,1962:3538.

③　(清)刘熙载. 艺概:第3卷[M]. 上海:上海古籍出版社,1978:92.

④　(清)刘熙载. 艺概:第3卷[M]. 上海:上海古籍出版社,1978:90.

⑤　于光华编次. 评注昭明文选:卷1引孙月峰评语,上海扫叶山房石印,1919:24.

⑥　(南朝梁)刘勰. 文心雕龙(上篇):封禅第21[M]. 上海:上海古籍出版社,2015:139.

⑦　(汉)王充. 自纪第八十五[M]//黄晖撰. 论衡校释(第4册):第30卷. 北京:中华书局,1990:1200.

⑧　(清)刘熙载. 艺概:第1卷[M]. 上海:上海古籍出版社,1978:16.

⑨　(汉)王充. 自纪第八十五[M]//黄晖撰. 论衡校释(第4册):第30卷. 北京:中华书局,1990:1200.

日月,天与地沓。'张衡《西京》云:'日月于是乎出入,象扶桑于濛汜'。此并广寓极状,而五家如一。诸如此类,莫不相循。参伍因革,通变之数也。"①

　　这一时期,还出现了一些关于沿袭因革现象的意见和争论,如上面提及的王充《论衡·自纪篇》,虽然内容单薄,不成体系,却是后世因革理论的滥觞。

第二节　魏晋六朝时期的创作因革与理论发展

　　魏晋南北朝是我国古代文学的自觉时代,随着文学意识的增强和作家群体的涌现,在文人创作的独立性与作品风格的个性化越来越鲜明的同时,前代的那种因革求新现象有增无减。"建安文学"的代表作家曹氏父子,在诗歌领域内是"建安风骨"的主要构建者和体现者。曹操以"相王之尊,雅爱诗章"②,今存诗篇,全仿汉代乐府,然悲壮慷慨,震古烁今。《薤露行》《蒿里行》等名篇,以旧题写新辞,开文人拟古之先河,创乐府写时事之传统,其后递相师祖,久而愈煽。其脍炙人口的《观沧海》本于相如《上林》赋,为人称道的《短歌行》三四两解,半章、整章地袭用《诗经》成句,却浑然天成,故鲁迅称他为"改造文章的祖师"③。"建安之杰"曹植,秉父风,学乐府,或袭旧题,或制新篇,"骨气奇高,词采华茂,情兼雅怨,体被文质"④。名作《美女篇》仿《陌上桑》而细致华丽又迥异其趣;《七哀》袭学《古诗十九首》情调酷肖而多幽思寓意;传颂千古的《洛神赋》则胎息于宋玉《神女赋》而又度越前人。唐代元稹说"曹氏父子鞍马间为文,往往横槊赋诗,故其抑扬怨哀悲离之作,尤极于古"⑤,指出了他们创作的特点和成就。"正始文学"的代表阮籍"使气以命诗"⑥,其八十二首《咏怀诗》规摹《小雅》和《古诗十九首》而自具特色,为历代名家所竞效。

————————

①　(南朝梁)刘勰. 文心雕龙(上篇):通变第29[M]. 上海:上海古籍出版社,2015:185 – 186.

②　(南朝梁)刘勰. 文心雕龙(下篇):时序第45[M]. 上海:上海古籍出版社,2015:252.

③　鲁迅. 魏晋风度及文章与药及酒之关系[M]//鲁迅全集:第3卷. 北京,人民文学出版社,2005:527.

④　(梁)钟嵘著,周振甫译注. 诗品译注[M]. 北京:中华书局,1998:37.

⑤　(唐)元稹. 唐故工部员外郎杜君墓志铭并序[M]//冀勤,点校. 元稹集(下册):第56卷. 北京:中华书局,2015:600.

⑥　(南朝梁)刘勰. 文心雕龙(下篇):才略第47[M]. 上海:上海古籍出版社,2015:270.

西晋"采缛于正始,力柔于建安"①,"体情之制日疏,逐文之篇愈盛"②。傅玄取法曹操,一面从乐府中吸取营养,一面模仿改造,用旧题作新诗。其《西长安行》模仿汉乐府《有所思》而将表现对变心人的决绝态度改作描写情不忍绝的缠绵心境;《秦女休行》仿魏代左延年之作而形象具体丰富生动又远非左延年之作所能比;《秋胡行》夺胎于刘向《列女传·鲁秋洁妇》《艳歌行》模拟《陌上桑》,部分宗庙诗甚至流于机械拟古。太康文坛名家陆机因模仿《古诗十九首》创作出《拟古诗》十二首,名重一时,其于乐府多因袭旧题,敷衍成篇,词句工丽,间以排偶,开宋齐以后形式主义诗风之先河,至被斥为"踵前人步伐,不能流露性情。"③左思"业深覃思","祖述汉、魏,而修辞造句,全不沿袭一字"④,其"思摹《二京》而赋《三都》"⑤,构思十年,"拟议数家,傅辞会义,抑多精致"⑥,陆机为之辍笔,洛阳为之纸贵。其《咏史》诗,"似孟德而加以流丽,仿子建而独能简贵,创成一体,垂式千秋"⑦;故刘勰说他"尽锐于《三都》,拔萃于《咏史》"⑧。东晋陶渊明"协左思风力"⑨(《诗品》),文章不群,独超众类,后人称其篇为"千秋之诗",然亦"法汉人而体稍近","至于情旨,则真《十九首》之遗。"⑩诸如《拟古》受曹操影响而有文采,《饮酒》与阮籍《咏怀》相近而富情趣,其"清晨闻叩门"又仿屈原《渔父》,《咏贫士》《咏荆轲》《责子》等均启思于左思《咏史》《骄女》诸篇。他的《感士不遇赋》仿董仲舒、司马迁同题之作,《闲情赋》仿张衡《定情》、蔡邕《静情》篇,故司空图《白菊》诗说:"不疑陶令是狂生,作赋其如有《定情》。"⑪

南北朝时期,谢灵运开创山水诗派,"俪采百字之偶,争价一句之奇;情必极貌

① (南朝梁)刘勰.文心雕龙(上篇):明诗第6[M].上海:上海古籍出版社,2015:32.

② (南朝梁)刘勰.文心雕龙(下篇):情采第31[M].上海:上海古籍出版社,2015:194.

③ (清)黄子云.野鸿诗的.(清)王夫之等撰;丁福保辑录.清诗话(下册)[M].北京:中华书局,1963:861.

④ (清)黄子云.野鸿诗的.(清)王夫之等撰;丁福保辑录.清诗话(下册)[M].北京:中华书局,1963:862.

⑤ (西晋)左思.三都赋序[M]//马清福.昭明文选(上册):第4卷.沈阳:春风文艺出版社,1995:75.

⑥ (唐)房玄龄.晋书·左思传[M]//晋书(第8册)第92卷.北京:中华书局,1997:2376.

⑦ (清)陈祚明.采菽堂古诗选(第1册):第11卷[M].上海:上海古籍出版社,2008:344.

⑧ (南朝梁)刘勰.文心雕龙(下篇):才略第47[M].上海:上海古籍出版社,2015:270.

⑨ (梁)钟嵘[M]//诗品:卷中[M]//(清)何文焕.历代诗话(上).北京:中华书局,1981:13.

⑩ (清)陈祚明.采菽堂古诗选(第1册):第13卷[M].上海:上海古籍出版社,2008:388.

⑪ (唐)司空图.白菊三首(其一)[M]//(清)彭定求,等.全唐诗(下)[M].郑州:中州古籍出版社,1996:3949.

以写物,辞必穷力而追新"①,其《拟魏太子邺中集诗八首》则被称为"诗中之日月"②;鲍照在南朝诗歌成就最高,号为"乐府第一手"③,而其代表作均是拟古之篇,诸如《拟行路难》十八首,《拟古》八首等,人称"高处远轶机云,上追操、植"④,"有西汉气骨"⑤。与鲍照并称的江淹,则因善于模拟而闻名当世,钟嵘谓其"诗体总杂,善于摹拟"⑥,陈祚明称其"规古力笃"⑦,刘熙载说他"虽长于杂拟,于古人苍壮之作亦能肖吻"⑧。他的《杂体诗三十首》分别模拟自汉至宋三十家诗人的代表作,有的几达乱真,如《陶征君·田居》拟陶潜田园诗,长期被认为是《归园田居》的第六首。其《恨赋》《别赋》传颂千古,而《遂古赋》《灯赋》则是模仿屈原《天问》、宋玉《风赋》。

与汉代不同,魏晋南北朝时期伴随着文学理论热潮的兴起,人们开始注意到文人创作中因袭变革的普遍现象,并把它提到理论高度去认识。东汉王充有"衍传书之意,出膏腴之辞"⑨之议,然而少且不深。晋之葛洪《抱朴子·钧世篇》说:"古书者虽多,未必尽美,要当以为学者之山渊,使属笔者得采伐渔猎其中"⑩,对前人作品已开始采取了较为客观的审视态度,并承认了承袭创新的合理性和必要性。陆机也看到了继承与创新之间的关系:"收百世之阙文,采千载之遗韵,谢朝华于已披,启夕秀于未振","或袭故而弥新,或沿浊而更清。"⑪萧子显则指出学习借鉴必须是以创新为目标:"习玩为理,事久则渎,在乎文章,弥患凡旧。若无新变,不能代雄。"⑫刘勰在《文心雕龙》中不仅指出了创新的方法"若夫镕冶经典之

---

① (南朝梁)刘勰. 文心雕龙(上篇):明诗第6[M].上海:上海古籍出版社,2015:32.

② (唐)释皎然. 诗式:第1卷[M].北京:中华书局,1985:4.

③ (明)钟惺. 谭元春选评:《古诗归》第12卷,张国光点校. 诗归(上册)[M].武汉:湖北人民出版社,1985:226.

④ (清)沈德潜. 古诗源:第11卷[M].司马翰,点校.长沙:岳麓书社,1998:163-164.

⑤ (元)陈绎曾. 诗谱.丁福保辑.历代诗话续编(中册)[M].北京:中华书局,1983:631.

⑥ (梁)钟嵘. 诗品卷中.(清)何文焕辑.历代诗话(上)[M].北京:中华书局,1981:15.

⑦ (清)陈祚明. 采菽堂古诗选(第1册):第24卷[M].上海:上海古籍出版社,2008:752.

⑧ (清)刘熙载. 艺概:第2卷[M].上海:上海古籍出版社,1978:57.

⑨ (汉)王充. 超奇第三十九[M]//黄晖撰.论衡校释(第2册):第13卷.北京:中华书局,1990:606.

⑩ (晋)葛洪. 抱朴子外篇:第30卷.《抱朴子内外篇(第7册)》[M].北京:中华书局,1985:630.

⑪ (西晋)陆机. 文赋[M]//马清福主编.昭明文选(上册):第17卷.沈阳:春风文艺出版社,1995:391.

⑫ (梁)萧子显[M]//南齐书:第52卷.北京:中华书局,2000:617.

范,翔集子史之术,洞晓情变,曲昭文体,然后能莩甲新意,雕画奇辞"①,而且还看到了文学发展的规律性:"文律运周,日新其业。变则可久,通则不乏。趋时必果,乘机无怯。望今制奇,参古定法。"②从而大大发展了滥觞于汉代的文学因革理论。

第三节　隋唐时期诗文的熔铸与理论系统化

隋唐时期,文学创作的因革,在理论上开始走向系统化,在实践中则更加普遍和广泛。初唐四杰之一的卢照邻对诗坛"落梅芳树,共体千篇,陇水巫山,殊名一意""负日于珍狐之下,沈萤于烛龙之前,辛勤逐影,更似悲狂"③现象的批评,还只是反对没有创新的模仿。刘知几的《史通·模拟第二十八》篇,则已经开始将文学因革理论系统化。首先,作者对为文的模拟现象进行了认真分析,认为"述者相效,自古而然"④,为文不应废除模拟。其次,他又指出"其所拟者,非如图画之写真"⑤,而是"熔铸之物象","取其道术相会,义理玄同"。最后,刘知几将模拟之作分为"貌同而心异"与"貌异而心同"两类,认为前者为下,后者为上。这样,就在承认因袭合理的同时,强调了更铸新境。释皎然则总结了前人诗歌创作中的因革情况,归纳出"偷语、偷意、偷势"三类,以为"偷语最为钝贼""偷意事虽可罔,情不可原",而"偷势才巧意精,若无朕迹"⑥,体现出他反对辞语、立意的因袭而倡导艺术形式模仿的主张。韩愈称扬古代"词必己出",指责"搜春摘花卉,沿袭伤剽窃"⑦,明确提出为文应"能自树立不因循",主张"师其意,不师其辞"⑧。李翱进一步提出"创意造言,皆不相师"⑨。李德裕的《文章论》则认为因革是文学创作的

---

① (南朝梁)刘勰.文心雕龙(下篇):风骨第28[M].上海:上海古籍出版社,2015:181.
② (南朝梁)刘勰.文心雕龙(下篇):通变第29[M].上海:上海古籍出版社,2015:186.
③ (唐)卢照邻.乐府杂诗序.卢升之集:第6卷[M].北京:中华书局,1985:48.
④ (唐)刘知几.史通:第8卷[M].上海:上海古籍出版社,2008:158.
⑤ (唐)刘知几.史通:第8卷[M].上海:上海古籍出版社,2008:160.
⑥ (唐)释皎然.诗式:第1卷[M].北京:中华书局,1985:7.
⑦ (唐)韩愈.荐士[M]//全唐诗(第10册):第337卷.北京:中华书局,1979:3780.
⑧ (唐)韩愈《答刘正夫书》,马其昶校注;马茂元整理.韩昌黎文集校注:第3卷[M].上海:上海古籍出版社,2014:231.
⑨ (唐)李翱.答朱载言书[M]//马清福主编.唐宋文醇(上):第20卷.沈阳:春风文艺出版社,1995:739.

重要特点之一:"世有非文章者曰:'辞不出于风雅,思不越于《离骚》,模写古人,何足贵也?'余曰:'譬诸日月,虽终古常见,而光景常新,此所以为灵物也。'"①尽管他们见仁见智,但承认因袭的合理,要求艺术的创新,已成为唐代文学思潮的重要方面。

唐代文学以诗歌和散文最负盛名,成就辉煌。其中许多脍炙人口的名篇隽句,都胎息于前人。即便是那些文坛的宗师巨匠,也都把承袭前人作为艺术创新的重要方面和必要手段。

散文领域,王勃《滕王阁序》传颂千古,其名句"落霞与孤鹜齐飞,秋水共长天一色"②,即由庾信《马射赋》"落花与芝盖齐飞,杨柳共春旗一色"③脱化而来,但"虽有所祖,然青愈于蓝矣。"④"文起八代之衰"的韩愈自言"约六经之旨而成文"⑤,"于《庄》《骚》、太史、子云、相如之文博取兼资"⑥。其《海神庙碑》犹有相如之意,《毛颖传》尚规子长之法,《送穷文》沿袭扬雄《逐贫赋》,"横出意变,而辞亦雄赡"⑦;《画记》仿《周礼·考工记·梓人》,《进学解》拟东方朔《答客难》,"皆极文章之妙。"⑧与韩愈并称的柳宗元为文本之《书》《诗》《礼》《春秋》《易》《谷梁》《孟子》《荀子》《庄子》《老子》《国语》《离骚》《史记》,"旁推交通而以为之文"⑨。其名篇《捕蛇者说》夺胎于"苛政猛于虎","命意非奇,然蓄势甚奇……文字从容暇豫中,却形出朝廷之弊政、俗吏之殃民,不待点染而情景如画"⑩。《晋

① (唐)李德裕. 文章论. 郭绍虞主编;中华书局上海编辑所编辑. 中国历代文论选(上)[M]. 北京:中华书局,1962:470.

② (唐)王勃. 王子安集:第5卷[M]. 上海:上海古籍出版社,1992:34.

③ (北周)庾信. 三月三日华林园马射赋诗. 倪璠注. 庾子山集(上):卷1[M]. 北京:商务印书馆,1912:2.

④ (明)谢榛. 四溟诗话:第1卷,丁福保辑. 历代诗话续编(下)[M]. 北京:中华书局,1983:1184.

⑤ (唐)韩愈. 上宰相书. 马其昶校注. 韩昌黎文集,校注:第3卷[M]. 上海:上海古籍出版社,1986:187.

⑥ (清)刘熙载. 艺概:第1卷[M]. 上海:上海古籍出版社,1978:21.

⑦ (明)王世贞. 艺苑卮言:第2卷,丁福保辑. 历代诗话续编(中)[M]. 北京:中华书局,1983:983.

⑧ (宋)洪迈撰;穆公校点. 容斋随笔(上):第15卷[M]. 上海:上海古籍出版社,2015:269.

⑨ (唐)柳宗元. 答韦中立论师道书[M]//柳柳州全集(第2册):卷34. 上海:大东书局,1936:127.

⑩ (清)林纾. 韩柳文研究法. 王水照编. 历代文话(第7册)[M]. 上海:复旦大学出版社,2007:6499.

问》沿袭模仿《七发》而"颇得枚叔之情"①，徐师曾谓"体裁虽同，辞意迥别，殆所谓不泥其迹者。"②其《段太尉逸事状》"差存孟坚之造"③；《乞巧文》拟扬子《逐贫赋》寓意尤深。至如《小石潭记》"潭中鱼可百头许，皆空游无所依"④描述潭水之清澈与游鱼之可爱，则语本"郦道元《水经注》'渌水平潭，清洁澄深。俯视游鱼，类若乘空'……"古诗："水真绿净不可唾，鱼若空行无所依。"⑤

在诗歌领域，点化前作更铸新境的现象就更为普遍了。王勃《送杜少府之任蜀州》中的千古名句"海内存知己，天涯若比邻"⑥就是从曹植《赠白马王彪》"丈夫志四海，万里犹比邻。恩爱苟不亏，在远分日亲"⑦锻化而来，却更为精警。陈子昂《登幽州台歌》脱胎于《楚辞·远游》"惟天地之无穷兮，哀人生之长勤；往者余弗及兮，来者吾不闻"⑧，而格调遒劲，意境苍茫。"孤篇横绝"的《春江花月夜》实际上是受曹植《七哀》"明月照高楼，流光正徘徊。上有愁思妇，悲叹有余哀"⑨启思并由此衍化而来，作者融诗情、画意、哲理为一体，意境幽美而邈远。王维《积雨辋川庄作》点化李嘉祐"水田飞白鹭，夏木啭黄鹂"⑩，一变而为"漠漠水田飞白鹭，阴阴夏木啭黄鹂"⑪，"而兴益远"⑫，宋人叶梦得认为"此两句好处，正在添漠漠阴阴四字，此乃摩诘为嘉祐点化，以自见其妙，如李光弼将郭子仪军，一号令之，

① （明）王世贞.艺苑卮言：第4卷，丁福保辑.历代诗话续编（中）[M].北京：中华书局，1983：1011.
② （明）徐师曾.文体明辩序说.王水照编.历代文话（第2册）[M].上海：复旦大学出版社，2007：2109.
③ （明）王世贞.艺苑卮言：第4卷，丁福保辑.历代诗话续编（中）[M].北京：中华书局，1983：1011.
④ （唐）柳宗元.小石潭记[M]//柳柳州全集（第2册）：卷29.上海：大东书局，1936：94.
⑤ （明）杨慎.升菴诗话：第9卷.丁福保辑.历代诗话续编（中）[M].北京：中华书局，1983：821－822.
⑥ （唐）王勃.送杜少府之任蜀州.（清）彭定求等编.全唐诗（第一册）：第56卷[M].郑州：中州古籍出版社，2008：312.
⑦ （三国魏）曹植《赠白马王彪》，（南朝梁）萧统编.昭明文选（第2册）[M].北京：华夏出版社，2000：863.
⑧ 董楚平译注.楚辞译注[M].上海：上海古籍出版社，2014：149.
⑨ （三国魏）曹植.七哀诗.（南朝梁）萧统编.昭明文选（第2册）[M].北京：华夏出版社，2000：824.
⑩ （唐）李嘉祐.句.（清）彭定求等编.全唐诗（第2册）：第207卷[M].郑州：中州古籍出版社，2008：997.
⑪ （唐）王维.积雨辋川庄作.见（清）彭定求等编.全唐诗（第2册）：第128卷[M].郑州：中州古籍出版社，2008：598－599.
⑫ （宋）葛立方.韵语阳秋：第1卷，（清）何文焕辑.历代诗话（上）[M].北京：中华书局，1981：489.

精彩数倍"①。王昌龄《长信宫词》衍化司马相如《长门赋》"悬明月以自照兮,徂清夜于洞房"②,而"精神十倍"③。

"诗仙"李白、"诗圣"杜甫的点化功夫更为精到。李白"举酒邀明月,对影成三人"④,即由陶潜"挥杯劝孤影"⑤衍化而出,意趣却更加丰厚。李白乐府诗大都是点化前人而构造新境,或"不与本辞为异"⑥而在艺术上度越前人,或对原作提炼深化,熔铸新意,皆达极诣,胡应麟以为"擅奇古今"⑦。明代杨慎《升菴诗话》曾摘李白点化诗例云:

> 古乐府"暂出白门前,杨柳可藏乌。欢作沉水香,侬作博山炉。"李白用其意,衍为《杨叛儿》……古乐府"朝见黄牛,暮见黄牛。三朝三暮,黄牛如故。"李白则云:"三朝见黄牛,三暮行太迟。三朝又三暮,不觉鬓成丝。"古乐府云:"郎今欲渡畏风波。"李白云:"郎今欲渡缘何事,如此风波不可行"。古乐府云:"春风复多情,吹我罗裳开。"李反其意云:"春风复无情,吹我梦魂散。"古人谓李诗出自乐府古选,信矣。……因其拈用,而古乐府之意益显,其妙益见。如李光弼将子仪军,旗帜益精明。又如神僧拈佛祖语,信口无非妙道。⑧

由此可窥李白点化之多且精。

较之李白,杜甫尤善锻化。其最为精警的名句"朱门酒肉臭,路有冻死骨"⑨,

① (宋)叶绍蕴.《石林诗话》卷上.(清)何文焕辑.历代诗话(上)[M].北京:中华书局,1981:411.

② (西汉)司马长卿.长门赋并序.马清福主编.昭明文选(上册):第16卷[M].沈阳:春风文艺出版社,1995:362.

③ (明)杨慎.升菴诗话:第2卷,丁福保辑.历代诗话续编(中)[M].北京:中华书局,1983:671.

④ (唐)李白.月下独酌.(清)彭定求等编.全唐诗(第2册):卷182[M].郑州:中州古籍出版社,2008:860.

⑤ (晋)陶渊明.杂诗十二首.龚斌校.陶渊明集校笺:第4卷[M].上海:上海古籍出版社,2011:309.

⑥ (明)胡震亨《李诗通》,(唐)李白著;瞿蜕园,朱金城校注.李白集校注:第5卷[M].上海:上海古籍出版社,1980:397.

⑦ (明)胡应麟.诗薮:内编卷2[M].北京:中华书局,1962:37.

⑧ (明)杨慎.升菴诗话:第2卷,丁福保辑.历代诗话续编(中)[M].北京:中华书局,1983:659-660.

⑨ (唐)杜甫.自京赴奉先县咏怀五百字.(清)彭定求等编.全唐诗(第2册):第216卷[M].郑州:中州古籍出版社,2008:1041.

即由《孟子·梁惠王上》"狗彘食人食而不知检,途有饿莩而不知发"①,《史记·平原君传》"君之后宫以百数,婢妾被绮縠,馀粱肉,而民褐衣不完,糟糠不厌"②、《淮南子·主术训》"贫民糟糠不接于口,而虎狼熊罴厌刍豢,百姓短褐不完,而宫室衣锦绣"③等锻化而来,"此皆古人久已说过,而一入少陵手,便觉惊心动魄"④。他的《望岳》名句"一览众山小"⑤,亦从《孟子》"登泰山而小天下"锻化来。王维有"九天阊阖开宫殿,万国衣冠拜冕旒"⑥,杜甫锻为"阊阖开黄道,衣冠拜紫宸"⑦,葛立方以为"语益工"⑧;陈琳有"生男戒勿举,生女哺用脯"⑨痛长城之役,杜甫则点化为"生女犹是嫁比邻,生男埋没随百草"⑩伤关西之戍;陶潜谓"酒能祛百虑"⑪,杜甫云"一酌散千忧"⑫,周必大赞为"得趣之句"⑬;庾肩吾《和望月》诗云"渡河光不湿"⑭,杜甫变化为"入河蟾不没"⑮,杨万里称之"以故为新,夺胎换

① 杨伯峻译注. 孟子译注[M]. 北京:中华书局,1960:176.

② (汉)司马迁. 史记:第67卷[M]. 长沙:岳麓书社,1988:578.

③ (汉)刘安等撰,何宁释. 淮南子集释(中):第9卷[M]. 北京:中华书局,1998:625.

④ (清)赵翼. 瓯北诗话:第2卷[M]. 南京:凤凰出版社,200:17.

⑤ (唐)杜甫. 望岳. (清)彭定求等编. 全唐诗(第2册):第216卷[M]. 郑州:中州古籍出版社,2008:1035.

⑥ (唐)王维. 和贾舍人早朝大明宫之作. (清)彭定求等编. 全唐诗(第2册):第128卷[M]. 郑州:中州古籍出版社,2008:597.

⑦ (唐)杜甫. 太岁日. (清)彭定求等编. 全唐诗(第3册):第232卷[M]. 郑州:中州古籍出版社,2008:1170.

⑧ (宋)葛立方. 韵语阳秋:第1卷,(清)何文焕辑. 历代诗话(上)[M]. 北京:中华书局,1981:489.

⑨ (宋)葛立方. 韵语阳秋:第10卷,(清)何文焕辑. 历代诗话(上)[M]. 北京:中华书局,1981:559.

⑩ (唐)杜甫. 兵车行. (清)彭定求等编. 全唐诗(第2册):卷216[M]. 郑州:中州古籍出版社,2008:1036.

⑪ (晋)陶渊明. 九日闲居并序. 龚斌校. 陶渊明集校笺:第2卷[M]. 上海:上海古籍出版社,2011:73.

⑫ (唐)杜甫. 落日. (清)彭定求等编. 全唐诗(第2册):第226卷[M]. 郑州:中州古籍出版社,2008:1123.

⑬ (宋)周必大. 二老堂诗话. (清)何文焕辑. 历代诗话(下)[M]. 北京:中华书局,1981:669.

⑭ (南朝梁)庾肩吾. 和望月. (清)王夫之评选,张国星点校. 古诗评选[M]. 保定:河北大学出版社,2008:348.

⑮ (唐)杜甫. 月. (清)彭定求等编. 全唐诗(第2册):第225卷[M]. 郑州:中州古籍出版社,2008:1109.

骨"①；陈僧慧标《咏水》诗曰"舟如空里泛，人似镜中行"②、沈佺期《钓竿》篇云"人如天上坐，鱼似镜中悬"③，杜甫诗则说"春水船如天上坐，老年药似雾中看"④，杨慎以为"虽用二子之句，而壮丽倍之，可谓得夺胎之妙矣"⑤。

李白、杜甫而外，像白居易"野火烧不尽，春风吹又生"⑥，本于李白《瀑布》诗"海风吹不断，江月照还空"⑦，白居易《长恨歌》"回眸一笑百媚生，六宫粉黛无颜色"⑧，本于韦应物《广陵遇孟九云卿》"西施且一笑，众女安得妍"⑨、李白《清平乐》词"一笑皆生百媚"⑩；杜牧《酬张祜处士见寄长句四韵》"可怜故国三千里，虚唱歌词满六宫"⑪，本于张祜诗"故国三千里，深宫二十年"⑫；陈陶《陇西行》"可怜无定河边骨，犹是春闺梦里人"⑬，则由李华《吊古战场文》"其存其没，家莫闻知。人或有言，将信将疑。悁悁心目，寝寐见之"⑭锻化脱胎而成。……所有这些，都是十分典型的例子。与前代相比，唐人更精于点化、锻化熔铸，从而大大提高了创新出蓝的质量和成功率。

---

① （宋）杨万里．诚斋诗话．（清）何文焕辑．历代诗话（上）[M]．北京：中华书局，1981：184．
② （南朝陈）释慧标．咏水[M]//丁福保编．金汉三国晋南北朝诗（第3册）：《全陈诗》第4卷．北京：中华书局，1959：1461．
③ （宋）范温．潜溪诗眼．郭绍虞辑．宋诗话辑佚（上册）[M]．北京：中华书局，1980：318．
④ （唐）杜甫．小寒食舟中坐．（清）彭定求等编．全唐诗（第2册）：第233卷[M]．郑州：中州古籍出版社，2008：1180．
⑤ （明）杨慎．升菴诗话：卷5，丁福保辑．历代诗话续编（中）[M]．北京：中华书局，1983：732．
⑥ （唐）白居易．赋得古原草送别．（清）彭定求等编．全唐诗（第4册）：第436卷[M]．郑州：中州古籍出版社，2008：2212．
⑦ （唐）李白．望庐山瀑布水两首（其一）．（清）彭定求等编．全唐诗（第2册）：第180卷[M]．郑州：中州古籍出版社，2008：853．
⑧ （唐）白居易．长恨歌．（清）彭定求等编．全唐诗（第4册）：第435卷[M]．郑州：中州古籍出版社，2008：2204．
⑨ （唐）韦应物．广陵遇孟九云卿．（清）彭定求等编．全唐诗（第2册）：第190卷[M]．郑州：中州古籍出版社，2008：905．
⑩ （唐）李白．清平乐令．（清）朱彝尊，江森编．词综（上）：第1卷[M]．上海：上海古籍出版社，1981：2．
⑪ （唐）杜牧．酬张祜处士见寄长句四韵．（清）彭定求等编．全唐诗（第5册）：第523卷[M]．郑州：中州古籍出版社，2008：2707．
⑫ （唐）张祜．何满子．（清）衡塘退士编；陈婉俊补注．唐诗三百首[M]．北京：中华书局，2003：306．
⑬ （唐）陈陶．陇西行四首（其一）．（清）彭定求等编．全唐诗（第7册）：第746卷[M]．郑州：中州古籍出版社，2008：3812．
⑭ （唐）李华．吊古战场文．（清）吴楚材，吴调侯．古文观止[M]．杭州：浙江古籍出版社，2010：198．

第四节　宋代前期的创作与黄说的问世

宋代是古代封建文化的高涨期,随着书籍的广泛传播和文人士子的博览通识以及创作热潮的不断迭起,承人机杼而又自成组织的情形也进入了新的高潮。翻开宋代任何一位作家的集子,都可以找到因革前人的实例。其成功的典范之作更是不胜枚举。像林逋《瑞鹧鸪》"疏影横斜水清浅,暗香浮动月黄昏"①,一直是为人称赞的典雅秀丽名句,它的前身则是来自南唐江为的写景残篇"竹影横斜水清浅,桂香浮动月黄昏"②,林氏将"竹、桂"换成"疏、暗"以咏梅,"遂成千古绝调,所谓点铁成金也"③。"耸动天下"并给宋诗发展以巨大影响的西昆派,实质上就是以善于因革点化而著名。他们标榜学习李商隐,"组织工致,锻炼新警",至有优伶捔扯之讥,石介《怪说》之刺,其主要特点正在于能"熔铸变化,自名一家"④。

那些胎息于前人的作品,愈来愈受到人们的关注和认可,有关这方面的评论,成为诗话著作的重要内容而随处可见。欧阳修《送张至秘校归庄诗》云:

"乌声梅店雨,柳色野桥春"。此"茅店月""板桥霜"之意。⑤

——《王直方诗话》

荆公晚年《闲居》诗云:"细数落花因坐久,缓寻芳草得归迟"。盖本于王摩诘"兴阑啼鸟换,坐久落花多"。而其辞意益工也。⑥

——吴开《优古堂诗话》

宋景文有诗曰:"扪虱须逢英俊主,钓鳌岂在牛蹄湾。"以小物与大为对,而语壮气劲可嘉也。而东坡一联曰:"闻说骑鲸游汗漫,亦尝扪虱话悲辛。"则

---

① (宋)林逋.瑞鹧鸪.唐圭璋编纂;王仲闻参订.全宋词(第1册)[M].北京:中华书局,1999:10.

② 《全唐诗续补遗》,全唐诗(第14册):第11卷[M].北京:中华书局,2013:10725.

③ (清)顾嗣立.寒厅诗话.王夫之等.清诗话(上)[M].上海:上海古籍出版社,1963:84.

④ (清)纪昀总纂.四库全书总目提要(第4册):卷186[M].石家庄:河北人民出版社,2000:5081.

⑤ 《王直方诗话》,郭绍虞辑.宋诗话辑佚(上)[M].北京:中华书局,1987:30.

⑥ (宋)吴开.优古堂诗话.丁福保辑.历代诗话续编(上)[M].北京:中华书局,1983:266.

律切而语亦奇矣。①

——陈俨肖《庚溪诗话》

欧阳修、王安石、苏轼皆一代宗师,文章宿老,点化尚且如此,其他作家则不言而喻。

宋以词称,而许多名篇隽句也都胎息前人。李煜《虞美人》"问君能有几多愁,恰似一江春水向东流"②,本于李白《金陵酒肆留别》"请君试问东流水,别意与之谁短长。"③作者"略加融点,已觉精采"④。张先《天仙子》"云破月来花弄影"⑤,脱胎于唐代刘瑶《暗别离》"朱弦暗断不见人,风动花枝月中影"⑥,而遂成"古今绝唱"⑦。宋祁《玉楼春·春景》"红杏枝头春意闹"⑧,"实本《花间》'暖觉杏梢红',特有青蓝冰水之妙"⑨。柳永《凤栖梧》"衣带渐宽终不悔,为伊消得人憔悴"⑩,从《古诗十九首》"相去日已远,衣带日已缓"⑪脱化,而情感愈加炽烈。欧阳修《蝶恋花》"泪眼问花花不语,乱红飞过秋千去"⑫,胎息于温飞卿《惜春词》"百舌问花花

① (宋)陈俨肖. 庚溪诗话卷下. 丁福保辑. 历代诗话续编(上)[M]. 北京:中华书局,1983:180.

② (南唐)李煜. 虞美人. (清)彭定求等编. 全唐诗(第8册):第889卷[M]. 郑州:中州古籍出版社,2008:4484.

③ (唐)李白. 金陵酒肆留别. (清)彭定求等编. 全唐诗(第2册):第174卷[M]. 郑州:中州古籍出版社,2008:826.

④ (宋)陈郁. 藏一话腴内篇卷上. (南唐)李煜著;王晓枫解评. 李煜集[M]. 太原:山西古籍出版社,2004:199.

⑤ (宋)张先. 天仙子. 唐圭璋编纂;王仲闻参订. 全宋词(第1册)[M]. 北京:中华书局,1999:88.

⑥ (唐)刘瑶. 暗别离[M]//周振甫主编. 全唐诗(第15册):第801卷. 合肥:黄山书社,1999:5866.

⑦ (宋)吴幵. 优古堂诗话. 丁福保辑. 历代诗话续编(上)[M]. 北京:中华书局,1983:237.

⑧ (宋)宋祁. 玉楼春·春景. 唐圭璋编纂;王仲闻参订. 全宋词(第1册)[M]. 北京:中华书局,1999:148.

⑨ (清)王士禛. 花草蒙拾. 王士禛全集(第4册):杂著之一[M]. 济南:齐鲁书社,2007:2479.

⑩ (宋)柳永. 凤栖梧(其二). 唐圭璋编纂;王仲闻参订. 全宋词(第1册)[M]. 北京:中华书局,1999:31.

⑪ 朱自清. 古诗十九首释[M]. 南京:译林出版社,2015:8.

⑫ (宋)欧阳修. 蝶恋花. 张春林编. 欧阳修全集[M]. 北京:中国文史出版社,1999:164.

不语"①和严恽《落花》"尽日问花花不语,为谁零落为谁开"②,毛先舒以为"层深而浑成"③。苏轼词被认为"皆绝去笔墨畦径间,直造古人不到处"④,其《水调歌头·明月几时有》《水龙吟·似花还似非花》两篇,前者融化李白《把酒问月》"青天有月来几时,我今停杯一问之"⑤、段成式《西阳杂俎》中神话、《大业拾遗记》"琼楼玉宇烂然"、石曼卿"月如无恨月长圆"、谢庄《月赋》"隔千里兮共明月"等,"顿成奇逸之笔"⑥;后者融化杜甫《白丝行》"落絮游丝亦有情"⑦、韩愈《晚春》"杨花榆荚无才思,惟解漫天作雪飞"⑧、金昌绪《春怨》诗、唐人"君有陌上梅花红,尽是离人眼中血"⑨等,"曲尽杨花妙处"⑩;曾季貍以为"皆夺胎换骨手"⑪。至如《醉翁操》剪裁《论语》散文句入词、《水调歌头·昵昵儿女语》和《哨遍·为米折腰》分别檃括韩愈《听颖师弹琴》与陶潜《归去来辞》,也都是为人称道的名篇。

黄庭坚把诗词的点化推向了峰巅。他的传世名作"几于无一字无来历"⑫,"上自六经、诸子、历代之史,下及释、老之藏,稗官之录"⑬,"牢笼渔猎,取诸左

① (唐)温庭筠. 惜花词.(清)彭定求等编. 全唐诗(第 3 册):第 576 卷,郑州:中州古籍出版社,2008:3014.
② (唐)严恽. 落花.(清)彭定求等编. 全唐诗(第 5 册):第 546 卷[M]. 郑州:中州古籍出版社,2008:2845.
③ (清)王又华. 古今词论引. 唐圭璋编. 词话丛编(第 1 册)[M]. 北京:中华书局,1986:608.
④ (宋)胡仔. 苕溪渔隐丛话后集:第 26 卷,笔记小说大观(35 编 2 册)[M]. 扬州:江苏广陵古籍刻印社,1983:193.
⑤ (唐)李白. 把酒问月.(清)彭定求等编. 全唐诗(第 2 册):第 179 卷[M]. 郑州:中州古籍出版社,2008:848.
⑥ (清)郑文焯. 手批东坡乐府.(宋)苏轼著,(清)朱孝臧编年. 东坡乐府笺:第 1 卷[M]. 上海:上海古籍出版社,2009:98.
⑦ (唐)杜甫. 白丝行.(清)彭定求等编. 全唐诗(第 2 册):第 216 卷[M]. 郑州:中州古籍出版社,2008:1036.
⑧ (唐)韩愈. 晚春.(清)彭定求等编. 全唐诗(第 4 册):第 343 卷[M]. 郑州:中州古籍出版社,2008:1746.
⑨ (唐)无名氏. 诗. 周振甫主编. 全唐诗(第 15 册):第 796 卷[M]. 合肥:黄山书社,1999:5802.
⑩ (明)魏庆之. 诗人玉屑:第 1 卷[M]. 长沙:商务印书馆,1938:1.
⑪ (宋)曾季貍. 艇斋诗话. 丁福保辑. 历代诗话续编(上)[M]. 北京:中华书局,1983:309.
⑫ (清)赵翼著. 瓯北诗话:卷 11,南京:凤凰出版社,2009:149.
⑬ (宋)钱文子. 山谷外集诗注序. 黄庭坚全集(第 4 册):附录 3[M]. 成都:四川大学出版社,2001:2413.

右"①,"天运神化,变幻莫测"②,吕本中说山谷"极风雅之变,尽比兴之体,包括众作,本以新意"③,是确实的。《山谷诗注》之发明固不待言,诗话著作之称述也比比皆是。

名篇《题竹石牧牛》"石吾甚爱之,勿遣牛砺角。牛砺角尚可,牛斗残吾竹"④,山谷"自谓平生极至语"⑤,然实仿李白《独漉篇》"独漉水中泥,水浊不见月。不见月尚可,水深行人没"⑥,魏庆之认为"体制甚新"⑦,清代吴景旭以为"机致圆美"⑧。《和答钱穆文咏猩猩毛笔》为历代文人所激赏,作者熔铸《论语》《孟子》《庄子》《华阳国志》《晋书·阮孚传》《汲冢周书·王会传》等多种典籍里的掌故和语辞,而出以新意,不仅王世祯以为"超脱而精切,一字不可移易"⑨,纪昀也以为"点化甚妙,笔有化工"⑩。《王充道送水仙花五十枝,欣然会心,为之作咏》被方东树誉为"奇思、奇句、奇气"⑪,然而起句"凌波仙子生尘袜,水上轻盈步微月"⑫,即是衍化曹植《洛神赋》名句"陵波微步,罗袜生尘"⑬;结句"坐对真成被花恼,出门一笑大江横",亦是学习杜甫"鸡虫得失无了时,注目寒江倚山阁"⑭旁入他意的

① (宋)许尹.黄陈诗注序.黄庭坚全集(第4册):附录3[M].成都:四川大学出版社,2001:2410.

② (宋)卫宗武.秋声集:第5卷[M].影印文渊阁四库全书本.上海:上海古籍出版社,1989:20-21.

③ (宋)吕本中.童蒙诗训.郭绍虞辑.宋诗话辑佚(下册)[M].北京:中华书局,1980:604.

④ (宋)黄庭坚.题竹石牧牛.(宋)吕祖谦编.宋文鉴(上):卷19[M].北京:中华书局,1992:273-274.

⑤ (金)王若虚.滹南遗老集(第4册):第40卷[M].北京:中华书局,1985:256.

⑥ (唐)李白.独漉篇.(清)彭定求等编.全唐诗(第2册):第163卷[M].郑州:中州古籍出版社,2008:779.

⑦ (宋)魏庆之.诗人玉屑:第8卷[M].长沙:商务印书馆,1938:170.

⑧ (清)吴景旭.历代诗话:第59卷[M].上海:上海书店出版社,1994:643.

⑨ (清)王士祯.分甘余话:卷4,王士祯全集(第6册):杂著之十八[M].济南:齐鲁书社,2007:5032.

⑩ (元)方回选译.(清)纪昀刊误,诸伟奇、胡益民点校.瀛奎律髓:第27卷[M].合肥:黄山书社,1994:700.

⑪ (清)方东树著.汪绍楹校点.昭昧詹言:第12卷[M].北京:人民文学出版社,1961:314。

⑫ (宋)黄庭坚.王充道送水仙花五十枝欣然会心为之作咏.黄庭坚全集(第1册):正集卷第5[M].成都:四川大学出版社,2001:114.

⑬ (三国魏)曹植.洛神赋并序.(南朝梁)萧统编.昭明文选(第2册)[M].北京:华夏出版社,2000:628.

⑭ (唐)杜甫.缚鸡行.(清)彭定求等编.全唐诗(第3册):第221卷[M].郑州:中州古籍出版社,2008:1075.

形式,同时还化用了杜甫《江畔独步寻花》篇中"江上被花恼不彻,无处告诉只颠狂"①的句意。其他如《戏赠顿二主簿》"百年中半夜分去,一岁无多春蚕来"②,源于白居易《劝酒寄元九》诗"百年夜分半,一岁春无多"③;《再次韵四首》"公有胸中五色线,平生补衮用功深"④,渊自杜牧诗"平生五色线,愿补舜衣裳"⑤;《思亲汝州作》"五更归梦三千里,一日思亲十二时"⑥,本自朱昼《喜陈懿老示新制》"一别一千日,一日十二忆。苦心无闲时,今夕见玉色"⑦;或点化,或衍化,或锻化,皆赋予新意。至其《次韵杨明叔见饯十首》"皮毛剥落尽,惟有真实在"⑧,全用《正法眼藏》中乐山禅语;《欸乃歌二章戏王稚川》"从师学道鱼千里"⑨,取喻《关尹子》"以盆为沼,以石为岛,鱼环游之,不知其几千万里不穷也"⑩等等,也都为人称道。

山谷词点化镕铸前作的例子也很多,如被苏轼誉为"清新婉丽"的《浣溪沙·新妇滩头》即是点化张志和《渔夫词》和顾况《渔父词》而来,黄蓼园以为"山水有声、有色、有情、有态,笔笔称奇"⑪,吴曾称其"真得渔父家风⑫;《西江月》"断送一

① (唐)杜甫《江畔独步寻花七绝(其一).(清)彭定求等编.全唐诗(第 3 册):第 227 卷[M].郑州:中州古籍出版社,2008:1128.
② (宋)黄庭坚.戏赠顿二主簿.黄庭坚全集(第 3 册):外集卷第 17[M].成都:四川大学出版社,2001:1280.
③ (唐)白居易.劝酒寄元九.(清)彭定求等编.全唐诗(第 4 册):第 432 卷[M].郑州:中州古籍出版社,2008:2182.
④ (宋)黄庭坚.再次韵四首(其四).黄庭坚全集(第 1 册):正集卷第 10[M].成都:四川大学出版社,2001:242.
⑤ (唐)杜牧.郡斋独酌.(清)彭定求等编.全唐诗(第 5 册):卷 520,郑州:中州古籍出版社,2008:2689.
⑥ (宋)黄庭坚.思亲汝州作.黄庭坚全集(第 2 册):外集卷第 9[M].成都:四川大学出版社,2001:1070.
⑦ (唐)朱昼.喜陈懿老示新制.(清)彭定求等编.全唐诗(第 5 册):第 491 卷[M].郑州:中州古籍出版社,2008:2533.
⑧ (宋)黄庭坚.次韵杨明叔见饯十首(其八)[M]//黄庭坚全集(第 1 册):正集卷第 3.成都:四川大学出版社,2001:57.
⑨ (宋)黄庭坚.欸乃歌二章戏王稚川(其二)[M]//黄庭坚全集(第 1 册):正集卷第 9.成都:四川大学出版社,2001:211.
⑩ (宋)张邦基.墨庄漫录(第 1 册):第 3 卷[M].北京:中华书局,1985:34.
⑪ (清)黄苏选评.蓼园词选.尹志腾校点.清人选评词集三种[M].济南:齐鲁书社,1988:14.
⑫ (宋)吴曾.能改斋漫录(下册):第 16 卷[M].北京:中华书局,1960:473.

生唯有,破除万事无过"①,借用韩愈"断送一生唯有酒"②、"破除万事无过酒"③诗句,"才去一字,遂为切对,而语益峻"④。

黄庭坚为文强调独创,有"文章最忌随人后""自成一家始逼真"之名言。由此出发,他把学习模仿和借鉴作为创新必不可少的重要手段,明确提出了规摹古人的主张:"作文字须摹古人,百工之技亦无有不法而成者"⑤。他指导后学:"闲居当熟读《左传》《国语》《楚辞》《庄周》《韩非》。欲下笔,略体古人致意曲折处,久乃能自铸伟词,虽屈、宋亦不能超此步骤也"⑥。其与杨明叔论诗谓"盖以俗为雅,以故为新,百战百胜,如孙、吴之兵,棘端可以破镞,如甘蝇、飞卫之射"⑦。晚年贬宜州,与兄深论作诗,云"庭坚笔老矣,始悟抉章摘句为难,要当于古人不到处留意,乃能声出众上"⑧。山谷充分肯定了学习模仿的合理性和重要性,同时也指出了必须以创新为目的,所谓"领略古法生新奇"⑨,这就区别了简单的蹈袭剽窃。山谷还精通释老禅学。他是临济宗黄龙派祖心禅师的入室弟子,佛家经典,烂熟于胸,《五灯会元》专为立传。其与老庄之学亦能"涣然顿解"⑩,曾作《庄子内篇论》阐发意旨。黄庭坚正是在综合历代创作经验的基础上,容纳了自己的深切体验,用佛道妙语,向人们揭示了一条诗歌创新的具体门径——"点铁成金""夺胎换骨"。

应当指出,山谷此说是同他的全部诗论相联系的。作为一种创作技法,它是

---

① (宋)黄庭坚.西江月.黄庭坚全集(第1册):正集卷第13[M].成都:四川大学出版社,2001:341.

② (唐)韩愈.遣兴.(清)彭定求等编.全唐诗(第4册):第343卷[M].郑州:中州古籍出版社,2008:1746.

③ (唐)韩愈.赠郑兵曹.(清)彭定求等编.全唐诗(第4册):第338卷[M].郑州:中州古籍出版社,2008:1715.

④ (宋)陈师道.后山诗话.(清)何文焕辑.历代诗话(上)[M].北京:中华书局,1981:308.

⑤ (宋)黄庭坚.论作诗文(其一).黄庭坚全集(第3册):别集卷第11[M].成都:四川大学出版社,2001:1684.

⑥ (宋)黄庭坚.书枯木道士赋后.黄庭坚全集(第4册):补遗卷第9[M].成都:四川大学出版社,2001:2287.

⑦ (宋)黄庭坚.再次韵并序.黄庭坚全集(第1册):正集卷第6[M].成都:四川大学出版社,2001:126.

⑧ (宋)蔡绦.西清诗话.黄庭坚全集(第4册):附录5[M].成都:四川大学出版社,2001:2487.

⑨ (宋)黄庭坚.次韵子瞻和子由观韩干马因论伯时画天马.黄庭坚全集(第1册):正集卷第4[M].成都:四川大学出版社,2001:82.

⑩ (宋)黄庭坚.书老子注解及庄子内篇论后.黄庭坚全集(第3册):外集第23卷,成都:四川大学出版社,2001:1405.

有前提的,除了创新之外,还必须有充实的内容和真切的感受,必须与现实生活相结合,故山谷反对"搆空强作"①,主张"遇境而生"②,须"皆道实事,要为有用之言"③。以往的有些评论者,不顾及山谷诗论的整体性和系统性,甚至也不顾及其具体的语言环境,对"点铁成金""夺胎换骨"说妄加指责,自然难以得出令人信服的结论。

第五节　黄庭坚之后的创作实践与理论演化

"点铁成金""夺胎换骨"作为一种技法,在以前的文学创作中早已普遍存在,而一经山谷拈出,便成至理名言,在理论界和创作领域引起了强烈反响。当时及后世的许多作家,都程度不同地受其启悟,成功地创作出一批优秀作品。同时,人们在评论和运用的过程中,也不断地丰富和发展了其内涵,使它融入并含纳了众人的理解,形成了既与作者本意相联系又有相对独立性的概念,成为创作术语,特指那些在前人基础上重新进行艺术再创造,并使作品进入更高境界的文学现象。

首先,江西诗派的诸多作家都把"点铁成金""夺胎换骨"说奉为圭臬,作为创作的"不二法门",其深得要旨的作家,都卓有建树。以山谷弟子自居的陈师道是黄庭坚理论的出色实践者。陈师道作诗刻意于句法锻炼,惯于融化前人诗句,广泛而成功地运用了黄庭坚的"点铁成金、夺胎换骨"法。其为悼念业师曾巩而创作的《妾薄命二首》,向来被认为是压卷之篇而冠以《后山诗集》之首,然其构思远祖《诗经》《楚辞》,近师张籍《节妇吟》,篇中熔裁了潘岳、鲍照、李白、白居易、刘禹锡诸家隽句,浑化为一。首篇起句"主家十二楼,一身当三千"④,即由鲍照《代陈思王京洛篇》"凤楼十二重,四户八绮窗"⑤与白居易《长恨歌》"后宫佳丽三千人,三

---

① (宋)黄庭坚.论作诗文(其二).黄庭坚全集(第3册):别集卷第11[M].成都:四川大学出版社,2001:1684.
② (宋)黄庭坚.论作诗文(其二).黄庭坚全集(第3册):别集卷第11[M].成都:四川大学出版社,2001:1684.
③ (宋)黄庭坚.与王观复书(其二).黄庭坚全集(第2册):正集卷第18[M].成都:四川大学出版社,2001:472.
④ (宋)陈师道.妾命薄.(宋)吕祖谦编.宋文鉴(上):卷13[M].北京:中华书局,1992:180.
⑤ (南朝)鲍照.代陈思王京洛篇.钱仲联校.鲍参军集注:卷3[M].上海:上海古籍出版社,1980:150.

千宠爱在一身"①锻化而来,用以表现师尊的德高望重和自己的倍受恩宠,"语简而意尽"②;末二句"死者恐无知,妾身长自怜"③,则分别取自《孔子家语》和李白《去妇词》。名篇《寄外舅郭大夫》颔联"深知报消息,不敢问何如"④,即从杜甫《述怀》"反畏消息来,寸心亦何有"⑤脱胎,清代文豪纪昀以为"情真格老,一气浑成"⑥。陈师道还常常熔裁当代诗语,如《舟中》诗"读书满腹不及口"⑦,胎息于苏轼《和孔郎中荆林马上见寄》"平生五千卷,一字不救饥"⑧。《何郎中出示黄公草书》"妙手不为平世用,高怀犹有故人知"⑨,源于王安石《思王逢原》"妙质不为平世得,微言惟有故人知"⑩,都显见变化之功。陈师道曾有"拆补新诗拟献酬"⑪"拆东补西裳作带"⑫之句,实际上正是他善于熔裁点化的形象化谦称。

　　位列"三宗"之一的陈与义也深得黄庭坚"点铁成金""夺胎换骨"说要旨。其成名作《墨梅五绝》融化《新序》丑女无盐、《杂五行书》寿阳公主、《列子》九方皋相马诸故实,并熔裁屈原《怀沙》、陆士衡《京洛》、韩愈《辛卯年雪》、僧齐己《早梅》、

① (唐)白居易.长恨歌.(清)彭定求等编.全唐诗(第4册):第435卷[M].郑州:中州古籍出版社,2008:2204.

② (宋)陈师道撰.(宋)任渊注.后山诗注补笺(上册):第1卷[M].北京:中华书局,1995:4.

③ (宋)陈师道.妾命薄.(宋)吕祖谦编.宋文鉴(上):第13卷[M].北京:中华书局,1992:180.

④ (宋)陈师道.寄外舅郭大夫.(宋)任渊注.后山诗注补笺(上册):第1卷[M].北京:中华书局,1995:16.

⑤ (唐)杜甫.述怀一首.(清)彭定求等编.全唐诗(第2册):卷217[M].郑州:中州古籍出版社,2008:1045.

⑥ (元)方回选译.(清)纪昀刊误,诸伟奇,胡益民点校.瀛奎律髓:卷42[M].合肥:黄山书社,1994:910.

⑦ (宋)陈师道.舟中二首(其二).(宋)任渊注.后山诗注补笺(上册):第4卷[M].北京:中华书局,1995:173.

⑧ (宋)苏轼.和孔郎中荆林马上见寄.李之亮笺注.苏轼文集编年笺注(第11册):诗集卷8[M].成都:巴蜀书社,2011:133.

⑨ (宋)陈师道.何郎中出示黄公草书(其四).(宋)任渊注.后山诗注补笺(上册):第7卷[M].北京:中华书局,1995:263.

⑩ (宋)王安石.思王逢原二首(其一).秦克,巩军标点.王安石全集:卷69[M].上海:上海古籍出版社,1999:532.

⑪ (宋)陈师道.隐者郊居.(宋)任渊注.后山诗注补笺(下册):第7卷[M].北京:中华书局,1995:309.

⑫ (宋)陈师道.次韵苏公西湖徒鱼三首(其三).(宋)任渊注.后山诗注补笺(上册):第3卷[M].北京:中华书局,1995:109.

林逋《山园小梅》等诗,前人认为"使事而得活法"①"语意皆绝妙"②,确乎达到了"有神无迹"③的境界。其他如《伤春》运化李白《秋浦歌》"白发三千丈,缘愁似个长"④和杜甫《伤春》"关塞三千里,烟花一万重"⑤。《观雨》尾联"不嫌屋漏无干处,正要群龙洗甲兵"⑥,翻用杜甫《茅屋为秋风所破歌》"床头屋漏无干处"⑦与《洗兵马》"净洗甲兵长不用"⑧等,都是为人称颂的佳作。

南宋杰出的诗人陆游、范成大、杨万里,乃于至宋末的刘克庄,也都颇受黄庭坚"点铁成金""夺胎换骨"理论的启悟。这些诗人不再追求"字字有来历",而往往在诗法、诗意、诗境等更高层次上去"点、夺",故其风格独树,所谓"落尽皮毛,自出机杼"⑨。自然,前人惯用的语句点化在他们的名作中仍时有存在。诸如陆游《金错刀行》结尾化用"楚虽三户,亡秦必楚"民谣,《书愤》借用《南史》檀道济"万里长城"之喻;范成大《夏日田园杂兴十二绝(其一)》将杜甫《曲江》中诗句"穿花蛱蝶深深见,点水蜻蜓款款飞"⑩,锻化为"惟有蜻蜓蛱蝶飞"⑪;杨万里《月下传觞》完全夺胎于李白《月下独酌》诗;刘克庄《落梅》熔铸李煜《清平乐》与陆游《咏梅》词意;都是为人熟知的名作。至于部分江西末流片面地理解甚至曲解、误解黄庭坚"点铁成金""夺胎换骨"理论,脱离实际生活,仅在文字技巧上下功夫,走入

① (宋)陈模.怀古录:卷中.(宋)陈与义撰;白敦仁校笺.陈与义集校笺:卷4[M].上海:上海古籍出版社,1990:107.
② (宋)洪迈著.容斋续笔:卷8,穆公校点.容斋随笔(上)[M].上海:上海古籍出版社,2015:213.
③ (清)陈衍评选,曹旭校点.宋诗精华录[M].南昌:江西人民出版社,1984:123.
④ (唐)李白.秋浦歌.(清)彭定求等编.全唐诗(第2册):第167卷[M].郑州:中州古籍出版社,2008:796.
⑤ (唐)杜甫.伤春五首(其一).(清)彭定求等编.全唐诗(第3册):卷228[M].郑州:中州古籍出版社,2008:1136.
⑥ (宋)陈与义.观雨.金德厚,吴书荫点校.陈与义集(下):卷26[M].北京:中华书局,1982:413.
⑦ (唐)杜甫.茅屋为秋风所破歌.(清)彭定求等编.全唐诗(第2册):第219卷[M].郑州:中州古籍出版社,2008:1063.
⑧ (唐)杜甫.洗马兵.(清)彭定求等编。全唐诗(第2册):第217卷[M].郑州:中州古籍出版社,2008:1048.
⑨ (宋)杨万里.诚斋诗钞·序.吕留良、吴之振、吴自牧编选.宋诗钞(第3册)[M].上海:商务印书馆,1935:1871.
⑩ (唐)杜甫.曲江二首(其二).(清)彭定求等编.全唐诗(第2册):卷225[M].郑州:中州古籍出版社,2008:1110.
⑪ (宋)范成大.夏日田园杂兴十二绝(其一).富寿荪标校.范石湖集(上册):诗集卷27[M].上海:上海古籍出版社,2006:374.

歧途,自然写不出什么有价值的作品来。

其次,在词苑里,与黄庭坚差不多同时或稍后的一些著名词人如秦观、贺铸、周邦彦等,都大量融化前人诗句,更铸新境,名篇迭出。秦观被誉为"诗情画景,情词双绝"①的《满庭芳·山抹微云》,前节点化隋炀帝"寒鸦千数点,流水绕孤村"②之句,贺贻孙认为"此语在炀帝诗中,只属平常,入少游词,特为绝妙。盖少游之妙,在'斜阳外'三字,见闻空幻,又'寒鸦''流水',炀帝以五言划为两景,少游用长短句错落,与'斜阳外'三景合为一景,遂如一幅佳图。此乃点化之神"③;煞拍融化欧阳詹《初发太原,途中寄太原所思》"高城已不见,况复城中人"④之句,而"情在景中,意在言外,令人怅然不已。"⑤贺铸的《青玉案》起拍便点化曹植《洛神赋》"陵波微步,罗袜生尘"⑥之语,接着又锻化了李商隐《锦瑟》诗"锦瑟无端五十弦,一弦一柱思华年"⑦之句,过片则暗用江淹《休上人怨别》"日暮碧云合,佳人殊未来"之意,煞尾又借用了寇莱公"梅子黄时雨如雾"⑧之诗,然全篇"工妙之至,无迹可寻,语句思路,亦在目前,而千人万人不能凑泊"⑨。周邦彦"以旁搜远绍之才,寄情长短句,缜密典丽,流风可仰。其征词引类,推古夸今,或借字用意,言言皆有来历"⑩,陈振孙云其"多用唐人诗语,隐括入律,浑然天成"⑪。张炎谓其"浑厚和雅,善于融化诗句"⑫,沈义父称其"下字运意,皆有法度,往往自唐、宋诸贤诗词中来"⑬,都指出了周邦彦善于点化的特点。诸如《瑞龙吟·章台路》化用刘禹

① (清)陈廷焯.词则:大雅集卷2,周义敢、周雷编.秦观资料汇编[M].北京:中华书局,2001:371.

② (隋)杨广.野望.逯钦立辑校.先秦汉魏晋南北朝诗(下册):隋诗第3卷[M].北京:中华书局,1982:2673.

③ (清)贺贻孙.诗筏.周义敢、周雷编.秦观资料汇编[M].北京:中华书局,2001:216.

④ (唐)欧阳詹.初发太原,途中寄太原所思.(清)彭定求等编.全唐诗(第4册):第349卷[M].郑州:中州古籍出版社,2008:1770.

⑤ 唐圭璋主编.唐宋词鉴赏辞典[M].合肥:安徽文艺出版社,2006:436.

⑥ (三国魏)曹植.洛神赋并序.(南朝梁)萧统编.昭明文选(第2册)[M].北京:华夏出版社,2000:628.

⑦ (唐)李商隐.锦瑟.(清)彭定求等编.全唐诗(第5册)》:第539卷[M].郑州:中州古籍出版社,2008:2779.

⑧ (清)朱彝尊,汪森编.词综(上):第7卷[M].上海:上海古籍出版社,1978:139.

⑨ (清)先著,程洪辑.词洁:第2卷[M].保定:河北大学出版社,2007:86.

⑩ (宋)刘肃.片玉集序.罗慷烈笺注.周邦彦清真集笺(下)[M].香港:三联书店香港分店,1985:488.

⑪ (宋)陈振孙.直斋书录解题(第5册):第21卷[M].上海:商务印书馆,1937:585.

⑫ (宋)张炎.词源(卷下)[M].北京:中华书局,1991:67.

⑬ (宋)沈义父.乐府指迷.张璋等编纂.历代词话(上册)[M].郑州:大象出版社,2002:199.

锡、杜牧、李商隐诗,《满庭芳·风老莺雏》化用杜甫、李白、白居易、刘禹锡、杜牧诸家诗句,均结合真景真情,炼字琢句,运化无痕,气脉不断。清人陈世焜说"(周)美成镕化成句,工炼无比,然不借此见长,此老自有真面目,不以掇拾为能也"①,正看到了其承人机杼而又师心独造自成一家的特点。

黄庭坚之后的词坛名家如李清照、辛弃疾、姜夔等人的代表作,也大都熔化前人诗词语句更铸新境。易安《一剪梅·红藕香残玉簟秋》下片熔铸了韩偓《青春》诗句"肠断青春两处愁"②和范仲淹《御街行》词句"都来此事,眉间心上,无计相回避"③,遂为名篇;《如梦令·昨夜雨疏风骤》"天下称之"④,然亦全从韩偓《懒起》诗"昨夜三更雨,今朝一阵寒。海棠花在否,侧卧卷帘看"⑤夺胎,而"委曲精工,含蓄无穷之意焉"⑥;《醉花阴·薄雾浓云愁永昼》煞拍夺胎于宋无名氏"人与绿杨俱瘦"⑦,而"寓幽情于爱菊"⑧,声情双绝;《念奴娇·春情》"清露晨流,新桐初引"⑨,取《世说新语》原文而"全句浑妙"⑩。

辛弃疾《贺新郎·甚矣吾衰矣》于《论语·述尔》、李白《秋浦》《世说新语》《新唐书·魏征传》(此处依引用先后为序)、陶潜《停云》、刘邦《大风歌》、南朝张融诸成句,或借或袭,或点化或暗用,抒发现实情怀;《南乡子·何处望神州》前结袭用杜甫诗全句写景,后结袭用曹操原语议论,俱水到渠成,直如己出;《恋绣衾·长夜偏冷》融化"旁观者清,当局者迷""天下没有不散的宴席"等俗谚成语,而浑

① (清)陈世焜.词坛丛话.罗慷烈笺注.周邦彦清真集笺(下)[M].香港:三联书店香港分店,1985:353-354.
② (唐)韩偓.青春.(清)彭定求等编.全唐诗(第5册):卷683[M].郑州:中州古籍出版社,2008:3517.
③ (宋)范仲淹.御街行.范仲淹全集(上):第1卷[M].南京:凤凰出版社,2004:669.
④ (宋)陈郁.藏一话腴:甲集卷1,(宋)李清照著;徐培均笺注.李清照集笺注:第1卷[M].上海:上海古籍出版社,2002:15.
⑤ (唐)韩偓.懒起.(清)彭定求等编.全唐诗(第5册):卷683[M].郑州:中州古籍出版社,2008:3517.
⑥ (明)张綖.草堂诗馀别录.李清照词集[M].上海:上海古籍出版社,2009:4.
⑦ (宋)无名氏.如梦令.朱德才主编.增订注释全宋词:第4卷[M].北京:文化艺术出版社,1997:645.
⑧ (清)叶申芗.《本事词》自序.曾枣庄.清代文体资料集成(第1册):附卷3[M].上海:上海人民出版社、上海书店出版社,2012:893.
⑨ (宋)李清照.念奴娇·春情.唐圭璋主编.全宋词(上)[M].郑州:中州古籍出版社,1996:647.
⑩ (清)毛先舒.诗辨坻:第4卷,(宋)李清照著;徐培均笺注.李清照集笺注:第1卷[M].上海:上海古籍出版社,2002:79.

然一体；故前人谓幼安词"驱使庄骚经史，无一点斧凿痕"①、"任古书中理语、瘦语，一经运用，便得风流"②。姜白石创调《扬州慢》点化、融化、借用、袭用、反用了杜牧一人的《扬州》《题扬州智禅寺》《赠别》《遣怀》《寄扬州韩绰判官》等五首诗作中的名句，描写兵后扬州凄凉冷落的面貌，抒发悲痛深沉的感慨，而浑化为一，臻于绝妙；《暗香》《疏影》二调不仅熔炼含纳了诸多名作佳句，而且连词牌也是摘取了林逋《山园小梅》诗中的语辞。

　　最后，黄庭坚"点铁成金""夺胎换骨"说在文学理论批评领域也引起了广泛的影响，促进了文学因革理论的发展与成熟。宋代于黄庭坚之前，已有不少文学家和批评家对文学的因革发表了各自的见解。宋祁说"文章必自名一家，然后可以传不朽。若体规画圆，准方作矩，终为人之臣仆"③；欧阳修云"为辞不规模于前人，则必屈曲变态，以随时俗之所好，鲜克自立"④；苏轼不仅要求"酌古以驭今"⑤，提出"以故为新，以俗为雅"⑥、"信手拈得俱天成"⑦，而且还以"无目而随人，则车轮曳踵，常仆坑阱"⑧的生动比喻，说明因革必须以创新为目标。所有这些，在当时都产生过一定影响，黄庭坚"点铁成金、夺胎换骨"说的产生，与此亦不无关联。但由于黄庭坚之说形象而精警，尤其是符合了当时文人士子濡染佛老参禅悟道的风气和口味，故迅速传播并不断演化，成为理论界的热点议题。其中最有代表性的实例便是"悟""活"二法的提出。

　　如前所述，陈师道是黄庭坚"点铁成金、夺胎换骨"说的出色实践者，同时又是这一理论的最好发挥者。他的"学诗如学仙，时至骨自换"⑨之喻，显然脱胎于山

---

① （清）张宗橚辑. 词林纪事：第 9 卷［M］. 上海：贝叶山房，1948：267.

② （清）刘熙载. 艺概：第 4 卷［M］. 上海：上海古籍出版社，1978：110.

③ （宋）宋祁. 宋景文公笔记（上）. 朱易安等主编；上海师范大学古籍整理研究所编. 全宋笔记（第 1 编 5）［M］. 郑州：大象出版社，2003：47.

④ （宋）欧阳修. 与乐秀才第一书. 欧阳修集编年笺注（第 4 册）：卷 69［M］. 成都：巴蜀书社，2007：333.

⑤ （宋）苏轼. 答虔倅俞括一首. 孔凡礼点校. 苏轼文集（第 4 册）：卷 59［M］. 北京：中华书局，1986：1763.

⑥ （宋）苏轼. 题柳子厚诗二首（其二）. 孔凡礼点校. 苏轼文集（第 5 册）：卷 67［M］. 北京：中华书局，1986：2109.

⑦ （宋）苏轼. 次韵孔毅父集古人句见赠（其三）. （清）王文诰辑注. 苏轼诗集（第 4 册）：卷 22［M］. 北京：中华书局，1982：1157.

⑧ （宋）苏轼. 送钱塘僧思聪归孤山叙. 孔凡礼点校. 苏轼文集（第 1 册）：卷 10，北京：中华书局，1986：326.

⑨ （宋）陈师道. 次韵答秦少章. （宋）任渊注；昌广生补笺；昌怀辛整理. 后山诗注补笺（下册）［M］. 北京：中华书局，1995：467.

谷,而"学诗之要,在乎立格命意用字","学者体其格,高其意,炼其字"①也显然是对山谷诗论的阐发、提炼和解释。陈后山还由此提出了"悟"说:"法在人,故必学,巧在己,故必悟"②。韩驹承其说,提出"遍参诸方"而达妙悟,其《赠赵伯鱼》诗云:"学诗当如初学禅,未悟且遍参诸方。一朝悟罢正法眼,信手拈出皆成章"③。吴可衣钵陈、韩,言"凡作诗如参禅,须有悟门","如贯穿出入诸家之诗,与诸体具化,便自成一家"④,《诗人玉屑》所载吴氏三诗"学诗浑似学参禅"⑤,表明了他所主张的三种境界。《江西诗社宗派图》的作者吕本中进一步发挥"悟入"说,指出"作文必要悟入处,悟入必自功夫中来,非侥幸可得也"⑥。进而,吕氏提出了"活法"说:

> 学诗当识活法。所谓活法者,规矩备具而能出于规矩之外,变化不测而亦不背于规矩也。是道也,盖有定法而无定法,无定法而有定法。⑦
>
> ——《夏均父集序》

杨万里承其说,谓"学者属文,当悟活法。所谓活法者,要当优游厌饫"。⑧ 嗣后,俞成进一步解释说:

> 文章一技,要自有活法。若胶古人之陈迹,而不能点化其句语,此乃谓之死法。死法专祖蹈袭,则不能生于吾言之外;活法夺胎换骨,则不能毙于吾言之内。毙吾言者,故为死法;生吾言者,故为活法。⑨
>
> ——《萤雪丛说》

---

① (宋)张表臣.珊瑚钩诗话:第2卷,(清)何文焕辑.历代诗话(上册)[M].北京:中华书局,1981:464.
② (宋)陈师道撰,李伟国校点.后山谈丛:卷2[M].上海:上海古籍出版社,1989:13.
③ 傅璇琮等.全宋诗:卷1439[M].北京:北京大学出版社,1991:16588.
④ (宋)吴可.藏海诗话.丁福保辑.历代诗话续编(中册)[M].北京:中华书局,1983:333.
⑤ (宋)吴可.学诗诗.郭绍虞主编.中国历代文论选(第2册)[M].上海:上海古籍出版社,1979:345.
⑥ (宋)吕本中.童蒙诗训.郭绍虞校辑.宋诗话辑佚(下册)[M].北京:中华书局,1980:594.
⑦ (宋)吕本中.夏均父集序.曾枣庄,刘琳主编.全宋文(第329册):卷7567[M].上海:上海辞书出版社;合肥:安徽教育出版社,2006:115.
⑧ (宋)俞成.萤雪丛说:第1卷,王大鹏等编选.中国历代诗话选(第2册)[M].长沙:岳麓书社,1985:599.
⑨ (宋)俞成.萤雪丛说:第1卷,王大鹏等编选.中国历代诗话选(第2册)[M].长沙:岳麓书社,1985:599.

　　曾季狸曾对当时诸家学说进行归纳,认为"后山论诗说换骨,东湖论诗说中的,东莱论诗说活法,子苍论诗说饱参,入处虽不同,然其实皆一揆,要知非悟入不可"①。不论"悟入"还是"活法",其实都是对黄庭坚"点铁成金、夺胎换骨"说的发挥、补充和阐释,都是对黄氏诗论的弘扬与发展。至如周紫之所说"自古诗人文士,大抵皆祖述前人作语"②;胡仔所称"若循习陈言,规摹旧作,不能变化,自出新意,亦何以名家"③;葛立方"诗家有换骨法,谓用古人意而点化之,使加工也"④;陆游"文章要法,在得古作者之意"⑤"夜来一笑寒灯下,始是金丹换骨时"⑥;杨万里"诗家备用古人语,而不用其意,最为妙法""初学诗者,须用古人好语,或两字、或三字,……要诵诗之多,择字之精,始乎摘用,久而自出肺腑,纵横出没,用亦可,不用亦可"⑦;朱熹"古人作文作诗,多是模仿前人而作之。盖学之既久,自然纯熟",拟古诗"意思语脉皆要似他的,只换却字"⑧;姜白石"模仿者语虽似之,韵亦无矣"⑨;张炎"词以意为主,不要蹈袭前人语意"⑩,诸如此类,无一不是围绕黄庭坚"点铁成金、夺胎换骨"说而生发议论。

第六节　元明清戏剧小说创作的印证

　　黄庭坚"点铁成金""夺胎换骨"说,在元明清戏剧小说创作中,也得到充分的体现和印证。戏剧如《西厢记》《琵琶记》《牡丹亭》《长生殿》《桃花扇》,小说如《三国演义》《水浒传》《西游记》《金瓶梅》《红楼梦》等,这些影响颇大的皇皇巨

①　(宋)曾季狸.艇斋诗话.丁福保辑.历代诗话续编(上册)[M].北京:中华书局,1983:296.
②　(宋)周紫之.竹坡诗话.(清)何文焕辑.历代诗话(上)[M].北京:中华书局,1981:346.
③　(宋)胡仔.苕溪渔隐丛话前集:第49卷,《笔记小说大观(35编1册)》[M].扬州:江苏广陵古籍刻印社,1983:333.
④　(宋)葛立方.韵语阳秋:第2卷,(清)何文焕辑.历代诗话(下)[M].北京:中华书局,1981:495.
⑤　(宋)陆游.杨梦锡集句杜诗序.陆游集(第5册):渭南文集卷15[M].北京:中华书局,1976:2108.
⑥　(宋)陆游.夜吟(其二).陆游集(第3册):剑南诗稿卷51[M].北京:中华书局,1976:1272.
⑦　(宋)杨万里.诚斋诗话.丁福保编.历代诗话续编(上)[M].北京:中华书局,1983:139.
⑧　(宋)黎靖德编.朱子语类(第8册):第139卷[M].北京:中华书局,1986:3301.
⑨　(宋)姜夔.白石道人诗说.姜夔集[M].太原:三晋出版社,2008:193.
⑩　(宋)张炎.词源(卷下)[M].北京:中华书局,1991:50.

著,几乎都夺胎于前人,而在思想和艺术两方面均达到了很高的造诣。

　　王实甫的《西厢记》就是在广泛吸收前人成果的基础上创作出来的。唐代元稹的传奇小说《莺莺传》问世后,西厢故事便开始广为流传。北宋秦观、毛滂曾用《调笑》《转踏》咏其事,赵令畤亦以《商调·蝶恋花》鼓子词述其情,宋杂剧《莺莺六么》、金院本《红娘子》、南戏《张珙西厢记》等,均以元稹之作为蓝本。董解元的《弦索西厢》诸宫调,在主题思想、故事情节与人物性格诸方面突破了元氏之作而有了飞跃性的发展。王实甫正是在此基础上,采用戏剧的形式,创造性地丰富和发展了崔莺莺、张君瑞爱情故事,并将深刻的思想和时代的意识寓于其中,取得了很高的艺术成就而"天下夺魁",成为北曲的"压卷"。

　　与《西厢记》并称而为南戏曲祖的《琵琶记》,亦胎息于前人。早期的南戏有《赵贞女蔡二郎》,金院本有《蔡伯喈》,南宋鼓子词则有《蔡中郎》。高则诚将这个广为流传的蔡伯喈与赵五娘悲欢离合的婚变故事,改写成篇幅恢宏的南戏剧本,深入地反映了广阔的社会生活,突出了社会的矛盾,开掘了故事的社会意义,在结构、布局、语言表现和人物塑造、戏剧冲突诸方面,都有很高的成就,故王世贞以"冠绝诸剧"①称评。

　　"几令《西厢》减价"②的《牡丹亭》,其故事源于话本小说《杜丽娘慕色还魂》。作者在《题词》里说:"传杜太守事者,仿佛晋武都守李仲文、广州守冯孝将儿女事。予稍为更而演之"③。《惊梦》《寻梦》《闹殇》诸场,甚至还保留了话本的若干原句。但汤显祖在戏剧构思、表现及主题等方面所创造的成就,是话本小说无法比拟的,以至作者赢得了"绝代奇才""千秋词匠"④,"前无作者,后鲜来哲"⑤的称誉。

　　《长生殿》取材于唐明皇与杨贵妃的爱情故事。此事杜甫《哀江头》、白居易《长恨歌》、陈鸿《长恨歌传》、唐人《开元天宝遗事》、宋人《杨太真外传》等,都有所描述和记载。元明以来,更是戏剧和众多说唱文学的重要题材,其中白朴的《梧桐

---

①　(明)王世贞.曲藻.中国古典戏曲论著集成(第4集)[M].北京:中国戏剧出版社,1982:33.

②　(明)沈德符.顾曲杂言.中国古典戏曲论著集成(第4集)[M].北京:中国戏剧出版社,1982:206.

③　(明)汤显祖.牡丹亭记题词.俞为民、孙蓉蓉编.历代曲话汇编·明代编(第1集)[M].合肥:黄山书社,2009:602.

④　(明)吕天成.曲品.卷上,中国古典戏曲论著集成(第6集)[M].北京:中国戏剧出版社,1959:210.

⑤　(明)王骥德.曲律:杂论下,中国古典戏曲论著集成(第4集)[M].北京:中国戏剧出版社,1982:170.

雨》杂剧、吴世美的《惊鸿记》传奇尤为著名。洪昇"荟萃唐人诸说部中事及李、杜、元、白、温、李数家诗句,又剌取古今剧部中繁丽色段以润色之,遂为近代曲家第一"①。

与《长生殿》并称的《桃花扇》是一部反映南明一代兴亡的历史剧,孔尚任把明末复社文人侯方域与秦淮名妓李香君的爱情故事作为贯穿全剧的线索,"借离合之情,写兴亡之感",成一代巨著,顾彩作序谓之"妙矣至矣!蔑以加矣!若夫夷门复出应试,似未足当高蹈之目;而桃叶却聘一事,仅见之与中丞一书;事有不必尽实录者。"②

我国古代最著名的长篇历史小说《三国演义》与《水浒传》成书之前,其故事就早已在民间以各种各样的艺术形式广为流传。在此过程中,许多艺人都参与了故事的加工,使内容不断丰富展衍,艺术不断有所提高。但其故事与人物基本上还是处于零乱不整的状态,艺术表现亦参差不齐,有些甚至鄙陋不堪,思想也十分复杂。罗贯中、施耐庵正是在这个群众集体创作的基础上,重新进行了创造性的艺术加工,整理润色,充实提高,分别写成了两部雅俗共赏的不朽名著,揭开了中国古代小说史上的崭新一页。郑振铎先生曾称罗贯中"是一位超出于寻常编订家以上的'改作家'"③,其实,施耐庵当亦可作如是观。与《水浒》"并驰中原"④的《西游记》,也是在前人集体创作的基础上进行艺术加工的。故事的原型玄奘西天取经,"自唐末以至宋元已渐渐演成神异故事,且多作成简单的小说,而至明吴承恩,便将它们汇集起来,以成大部的《西游记》。"⑤诸如唐代辩机《大唐西域记》、慧立与彦琮的《大唐大慈恩寺三藏法师传》、南宋《大唐三藏取经诗话》、元代吴昌龄《唐三藏西天取经》、明初杨景贤《西游记杂剧》等等,都成为吴承恩改编创作的蓝本,故鲁迅称吴氏"其所取材,颇极广泛","变化施为,皆极奇恣"⑥。

署名兰陵笑笑生的《金瓶梅》一直被认为是中国文学史上第一部文人独立创作的长篇小说,但书中部分人物与情节乃从《水浒》演化而来;而代表了古代长篇

---

① (清)焦循. 剧说. 中国古典戏曲论著集成(第 8 集)[M]. 北京:中国戏剧出版社,1960:172 – 173.

② (清)梁溪梦鹤居士(顾彩)撰. 桃花扇:传奇序. 蔡毅编著. 中国古典戏曲序跋汇编(第 3 册):第 18 卷[M]. 济南:齐鲁书社,1989:1608.

③ 郑振铎. 插图本中国文学史(下)[M]. 长沙:岳麓书社,2013:710.

④ (清)幔亭过客(袁于令). 西游记:题词. 郭绍虞. 中国历代文论选(第 3 册)[M]. 上海:上海古籍出版社,1980:255.

⑤ 鲁迅. 中国小说的历史变迁. 鲁迅全集(第 9 卷)[M]. 北京:人民文学出版社,2005:338.

⑥ 鲁迅. 中国小说史略. 鲁迅全集(第 9 卷)[M]. 北京:人民文学出版社,2005:171.

小说最高成就的《红楼梦》,则是曹雪芹在佚名作者撰写的约三十万字的《石头记》的基础上,"披阅十载,增删五次"①而成。

元明清时期的戏剧小说创作,除了在题材、构思、立意、艺术等方面不同程度地表现出对前人的因革之外,在语言方面也大量容汇前人的诗词文赋,此不赘述。可以说,这个时期许多影响后世沾溉来人的不朽名著,都既熔铸着作家对人生、社会和现实的深邃思考,又凝聚着历史传统和集体智慧的光芒。倘如没有前人的创作作基础,没有传统文化的孕育和涵养,则不论是王实甫、孔尚任还是罗贯中、曹雪芹,能创造出如此之高的艺术成就,将是不可想象的。

综上所述,黄庭坚"点铁成金""夺胎换骨"说,虽是教人作诗,示人门径,但它有着深厚的理论渊源和坚实的实践基础,既体现了悠久的历史创作传统,又反映了广阔的文学创作现实,已经触及或揭示了古代文学创作中普遍存在的一条艺术规律,因此引起了广泛而强烈的反映,影响所及已远远超出了诗歌的范围。其实,"点铁成金""夺胎换骨"岂止是中国古代文学创作的普遍现象和艺术规律,外国文学又何尝不是如此? 古希腊的荷马史诗《伊利亚特》和《奥德赛》,就是在长达几个世纪广泛流传的基础上,经过艺术加工整理而成的;悲剧之父埃斯库罗斯的代表作《被缚的普罗米修斯》,也是脱胎于希腊神话普罗米修斯盗天火赐人类的故事。文艺复兴时期,英国的戏剧大师莎士比亚,其最高成就的代表《哈姆莱特》则是由改编前人剧作而成。十七世纪法国古典主义喜剧作家莫里哀创作的著名作品《悭吝人》,则是由古罗马喜剧作家普劳图斯的《一坛黄金》夺胎而来。十八世纪的法国著名作家歌德,根据民间传说和前人的文学作品,进行艺术再创造,写出了与荷马史诗齐名的《浮士德》……诸如此类的实例,在外国文学作品中,也是举不胜举。广而言之,就连马克思主义理论的产生,不也是由英国古典经济学、法国空想社会主义和德国古典哲学脱胎而来的吗? 马克思的唯物辩证法和历史唯物论,不也是对黑格尔哲学的唯心主义体系、费尔巴哈的机械论和历史唯心主义进行"点铁成金""夺胎换骨"的结果吗?

当然,黄庭坚的"点铁成金""夺胎换骨"说所具有的广泛意义,所产生的社会效果,就连山谷本人也是料想不到的。我们没有必要对此做过高的评价,而那种不顾事实肆意贬低的态度,同样是不可取的。另外,黄氏之说除了给人以方法论的指导外,它还揭示了一个很值得人们认真研究和思考的文化现象,这于今天我们如何对待传统的民族文化和如何创造社会主义的新文化,都不无启迪。

---

① 李贤平.红楼梦:成书新说[J].复旦学报(社会科学版),1987(5):3-16.

第八章

黄庭坚词"不妨随俗"与"红紫事退"

　　黄庭坚以诗名世,号为宋诗代表而与苏轼并称。其词成就虽不如诗,但亦颇受世人推重。"苏门四学士"之一的晁补之称许黄庭坚词"高妙"①,陈师道认为"今代词手,惟秦七(观)黄九(庭坚)耳"②,论词标准十分严苛的李清照也推称黄庭坚为北宋知词四家之一,苏轼更是赞赏黄庭坚词"清新婉丽"③。后世词家和论者也多有褒扬:或云"精妙可思"④,或曰"清迥独出,骨力不凡"⑤,或称"妙脱蹊径,迥出慧心"⑥,等等。今天,当我们多角度、多层次、多侧面地重新审视、观照和研究黄庭坚流传下来的全部词作时,发现他的确创造并向人们展示了一个新的艺术境界。受社会潮流的影响,黄庭坚曾写出了部分内容艳冶的"随俗"之作,同时,他又以开创江西诗派的气魄和精神,创作了一批新人耳目的"反俗"之篇。这两种风格,俚俗与典雅并存,虽面貌迥异而造诣俱精,不仅从不同的侧面反映了作家的生活和情感,而且还使作家的品格与词格达到了统一。黄庭坚曾创作了《戏答陈季常寄黄州山中连理松枝》诗,其云:"老松连枝亦偶然,红紫事退独参天。金沙滩头锁子骨,不妨随俗暂婵娟"。⑦ 此诗言松树连理,如锁骨菩萨化美女下凡而与众少年狎昵一样,不过暂时随俗,本质仍是圣洁高雅,超世脱俗的。这里的"不妨随俗暂婵娟"和"红紫事退独参天"正是对黄庭坚词"随俗"与"反俗"两类词作的最好描绘。

① (宋)吴曾. 能改斋漫录(第2册):卷16[M]. 北京:中华书局,1985:409.

② (宋)陈师道. 后山诗话. (清)何文焕辑. 历代诗话(上)[M]. 北京:中华书局,1981:309.

③ (宋)吴曾. 能改斋漫录(第2册):卷16[M]. 北京:中华书局,1985:412.

④ (清)先著,程洪辑. 词洁:卷3[M]. 保定:河北大学出版社,2007:101.

⑤ (清)黄氏. 蓼园词评. 唐圭璋编. 词话丛编(第4册)[M]. 北京:中华书局,1986:3017.

⑥ (清)纪昀总纂. 四库全书总目提要(第4册):卷198[M]. 石家庄:河北人民出版社,2000:5548.

⑦ (宋)黄庭坚. 戏答陈季常寄黄州山中连理松枝二首(其二). 黄庭坚全集(第1册):正集第9卷[M]. 成都:四川大学出版社,2001:208.

第一节 不妨随俗暂婵娟——黄庭坚的俚词

宋代是一个思想比较开放的社会,文学的基本走势已由前代的反映社会转而趋向表现自我。江西诗派力倡"性情"说,即是典型。以适于表现柔情而盛行于世的曲子词,更为突出。宋人严守"诗庄词媚"的戒律,用诗表现比较严肃的题材,而以词自由地抒写儿女柔情。北宋尤其如此。黄庭坚之前,不少政治家、思想家和文学家如范仲淹、欧阳修等人,都有表现柔情的著名词篇。作为江西诗派的创始人,黄庭坚不受"诗庄词媚"观念的束缚和"重诗轻词"社会趋势、时代潮流的影响,勇于把当时以为不宜用诗文来表现却又是人皆有之的儿女柔情,创造性地放在词里尽情抒写。加之黄庭坚感情丰富而深笃,不仅笃于师友、人伦之情,而且对人类最普遍又最神秘的情感——爱情,也有深刻执着的体验。诗人一生三次婚配,十七岁时即已订婚,二十四岁初室兰溪,婚后两年而亡;五年后续娶介休,六载又卒;其后复纳一妾,方有一子,黄庭坚对妻子纯真笃厚的感情于诗文中屡有透露。因此,尽管他于不惑之年曾发誓"不复淫欲"①,却早已饱尝了爱情的甜蜜与辛酸。于是诗人把自己对爱情的向往、追求、观察、体验和感受等等各种复杂的心态情绪,升华提炼,写出了部分表现儿女柔情的俚艳之作。这些作品或刻画人物心态,或摹写女性美貌,或描绘艳遇幽欢,或撷布离思别恨,都微妙地传达了作者的情绪。运思发露而巧妙,语言直率而浅俚,充满浓郁的民间恋词风味,构成表面内容和形式的"随俗"。

黄庭坚俚词的特点之一,是善以浅俚的语言刻画人物的心态。《阮郎归·退红衫子乱蜂儿》即是描写女主人公思念恋人的心理情态。上片写其疑虑:"为伊去得忒多时,教人直是疑";下片言其欣喜:"夜来算得有归期。灯花则甚知。"②《好女儿·粉泪一行行》展示了一位女子与情人分别后无法控制的凄惶思绪和娇憨淳朴的愿望:"拟待不思量,怎奈向、目下凄惶。假饶来后,教人见了,却去何妨。"③

---

① (宋)黄庭坚.发愿文.黄庭坚全集(第2册):正集第29卷[M].成都:四川大学出版社,2001:782.

② (宋)黄庭坚.阮郎归.黄庭坚全集(第1册):正集第13卷[M].成都:四川大学出版社,2001:330.

③ (宋)黄庭坚.好女儿.黄庭坚全集(第1册):正集第13卷[M].成都:四川大学出版社,2001:361.

这种心态的描述刻画,成功地表现了人物真挚、诚笃、深厚的感情,也真实地反映了爱情所产生的不可遏止的巨大魅力,既增强了人物形象的鲜明性,又加深了全词的意境和韵味。在这方面,《归田乐引》尤其典型:

> 暮雨濛阶砌。漏渐移、转添寂寞,点点心如碎。怨你又恋你,恨你惜你,毕竟教人怎生是。
>
> 前欢算未已。奈何如今愁无计。为伊聪俊,销得人憔悴。这里诮睡里,梦里心里,一向无言但垂泪。①

——黄庭坚全集正集卷 13

作品采取主人公自述内心曲衷的方式,表现了其怨恋交织、名怨实恋、且恨且爱、陷入情网不能自拔的复杂心理和微妙的情感,突出了其幽怨痴情的形象。诸如《沁园春·把我身心》《昼夜乐·夜深记得临歧语》《卜算子·要见不得见》等等,均以通俗浅俚的语言代女性表白心曲,刻画了人物的内心世界,成功地表现了她们的钟情、深情、痴情,精妙而风趣,言有尽而意不绝,令人思味玩索。这些作品虽是"男子作闺音",却体现了作者对女子情感的深切了解,故摹写细腻真切,堪谓"女子知音"。

黄庭坚俚词的特点之二,是善以浅俚的语言描摹女性的美貌。如"体妖娆,鬟婀娜"②(《更漏子》)、"鸳鸯翡翠,小小思珍偶。眉黛敛秋波,尽湖南、山明水秀"③(《蓦山溪》)、"巧笑眉颦,行步精神。隐隐似、朝云行雨,弓弓样、罗袜生尘"④(《两同心》)等等,或勾勒其体姿发态,或描绘其眉眼首饰,或摹写其移步精神,都突出了女性的柔媚可爱和动人魅力。《西江月》集中笔墨表现了舞女的优美风姿:

> 宋玉短墙东畔,桃源落日西斜。浓妆下著绣帘遮,鼓笛相催清夜。

---

① (宋)黄庭坚.归田乐引.黄庭坚全集(第 1 册):正集第 13 卷[M].成都:四川大学出版社,2001:356.

② (宋)黄庭坚.更漏子.黄庭坚全集(第 1 册):正集卷 14[M].成都:四川大学出版社,2001:392.

③ (宋)黄庭坚.蓦山溪.黄庭坚全集(第 1 册):正集卷 13[M].成都:四川大学出版社,2001:326.

④ (宋)黄庭坚.两同心.黄庭坚全集(第 1 册):正集卷 13[M].成都:四川大学出版社,2001:317.

转眄惊翻长袖,低徊细踏红靴。舞余犹颤满头花,娇学男儿拜谢。①

上片起拍便化用了宋玉《登徒子好色赋》中的"东家之子"典故,写舞女"增之一分则太长,减之一分则太短。著粉则太白,施朱则太赤,眉如翠羽,肌如白雪,腰如束素,齿如含贝"②的美貌。下片则描绘其精彩的表演和舞后娇姿以及谢幕的情景,从不同的角度表现了舞妓动人的风姿美貌。另如《忆帝京·赠弹琵琶妓》勾勒其"薄妆小靥闲情素,抱着琵琶凝伫"③的优美形象;《诉衷情·旋揎玉指著红靴》描绘其"天然自有殊态","分远岫,压横波,妙难过"④的动人容貌;都是赞叹和欣赏女性美貌的篇什。山谷此类作品努力发掘和表现女性玉容花貌的人体美、神情美,极少轻薄之辞,艳而不淫,丰富了词的美感形象。

黄庭坚俚词的第三个特点,是善以浅俚的语言直率地描写艳遇幽欢。如《千秋岁》:

世间好事,恰恁厮当对。昨夜永,凉天气。雨稀帘外滴,香篆盘中字。长入梦,如今见也分明是。

欢极娇无力,玉软花欹坠。钗胃袖,云堆臂。灯斜明媚睫,汗浃蔷腾醉。奴奴睡,奴奴睡也奴奴睡。⑤

词写交欢情事。上片极力铺衬和渲染其时间、天气、环境的宜人与幽欢的欣喜;下片则描摹欢后情态与绵绵入睡。全篇构思新颖,直率而具含蓄之致,避去了直接的色情描写,措辞用语俚而不鄙。虽写情事而无狎媟淫邪之感。

黄庭坚另有《减字木兰花》和《忆帝京》两首题为《私情》的词作,前者写其分

① (宋)黄庭坚.西江月.黄庭坚全集(第1册):正集卷13[M].成都:四川大学出版社,2001:343.

② (战国)宋玉.登徒子好色赋.(南朝梁)萧统编.昭明文选(第2册)[M].北京:华夏出版社,2000:623.

③ (宋)黄庭坚.忆帝京·赠弹琵琶妓.黄庭坚全集(第1册):正集第13卷[M].成都:四川大学出版社,2001:319.

④ (宋)黄庭坚.诉衷情.黄庭坚全集(第1册):正集卷14[M].成都:四川大学出版社,2001:407.

⑤ (宋)黄庭坚.千秋岁.黄庭坚全集(第1册):正集卷14[M].成都:四川大学出版社,2001:398.

别之夜"终宵忘寐"的情景与"记取盟言,闻早回程却再圆"①的叮嘱,后者写其"灭烛相就""冻肌香透"的幽欢经过与"恨啼乌、辘轳声晓"②的微妙心理,二词都直率地表达了艳遇私情的兴奋欣喜和低回缠绵的情感,但都略去了对淫欲的直接描写。黄庭坚这类表现幽欢情事的作品虽然为数不多,却一直影响着对黄庭坚词的总体评价。此类篇什涉嫌狎媒,不能盲目欣赏、推重和提倡,但在艺术处理方面不失借鉴意义。另外,在这部分作品中,有的对生活在社会最底层的妓女表示了深切同情,甚至要设法救其跳出风尘,像《撼庭竹·宰太和日吉州城外作》就表示了"买个宅儿住着伊"③的想法,《步蟾宫·妓女》则吐露了"不如随我归云际。共作个、住山活计。照清溪,匀粉面,插山花,算终胜、风尘滋味"④的由衷之言。这种同情关切、平等待之的思想显然有别于泄情取乐的狎客行径。

黄庭坚的"随俗"之作,实际上是对前代艳情词的一个新发展。词在胡夷里巷中诞生之后,就以浅俚、言情为世注目,而恋情一直是它传统的表现题材。我国早期的民间词"言闺情与花柳者"⑤几近一半,大都语俚而情长,像《菩萨蛮·枕前发尽千般愿》《南歌子·斜影朱帘立》《抛球乐·珠泪纷纷》《望江南·莫攀我》等,都是为人熟知的名篇。唐代文人染指此道,亦多欢恋之篇,唐季五代至出现了善言闺情的能手温庭筠、韦庄等。然而文人恋词已向典雅化发展,大部分作品已程度不同地失去了民间恋词的风味,或以宏深精美称胜,或以密丽浓艳见长。至宋代,第一位专业词人柳永始恢复和发扬民间恋词的风格,创作俚词,并广为流传,所谓"凡有井水饮处,即能歌柳词"⑥。但柳永俚词也为世诟病,有人指斥其"多杂以鄙语"⑦,缺乏审美提炼。"其后,欧、苏诸公继出,文格一变,至为歌词,体制高雅,柳

---

① (宋)黄庭坚.减字木兰花·私情.黄庭坚全集(第1册):正集卷14[M].成都:四川大学出版社,2001:378.

② (宋)黄庭坚.忆帝京·私情.黄庭坚全集(第1册):正集卷13[M].成都:四川大学出版社,2001:319.

③ (宋)黄庭坚.撼庭竹·宰太和日吉州城外作.黄庭坚全集(第1册):正集卷13[M].成都:四川大学出版社,2001:336.

④ (宋)黄庭坚.步蟾宫·妓女.黄庭坚全集(第1册):正集卷13[M].成都:四川大学出版社,2001:358.

⑤ 王重民.敦煌遗书论文集[M].北京:中华书局,1984:332.

⑥ (宋)叶梦得.避暑录话(第2册):卷下[M].北京:中华书局,1985:49.

⑦ (宋)徐度.却扫篇:卷下.(宋)柳永著,陶然、姚逸超校笺.乐章集校笺(下):附录5[M].上海:上海古籍出版社,2016:850.

氏之作,殆不复称于文士之口"①,诗客创作俚词者亦极鲜见。黄庭坚在继承前代词写艳情传统的基础上,努力创作富有情趣的俚艳之篇,不仅成为柳永之后又一位发扬光大民间词风格的重要作家,而且避去了前代部分艳词的庸俗邪秽,并吸收弘扬了前代艳词的浅俚,进入了以故为新、以俗为雅、雅俗共赏的境界。黄庭坚曾在为晏几道所写的《小山集序》中称,"予少时间作乐府,以使酒玩世,道人法秀独罪余以笔墨劝淫,于我法中当下犁舌之狱",②对法秀的批评,山谷颇不服气,大不为然,他称晏几道的艳情词为"狭邪之大雅,豪士之鼓吹,其合者《高唐》《洛神》之流,其下者岂减'桃叶'、'团扇'哉!"③这既表明了山谷对艳情词独到的艺术见解,又可视作山谷对所写俚艳词的自评。另外,黄庭坚是素以创作态度严谨而著称的诗人,他的俚艳词同样凝聚着惨淡经营的匠心。

第二节　红紫事退独参天——黄庭坚雅词

黄庭坚的"随俗"之作,大都写于早年。这些作品展示了词人生活情感的一个方面,并且在恢复和发扬民间恋词传统艺术风格的基础上创造了新境界,具有较高的美学价值。但却不是黄庭坚词成就的代表。倒是那些跳脱艳情窠臼、表现个人志趣和品格的"反俗"之篇,更能体现作家的主体意识和艺术个性。

黄庭坚为人有抱负,有识见,讲操守,襟怀坦荡磊落,在思想上既恪守儒术又融通释老,尤其晚年,长期放逐,远离朝廷,而对人情世事都有独立的见解。苏轼曾以"超逸绝尘,独立万物之表,驭风骑气,以与造物者游"④品评黄庭坚,黄庭坚亦自认为"士大夫处世可以百为,唯不可俗"⑤。这种超俗、脱俗与反俗、忌俗的气质、性格和意识,使黄庭坚在词的创作上,能够不囿于柔婉艳冶,而勇于开辟新境,

---

①　(宋)徐度. 却扫篇:卷下. (宋)柳永著,陶然、姚逸超校笺. 乐章集校笺(下):附录5[M]. 上海:上海古籍出版社,2016:850.

②　(宋)黄庭坚. 小山集序[M]//黄庭坚全集(第1册):正集卷第15. 成都:四川大学出版社,2001:413.

③　(宋)黄庭坚. 小山集序[M]//黄庭坚全集(第1册):正集卷第15. 成都:四川大学出版社,2001:413.

④　(宋)苏轼. 答黄鲁直五首(其一). 孔凡礼点校. 苏轼文集(第4册):第52卷[M]. 北京:中华书局,1986:1532.

⑤　(宋)黄庭坚. 书缯卷后[M]//黄庭坚全集(第2册):正集卷第26. 成都:四川大学出版社,2001:674.

写出了一批异于流俗、清新明雅,且"豪壮清丽,无一点尘俗气"①的"反俗"雅篇。这些作品不但一扫"随俗"俚词的"红紫"情事和缠绵格调,而且在拓展题材、开阔词境、丰厚词趣诸方面,都有着突出的特色。

首先,黄庭坚的反俗之作内容广泛而多新创之意。我国早期民间词题材丰富,文人染指后日趋狭窄,至晚唐五代几成艳情独专,写景、抒怀之作屈指可数。宋承五代余绪,未见改观,其后虽有少量别开生面之作,仍然是红香翠软弥漫着词坛。苏轼出,始"一洗绮罗香泽之态,摆脱绸缪宛转之度"②,打破艳情藩篱,将词的创作重新引向了广阔的社会生活,空前扩大了词的表现领域。黄庭坚作为苏门学士,继以波澜,举凡摅布政治情怀、表现谪居生活、送别赠答、品诗咏物、思亲念友、议论人生等等,均成为黄庭坚词创作的重要内容。

黄庭坚表现边事武功勋业的政治词最引人注目。如《水调歌头》,词借边将巡逻的英武形象及其心态意识,通过议论汉代和戎,委婉地批评了北宋屈辱求和的对外政策,历史与现实紧密结合,抒发了作者对国家边防的忧念。《水龙吟·黔守曹伯达供备生日》是黄庭坚晚年为黔州太守曹伯达写的祝寿词,上片称扬曹氏有"飞将"之才,曾"种德江南,宣威西夏","勋劳在,诸公上",下片激励对方矢志进取,立功边廷:"平坡驻马,虚弦落雁,思临虏帐","看朱颜绿鬓,封侯万里,写凌烟像"。③全词格调刚健,充满了英气昂扬的意趣。其赠泸守王补之《洞仙歌》、送使君彭道微《采桑子》,或赞颂友人武功赫赫,或称扬友人威镇边陲,无不热情洋溢,豪气干霄,充满阳刚之美。词涉边事武功,首见于《敦煌曲子词》,如《菩萨蛮·敦煌自古出英雄》《破阵子·年少征夫军帖》《失调名·十四十五上战场》等篇即是,嗣后绝响;入宋后范仲淹"燕然未勒归无计"④之咏叹、苏子瞻"西北望,射天狼"⑤之高唱,堪谓凤毛麟角;黄庭坚的边事武功词继敦煌遗响而光大范、苏之意,不仅为北宋词坛增添了令人耳目一新的篇章,而且亦开南宋抗战词派之先河。

黄庭坚于知非之年被贬蛮荒,创作了一批贬谪词。《醉落魄·苍颜华发》《定

---

① (宋)黄庭坚.书嵇叔夜诗与侄榎[M]//黄庭坚全集(第3册):别集卷第6.成都:四川大学出版社,2001:1562.

② (宋)胡寅.题酒边词.郭绍虞主编.中国历代文论选(中册)[M].北京:中华书局,1962:112.

③ (宋)黄庭坚.水龙吟·黔守曹伯达供备生日.黄庭坚全集(第1册):正集卷第13[M].成都:四川大学出版社,2001:321.

④ (宋)范仲淹.渔家傲·秋思.唐圭璋编.全宋词(第1册)[M].北京:中华书局,1965:11.

⑤ (宋)苏轼.江城子·密州出猎.唐圭璋编.全宋词(第1册)[M].北京:中华书局,1965:299.

风波·次高左藏使君韵》《南乡子·重阳日宜州城楼宴即席作》等篇,或表现"旧交新贵音书绝"①的冷漠与世态炎凉,或描写"屋居终日似乘船"②的凄苦,或抒发"白发簪花不解愁"③的悲愤,均沉郁顿挫,情景婉绝。《醉蓬莱》以黔南"去天尺五,望极神州,万里烟水"④的奇特壮丽景象,反衬自己"万里投荒,一身吊影,成何欢意"⑤的孤寂悲戚,与"虏酒千杯,夷歌百转,迫人垂泪"⑥的沉痛郁闷,感人至深。《采桑子》格调尤为悲愤沉痛。"投荒万里无归路,雪点鬓繁。度鬼门关。已拼儿童作楚蛮。黄云苦竹啼归去,绕荔支山。蓬户身闲。歌板谁家教小鬟。"⑦上片写年迈贬窜,投荒万里,已无生还之望;下片写子规啼叫,悲歌萦耳,更添愁绪。全词创造了凄楚苍凉的意境,读之令人潸然。另如《蓦山溪·稠花乱叶》《青玉案·烟中一线来时路》《点绛唇·浊酒黄花》《画堂春·摩围小隐》等词都堪称贬谪佳制。以词反映谪居生涯肇始于宋人而山谷为最。黄庭坚受李煜抒发亡国之痛的启迪,用词写贬谪的生活境遇和复杂心情,在北宋词史上别开生面,对南宋辛弃疾的闲适词有着直接影响。

黄庭坚还用词抒写家人亲情,如《减字木兰花》三首;用词品诗论文,如《西江月》《南歌子》;用词议论人生,如《木兰花慢》《醉落魄》;甚至以词入禅,如五首《渔家傲》。其他如《木兰花令·黔中士女》描写贵州风俗民情;《踏莎行·画鼓催春》描写采茶、制茶、煎茶、品茶;《木兰花令·黄金捍拨》描绘音乐意境;无不富有新意,有的甚至是首次在词里得到反映。苏轼以诗为词,刘熙载谓其"无意不可入,无事不可言"⑧,黄庭坚接武东坡,其雅词题材亦可作如是观。

其次,黄庭坚反俗之作意境清旷而有瑰奇之姿。夏敬观《手批＜山谷词＞》曾

① (宋)黄庭坚.醉落魄·苍颜华发.黄庭坚全集(第1册):正集卷第13[M].成都:四川大学出版社,2001:340.

② (宋)黄庭坚.定风波·次高左藏使君韵.黄庭坚全集(第1册):正集卷第13[M].成都:四川大学出版社,2001:330.

③ (宋)黄庭坚.南乡子·重阳日宜州城楼宴即席作.黄庭坚全集(第1册):正集卷第14[M].成都:四川大学出版社,2001:389.

④ (宋)黄庭坚.醉蓬莱.黄庭坚全集(第1册):正集卷第13[M].成都:四川大学出版社,2001:352.

⑤ (宋)黄庭坚.醉蓬莱.黄庭坚全集(第1册):正集卷第13[M].成都:四川大学出版社,2001:352.

⑥ (宋)黄庭坚.醉蓬莱·鼠易前词.黄庭坚全集(第1册):正集卷第13[M].成都:四川大学出版社,2001:353.

⑦ (宋)黄庭坚.采桑子.黄庭坚全集(第1册):正集卷第13[M].成都:四川大学出版社,2001:363-364.

⑧ (清)刘载锡.艺概:第4卷[M].上海:上海古籍出版社,1978:108.

谓:"'超轶绝尘,独立万物之表;驭风骑气,以与造物者游',东坡誉山谷之语也。吾于其词亦云。"①夏氏借苏轼对山谷人品气质的评价来品鉴其词,若仅就山谷的反俗之篇而论,是十分确切的。黄庭坚晚年在戎州写了一首《念奴娇》:

> 断虹霁雨,净秋空、山染修眉新绿。桂影扶疏,谁便道、今夕清辉不足?万里青天,嫦娥何处,驾此一轮玉?寒光零乱,为谁偏照醽醁?
>
> 年少随我追游,晚寻幽径,绕张园森木。醉倒金荷家万里,难得樽前相属。老子平生,江南江北,最爱临风曲。孙郎微笑,坐来声喷霜竹。②

作品上片描绘彩虹碧空、山新绿秀、明月寒光等壮丽优美的动人景色,下片抒写同诸甥月下游饮、临风听笛的旷达情怀。全词景象瑰奇清逸,意境澄澈明净,充分表现了词人不以升沉萦怀、不以坎坷为意的倔强性格和宽阔胸襟。宋人"以为可继东坡《赤壁之歌》"③。《水调歌头·瑶草一何碧》以纯洁幽美的意境和飘逸绝尘、高蹈遗世的抒情主人公形象,体现了作者清旷超轶、介然脱俗的情怀,格调与苏轼的《水调歌头》中秋词颇为相近。《蓦山溪·山明水秀》则塑造了一位风操高洁、才华横溢、轶气轩昂的诗人形象,可谓词人生动的自身写照。其《鹊桥仙·次东坡七夕韵》以"清都绛阙,望河汉、溶溶漾漾"④状写天宫浩渺与繁星闪烁之景;《木兰花令》篇中以"峰排群玉森相就,中有摩围为领袖"⑤描写雪后群山素裹玉峰森立相连之状;《诉衷情》以"水寒江静,满目青山,载月明归"⑥表现月下垂钓寒江的恬淡自适之情;《虞美人·至当涂呈郭功甫》以"平生本爱江湖住,鸥鹭无人处。

---

① 夏敬观.手批《山谷词》.转引自龙榆生.唐宋名家词选[M].上海:上海古籍出版社,1980:134.

② (宋)黄庭坚.念奴娇.黄庭坚全集(第1册):正集卷第13[M].成都:四川大学出版社,2001:352.

③ (宋)胡仔.苕溪渔隐丛话后集:第31卷《山谷上》,笔记小说大观(35编2册)[M].扬州:江苏广陵古籍刻印社,1983:231.

④ (宋)黄庭坚.鹊桥仙·次东坡七夕韵.黄庭坚全集(第1册):正集卷第14[M].成都:四川大学出版社,2001:367.

⑤ (宋)黄庭坚.木兰花令.黄庭坚全集(第1册):正集卷第13[M].成都:四川大学出版社,2001:347.

⑥ (宋)黄庭坚.诉衷情.黄庭坚全集(第1册):正集卷第14[M].成都:四川大学出版社,2001:407.

江南江北水云连"①传达倾心自然与有意江湖的隐逸之趣;无不兴象恢宏瑰奇,意境清新壮丽,体现了作者才华超逸的博大胸襟和高雅玉洁的品格。黄庭坚在《跋东坡乐府》中曾称颂苏轼《卜算子·缺月挂疏桐》"语意高妙,似非吃烟火食人语,非胸中有万卷书,笔下无一点尘俗气,孰能至此"②,正透露了黄氏以超轶绝俗为写词高标的审美观,也说明了黄庭坚创作反俗雅词的理想与追求。山谷学习东坡词境,并进而寓人格、品格于词中,终于创造出独特的新境界,所谓"涪翁以惊创为奇才,其神兀傲,其气崛奇,玄思瑰句,排斥冥筌,自得意表"③,正指出了黄庭坚雅词的意韵风神。其后陈与义部分清旷沉雄之作、辛弃疾寓悲愤沉痛于潇洒飘逸之中的闲居之篇、姜白石清刚疏宕而隽逸闲雅之章,均与黄庭坚此类作品一脉相承。

最后,黄庭坚反俗之作调逸语隽而富骚雅之趣。词为应歌而生,始以质朴自然见长。文人染指,一方面自觉或不自觉地保持了民间词通俗自然的传统,一方面又逐渐把词推向了雅化的道路。这种双线发展的趋势如果说在晚唐五代尚不突出的话,那么入宋后则日见明显,而且雅词越来越盛行,雅化的色彩和程度愈来愈浓,愈来愈深。这种现象至苏轼而极显,苏门学士又推而广之。黄庭坚则把江西诗派句法运化入词,加速深化了词的雅化,使作品呈现出格调闲逸而语言隽拔的风貌,更多地体现出文人墨客的儒雅情趣。如《满庭芳·茶》,这首咏茶词上片写茶叶形状、影响和精神品格以及消食、克睡、启思的功能;下片写司马相如觞咏酒醉,以茶析醒,文思愈壮,而晚归不倦。全词构思新颖,作者运用渲染比喻、美人衬托、点化故实等诸种手法,使作品格调浩逸,语言隽拔,字面典雅,意境形象生动,充满了浓厚的文人墨客的骚雅情趣。黄庭坚有十余首咏茶词,艺术构思各异而情形大率类此,有的甚至融入自己的身世之感或寓以个人的品格气质,如写制茶"凤舞团团饼,恨分破、教孤令"④、写品茶"一种风流气味,如甘露、不染尘凡"⑤,即分别寓有孤身贬窜蛮荒和脱世不俗之意。黄庭坚部分词作在炼字、炼

---

① (宋)黄庭坚.虞美人·至当塗呈郭功甫.黄庭坚全集(第1册):正集卷第13[M].成都:四川大学出版社,2001:315.
② (宋)黄庭坚.跋东坡乐府.黄庭坚全集(第2册):正集卷第25[M].成都:四川大学出版社,2001:660.
③ (清)方东树.昭昧詹言:第12卷,黄庭坚全集(第4册):附录5[M].成都:四川大学出版社,2001:2525.
④ (宋)黄庭坚.品令·茶词.黄庭坚全集(第1册):正集卷第13[M].成都:四川大学出版社,2001:350.
⑤ (宋)黄庭坚.满庭芳·茶.黄庭坚全集(第1册):正集卷第13[M].成都:四川大学出版社,2001:322.

句、炼意、炼境诸方面体现出更浓的儒雅情趣,如《满庭芳·修水浓青》《木兰花令·风开水面鱼纹皱》,前者以"浓青""淡绿"写碧水、新柳;用"锦""霜"状鸳鸯、鸥鹭羽色;借"渡"字描绘荷香飘过水面;选"练""鳞"①表述雾霭、薄云之状;无不显示出字句研炼的精深功力,并由此构造出一个清幽秀美的画境,使全词充满了优雅闲逸的色彩和意趣。后首着意描绘动人的初春景色,"风开水面""暖入芳心""晴日弄柳""早梅献笑窥邻""小蜜窃香遗寿"②,展现出一幅幅清新醉人的画面,形象而风趣地写出了初春的盎然生机,意境恬静优美。其"开""入""弄""献""窥""窃""遗"诸字,精警生动而富有情趣,笔力劲峭,极见炼字炼意的匠心与腕力。二词均为写景之篇,表现了作者徜徉山水、陶醉于自然景色的安闲淡泊心境,于清新优美的意境和精警贴切的字句研炼中,显示出高雅闲逸的格调情趣与惊人的状述力。另如"林下猿垂窥涤砚,岩前鹿卧看收帆"③写林泉归隐之趣、"醉送月衔西岭去"④写月下饮酒之景、"蛛丝闲锁晴窗。水风山影上修廊"⑤写居处幽静荒寂之状,无不笔力劲健,韵致骚雅。黄庭坚此类作品下字运意、格调境界都加深了词的雅化程度,至南宋出现的风雅词派,在艺术表现方面无疑接受了山谷的影响。

总之,黄庭坚的"反俗"雅词寄寓着作家的气质和品格,题材广泛,意境奇特,格调高雅,成为北宋词坛独具一格的璀璨明珠而对后世有着深广影响。

第三节　黄庭坚词的艺术境界与影响

《四库全书总目提要》云:"词自晚唐、五代以来,以清切婉丽为宗。至柳永而一变,如诗家之有白居易。至苏轼而又一变,如诗家之有韩愈。遂开南宋辛弃疾

---

① (宋)黄庭坚.满庭芳·修水浓青.黄庭坚全集(第1册):正集卷第13[M].成都:四川大学出版社,2001:325.

② (宋)黄庭坚.木兰花令·风开水面鱼纹皱.黄庭坚全集(第1册):正集卷第13[M].成都:四川大学出版社,2001:346.

③ (宋)黄庭坚.浣溪沙·一叶扁舟卷画帘.黄庭坚全集(第1册):正集卷第14[M].成都:四川大学出版社,2001:405.

④ (宋)黄庭坚.减字木兰花·中秋无雨.黄庭坚全集(第1册):正集卷第14[M].成都:四川大学出版社,2001:379.

⑤ (宋)黄庭坚.画堂春·摩围小隐枕蛮江.黄庭坚全集(第1册):正集卷第13[M].成都:四川大学出版社,2001:315.

等一派。"①柳永恢复了词的通俗性,使词返回民间,获得了充分发展的土壤;苏轼别开天地,扩大词体堂庑和艺术境界,创豪放一派;二家均为主宰词坛的一代巨子,于词发展影响颇巨。黄庭坚沿着柳、苏开创的艺术道路继续拓展,既"随俗"写作俚艳之词,又"反俗"创制高雅之篇,并形成了独特的风格个性。这不仅反映了黄庭坚创作路子的宽广和驾驭语言能力的高超,而且也与他"文章最忌随人后"②的独创精神相一致。清人冯煦谓黄庭坚词"若为比柳,差为得之"③,主要着眼于俚词的内容与语言;宋人王灼说黄庭坚词"学东坡,韵制得七八"④,则侧重于雅词的风貌;但都忽略了黄庭坚词的个性特征。其实,黄庭坚俚词似柳而不同于柳,雅词近苏而有别于苏。黄庭坚学习柳永以俚语入词,甚至"多用俳语,杂以俗谚"⑤,意在以俗为雅,像描写恋人深情相望的情景,表现其爱慕之切:"见来两个宁宁地。眼厮打、过如拳踢"⑥,笔力之瘦硬尖颖,意境之生新奇绝,为柳词所无,故刘熙载称"黄山谷词用意至深,自非小才所能辨"⑦。黄氏学苏,雅词确有苏之清旷风貌,笔力奇崛每过之,但苏词那种对社会人生、宇宙时空的哲理思考却极为鲜见。苏轼以诗为词,已遭訾议,黄氏扩而大之,用江西诗法作词,致有"著腔子唱好诗"⑧之讥。黄庭坚学柳师苏,创作了既对立又统一的两类词作,体现着求新求奇求雅的共同特点,其词亦如其诗,有着鲜明的艺术个性,在中国古代词史上的地位与影响,不容低估。

①　(清)纪昀总纂.四库全书总目提要(第4册):卷198[M].石家庄:河北人民出版社,2000:5449.

②　(宋)黄庭坚.赠谢敞王博喻.黄庭坚全集(第3册):外集卷18[M].成都:四川大学出版社,2001:1304.

③　(清)冯煦.蒿庵论词.唐圭璋编.词话丛编(第4册)[M].北京:中华书局,1986:3586.

④　(宋)王灼.碧鸡漫志:第2卷,唐圭璋.词话丛编(第1册)[M].北京:中华书局,1986:83.

⑤　(清)李调元.雨村词话:第1卷,唐圭璋.词话丛编(第2册)[M].北京:中华书局,1986:1400.

⑥　(宋)黄庭坚.鼓笛令·见来两个宁宁地.黄庭坚全集(第1册):正集卷第13[M].成都:四川大学出版社,2001:360.

⑦　(清)刘载锡.艺概:第4卷[M].上海:上海古籍出版社,1978:108.

⑧　(宋)吴曾.能改斋词话:第1卷,唐圭璋编.词话丛编(第1册)[M].北京:中华书局,1986:125.

第九章

黄庭坚的散文及其人文精神

　　"文章为国器"①,所谓"经国之大业,不朽之盛事"②,它既是制定方略、表达思想、抒发情感、探讨学术、反映和体现胆识、学养、品格与艺术境界的重要载体,又是治理国家、统一思想、参政、议政、施政的重要手段,同时也是传播精神文明、推进文化建设和促进人类进步的重要途径。在中国封建社会,文章是学子士林的必修课和基本功,更是跻身仕途、治国理政、经世济民和实现理想抱负的重要手段。

　　宋代是中国封建文明和封建文化发展的鼎盛期,也是中国古代散文发展的巅峰期。黄庭坚作为北宋中叶具有强烈创新意识和极富创造力的全才型、通才型文化巨擘,其在文学和艺术的各个领域几乎都有精深的造诣与卓著的建树。然而,长期以来,人们关注和研究的热点、焦点,大都集中在他的诗歌和书法方面,鲜见散文方面的研究成果。其实,黄庭坚的散文正如他的诗歌和书法一样,具有重要的文化意义、文学意义和重大的创新意义、美学意义,不仅是中国古代文学宝库中的精品,而且是极为珍贵的中国古代文化史料库。这些散文,既具有丰富深厚的文化内涵,又充满积极健康的人文精神,是一笔巨大的亟待开发研究的文学遗产、文化遗产和精神财富。本章拟就黄庭坚的散文及其人文精神略做探讨。

第一节　现存黄庭坚散文的数量统计

　　任何研究,都必须明确研究对象的基本情况。研究山谷散文也必须首先搞清

---

① (宋)黄庭坚.答陈敏善[M]//黄庭坚全集(第2册):正集第19卷.成都:四川大学出版社,2001:493.

② (魏)曹丕.典论·论文[M]//(清)严可均.全上古三代秦汉三国六朝文.北京:中华书局,1958:1098.

其作品数量。

　　黄庭坚是一位勤奋刻苦、严谨认真、诗文兼擅的文学巨匠和多产作家,他在创作大量追古冠今、绝出高妙诗篇的同时,也创作了大量辉前烛后、格韵高雅的各体散文。其当时,"一文一诗出,人争传诵之,纸价为高"①。南宋初,黄庭坚之甥洪炎编辑《豫章黄先生退听堂录》,收入诗文1343篇,而散文居其半;淳熙间黄庭坚裔孙黄子耕"博求散亡,得八百六十八首"②,成《豫章黄庭坚全集别集》二十卷,其中各体散文占了九成以上,而诗词不足八十首;由此可见其散文创作数量之丰富。但由于年代久远,流传至今的散文作品只是其创作的一部分。现根据四川大学出版社2001年5月出版的《黄庭坚全集正集》(刘琳、李勇先、王蓉贵校点)将迄今为止能够见到的山谷传世散文文本数量统计如下表:

黄庭坚传世散文文本数量统计表

文体	正集	外集	别集	续集	合计	备注
赋	17	10	2	0	29	
序	12	0	3	4	19	
记	28	0	18	23	69	
书简	76	31	777	318	1202	
论	3	0	0	0	3	
表状	15	0	25	1	41	
传	1	0	0	0	1	
策	0	0	3	0	3	
碑	2	0	0	2	4	
铭	82	0	22	2	106	
赞	79	0	16	6	101	
颂	90	0	30	7	127	
字说	27	0	23	2	52	
题跋	311	27	204	61	603	

---

① (宋)佚名.豫章先生传[M]//黄庭坚全集(第4册):附录1.成都:四川大学出版社,2001:2362.

② (宋)黄㽦.豫章黄先生别集跋[M]//曾枣庄,刘琳主编.全宋文(第283册):第6434卷.上海:上海辞书出版社;合肥:安徽教育出版社,2006:347.

续表

文 体	正 集	外 集	别 集	续 集	合 计	备 注
杂著	8	54	52	6	120	
祭文	23	0	16	0	39	
墓表	39	22	22	0	83	
总计	813	144	1213	432	2602	

由上表可知,黄庭坚创作了近二十种体裁的散文,流传到现在的作品达二千六百多篇,其中"书启"即书信数量最多,有一千二百多篇,占现存散文总量的46%,几近一半;其次是题跋,有六百多篇,约占总量的1/4;赞、颂、铭一类篇什也在三百篇以上;而最少的则是"传",仅有一篇。

应当说明的是,黄庭坚尚有日记223篇,即其《宜州乙酉家乘》,若与上表中的数量合而计之,则山谷现存散文在2800篇以上,是其现存诗歌总量(1900多首)的1.5倍。这个数字虽然比不上苏轼传世的散文数量(4349篇),但却比唐宋八大家的其他七家都多得多:

唐宋散文八大家传世作品数量统计表

作家名字	作品数量	本集名称	所据版本	备 注
韩愈	361	韩昌黎全集	中国书店 1991 年 6 月据 1935 年世界书局本影印	
柳宗元	522	柳宗元全集	中华书局 1979 年 10 月出版校点本	
欧阳修	2416	欧阳修全集	北京市中国书店 1986 年 6 月版	以目录中的题目计算
苏洵	106	嘉祐集笺注	曾枣庄、金成礼笺注,上海古籍 1993 年 3 月版	
王安石	1332	王安石全集	沈卓然重编本、大东书局"中华民国"二十五年四月三版	包括辑佚
曾巩	799	曾巩集	陈杏珍、晁继周点校,中华书局 1984 年 11 月版	包括佚文
苏轼	4349	苏轼文集	孔凡礼点校,中华书局 1992 年 9 月出版	据目录检核
苏辙	1220	苏辙集	陈宏天、高秀芳点校本,中华书局 1990 年 8 月版	包括辑佚
说 明	苏轼作品,据孔凡礼《苏轼佚文汇编弁言》称"见于《苏轼文集》者,凡三千八百余篇、佚文四百余篇",两项合计四千二百余,与表中数目略有不同。			

由表显见,黄庭坚传世散文数量虽稍逊苏轼,却多于欧阳修,是韩愈的 7.8 倍、柳宗元的 5.4 倍、苏洵的 26.4 倍、王安石的 2.1 倍、苏辙的 2.3 倍、曾巩的 3.5 倍。当然,这里只是数量对比。一般来说,数量是反映质量的重要参数。黄庭坚散文创作的数量从一个侧面说明了他在散文方面所倾注的心血。

第二节　前人视野中的黄庭坚散文

黄庭坚以诗名世,他把宋代诗歌推向高雅化、文人化的艺术顶峰,在艺术表现方面几乎发展到近于极致的程度,苏轼推许,士林称扬,学者景从,陈师道至"一见黄豫章,尽焚其稿而学焉"①,遂成江西一派,影响之广之大之深,苏轼而外,实罕其匹,而散文成就竟为诗名所掩。尤其近代以来,学人极少关注和研讨山谷散文,令人遗憾。其实,黄庭坚的文章功力、创作水平和总体成就并不逊于诗。他认为"文章为国器"②,因此非常重视散文的写作,态度严谨,功力深厚,故其散文作品自当时起即受到学界与士林的普遍关注和赞誉而广为传播。

黄庭坚本人认为自己的散文就整体而言,其成就逊色于前贤;就某些文体而言,亦未能度越时辈。山谷《写真自赞》称"文章不如司马、班、扬"③,这种同前贤的纵向比较,一方面说明黄庭坚创作散文,是将汉代司马迁、班固和辞赋大家扬雄作为楷模,标准甚高、要求甚高;另一方面说明山谷对散文创作高度重视的态度。其在《论作诗文》中又说:

> 余自谓作诗颇有自悟处,若诸文亦无长处可过人。予尝对人言:"作诗在东坡下,文潜、少游上;至于杂文,与无咎等耳。"④

张文潜、秦少游、晁无咎与黄庭坚当时号称"苏门四学士"。这是与时贤比较

---

① (宋)陈师道.答秦觏书[M]//黄庭坚全集(第4册):附录5.成都:四川大学出版社,2001:2478.

② (宋)黄庭坚.答陈敏善[M]//黄庭坚全集(第2册):正集第19卷.成都:四川大学出版社,2001:493.

③ (宋)黄庭坚.写真自赞五首(其三)[M]//黄庭坚全集(第4册):正集第22卷.成都:四川大学出版社,2001:560.

④ (宋)黄庭坚.论作诗文(五)[M]//黄庭坚全集(第3册):别集卷第11.成都:四川大学出版社,2001:1686.

文学创作的艺术成就,其诗姑且置之不论,此处的"杂文"即是指各体散文。山谷自言其散文成就与晁无咎等,乃是一种谦虚的说法。有学者认为山谷此处自评"是比较符合实际的"①,若就诗歌而论,诚然不错;至于散文,则不尽然。晁无咎字补之,有《鸡肋集》三十卷传世。其散文《新城游北山记》曾得时贤褒扬。八十年代,笔者在刘乃昌师指导下作《晁氏琴趣外篇·晁叔用词》校注②时,曾细读《鸡肋集》,集中散文虽有一定特色,但无论就其总体成就、创作数量还是就当时和后世产生的影响,显然都不可能与山谷同日而语,所谓"与无咎等耳"实乃自谦。

黄庭坚又有《与秦少章书》,中云:

> 庭坚醉心于诗与楚辞,似若有得,然终在古人后。至于议论文字,今日乃当付之少游及晁、张、无已。③

这段文字的要点是说秦少游、晁补之、张耒、陈师道的议论散文比自己写的好。笔者以为,此处山谷所言"议论文字"乃是指诸如评论历史、议论时政或建言治国方略、献策朝廷之类的政治性、现实性和应用性较强的文章。这类文章在现存的山谷全集中的确少见,而在秦、晁、张、陈的文集中却有不少这样的篇什,有的还曾为时人称道。若就此而言,山谷的自评是实事求是的。南宋韩淲《涧泉日记》卷下有这样的记载:

> 邹德久道山谷语云:庭坚最不能作议论之文,然每读欧阳公、曾子固议论之文,决知此人冠映一代。公试观此两人文章合处以求体制,当自得之。言语固是学者之末,然行已之余,既贤于杂用心,亦便当以古人为准,要使体制词气不病耳。④

细味该段文字,可推知乃后学请教黄庭坚如何作议论文字时的谈话。所谓"最不能作议论文字",乃非不能也,实不为也。欧阳修、曾巩俱为文章名家,尤擅

---

① 黄庭坚全集·前言.黄庭坚全集(第1册)[M].成都:四川大学出版社,2001:7.
② 刘乃昌,杨庆存.晁氏琴趣外篇·晁叔用词[M].上海:上海古籍出版社,1991.
③ (宋)黄庭坚.与秦少章观书[M]//黄庭坚全集(第2册):正集第19卷.成都:四川大学出版社,2001:483.
④ (宋)韩淲.涧泉日记:卷下,黄庭坚全集(第4册):附录5[M].成都:四川大学出版社,2001:2475-2476.

议论,名篇隽章,广为传颂。黄庭坚以之为模范,指导后学,且要求"合处以求体制""使体制词气不病",这本身就说明论者深有研究。何况在以策问取士的宋代,黄庭坚通过科举进入仕途,没有深厚坚实的议论文字功底,通过乡试、省试和殿试是很难想象的。黄庭坚在《与洪驹父书》中还说:"学作议论文字,更取苏明允文字读之。古文要气质浑厚,勿太雕琢"①,可知其深谙此道。其实,山谷全书中的散文,大都是论诗、论学、论文、论道、论人、论事、论史、论艺之类的议论文字,而且大都有以短小精辟、生动深刻见长。黄庭坚不作政治性很强的长篇议论文字,与当时所处激烈复杂的党争环境以及个人操守观念不无关系。

黄庭坚散文在当时即得到师友同侪的高度关注和高度评价。其中尤以苏轼的称扬最具权威性和代表性。苏轼元丰二年《答黄鲁直》书,叙述首次见到山谷诗文即"耸然异之",且以"精金美玉"②相喻;元祐间《举黄庭坚自代状》又以"瑰玮之文,妙绝当世"③称誉;其《书黄鲁直诗后二首》则言"鲁直诗文,如蜻蜓、江瑶柱,格韵高绝"。④

苏门学士对黄庭坚散文也艳羡不已。秦观于元丰三年读黄庭坚《焦尾集》《敝帚集》,认为"文章高古,邈然有二汉之风。今时交游中,以文墨自业者,未见其比"⑤;晁补之《书鲁直题求父扬清亭诗后》谓山谷文字"致思高远"⑥。另如释惠洪称叹山谷"藻万物以妙语,而应手生春"⑦;写于黄庭坚逝世后不久的《豫章先生传》甚至认为"山谷自黔州以后,句法尤高,笔势放纵,实天下之奇作,宋兴以来一人而已。"⑧这里并非仅就黄庭坚的诗歌而言,其中自然也包括散文。即使在元祐

① (宋)黄庭坚.与洪驹父书(其二)[M]//黄庭坚全集(第3册):外集第21卷.成都:四川大学出版社,2001:1366.

② (宋)苏轼.答黄鲁直五首(一)[M]//孔凡礼点校.苏轼文集(第4册):第52卷.北京:中华书局,1986:1531–1532.

③ (宋)苏轼.举黄庭坚自代状[M]//孔凡礼点校.苏轼文集(第2册):第24卷.北京:中华书局,1986:714.

④ (宋)苏轼.书黄鲁直诗后二首(其二)[M]//孔凡礼点校.苏轼文集(第5册):第67卷.北京:中华书局,1986:2122.

⑤ (宋)史容.山谷外集诗注引[M]//黄庭坚全集(第4册):附录3.成都:四川大学出版社,2001:2412.

⑥ (宋)晁补之.书鲁直题求父扬清亭诗后[M]//黄庭坚全集(第4册):附录3.成都:四川大学出版社,2001:2464.

⑦ (宋)释慧洪.山谷老人赞[M]//黄庭坚全集(第4册):附录3.成都:四川大学出版社,2001:2465.

⑧ (清)沈德潜.乾隆重刻黄文节公全集序[M]//黄庭坚全集(第4册):附录3.成都:四川大学出版社,2001:2393.

党禁时期,黄庭坚的文章依然受到人们的普遍珍爱。

南宋时期,元祐党禁解除,学者广辑黄庭坚遗文,重编、重刻、重印各种山谷文集蔚成风气,"江、浙、闽、蜀间亦多善本"①,山谷文集不仅有《黄庭坚全集正集》《黄庭坚全集外集》《黄庭坚全集别集》《续集》,而且还有诸如《山谷老人刀笔》《山谷题跋》《山谷尺牍》之类专门的散文集面世,黄庭坚散文流布越来越广,此真乃"诗文遍天下"②,而评论黄庭坚诗文则愈实、愈深、愈透。如洪炎《豫章黄先生退听堂录序》云:

> 大抵鲁直于文章天成性得,落笔巧妙,他士莫逮,而尤长于诗。其发源以治心修性为宗本,放而至于远声利、薄轩冕,极其致,忧国爱民,忠义之气蔼然见于笔墨之外。③

是已涉及作品本身、作者本意、境界效果等多方面的探讨。

宋代之后,虽扬唐抑宋思潮渐起,而学林士子依然对黄庭坚文章钟爱有加。如元代刘壎《隐居通议》卷18谓"山谷诗律精深,是其所长,故凡近于诗者无不工,如古赋、与夫赞铭有韵者,率入妙,他如记序散文,则殊不及也"④;明代何良俊《四友斋丛说》卷23称:"苏东坡才气浩瀚,固百代文人之雄。然黄山谷之文,蕴藉有趣味,时出魏晋人语,便可与坡老并驾。而其所论读书作文,又诸公所未到。余时出其妙语,以示知者"⑤;张有德《宋黄太史公集选序》亦云:"鲁直文故稍逊子瞻,而清举拔俗,亦自蕴蕴。书尺题赞,大言小语,韵致特超。禅臻悟境,词著胜情"⑥;清代盛炳纬《光绪重刻黄文节公全集序》则说山谷"以诗鸣世,文虽不如苏子瞻,而遣词隶事,光焰万丈"⑦。

---

① (宋)魏了翁.黄太史文集序[M]//黄庭坚全集(第4册):附录3.成都:四川大学出版社,2001:2383.

② (宋)黄𪩘.山谷年谱序[M]//黄庭坚全集(第4册):附录3.成都:四川大学出版社,2001:2382.

③ (宋)洪炎.豫章黄先生退听堂录序[M]//黄庭坚全集(第4册):附录3.成都:四川大学出版社,2001:2380.

④ (元)刘壎.隐居通议(第3册):第18卷[M].北京:中华书局,1985:191.

⑤ (明)何良俊.四友斋丛说:卷23[M].上海:上海古籍出版社,2012:150.

⑥ (明)张有德.宋黄太史公集选序[M]//黄庭坚全集(第4册):附录3.成都:四川大学出版社,2001:2407.

⑦ (清)盛炳纬.光绪重刻黄文节公全集序[M]//黄庭坚全集(第4册):附录3.成都:四川大学出版社,2001:2403-2404.

　　毋庸讳言,对于黄庭坚散文的成就,前人也有不同认识。陈善《扪虱新话》卷1载陈师道所言"黄鲁直短于散语"①;朱熹以为"山谷善叙事情,叙得尽,后山叙得较有疏处。若散文,则山谷大不及后山"②;罗大经《鹤林玉露》丙编卷2:"山谷诗骚妙天下,而散文颇觉琐碎局促"③……诸如此类的评论,虽然未必十分确切,若就某一层面或某一点而言,倒也不无根据。若言山谷"长于诗歌",相对而言则"短于散语"亦不错;陈师道曾瓣香曾巩,于散文用功颇深,亦深谙文章规范,且当时有散文名篇流传,朱熹说"山谷大不及后山"④也并非无据。至于罗大经"琐碎局促"之感觉,大约是因山谷散文体裁、体制和篇幅以简短、精炼居多,长篇议论或者长篇记叙文字较少。

　　宋代张嵲作《豫章集序》称,"鲁直诗文,誉者或过其实,毁者或损其真,皆非真知鲁直者,或有所爱憎而然也。大抵鲁直文不如诗……至其文,则专学西汉,惜其才力褊局,不能汪洋越趋。如其纪事立言,颇时有类处……至其为《黄夫人碑》,文似左氏,辞似屈原,可以阔步古今矣。虽使柳柳州复生,不能出其右也。"⑤此论除"才力褊局"说失当外,大体近之。

　　总而言之,前人对于山谷散文的创作成就,给予了高度的评价和充分的肯定,同时也指出了其不足。前人(包括黄庭坚本人)对于山谷散文的评论见仁见智,概括起来有三大特点:一是大都将其散文与诗歌作为一个艺术整体进行评论,或在二者的对比中定位其散文的成就;二是大都将其与同时代作家的散文进行横向比较,在比较中定位;三是宏观的、整体的、全面的评论较少,而具体作品的评点较多。但是,无论是宏观层次的感觉还是微观方面的评点,往往给人以只见树木、不见森林的印象,重表象而轻原因,既缺乏一定的系统性和全面性,又缺乏一定的理论高度和历史深度。造成这种状况的根本原因,大约是对山谷散文缺乏系统全面、科学客观和实事求是的考察研究。

---

① (宋)陈善.扪虱新话(第1册):第1卷[M].北京:中华书局,1985:5.
② (宋)朱熹.朱子语类[M]//(宋)黎靖德编;杨绳其,周娴君校点.朱子语类(第4卷):第140卷.长沙:岳麓书社,1997:3010.
③ (宋)罗大经.鹤林玉露:丙编卷2[M]//黄庭坚全集(第4册):附录5.成都:四川大学出版社,2001:2468.
④ (宋)朱熹.朱子语类[M]//(宋)黎靖德编;杨绳其,周娴君校点.朱子语类(第4卷):第140卷.长沙:岳麓书社,1997:3010.
⑤ (宋)张嵲.豫章集序[M]//黄庭坚全集(第4册):附录3.成都:四川大学出版社,2001:2383.

第三节　黄庭坚散文的分类考察

张孝祥《跋山谷贴》云："豫章先生孝友文章,师表一世,咳唾之余,闻者兴起,况其书又入神品,宜其传宝百世。"①此跋从人品、文章和书法艺术诸角度高度评价黄庭坚散文,也揭示了黄庭坚散文传世众多的一个重要原因。黄庭坚散文创作数量丰富,而且体裁多种多样。下面仅就其成就突出者分别考察。

一、黄庭坚之赋

赋为散文,笔者已有详论②,此不赘述。黄庭坚之赋,颇受学人关注,今存29篇,为人称道者几居其半。黄庭坚曾指导王直方作赋云："作赋须要以宋玉、贾谊、相如、子云为师,略依仿其步骤,乃有古风。老杜《咏吴生画》云:'画手看前辈,吴生远擅场'。盖古人于能事不独求跨时辈,须要于前辈中擅场耳"③。所谓"须要于前辈中擅场",即是要求超越前人,可知黄庭坚作赋,标准高、要求高。其《答曹荀龙》谓"作赋要读《左氏》《前汉》精密,其佳句善字,皆当经心,略知某处可用,则下笔时,源源而来矣"④。今观其赋,确有其独到处,如重立意、重境界、重情感、重寓理,不唯文字优美,而且格韵高雅。

写于元祐八年的《江西道院赋》⑤最为人称道。该赋以序破题,交待江西好打官司而以"终讼为能"的恶习与筠州太守柳子宜"新燕居之堂"为"江西道院",表明筠州无此恶习,"以鼓舞其国风"。赋从地域风俗文化之不同写起,赞扬柳子宜为政"忧民之忧""乐民之乐""仁形于心",提出为政"简静""平易"的主张,所谓"简静则民肃","平易则民亲"。全文以议"政"为纲、以议"俗"为线,突出"人

---

① （宋）张孝祥. 跋山谷贴［M］//黄庭坚全集（第4册）:附录5. 成都:四川大学出版社,2001:2468.

② 杨庆存. 中国古代散文研究的范围与音乐标界的分野模式［J］. 文学遗产,1997（6）:5－16.

③ （宋）黄庭坚. 王立之承奉［M］//黄庭坚全集（第2册）:正集第19卷. 成都:四川大学出版社,2001:409.

④ （宋）黄庭坚. 答曹荀龙（其二）［M］//黄庭坚全集（第2册）:正集第19卷. 成都:四川大学出版社,2001:495.

⑤ （宋）黄庭坚. 江西道院赋［M］//黄庭坚全集（第1册）:正集第12卷. 成都:四川大学出版社,2001:296－297.

事",称扬友人,构思巧妙,语言古朴。金人王若虚认为此赋"最为精密"①;元代刘埙则从赋史角度评论该文的意义,以为此赋一出,"而后以高古之文,变艳丽之格,六朝赋体,风斯下矣"②,可见评价之高。

如果说上述《江西道院赋》是称颂友人为政有道的话,那么,以下两篇则是赞扬友人修身有方。元丰三年,黄庭坚赴任太和县,于道中为友人萧济父写了《休亭赋》③。序从友人萧济父"归教子弟""筑亭高原"乞文为铭写起,交代作赋原因;赋文则从议论宇宙万事万物的"一轨"与"并驰"谈起,进而深入谈论人间的"事时"与"世智",以为"众人休乎得所欲,士休乎成名,君子休乎命,圣人休乎物",盛赞友人萧济父"居今而好古""强学以见圣人,而休乎万物之祖"的人生态度。与此篇相类似的《寄老庵赋》④,是黄庭坚为其岳父孙莘老所作。该赋写宇宙无限而人生有限的自然规律,称扬孙莘老"超世而不避世"的人生态度,预言其虽"鹑居"老庵,将"对万世而德不孤"。二篇均由小而言大,因事而言理,通达而有气势。

《苏李画枯木道士赋》《东坡居士墨戏赋》是两篇谈论书画艺术的作品,但是,作者并没有就书画论书画,而是睹物思人、怀人、论人,以虚写实,大处着笔,意趣、情趣和理趣更为浓厚。前者叹羡作画人苏轼品德高尚、文章高妙、画技高超,所谓"商略终古""虎豹之有美,不雕而常自然""滑稽于秋兔之颖,尤以酒而能神"⑤,突出了作画者的品质素养和个性特点,给读者留下了极大的想象空间。后者则称叹苏轼"笔力跌宕于风烟无人之境",所谓"天才逸群,心法无轨,笔与心机,释冰为水"⑥,读之令人生无限敬慕。黄庭坚元祐三年在秘书省所写的《刘明仲墨竹赋》⑦则先从作画之人的气质、素养和性格谈起:"子刘子山川之英,骨毛粹清。用意风尘之表,如秋高月明。游戏翰墨,龙蛇起陆";然后描述其画称,"尝其余巧,顾作二竹。其一枝叶条达,惠风举之。瘦地筼筜,夏篁解衣。三河少年,禀生巢刚,

① (金)王若虚.滹南遗老集(第3册):第37卷[M].北京:中华书局,1985:234.
② (元)刘埙.隐居通议(第1册):第5卷[M].北京:中华书局,1985:50.
③ (宋)黄庭坚.休亭赋[M]//黄庭坚全集(第1册):正集第12卷.成都:四川大学出版社,2001:295-296.
④ (宋)黄庭坚.寄老庵赋[M]//黄庭坚全集(第1册):正集卷12.成都:四川大学出版社,2001:294-295.
⑤ (宋)黄庭坚.苏李画枯木道士赋[M]//黄庭坚全集(第1册):正集卷12.成都:四川大学出版社,2001:298.
⑥ (宋)黄庭坚.东坡居士墨戏赋[M]//黄庭坚全集(第1册):正集卷12.成都:四川大学出版社,2001:299.
⑦ (宋)黄庭坚.刘明仲墨竹赋[M]//刘尚荣校点.黄庭坚诗集注(第3册):山谷外集诗注卷1.北京:中华书局,2003:739-741.

春服楚楚,侠游专场。王谢子弟,生长见闻,文献不足,犹超人群。其一折干偃蹇,斫头不屈。枝老叶硬,强项风雪。廉蔺之骨成尘,凛凛锋有生气。虽汲黯之不学,挫淮南之锋于千里之外",用一系列的典故和拟人化的手法生动地描述墨竹的风神气貌;其后又巧妙地利用赋体的对话方式评论其画技高妙:"吾子于此,可谓能矣。犹有修篁之岁晚,枯卉之发春。少者骨梗,老而日新。附之以倾崖磐石,摧之以冰霜斧斤。第其曾高昭穆,至于来昆仍云。……世之工人,或能曲尽其形,至于其理,非高人逸才不能辨";最后收笔于言理:"妙万物以成象,必其胸中洞然"。全文由人及画,由画及理,层层深入,严密有序,生动典雅,构思巧妙。

黄庭坚的咏物赋也都深有寓意,深有趣味。如《苦笋赋》写苦笋"钟江山之秀气","甘脆惬当,小苦而反成味;温润缜密,多吃而不疾人"的特点,并由此引出"苦而有味,如忠谏之可活国;多而不害,如举士而皆得贤"①;《煎茶赋》由煎茶而引出"大匠无可弃之材,太平非一士之略"②的见解;元符二年在戎州写成的《对青竹赋》称赞青竹之美"以节不以文""贵之则律吕汗简,贱之则箕帚蒸薪。唯所逢遭,尽于斧斤"③,以竹写人,以竹自喻;无不意蕴深厚,耐人寻味。其中尤以《木之彬彬》最为杰出。此赋实际上是由议论历史上曹操所礼遇的杨修、孔融和祢衡三人遭遇而发,其序言之甚明。作者由自然界之草木而及社会之人事,由历史而议论人生,谈人生之哲理,讲做人应谦虚谨慎、慎言慎行,至简至深至明。如云:"知(智)人之所不言,其忌深矣""知微者兵在其颈,求福者褚藏其颖""是非之歧,利害薰蒸""巧于辨人,拙于自辨""积小不当,是以亡其大当""祸集于所忽,怨栖于荣名"④,无不深刻精警,发人沉思。

由上可知,黄庭坚之赋与铺张扬厉的汉代大赋有所不同,而在六朝发展起来的抒情小赋的基础上创造和发扬了自己独特的个性,如果说欧阳修《秋声赋》、苏轼《赤壁赋》等都还保留着汉魏六朝时期赋的问答体式而表现出较浓的有意为文因素的话,那么,在黄庭坚的作品中已经很少看到这种情形而体现出更多、更浓、更重的古文色彩,即文赋的特点。

---

① (宋)黄庭坚.苦笋赋[M]//黄庭坚全集(第1册):正集卷12.成都:四川大学出版社,2001:304.

② (宋)黄庭坚.煎茶赋[M]//黄庭坚全集(第1册):正集卷12.成都:四川大学出版社,2001:303.

③ (宋)黄庭坚.对青竹赋[M]//黄庭坚全集(第1册):正集卷12.成都:四川大学出版社,2001:301.

④ (宋)黄庭坚.木之彬彬[M]//黄庭坚全集(第1册):正集卷12.成都:四川大学出版社,2001:305.

二、黄庭坚之序

黄庭坚今存序文 71 篇,其中文集序 19 篇、字序(字说)52 篇,数量虽不为富而质量和创新程度颇高。明代何良俊云:"山谷文,如《赵安国字序》《杨概字序》二篇,似知道者,岂寻常求工于文词者可得窥其藩篱哉。其他如《训郭氏三子名字序》,又《王定国论文集序》与《小山集序》《宋完字序》《忠州复古记》,皆奇作也"①,对黄庭坚创作的各体序文中的具体作品给予了高度评价。

序,作为一种文体,滥觞于两汉,发展于魏晋,兴盛于李唐而变化于赵宋。传孔安国《尚书·序》称"序,所以为作者之意"②,大体昭示了序的功能。约成于汉代的《毛诗序》《史记·太史公自序》《汉书·叙传》,扬雄《法言序》等,大都立足全书,进行宏观的阐释申述,或者兼及作者自身,是为常式。其后又有文集序、赠送序、燕集序、字序(解释人的名字)、杂序(事、物序)等相继问世。唐宋时期是序体散文的昌盛期,作品繁富,名篇迭出。唐代赠序兴盛而宋代书序发达。书序本为序体正宗,汉以后不绝如缕,惜无大的发展,名家如韩愈,集中竟无一篇书序,这就为宋人留下了开拓的空间(当然,这与书籍制度的发展有着直接关系)。而黄庭坚序作的主要创新特征有四点:一是将表现主体和表现重心由"书"转移到"人";二是文学色彩强化——抒情性与描写性骤增;三是视野开阔,注重宏观审视和发展规律的探寻;四是向议论化、理论化延伸。

《小山集序》是为人称道的佳作之一,此序一反申述作者之意或将"书"作为表现重心的写法,而将介绍晏几道的为人与性格作为主体:

> 晏叔原,临淄公之莫子也,磊隗权奇,疏于顾忌。文章翰墨,自立规摹。常欲轩轾人,而不受世之轻重。诸公虽爱之,而又以小谨望之,遂陆沉于下位。平生潜心六艺,玩思百家,持论甚高,未尝以沽世。余尝怪而问焉,曰:"我蹒跚勃窣,犹获罪于诸公,愤而吐之,是唾人面也。"乃独嬉弄于乐府之馀,而寓以诗人句法,清壮顿挫,能动摇人心。士大夫传之,以为有临淄之风尔,罕能味其言也。
>
> 予尝论:"叔原固人英也,其痴亦自绝人。"爱叔原者皆愠,而问其目,曰:"仕宦连蹇,而不能一傍贵人之门,是一痴也;论文自有体,不肯一作新进士

---

① (明)何良俊.四友斋丛说:卷 23[M].北京:中华书局,1959:206.
② (梁)萧统编.(唐)李善注.文选[M].北京:中华书局,1977:638.

语,此又一痴也;费资千百万,家人寒饥,而面有孺子之色,此又一痴也;人百负之而不恨,已信人,终不疑其欺己,此又一痴也。"乃共以为然。

虽若此,至其乐府,可谓狭邪之大雅,豪士之鼓吹。其合者《高唐》《洛神》之流,其下者岂减《桃叶》《团扇》哉。①

《小山集》是晏几道的乐府词集,作为当时词坛的婉约名家,晏几道的作品脍炙人口,很受欢迎。但该序并没有将"书"作为表现的重心,详细介绍词集的内容特点,而是重笔浓墨,介绍晏几道的身世(为宰相晏殊之子)、为人性格、创作特点及其平生境遇,突出其性情之"痴",强调其独到之处和艺术效果,所谓"自立规摹""寓以诗人句法","论文自有体,不肯一作新进士语","清壮顿挫,能动摇人心"。其在艺术构思上采取叙述与对话相结合的形式,平实活泼,生动有趣,既有浓厚的文学色彩,又具史家之笔法,尤为精妙独特。

写于元符三年的《庞安常伤寒论后序》②则"著其行事以为后序",以五分之四的篇幅介绍著作人医道"名倾江淮"的影响、少年时"为气任侠""无所不为"的性格、中年"闭户读书""综缉百家之言"而"每用以视病"的苦学善用精神,以及治病"不择贵贱贫富""爱其老而慈其幼""轻财如粪土而乐义,耐事如慈母而有常"的高尚医德,而对论著本身只以"多得古人不言之意"数语评介。但读者由著者之行事、品质已足可相信其价值。

《王定国文集序》《毕宪父诗集序》也都是侧重表现著作者本人。前者先写王氏"洒落有远韵"的气质、"夺官流落岭南"的遭遇及"更折节,自刻苦,读诸经"的精神,次写"其作诗及它文章,不守近世师儒绳尺,规摹远大,必有为而后作,欲以长雄一世。虽未尽如意,要不随人后"③,突出了其为文特点,称赞其创新精神,这些都是着眼于著作之"人";后者则先写序者与诗人的交往、诗集编辑经过,最后指出"今观公诗,如闻答问之声,如见待问之来"④,具有很强的抒情性,而被表现的主体依然是著作"人"。《胡宗元诗集序》起笔于人之境遇与诗歌创作的关系,并

---

① (宋)黄庭坚.小山集叙[M]//黄庭坚全集(第1册):正集卷15.成都:四川大学出版社,2001:413.

② (宋)黄庭坚.庞安常伤寒论后序[M]//黄庭坚全集(第1册):正集卷15.成都:四川大学出版社,2001:414-415.

③ (宋)黄庭坚.王定国文集序[M]//黄庭坚全集(第1册):正集卷15.成都:四川大学出版社,2001:412.

④ (宋)黄庭坚.毕宪父诗集序[M]//黄庭坚全集(第1册):正集卷15.成都:四川大学出版社,2001:411-412.

以"候虫""涧水""金石丝竹"为喻,谈论诗歌类型,然后落笔到胡宗元其人其学其诗,所谓"好贤而乐善,安土而俟时",称叹其诗"遇变而出奇,因难而见巧"①,切入点还在于"人"。

上述各篇都将"人"作为表现的主体,以表现著书之人为重心,充分体现了中国古代"知人论世"的优良传统。以下各篇则以议论说理见长。如《道臻师画墨竹序》议论吴道子作画"得之于心也,故无不妙"、张长史草书"用智不分也,故能入于神",提出"欲得妙于笔,当得妙于心"②;《杨子建通神论序》开端即言"天下之学,要之有所宗师,然后可臻微入妙",其下由"六经之旨"谈到"文章之工",再及"神农、黄帝、岐伯、雷公之书""《本草》《素问》之意"③;无不议论切当,视野开阔。

黄庭坚字说、字序52篇,多有深意和新意而洗去俗气,如《训郭氏三子名字说》"忠信者,事之基也,有忠信以为基,而济之以好问强学,何所不至哉"④即其一例,此不赘述。

三、黄庭坚书简

书简即书信,又称书、书启、简牍、尺牍等,是一种实用性和应用性很强的文体。在古代,它是亲友间交流情感、传达信息的主要方式和重要手段。宋代之前,就有如李斯《谏逐客书》、司马迁《报任安书》一类影响极大、脍炙人口的名篇,然而人们一般很少将写信视为文学创作,也很少有人像创作诗歌、散文那样精心写作书信。宋代学人丰富深厚的学养和认真严谨的写作态度,极大地提高了这种应用文体的文学品位和美学价值,使书信成为散文家族的大宗。而黄庭坚书简尤其为人称道,以至被人们单独编辑成书,当作学习的范本,如《山谷刀笔》《山谷尺牍》《山谷老人刀笔》等。山谷现存书简达1200篇以上,几近其传世散文的一半,数量大,质量高,影响广。

传达友情、亲情是书信常式,黄庭坚书简这类内容最多,且感情纯真深厚、文字或朴实或典雅,因人而异。

① (宋)黄庭坚.胡宗元诗集序[M]//黄庭坚全集(第1册):正集卷第15.成都:四川大学出版社,2001:411.

② (宋)黄庭坚.道臻师画墨竹序[M]//黄庭坚全集(第1册):正集卷第15.成都:四川大学出版社,2001:416.

③ (宋)黄庭坚.杨子建通神论序[M]//黄庭坚全集(第3册):别集卷第2.成都:四川大学出版社,2001:1487.

④ (宋)黄庭坚.训郭氏三子名字说[M]//黄庭坚全集(第2册):正集卷第24.成都:四川大学出版社,2001:625.

　　黄庭坚"孝友之行追配古人"①，极重亲情和友情，因此这方面的书信数量甚多，也最能反映其人格与性情。写于元丰元年的《上苏子瞻书》②是山谷书简中的精品。这封信开头表达自己"齿少且贱"，于苏轼虽"尝望见眉宇于众人之中，而终不得备使令于前后"之向慕已久而不能随侍左右的心情，赞叹苏轼"学问文章，度越前辈，大雅岂弟，博约后来"，又说"早岁闻于父兄师友"，以"未尝得望履幕下""乐承教而未得"为憾，且对自己"未尝及门"而得苏轼推扬汲引表示感激。全信充满了对苏轼的敬爱、敬佩、敬重、敬仰之情，执礼谦恭而语言典雅优美，体现出极高的人格修养与文学品位。

　　苏轼与秦观相继去世后，黄庭坚曾多次在写给友人的信中表达沉痛怀念之情："去年失秦少游，又失东坡苏公，今年又失陈履常，余意文星已宵坠矣"③；其《与王庠周彦书》诉说悲痛欲绝的心情："东坡先生遂损馆舍，岂独贤士大夫悲痛不能已，'人之云亡，邦国殄瘁'者也，可惜可惜！立朝堂堂，危言谠论，切于事理，岂复有之！"又云："秦少游没于藤州，传得自作祭文并诗，可为殒涕。如此奇才，今世不复有矣"④。

　　其写给家人、亲人的信，叙家常、问温寒，如晤如对。《与李端叔书》讲述个人近况及家人、族人情况："不肖须鬓已白十八九，短发几不可会聚，求田问舍颇有之，亦未如意耳。小儿娶妇，尚未得孙。女子今已三生矣。知命二男三女，似有可望者。三女一已嫁，其仲已咄咄逼人矣。元明在萍乡，甚安，亦有吏能声"⑤；《与嗣深节推十九弟书》⑥讲述"得书"的欣喜和家人近况，同时也叙说家族其他成员的情况；都很典型。

　　写于元符元年的《与徐师川书》，表达了作者对亲人的惦记和思念："即日想家

---

①　(宋)苏轼.举黄庭坚自代状[M]//孔凡礼点校.苏轼文集(第2册):卷24.北京:中华书局,1986:714.

②　(宋)黄庭坚.上苏子瞻书(其一)[M]//黄庭坚全集(第2册):正集卷第18.成都:四川大学出版社,2001:457－458.

③　(宋)黄庭坚.杂简(其一)[M]//黄庭坚全集(第3册):别集卷17.成都:四川大学出版社,2001:1852.

④　(宋)黄庭坚.与王庠周彦书[M]//黄庭坚全集(第2册):正集卷第18.成都:四川大学出版社,2001:468.

⑤　(宋)黄庭坚.与李端叔书(其二)[M]//黄庭坚全集(第3册):别集卷第14.成都:四川大学出版社,2001:1750－1751.

⑥　(宋)黄庭坚.与嗣深节推十九弟书[M]//黄庭坚全集(第3册):别集卷18.成都:四川大学出版社,2001:1875.

姊郡君清健,新妇安胜。儿女今几人?书中殊不及此,何邪?"①而其《与唐坦之书》谈论亲情体贴入微:"二亲倚门十年,妻儿有攻苦食淡之叹,亦能久伏忍邪?"②至《与济川佺》"夜来细观所作文字,甚有笔力,他日可为诸父雪耻。但须勤读书令精博,极养心使纯静,根本若深,不患枝叶不茂也"③,其对晚辈学业日进的喜悦和厚望,溢于言表。又如《与声叔六佺书》谆谆嘱咐说"日月易失,官职自有命。但使腹中有数百卷书,略识古人义味,便不为俗士矣"④;写于黔州的《答宋子茂》云"小子相今十四,并其所生母在此。知命亦将一妾一子同来,今夏又得一男曰小牛。相及小牛颇丰厚,粗慰眼前。略治生,亦粗过。买地畦菜,开轩艺竹,水滨林下,万事忘矣"⑤,款叙有致,淳朴有味。正如张守《跋周君举所藏山谷帖》所说"山谷老人谪居戎、荆,而家书周谆,无一点悲忧愤嫉之气,视祸福宠辱,如浮云去来,何系欣戚?"⑥

朱熹曾说"黄山谷慈祥之意甚佳,然殊不严重。书简皆及其婢妮"⑦。"书简皆及其婢妮"正见其不论尊卑、平等待人的性情与人格,正是其"不腐不迁"之可贵处。

谈诗论艺、治学修身、指导后进是黄庭坚书简中最富特色的重要内容。黄庭坚的这部分书简一般回复性的居多,大都具有很强的针对性,往往根据对方的不同情况,或启发引导,或评论作品,或传授经验,或谈论体会,或指示方法途径,无不循循善诱,启人心扉。如《与欧阳元老书》谈论阅读苏轼所作"岭外文字"的感觉和体会:"使人耳目聪明,如清风自外来也"⑧;《答何静翁书》鼓励和肯定何静翁

① (宋)黄庭坚.与徐师川书(其一)[M]//黄庭坚全集(第2册):正集卷第19.成都:四川大学出版社,2001:479.
② (宋)黄庭坚.与唐坦之书[M]//黄庭坚全集(第2册):正集卷第18.成都:四川大学出版社,2001:469.
③ (宋)黄庭坚.与济川佺[M]//黄庭坚全集(第2册):正集卷第18.成都:四川大学出版社,2001:498.
④ (宋)黄庭坚.与声叔六佺书(其一)[M]//黄庭坚全集(第3册):别集卷18.成都:四川大学出版社,2001:1875.
⑤ (宋)黄庭坚.答宋子茂[M]//黄庭坚全集(第3册):续集卷第3.成都:四川大学出版社,2001:1983.
⑥ (宋)张守.跋周君举所藏山谷帖[M]//黄庭坚全集(第4册):附录5.成都:四川大学出版社,2001:2466.
⑦ (宋)朱熹.朱子语类[M]//(宋)黎靖德编,杨绳其、周娴君校点.朱子语类(第4册)卷130.长沙:岳麓书社,1997:2814.
⑧ (宋)黄庭坚.与欧阳元老书[M]//黄庭坚全集(第2册):正集卷第18.成都:四川大学出版社,2001:469.

"所寄诗淳淡而有句法,所论史事不随世许可,取明于己者而论古人,语约而意深。文章之法度,盖当如此"①;《与徐师川书》称赞徐师川诗作"辞皆尔雅,意皆有所属,规模远大。自东坡、秦少游、陈履常之死,常恐斯文之将坠。不意复得吾甥,真颓波之砥柱也"②;《答李几仲书》指导李几仲要"刻意于德义经术","须学问琢磨,以就晚成之器"③;皆可见出这类书简的特点。

《与王观复书》是很有代表性的一篇:

> 所送新诗,皆兴寄高远,但语生硬,不谐律吕,或词气不逮初造意时,此病亦只是读书未精博耳。"长袖善舞,多钱善贾",不虚语也。南阳刘勰尝论文章之难云:"意翻空而易奇,文征实而难工。"此语亦是沈、谢辈为儒林宗主时,好作奇语,故后生立论如此。好作奇语自是文章病,但当以理为主。理得而辞顺,文章自然出群拔萃。观杜子美到夔州后诗,韩退之自潮州还朝后文章,皆不烦绳削而自合矣。往年尝请问东坡先生作文章之法,东坡云:"但熟读《礼记》《檀弓》,当得之。"既而取《檀弓》二篇,读数百过,然后知后世作文章不及古人之病,如观日月也。文章盖自建安以来,好作奇语,故其气象衰苶,其病至今犹在。唯陈伯玉、韩退之、李习之、近世欧阳永叔、王介甫、苏子瞻、秦少游乃无此病耳。公所论杜子美诗,亦未极其趣,试更深思之。④

> ——《黄庭坚全集正集》卷18

这封书信从评论王观复的诗歌谈起,首先肯定其"兴寄高远",同时指出"语生硬,不谐律吕,或词气不逮初造意时"的毛病,并分析造成这种毛病的原因"是读书未精博";由此,进一步从历史渊源和理论层面深入分析,指出"好作奇语自是文章病,但当以理为主。理得而辞顺,文章自然出群拔萃";最后以杜子美诗、韩退之文、苏东坡之论为例,谈自己的切身体会,指示王观复改正毛病、提高水平的途径。全信肯定优点,指出不足,分析原因,讲明道理,教以方法,有事实,有分析,有理

① (宋)黄庭坚.答何静翁书[M]//黄庭坚全集(第2册):正集卷第18.成都:四川大学出版社,2001:464.
② (宋)黄庭坚.与徐师川书(其二)[M]//黄庭坚全集(第2册):正集卷第19.成都:四川大学出版社,2001:480.
③ (宋)黄庭坚.答李几仲书[M]//黄庭坚全集(第2册):正集卷第18.成都:四川大学出版社,2001:465.
④ (宋)黄庭坚.与王观复书(其一)[M]//黄庭坚全集(第2册):正集卷第18.成都:四川大学出版社,2001:470-471.

论,循循善诱,层次井然,给人以可亲可敬、可信可行的感觉。与该信有异曲同工之妙的是《与王子予书》:

> 比来不审读书何似? 想以道义敌纷华之兵,战胜久矣。古人有言:"并敌一向,千里杀将"。要须心地收汗马之功,读书乃有味;弃书策而游息,书味犹在胸中,久之乃见。古人用心处如此,则尽心于一两书,其余如破竹节,皆迎刃而解也。古人尝喻植杨,盖杨,天下易生之木也,从植之而生,横植之而生。一人植之,一人拔之,虽千日之功皆弃。此最善喻。顾衰老,终无益于高明,子予以谓如何?①

——《黄庭坚全集正集》卷18

该信以和蔼亲切的语气和生动形象的比喻,讲述读书治学的方法,一是应重在理解内容即"道义"而不要过分注意辞藻即"纷华",二是应处理好"精读"与"博览"的关系,注重专精,所谓"尽心于一两书,其余如破竹节,皆迎刃而解也"。生动深刻,高雅有趣。其他如《答洪驹父书》《与王观复书》等无不如是:

> 所寄诗多佳句,犹恨雕琢功多耳。但熟观杜子美到夔州后古律诗,便得句法。简易而大巧出焉,平淡如山高水深,似欲不可企及,文章成就,更无斧凿痕,乃为佳作耳。②

——《黄庭坚全集正集》卷18《与王观复书》

> 寄诗语意老重,数过读不能去手,继以叹息。少加意读书,古人不难到也。诸文亦皆好,但少古人绳墨耳。可更熟读司马子长、韩退之文章。凡作一文,皆须有宗有趣,终始关键,有开有合,如四渎虽纳百川,或汇而为广泽,汪洋千里,要自发源注海耳。老夫绍圣以前,不知作文章斧斤,取旧所作读之,皆可笑。绍圣以后,始知作文章,但已老病,惰懒不能下笔也。外甥勉之,为我雪耻。《骂犬文》虽雄奇,然不作可也。东坡文章妙天下,其短处在好骂,慎勿袭其轨也。甚恨不得相见,极论诗与文章之善病,临书不能万一,千万强

---

① (宋)黄庭坚.与王子予书[M]//黄庭坚全集(第2册):正集卷第18.成都:四川大学出版社,2001:468.

② (宋)黄庭坚.与王观复书(其二)[M]//黄庭坚全集(第2册):正集卷第18.成都:四川大学出版社,2001:471.

学自爱,少饮酒为佳。①

——《黄庭坚全集正集》卷18《答洪驹父书》

所寄《释权》一篇,词笔纵横,极见日新之效。更须治经,探其渊源,乃可到古人耳。青琐祭文,语意甚工,但用字时有未安处。自作语最难,老杜作诗,退之作文,无一字无来处,盖后人读书少,故谓韩、杜自作此语耳。古之能为文章者,真能陶冶万物,虽取古人之陈言入于翰墨,如灵丹一粒,点铁成金也。文章最为儒者末事,然既学之,又不可不知其曲折,幸熟思之。至于推之使高如泰山之崇、崛如垂天之云,作之使雄壮如沧江八月之涛、海运吞舟之鱼,又不可守绳墨,令俭陋也。②

——《黄庭坚全集正集》卷18《答洪驹父书》

以上拈出的均是谈论治学与创作,无不语重心长,生动典雅,趣味无穷。至如黄庭坚《与宋子茂书》言"人胸中久不用古今浇灌之,则俗尘生其间,照镜则觉面目可憎,对人亦语言无味也"③讲勤于学习、勤于思考的重要性,更是深刻切实。

黄庭坚书简也有不少谈论书法艺术者。如《与宜春朱和叔》:

承颇留意于学书,修身治经之余,诚胜他习。然要须古人为师,笔法虽欲清劲,必以质厚为本。古人论书,以沉着痛快为善。唐之书家,称徐季海书如怒猊抉石、渴骥奔泉,其大意可知。凡书之害,姿媚是其小疵,轻佻是其大病,直须落笔一一端正。至于放笔,自然成行,草则虽草,而笔意端正,最忌用意装缀,便不成书。④

——《黄庭坚全集正集》卷19

此信不仅对朱和叔学习书法十分欣赏,而且指导其如何习书以及应当注意的

---

① (宋)黄庭坚.答洪驹父书(其二)[M]//黄庭坚全集(第2册):正集卷第18.成都:四川大学出版社,2001:474 – 475.

② (宋)黄庭坚.答洪驹父书(其三)[M]//黄庭坚全集(第2册):正集卷第18.成都:四川大学出版社,2001:475.

③ (宋)黄庭坚.与宋子茂书[M]//黄庭坚全集(第3册):外集卷第21.成都:四川大学出版社,2001年:1378—1379.

④ (宋)黄庭坚.与宜春朱和叔[M]//黄庭坚全集(第2册):正集卷第19.成都:四川大学出版社,2001:499.

地方,体现出循循善诱的耐心与细致。

前人谓"鲁直与人书,论学、论文,一切引归根本,未尝以区区文章为足恃者"①;明代杨希闵说黄庭坚"教后生子弟,谆谆以熟读书史深求义味,不可以文人自了,至真至切,不腐不迂"②;与上均可俱见,可谓知言。

谈论茶道医道、社会习俗等也是黄庭坚书简很有特色的内容。如《与王泸州书》谈茶道,细叙茶具要求、茶叶处理、冲泡方法、水温程度等:"家园新芽似胜常年……但不知有佳石磑否? 石磑须洗,令无他茶气,风日极干之。牙子以疏布净揉,去白毛乃入磑,少下而急转,如旋风落雪,方所得。大率建溪令汤熟、双井宜嫩也"③;《与胡少汲书》其一论"治病之方"云"当深求蝉蜕,照破死生之恨,则忧畏淫怒,无处安脚,病既无根,枝叶安能为害?"④其一讲"服椒"医眼:"二年来,尤觉眼力不足。数日来,漫服椒,乃似有益,冀渐得力,冬夜可观书耳"⑤;《与郑彦能贴》为友人处方医治痢疾:"病中闻苦下痢,甚忧甚忧。昨日见颜色,知向安矣。但少服攻击之剂,调饮食之味,日可痊矣。赤石脂末二钱,细白面二两半,切三刀子软煮,调和羊清汁食之"⑥;《与曾公卷》感谢友人惠药:"前所惠草伏四神,初夏腹病,和理中丸四两服之,颇得益"⑦。

黄庭坚书简的主要特征是温润尔雅,感情深厚淳朴、真挚动人。黄庭坚以忠信孝悌著称,慈祥善良,讲感情、重道义,实乃性情中人,故其书简实在而爽直,高雅无雕琢,读之如对如晤,如沐春风,如饮甘露。对此,上引各篇已可概见。另如《答李几仲书》"秋日楼台,万事不到胸次,吹以木末之风,照以海滨之月,而泳歌呻吟足下之句,实有以激衰懒而增高明也"⑧;《与徐甥师川》"然学有要道,读书须一

① (明)袁衷等录;钱晓订.庭帏杂录:卷下[M].北京:中华书局,1985:11.

② (清)杨希闵.黄文节公年谱序[M]//黄庭坚全集(第4册):附录5.成都:四川大学出版社,2001:2472.

③ (宋)黄庭坚.与王泸州书(其十五)[M]//黄庭坚全集(第3册):别集卷16.成都:四川大学出版社,2001:1801.

④ (宋)黄庭坚.与胡少汲书(其三)[M]//黄庭坚全集(第2册):正集卷第18.成都:四川大学出版社,2001:477.

⑤ (宋)黄庭坚.与胡少汲书(其四)[M]//黄庭坚全集(第2册):正集卷第18.成都:四川大学出版社,2001:478.

⑥ (宋)黄庭坚.与郑彦能贴[M]//黄庭坚全集(第3册):别集卷第14.成都:四川大学出版社,2001:1753.

⑦ (宋)黄庭坚.与曾公卷[M]//黄庭坚全集(第3册):外集卷第21.成都:四川大学出版社,2001:1379

⑧ (宋)黄庭坚.答李几仲书[M]//黄庭坚全集(第2册):正集卷第18.成都:四川大学出版社,2001:465.

言一句,自求己事,方见古人用心处,如此则不虚用功。又欲进道,须谢去外慕,乃得全功。古人云,纵此欲者,丧人善事,置之一处,无事不辨。读书先净室焚香,令心意不驰走,则言下会理"①,无不体现出黄庭坚与人交流的思想境界与人格魄力。

语言精粹凝练、优美生动、蕴藉有味是黄庭坚书简的又一特征。黄庭坚以诗著称,极重语言锤练,故其书简呈现出较高的诗化程度而给人以精粹凝练、优美生动、蕴藉有味的感觉。如《答曹荀龙》讲读书与创作:"读书勿求多,唯要贯穿,使义理融畅,则下笔时,不寒乞也"②;《与王立之承奉帖》谈治学途径:"思义理则欲精,知古今则欲博,学文则观古人之规摹"③;《与明叔少府书》论经验积累及其意义:"医不三世,不服其药,老者之智,壮者之决也"④;都给人以精警深刻之感。

又如《与宋子茂书》写迁谪生活"山花野草,微风动摇,以此终日。衣食所资,随缘厚薄,更不劳治也。此方米面既胜黔中,饭饱摩腹,婆娑以卒岁月耳"⑤;《答陈敏善》论广交良师益友:"河出昆仑墟,虽其本源高远矣,然渠并千七百,然后能经营中国,而达于四海。愿足下思四海之士以为友,增益其所不能,毋务速化而已"⑥;《与王立之》谈治学必得体、为学必得法:"若欲作楚词追配古人,直须熟读楚词,观古人用意曲折处讲学之,然后下笔。譬如巧女文绣妙一世,若欲作锦,必得锦机,乃能成锦耳"⑦;语言无不优美生动。

下面两篇较有代表性:

> 庭坚叩头,子真足下:累辱惠书及诗,窃伏天材高妙,钟山川之美,有名世之资,未尝不叹息也。黄鹄一举千里,非荆鸡之材所能啄抱,以是久未知所

---

① (宋)黄庭坚. 与徐甥师川[M]//黄庭坚全集(第2册):正集卷第19. 成都:四川大学出版社,2001:485.

② (宋)黄庭坚. 答曹荀龙(其一)[M]//黄庭坚全集(第2册):正集卷第19. 成都:四川大学出版社,2001:495.

③ (宋)黄庭坚. 与王立之承奉帖(其五)[M]//黄庭坚全集(第3册):别集卷15. 成都:四川大学出版社,2001:1786.

④ (宋)黄庭坚. 与明叔少府书(其三)[M]//黄庭坚全集(第3册):别集卷16. 成都:四川大学出版社,2001:1815.

⑤ (宋)黄庭坚. 与宋子茂书(其二)[M]//黄庭坚全集(第3册):别集卷15. 成都:四川大学出版社,2001:1789.

⑥ (宋)黄庭坚. 答陈敏善[M]//黄庭坚全集(第2册):正集卷第19. 成都:四川大学出版社,2001:493.

⑦ (宋)黄庭坚. 与王立之(其四)[M]//黄庭坚全集(第3册):外集卷21. 成都:四川大学出版社,2001:1371.

答。虽然，有一于此，可少助万分之一。致远者不可以无资，故适千里者三月聚粮。又当知所向，问其道里之曲折，然后取涂而无悔。钩深而索隐，温故而知新，此治经之术也。经术者，所以使人知所向也。博学而详说之，极支离以趋简易，此观书之术也。博学者，所以使人知道里之曲折也。夫然后载司南以适四方而不迷，怀道鉴以对万物而不惑。曾子曰：尊其所闻，则高明矣；行其所知，则光大矣。闻道也，不以养口耳之间，而养心，可谓尊其所闻矣。在父之侧，则愿如舜、文王，在兄弟之间，则愿如伯夷、季子，可谓行其所知矣。欲速成，患人不知，好与不己若者处，贤于俗人则可矣，此学者之深病也。齐心服形，静而后求诸己，若无此四病者则善矣。若有似之，愿留意也。①

——《黄庭坚全集正集》卷19《与潘子真书》

陈履常正字，天下士也。读书如禹之治水，知天下之络脉，有开有塞，而至于九川涤源、四海会同者也。其作诗渊源，得老杜句法，今之诗人不能当也。至于作文，深知古人之关键，其论事救首救尾，如常山之蛇，时辈未见其比。公有意于学者，不可不往扫斯人之门。古人云："读书十年，不如一诣习主薄。"端有此理。若见，为问讯，千万。②

——《黄庭坚全集正集》卷18《答王子飞书》

前者以"黄鹄一举千里"喻潘子真有大才大志，然后以"致远者不可以无资"为喻，谈其成才成志必须明确努力方向，而且要方法得当，并指示其途径，所谓"治经""知所向""博学""知曲折"，然后"不迷""不惑"，且须"尊其所闻""行其所知""齐心服形，静而后求诸己"；后者以大禹治水喻读书，论作诗、作文；均生动形象，深刻而明畅。

元代胡祗遹《跋山谷书稿》诗曾对黄庭坚书简严谨认真的写作态度深有感慨："修辞立其诚，下笔无草草。尺牍亦细事，谨密犹起稿。后人何荒唐，万言一挥扫"③；陈模《怀古录》卷下则高度评价黄庭坚书简："诚斋云：'小简本朝惟山谷一

① （宋）黄庭坚.与潘子真书［M］//黄庭坚全集（第2册）：正集卷第19.成都：四川大学出版社，2001：481－482.

② （宋）黄庭坚.答王子飞书［M］//黄庭坚全集（第2册）：正集卷第18.成都：四川大学出版社，2001：467.

③ （元）胡祗遹.胡祗遹集（第2卷）［M］.长春：吉林文史出版社，2008：43.

人。'今观《刀笔集》,不特是语言好,多是理致药石有用之言,他人所以不及。"①是为的评。

四、黄庭坚题跋

明代徐师曾指出:"题跋者,简编之后语也。凡经传子史诗文图书(字也)之类,前有序引,后有后序。可谓尽矣。其后览者,或因人之请求,或因感而有得,则复撰词以缀于末简,而总谓之题跋。……其词考古证今,释疑订谬,褒善贬恶,立法垂戒,各有所为,而专以简劲为主,故与序引不同"②。

黄庭坚题跋是山谷散文中最富特色的精华部分。苏轼曾以"精金美玉"喻其人,又以"格韵高绝"③赞其诗,二语移评黄庭坚题跋,则甚为的当。黄庭坚题跋今存600多篇,数量仅次于书简,又最能体现黄庭坚的学养、个性和艺术造诣。明人毛晋在《山谷题跋序》中说:"从来名家落笔,谑浪小碎,皆有趣味,一时同调,辄相欣赏赞叹,不啻口出。"④正是道出了黄庭坚题跋的特点。

题跋兴于唐而成于宋。唐不以"跋"名篇,多作"读",且仅限于文字著述。检韩愈、柳宗元本集,韩愈有《读荀子》等四篇,柳宗元有《读韩愈所著〈毛颖传〉后题》一篇,皆就作品本身议论生发,类近后世题跋。但数量甚少,形式和内容亦颇局促。宋代题跋不仅数量惊人,而且形式灵活变化,内容丰富多彩。如欧阳修全集有题跋454篇,苏轼文集题跋达721篇,黄庭坚传世题跋的数量少于苏轼而多于欧阳修。

宋人对题跋体裁的发展革新,首先反映在题材的开拓上,如由唐代单纯议论著述文字扩展到绘画书法等艺术、文化领域;其次反映在体式要求上无常格定式,灵活多样;其三是扩大并提高了题跋的功能,由单一议论发展到说理、抒情、记事、写人和学术研讨等;其四是增强了题跋文字的文学性和可读性、趣味性。总之,题材广泛,体式多样,内容丰富,立意新颖,理、识、情并举,挥洒自如,构成了宋代题跋的突出特点。而在这些方面,山谷题跋是特别突出的典型代表。

---

① (宋)陈模.怀古录[M]//黄庭坚全集(第4册):附录5.成都:四川大学出版社,2001:2476.

② (明)徐师曾.文体明辨序说.王水照编.历代文话(第2册)[M].上海:复旦大学出版社,2007,2017.

③ (宋)苏轼.书黄鲁直诗后二首(其二)[M]//孔凡礼点校.苏轼文集(第5册):卷67,北京:中华书局,1986:2122.

④ (明)毛晋.山谷题跋序[M]//黄庭坚全集(第4册):附录3.成都:四川大学出版社,2001:2438.

黄庭坚与苏轼"最妙于题跋"①,"凡人物书画,一经二老题跋,非雷非霆,而千载震惊"②。苏轼题跋以理趣、情趣胜,所谓"出新意于法度之中,寄妙理于豪放之外"③。黄庭坚题跋则带有浓郁的抒情色彩,间有叙事,形象鲜明生动,篇幅渐长。如《跋东坡字后》:

> 东坡居士极不惜书,然不可乞。有乞书者,正色诘责之,或终不与一字。元祐中,锁试礼部,每来见过,案上纸不择精粗,书遍乃已。性喜酒,然不能四五龠已烂醉,不辞谢而就卧,鼻鼾如雷。少焉苏醒,落笔如风雨,虽谑弄皆有义味,真神仙中人,此岂与今世翰墨之士争衡哉!④
>
> ——《黄庭坚全集正集》卷28

跋者不是就书法作品推评议论,而是借此回忆和叙述了有关苏轼作书的几件小事,从而将苏轼豪放飘逸的个性风采展现在读者面前,由衷地抒发了跋者钦仰敬佩的心情。又如《书家弟幼安作草后》自谓其书无法,"但观世间万缘如蚊蚋聚散,未尝一事横于胸中,故不择笔墨,遇纸则书,纸尽则已,亦不计校工拙与人之品藻讥弹。譬如木人,舞中节拍,人叹其工,舞罢则又萧然矣"⑤,其寄情于名利之外习字作书的境界,描述生动形象,寓理新警深刻。

黄庭坚题跋除了具有叙事抒情的特点外,还明理寓识,因而境界阔大,思致深邃,常妙语连珠,趣味丰饶。《跋秦氏所置法帖》着眼于地域文化发展演变的历史,指出两汉至宋"不闻蜀人有善书者",然后突出眉山苏轼"震辉中州,蔚为翰林之冠"⑥,视野十分开阔。《书绘卷后》指出"学书要须胸中有道义,又广之以圣哲之

① (明)陈继儒.书杨侍御刻苏黄题跋[M]//陈眉公全集(上册):卷21.上海:上海中央书店印行出版社,1936:16.

② (明)毛晋.东坡题跋[M]//潘景郑校订.汲古阁书跋.上海:上海古典文学出版社,1958:25.

③ (宋)苏轼.书吴道子画后[M]//孔凡礼点校.苏轼文集(第5册):第70卷.北京:中华书局,1986:2210.

④ (宋)黄庭坚.跋东坡字后(其一)[M]//黄庭坚全集(第2册):正集卷第28.成都:四川大学出版社,2001:771.

⑤ (宋)黄庭坚.书家弟幼安作草后[M]//黄庭坚全集(第2册):正集卷第26.成都:四川大学出版社,2001:687.

⑥ (宋)黄庭坚.跋秦氏所置法帖[M]//黄庭坚全集(第2册):正集卷第25.成都:四川大学出版社,2001:651.

学,书乃可贵""士大夫处世可以百为,唯不可俗"①,都是深有所得的名言。至如《书草老杜诗后与黄斌老》自称"今来年老懒作此书,如老病人扶杖,随意倾倒,不复能工"②;《跋湘帖群公书》谓"李西台出群拔萃,肥而不剩肉,如世间美女,丰肌而神气清秀者也"③;《李致尧乞书书卷后》说:"凡书要拙多于巧,近世少年作字,如新归子妆梳,百种点缀,终无烈妇态也"④,等等,无不妙喻横出,令人回味。

王羲之《兰亭序》是中国书法史上著名的精品之作,黄庭坚《书王右军兰亭草后》云:

> 王右军《兰亭》草,号为最得意书。宋、齐间以藏秘府,士大夫间不闻称道者,岂未经大盗兵火时盖有墨迹在《兰亭》右者?及梁、陈之间焚荡,千不存一。永师晚出此书,诸儒皆推为真行之祖,所以唐太宗必欲得之。其后公私相盗,至于发冢,今遂亡之。书家得定武本,盖仿佛古人笔意耳。褚庭诲所临极肥,而洛阳张景元断地得缺石极瘦,定武本则肥不膡肉,瘦不露骨,犹可想其风流。三石刻皆有佳处,不必宝已有而非彼也。⑤
>
> ——《黄庭坚全集外集》卷23

这则书跋讲述了《兰亭》草这篇书法精品的流传,并评论了武定本、褚临本和洛阳本各自的特点,认为"三石刻皆有佳处,不必宝已有而非彼",成为一篇有历史深度、学术深度和思想深度,有独特见解、品位高雅、凝练精彩的《兰亭》流传小史。其他如《题彭景山传神》称评人物、议论哲理:"人之有德慧术智者,尝存乎疢疾,惟深也能披剥万象而见已"⑥;《题子瞻与王宣义书后》议论苏轼"书尺字字可珍,委

---

① (宋)黄庭坚.书绘卷后[M]//黄庭坚全集(第2册):正集卷第25.成都:四川大学出版社,2001:674.

② (宋)黄庭坚.书草老杜诗后与黄斌老[M]//黄庭坚全集(第3册):外集卷23.成都:四川大学出版社,2001:1406.

③ (宋)黄庭坚.跋湘帖群公书[M]//黄庭坚全集(第2册):正集卷第26.成都:四川大学出版社,2001:680.

④ (宋)黄庭坚.李致尧乞书书卷后(其一)[M]//黄庭坚全集(第3册):外集卷第23.成都:四川大学出版社,2001:1407.

⑤ (宋)黄庭坚.书王右军兰亭草后[M]//黄庭坚全集(第3册):外集卷第23.成都:四川大学出版社,2001:1400-1401.

⑥ (宋)黄庭坚.题彭景山传神[M]//黄庭坚全集(第3册):外集卷第23.成都:四川大学出版社,2001:1400.

顿人家蛛丝煤尾败篓中,数十年后,当有并金县购者"①;《书陶渊明诗后寄王吉老》谈读陶诗的感觉:"血气方刚时读此诗,如嚼枯木。及绵历世事,知决定无所用智。每观此篇,如渴饮水,如欲寐得啜茗,如饥啖汤饼"②;《书老子注解及庄子内篇论后》讲"老庄书,前儒者未能涣然顿解"的原因,指出"僧中时有人得其要旨。儒者谓其术异,不求之耳"③;《书草老杜诗后与黄斌老》说自己"学草书三十余年"的历史变化和"异于今人"之"不纽提容止强作态度"④的特点;无不有思想、有见解、有体会。

第四节　黄庭坚散文的艺术特征及其人文精神

　　任何优秀的文学艺术作品,都具备这样两个基本特点:一是具有深厚丰富的思想意义,一是具有普遍长久的美学价值。由上面之考察,大体可以见出黄庭坚散文同样具备这样两个基本特点。黄庭坚散文精于意而得于体、笃于情而深于理、博于识而巧于辞,既有深厚广博的文化底蕴,又有学识、实用与审美臻于完美的结合风貌,表现出宽广的思想境界和很高的文化品位,所谓"鲁直于文章天成性得,落笔巧妙,他士莫逮","其发源以治心修性为宗本,放而至于远声利、薄轩冕,极其致,忧国爱民,忠义之气蔼然见于笔墨之外"⑤。

　　首先,黄庭坚散文的人文精神表现在其作品具有深厚广博的文化底蕴和努力创新的进取精神。

　　宋代文人的一个突出特点就是具有较强的社会意识、集体意识、历史意识、责任意识和忧患意识,格物、致知、正心、诚意、修身、齐家、治国、平天下,是其终生追求的理想和目标,即使在他们不得意、不得志的时候,也是忧国忧民,洁身自好,所

①　(宋)黄庭坚.题子瞻与王宣义书后[M]//黄庭坚全集(第3册):外集卷第23.成都:四川大学出版社,2001:1403.

②　(宋)黄庭坚.书陶渊明诗后寄王吉老[M]//黄庭坚全集(第3册):外集卷第23.成都:四川大学出版社,2001:1404.

③　(宋)黄庭坚.书老子注解及庄子内篇论后[M]//黄庭坚全集(第3册):外集卷第23.成都:四川大学出版社,2001:1405.

④　(宋)黄庭坚.书草老杜诗后与黄斌老[M]//黄庭坚全集(第3册):外集卷第23.成都:四川大学出版社,2001:1406.

⑤　(宋)洪炎.豫章黄先生退听堂录序[M]//黄庭坚全集(第4册):附录3.成都:四川大学出版社,2001:2380.

谓"居庙堂之高则忧其民，处江湖之远则忧其君"①，黄庭坚正是这方面的典范代表。黄庭坚散文创作深层的潜在意义，乃在于从人文层面上给个体的人以潜移默化的、根本的、社会的、文化的、道德的、素质的、高品位的人格修养等多方面的熏染陶冶，从而有益于社会进步和精神文明的发展。

《论语断篇》《孟子断篇》二文，一为"求养心寡过之术"②，一为"明养心治性之理"③。前者讲"读书致用"，议论读书的方法、目的，从《论语》的"圣言"性质、"文章条理，可疑者少"的特点，认为是书不但"可以考六经之同异，证诸子之是非"，而且为"义理之会"，"学者所当尽心"。黄庭坚指出，"古之言者，天下殊途而同归，百虑而一致"，而近世学者"不能心通性达，终无所得"。他主张读书应"闻一知十"，"至于一以贯之"，"事事反求诸己，忠信笃实，不敢自欺"，要"得于内"而"恤其外"。后者通过评论荀卿"祖述孔氏而诋訾孟子"，指出"荀卿所谓知孔子者，特未可信"，而汉代扬雄说孟子"勇于义而果于德"，于孔子"知言之要，知德之奥"，是为孟子之知音，并以"孟子论孔子去鲁"为例指出"圣人之忠厚"。黄庭坚对《论语》《孟子》这两部儒家经典著作都从历史与现实的高度，提出了自己独到的见解，体现出很高的人文境界与文化层次，体现出广阔的文化视野和深厚的学术功底。上面提到的《书老子注解及庄子内篇论后》也体现了这样的特点。

黄庭坚特别强调个人道德的修养和整体素质的提高，倡导积极向上、奋发有为的进取精神。他提倡以"忠信孝友"为本，广学博识，以济世用。其《训郭氏三子名字说》云："忠信者，事之基也，有忠信以为基，而济之以好问强学，何所不至哉"④；《与李少文书》言"吾侄性资开爽，他日必不居人后。惟强学自重，读《论语》《孟子》，取其切于人事者，求诸己躬，改过迁善，勿令小过在己，则善矣"⑤。在《与洪氏四甥书》中，黄庭坚还分析了人在思想行为方面经常表现出来的十种错误：

① （宋）范仲淹.岳阳楼记［M］∥（清）范能浚编集、薛正兴校点.范仲淹全集（上册）：文集卷第8.南京：凤凰出版社，2004：169.

② （宋）黄庭坚.论语断篇［M］∥黄庭坚全集（第2册）：正集卷第20.成都：四川大学出版社，2001：506.

③ （宋）黄庭坚.孟子断篇［M］∥黄庭坚全集（第2册）：正集卷第20.成都：四川大学出版社，2001：507.

④ （宋）黄庭坚.训郭氏三子名字说［M］∥黄庭坚全集（第2册）：正集卷第24.成都：四川大学出版社，2001：625.

⑤ （宋）黄庭坚.与李少文书［M］∥黄庭坚全集（第3册）：别集卷14.成都：四川大学出版社，2001：1757.

人之常病有十种:喜论人之过;不自讼其过;嫉人之贤己;见贤不思齐;有过不改而必文;不称事而增语;与人计校曲直;喜窥人之私;乐与不肖者游;好友其所教。①

并要求其外甥"试反己而思之",同时指出,"若一日去其一,则十日亦尽去矣"。其《与秦少章觊书》则讲述素养与笃行:"学问之本,以自见其性为难。诚见其性,坐则伏于几,立则垂于绅,饮则列于尊彝,食则形于笾豆,升车则鸾和与之言,奏乐则钟鼓为之说。故见己者,无适而不当。至于世俗之事,随人有工拙者,君子虽欲尽心,夫有所不暇"②。

其他如《与马中玉书》称赞"江州王寅""清静寡欲,忠信好义,犯而不校"③;《与洪驹父书》教导洪驹父"学问文章,如甥才器笔力,当求配于古人……然孝友忠信,是此物之根本,极当加意养以敦厚醇粹,使根深蒂固,然后枝叶茂尔"④;在另一封信里殷切希望洪驹父"勤吏事,以其余从事于文史,常须读经书,味古人经世之意,宁心养气,累九鼎以自重"⑤;都是强调加强个人的学习与修养,做一个有益于社会的人。

其次,黄庭坚散文的人文精神表现在其作品精于意而得于体,既具有较高的思想境界,又能充分发挥文体的优势。

如前所述,黄庭坚散文有二十多种文体,无论哪种文体,山谷都能充分利用和发挥该种文体的优势,表达自己的思想和见解,给人以启迪。黄庭坚为文强调"皆道实事,要为有用之言",强调"不为空言""规摹宏远""有益于世",强调"非有为不发于笔端"⑥,因此特别重视文章的立意与境界。如《仁宗皇帝御书记》并不着眼于赏鉴"御书",而是充分利用"记"体自由灵活的特点,"深求太平之源",追叙

① (宋)黄庭坚.与洪氏四甥书(其五)[M]//黄庭坚全集(第3册):别集卷18.成都:四川大学出版社,2001:1871.
② (宋)黄庭坚.与秦少章觊书[M]//黄庭坚全集(第2册):正集卷第19.成都:四川大学出版社,2001:483.
③ (宋)黄庭坚.与马中玉书(其三)[M]//黄庭坚全集(第3册):别集卷16.成都:四川大学出版社,2001:1807.
④ (宋)黄庭坚.与洪驹父书(其一)[M]//黄庭坚全集(第3册):外集卷21.成都:四川大学出版社,2001:1365.
⑤ (宋)黄庭坚.与洪驹父书(其四)[M]//黄庭坚全集(第3册):外集卷21.成都:四川大学出版社,2001:1367.
⑥ (宋)黄庭坚.与王立之(其三)[M]//黄庭坚全集(第3册):外集卷21.成都:四川大学出版社,2001:1370.

"仁宗皇帝在位四十二年""庆云景星,光被万物","而百官修职,四夷承风"①的景象,由书而议人议事、议国议政,显示出很高的思想境界。《伯夷叔齐庙记》则立意于"为政"与"教民",由王辟之"政成"而修伯夷叔齐庙,称赞其"贵德尚贤","举典祀以教民,可谓知本",同时批评"今之为吏,愒日玩岁,及为政者鲜矣。政且不举,又何暇于教民"②,在二者鲜明的对比中,表达出作者的思想境界。

仅就黄庭坚创作的赋文而言,《江西道院赋》③立意于议"政",提出"简静""平易"的为政主张;《苦笋赋》则以婉转的笔法由苦笋引出"苦而有味,如忠谏之可活国;多而不害,如举士而皆得贤"④的观点,名为咏物而立意在于"活国""得贤";《煎茶赋》由煎茶之生活细事而引出"大匠无可弃之材,太平非一士之略"⑤的见解;这些例子都可以看出,文章因立意而表现出高品位的思想境界,既增强了文章的思想意义,又增强了文章的艺术表现力,令人回味无穷。

另如《对青竹赋》称赞青竹之美"以节不以文"⑥,以竹写人;《木之彬彬》提出"积小不当,是以亡其大当"⑦的见解;也都给人以内涵深厚之感。又如黄庭坚元符元年所撰《放目亭赋》:

> 放心者逐指而丧背,放口者招尤而速累。自作訑訑,自增愦愦。登高临远,唯放目可以无悔。防心以守国之械,防口以挈瓶之智。以此放目焉,方丈寻常而见万里之外。⑧

——《黄庭坚全集外集》卷1

---

① (宋)黄庭坚.仁宗皇帝御书记[M]//黄庭坚全集(第2册):正集卷第16.成都:四川大学出版社,2001:421.

② (宋)黄庭坚.伯夷叔齐庙记[M]//黄庭坚全集(第2册):正集卷第16.成都:四川大学出版社,2001:423.

③ (宋)黄庭坚.江西道院赋[M]//黄庭坚全集(第1册):正集卷第12.成都:四川大学出版社,2001:296-298.

④ (宋)黄庭坚.苦笋赋[M]//黄庭坚全集(第1册):正集卷第12.成都:四川大学出版社,2001:304.

⑤ (宋)黄庭坚.煎茶赋[M]//黄庭坚全集(第1册):正集卷第12.成都:四川大学出版社,2001:303.

⑥ (宋)黄庭坚.对青竹赋[M]//黄庭坚全集(第1册):正集卷第12.成都:四川大学出版社,2001:302.

⑦ (宋)黄庭坚.木之彬彬[M]//黄庭坚全集(第1册):正集卷第12.成都:四川大学出版社,2001:305.

⑧ (宋)黄庭坚.放目亭赋[M]//黄庭坚全集辑校编年:第8辑.南昌:江西人民出版社,2011:833.

由"放心""放口""放目"之比较,得出"唯放目可以无悔"的结论;进而提出"防心""防口"。全文 64 字,可谓短小精悍,而寓意深刻,极富人生哲理。其《书生以扇乞书》根据"扇"之作用,引出"治心"与"治身""择师"与"择友"诸问题:"治心欲不欺而安静,治身欲不汙而方正。择师而行其言,如闻父母之命。择胜已者友,而闻其切磋琢磨。有兄之爱,有弟之敬。不能悦亲则无本,不求益友则无乐。常傲狠则无救,多睡眠则无觉"①;《坐右铭》"臧否人物,不如默之知人也深;出门求益,不如窗下之学林"②;这些近乎格言式的警句,无不发人深省。

最后,黄庭坚散文的人文精神还表现在其作品笃于情而深于理、博于识而巧于辞。

如前所述,黄庭坚以忠厚为本,重情而明理,所谓"临人而有父母之心者也"③。山谷笃于友情、笃于亲情、笃于爱情。其友情、亲情,在上面的书简考察中已经有了较为详细的了解;其爱情除在词中有集中表现外,他的散文也有真实的表现。其《黄氏二室墓志铭》回忆原配夫人兰溪"能执妇道,其居室相保惠教诲,有迁善改过之美,家人短长,不入庭坚之耳"④;继室介休"闲于礼义,事先夫人,爱敬不倦,侍疾尝药不解衣。至于复常,修禅学定,而不废女工。能为诗而叔妹不知也"⑤;对"兰溪之女美,介休之妇德"的深情称扬,至于"常欲以楚辞哭之,而哀不能成文"⑥,足见感情之深、眷恋之深。至如《药说遗族弟友谅》教其"作药肆,不饥寒之术",并告诫"尽心于和药、而刻意于救人"⑦;《祭叔父给事文》称其叔父"忠

① (宋)黄庭坚.书生以扇乞书[M]//黄庭坚全集(第 3 册):外集卷 24.成都:四川大学出版社,2001:1432.
② (宋)黄庭坚.坐右铭[M]//黄庭坚全集(第 3 册):外集卷 24.成都:四川大学出版社,2001:1427.
③ (宋)黄庭坚.解疑[M]//黄庭坚全集(第 2 册):正集卷第 29.成都:四川大学出版社,2001:783.
④ (宋)黄庭坚.黄氏二室墓志铭[M]//黄庭坚全集(第 3 册):外集卷 22.成都:四川大学出版社,2001:1386.
⑤ (宋)黄庭坚.黄氏二室墓志铭[M]//黄庭坚全集(第 3 册):外集卷 22.成都:四川大学出版社,2001:1386.
⑥ (宋)黄庭坚.黄氏二室墓志铭[M]//黄庭坚全集(第 3 册):外集卷 22.成都:四川大学出版社,2001:1387.
⑦ (宋)黄庭坚.药说遗族弟友谅[M]//黄庭坚全集(第 2 册):正集卷 29.成都:四川大学出版社,2001:784.

信足以感欺匿,和裕足以谐怨争"①;也都饱含深情。

诸如《跋奚移文》以生动的事例讲"使人也器之"的道理,指出"物有所不可,则亦有所宜""有所不能,乃有所大能","不通之,"则"小大俱废","通之则鼓者之耳,聋者之目,绝利一源,收功十百"②;《庄子内篇论》因感叹"自庄周以来,未见赏音者",而着眼于解释"内书七篇"③的题目逻辑与内涵,正面提出个人的理解,既高屋建瓴,又切实合理;《东坡先生真赞三首》其一谓东坡"嬉笑怒骂,皆成文章"、其二称东坡"临大节而不可夺,则与天地相始终"④;《休亭赋》从议论宇宙万事万物的"一轨"与"并驰"谈起,盛赞友人"休乎万物之祖"⑤的人生态度;《寄老庵赋》写宇宙无限而人生有限的自然规律,称扬莘老"超世而不避世"⑥的人生态度;均以寓理明识见长。

黄庭坚散文所表现出来的广博识见则反映在每一篇作品中。除上面征引的篇章外,如谈制作"雁足灯"工艺:"别作一枚,高七寸,盘阔六寸,足作三雁足,不须高。受盏圈径二寸半,盏面三寸,着柄,盏傍作小圈,如钗股屈之。雁足灯,汉宣帝上林中灯,制度极佳"⑦;评论琴之工拙:"借示琴,甚患桐木太厚,声不清远,头长尾太高,非佳制也。大琴而声不出尾,可谓拙工矣"⑧;可见其一斑。至其辞达之巧妙、语言之精美,在上面的考察中已多有分析,无须列举。

---

① (宋)黄庭坚.祭叔父给事文[M]//黄庭坚全集(第2册):正集卷29.成都:四川大学出版社,2001:798.

② (宋)黄庭坚.跋奚移文[M]//黄庭坚全集(第2册):正集卷29.成都:四川大学出版社,2001:778 – 779.

③ (宋)黄庭坚.庄子内篇论[M]//黄庭坚全集(第2册):正集卷第20.成都:四川大学出版社,2001:508.

④ (宋)黄庭坚.东坡先生真赞三首(其二)[M]//黄庭坚全集(第2册):正集卷第22.成都:四川大学出版社,2001:558.

⑤ (宋)黄庭坚.休亭赋[M]//黄庭坚全集(第1册):正集卷第12.成都:四川大学出版社,2001:296.

⑥ (宋)黄庭坚.寄老庵赋[M]//黄庭坚全集(第1册):正集卷第12.成都:四川大学出版社,2001:294.

⑦ (宋)黄庭坚.与党伯舟帖(其三)[M]//黄庭坚全集(第3册):别集卷16.成都:四川大学出版社,2001:1803.

⑧ (宋)黄庭坚.与党伯舟帖(其六)[M]//黄庭坚全集(第3册):别集卷16.成都:四川大学出版社,2001:1805.

第五节　黄庭坚《宜州乙酉家乘》

　　《宜州乙酉家乘》是黄庭坚晚年被羁管宜州(今广西山县)时精心结撰的日记,也是中国古代传世的第一部私人日记。这部日记实录了作者"乙酉"之年,即宋徽宗崇宁四年(1105)在宜州的私人交游,是研究黄庭坚晚年行实、思想及著述的珍贵资料。同时,它又具有不容忽视的文体意义和文学意义以及多方面的文献参考价值,尤其体现了黄庭坚在散文创作方面所达到的艺术高度。

　　一、自创格范　垂式千秋

　　《宜州乙酉家乘》是我国古代流传下来的第一部成熟、定型的私人日记,作者自创格范,垂式千秋,至今通行,在文体发展史上有着重要意义。

　　《宜州乙酉家乘》既有"日记"之实,又有固定格式,这是其成熟、定型的重要标志。它的记事,从崇宁四年正月初一开始,到八月二十九日终止,共计九月(本年有闰二月),其中除六月未记,五月所记文字在流传中脱落三十六行而短缺六天,余皆每天立目,日有所记,且所书均为当日事,确乎有"日记"之实。全书二百二十九篇,通观其文字,篇幅不等,短至一字长者逾百,充分体现出"有话则长,无话则短"的特点。至其格式,则先书时日,次记阴晴,后写事实,始终如一,固定不变。这里,我们不妨连续全录数篇,以窥全豹:

　　　　五月初一日丁酉:雨。普义邵彦明寄木瓜及蜜,郭子仁送荷苞鲊。

　　　　初二日戊戌:雨。夏至。郭全甫、管时当、李元朴、范信中会于南楼。

　　　　初三日己亥:雨。得元明长沙三月书,南丰三月书,转附到睦三月书。

　　　　初四日庚子:雨。晚晴;夜见星月。

　　　　初五日辛丑:晴。郡中以令为安化蛮置酒。

　　　　初六日壬寅:雨。①

　　其日日有记与格式的定型,由此可见。黄庭坚创造的这种日记体式格范,竟成为后世日记的通式而为人范模。即便是现在流行的格式,也不过是将《宜州乙

_____

① (宋)黄庭坚.乙酉家乘.曾枣庄,刘琳主编.全宋文(第107册):卷2327[M].上海:上海辞书出版社;合肥:安徽教育出版社,2006:247.

酉家乘》日序之后的"丁酉""戊戌"之类,换成"星期一""星期二"之类而已。

诚然,《宜州乙酉家乘》创格并非凭空臆构,而是亦有所本。"日记"之法式,于古源远流长。前代史籍,多系时日,当为后世日记所祖。考汉代刘向已有"司君之过而书之,日有记也"①的说法,历代官府,"日有所记"乃是史官、掾吏的职事之一,尽管未必是当日记当日事,也未必是日日有记。前代史书以时系事,更是习见的常格。然而,不论是官府里备忘式的记事,还是史学领域里的著述,它们尽管时或采用"日记"的方法,甚至具备后来"日记"的部分形态,却并非是"日记",亦不以"日记"称,更非私人日记。

古代以"日记"名,且属私志而传世者,较早的当数北宋赵抃的《御试备官日记》、南宋韩淲的《涧泉日记》与元代郭天锡的《客杭日记》。赵抃时代在黄庭坚之前,《宋史》有传。考《御试备官日记》写于宋仁宗嘉祐六年(1061),时作者为右司谏,其书记本年进士考试事,时间起自二月十六日,止于三月九日,共二十四天,其中间断十四日,故仅立目十篇。内容则是仁宗皇帝的旨谕行端。各科考官姓名、评判标准。取舍人数、工作程序等,虽属"私志",而非私事,不过是皇家御试纪要而已。且时日短暂,亦不贯连,纵有"日记"之名,其实难副。

韩淲字仲止,号涧泉,许昌人,生于庭坚之后,黄升谓其"名家文献,政事文学,为一代冠冕。"②其《涧泉日记》《四库全书总目提要》认为在"宋人诸说部中,亦卓然杰出者矣",惜原本佚失,后人从《永乐大典》中辑出,裒合排次,勒为三卷,以类相从,"有关史事者居前,品评人物者次之,考证经史者又次之"③。考全书计一百九十八条,卷上五十,卷中七十三,卷下七十五;唯卷上诸条系有事件发生时日,却又多属前朝之事,自非是日所记,余皆有篇无日。故名为"日记",实则"杂记"矣。

与《御试备官日记》《涧泉日记》不同,郭天锡的《客杭日记》倒是名实相符。考此书自"至大戊申九月初一日"记起,至"至大二年己酉二月初九日"止,五月有余,立目五十二(除载六条不计),虽非日日有记,而所记则均为作者当日游览杭州的见闻、交游等,短者仅七八字,长者数百,格式亦与山谷《宜州乙酉家乘》相同,据其年代,显然接受了黄庭坚的影响。元代以后,日记流行,蔚成风气,至今不衰,而格式均一于《宜州乙酉家乘》。

---

① (汉)刘向.杂事一.赵善诒疏证.新序疏证第1卷[M].上海:华东师范大学出版社,1989:16.

② (清)厉鹗辑.宋诗纪事(第2册):第48卷[M].上海:上海古籍出版社,2013:1228.

③ (清)纪昀总纂.四库全书总目提要(第3册):卷121[M].石家庄:河北人民出版社,2000:3131.

追溯日记渊源,有人以为东汉马笃伯《封禅仪记》肇其端,或以为唐宪宗元和三年李翱的《来南录》创其体,其实不然。

二、构思、主调与文笔

与一般的私人日记不同,《宜州乙酉家乘》又是一部别具一格、匠心独运的日记体散文。它有着统一的整体构思、突出的中心主题,文笔精美,语言凝练。

首先,作者进行过宏观的艺术构思。一般说来,除了日记形式的文学作品,如当代的日记体小说,作为普通的私人日记,信手写来,日有所记,累积成书,无须进行宏观的构思。但是,《家乘》却并非如此。据范寥之《序》,知黄庭坚日记始名《乙酉家乘》,为黄庭坚自定,大约后来付梓时,方冠以"宜州"二字。范氏远道谒访山谷,曾与诗人同居戍楼,"围棋诵书,对榻夜语,举酒浩歌,跬步不相舍"①。他又是诗人后事的料理者,黄庭坚在世之日曾许诺将日记"奉遗",故范氏所言山谷自定日记之名当为可信。

由书名,我们不难看出,作者以"家乘"名日记,用心良苦。古代史书称"乘",黄庭坚将日记定名为"家乘",是仿效了春秋时晋国以"乘"名史的方法。众所周知,国史一般都是客观地记录事实,不做议论渲染或褒贬,即所谓"实录"。黄庭坚以"家乘"名日记,一方面与国史相区别,表示是私志、私事,一方面又表明日记采用的是史笔实录的方法。验之全书,从始至终的确是遵循着实录事实的原则。

再者,日记从乙酉年的第一天——正月初一日开始记起,而内容的取舍又惊人的集中和统一——几乎全部是记友情,由此亦可推断,作者在动笔之前,是经过了一番思考筹划,乃至深思熟虑之后,才决定动手写这本日记的。作者对日记名称的预先拟定,对日记内容的取舍标准和实录原则的预先设计与确定,正是进行宏观艺术构思的过程和具体体现。这种宏观的构思,才使《宜州乙酉家乘》始终保持了统一的风格和一致的基调。

其次,《宜州乙酉家乘》有着集中统一的主题和清晰明快的旋律,形散而神不散。范寥《序》云:"凡宾客往来、亲旧书信、晦明寒暑、出入起居,先生皆亲笔以记其事。"②这段话基本上概括了日记的全部内容。今考全书现存日记二百二十九篇,按内容可分三类:记述交谊者一百三十四篇;记录天气者八十一篇;记载个人

---

① (宋)范廖.乙酉家乘序.曾枣庄,刘琳主编.全宋文(第148册):卷3202[M].上海:上海辞书出版社;合肥:安徽教育出版社,2006:357.

② (宋)范廖.乙酉家乘序.曾枣庄,刘琳主编.全宋文(第148册):卷3202[M].上海:上海辞书出版社;合肥:安徽教育出版社,2006:357.

生活及感受者十四篇。其中数量最多、内容最富、文字最繁的是第一类;而第二类日期之下仅有一字如"晴""雨""阴"者,即达六十篇,其余二十一篇也多是三字、四字,最长不过七字。如果从总数中去掉记录天气的八十一篇,那么,记述交谊的就占了日记总量的百分之九十以上。由此可见,交谊友情是《宜州乙酉家乘》的中心旋律和统一主题。

作为本书的主调,交谊的基本内容是友人馈赠、造访侍陪、书信往来等等。且看下面几篇①:

> 二十一日戊午:雨。何濬、范寥同饭。
>
> 二十二日己未:得高德修书。
>
> 二十三日庚申:晴。思立孙子渐送人参、芎。
>
> 二十四日辛酉:晴。普义邵革侍禁来。
>
> 二十五日壬戌:晴。普义送粟米二斛。

这是从三月份中随便抽出的连续五天的日记全文,所述全部关涉交谊,其中两篇记馈赠、两篇记造访、一篇记书信往来。《宜州乙酉家乘》的主题和基调由此可窥一斑。

其他诸如:"沙监王稷寄朱砂及猿皮"(四月二十日)、"思立寨寄竹床"(四月二十一日)、"袁安国送梨"(七月初二)、"冯才叔送八桂两壶"(七月初五)等,记友人馈赠;"唐次公来,共蔬饭"(二月十日)、"叶筠元礼来约相见"(二月十七),"甘祖爽来访"(七月初四)等,记友人造访;"得任德公书"(七月二十)、"得相税书"(三月十一)、"得张八十外甥须城正月书"(三月十八)等,记友人书信;凡此之类,在在皆是。

一般说来,人们的生活总是复杂而多面的,每个人身边无时无刻不在发生变化,无时无刻不在出现着各种各样的事情。黄庭坚作为一位善于观察和体验生活而又十分敏感的诗人,周围的任何事物都会成为他日记中的表现对象,可写入日记的事物真是太多了。然而,他从纷纭的社会生活中,只摄取交谊友情作为日记的题材,而将众多可写该记的事,摒于日记之外,其本身就寓意颇深,值得回味和深思。黄庭坚写诗主张表现淳厚和雅的性情,而反对"怒邻骂座",他把这种精神

---

① (宋)黄庭坚.宜州乙酉家乘[M]//黄庭坚全集(第4册)补遗卷第10.成都:四川大学出版社,2001:2339.

也运用于日记之中。除此之外,大约作者晚年在逆境中更觉得亲情友谊之可贵、珍贵与难得,而宜州人们对他的敬重、爱戴、关心和爱护,不仅与官场的倾轧争斗形成了强烈鲜明的对比,而且也深深地叩击着诗人的心扉,使年逾花甲的诗人再次感受到民间风俗人情的朴实、真诚与淳厚。加之黄庭坚本人性情笃厚,一生"以忠义孝友为根本"①,晚年只身谪居宜州,历尽世态炎凉,更觉真诚无私的友谊最可贵。这些主客观多方面的因素,促使诗人决定选择交谊友情作为日记的主调,是十分自然的。而这种决定和选择,构成了《家乘》明快的旋律和清晰的线索,使日记成为有统一思想的艺术整体。

最后,《宜州乙酉家乘》记事简洁省净,文笔洗练优美,语言朴实有味。黄庭坚是史学界里的行家里手,又是开宗立派的著名诗人。他从元祐元年至六年曾任职史馆,参与校定《资治通鉴》,并主持编写了《神宗实录》,练就了娴熟的史笔,人称"黄太史"。黄庭坚作诗则注重句法烹炼,讲究用字,要求"置一字如关门之键。"②《宜州乙酉家乘》将史笔与诗笔融为一体,记事既具体实在,语言又简洁洗练。或二三字、四五字记一事,或五七字、十数字成一篇,二三十字为常,四五十字已鲜,通观全书,无虚言,无废语,朴实省净,意味隽永。如"四面皆山而无林木"(正月初十)仅八字,既写出了宜州城外的概观全貌,又突出了此处的荒凉贫瘠;"太医朱激馈双鹅"(正月十七)才七字,而友人的身份、职业、姓名和馈赠的实物、数量等,都交代得十分清楚,而令读者可以想象到朱氏家境的清寒及对山谷老人的敬重爱戴之深之切,想象到友情的深挚和诚笃;正月二十日"得永州平安书,并得南丰无恙书",只十三字,不但记述了收信事,而且也交代了书信的始发地点——永州、南丰和类型性质(前者为家信,故曰"平安书",黄庭坚来宜前,将家属安置在永州;后者为友人所寄,故曰"无恙书"),甚至也载明了书信"平安""无恙"的内容,令人想见诗人阅后放心而快慰的表情。

《宜州乙酉家乘》的语言还极富变化性。如记述下棋,同是写只输不赢,正月十七日是"叔时三北",而闰二月二十一日为"予败四局";同是写有输有赢,正月初四称"叔时再胜而三败",三月五日作"且胜且败,而安国负七局"。这种行文的变化,既反映了语言驾驭能力,又增强了语言的艺术效果。

《宜州乙酉家乘》的语言,也具有优美的特点。正月二十日是本书文字最长的

---

① (宋)黄庭坚. 与韩纯翁宣义(其二)[M]//黄庭坚全集(第3册):外集卷21. 成都:四川大学出版社,2001:1377.

② (宋)黄庭坚. 跋高子勉诗[M]//黄庭坚全集(第2册):正集卷第25. 成都:四川大学出版社,2001:669.

一篇,日期不计,共有一百三十七字,其中一段记游文字云:

　　借马从元明游南山及沙子岭,要叔时同行。入集真洞,蛇行一里余,秉烛上下,处处钟乳蟠结,皆成物象。时有润鏊,行步差危耳。出洞顷之。①

从出游方式到陪同人物,乃至到达的地方、中途的邀请、游洞的情形、洞中的景观,都记述得十分清晰,依次写来,娓娓而谈,生动而优美,堪称游记散文的精品。其措意下字,如"及""要"(邀)、"入""蛇行""秉烛上下""蟠结""润鏊"等,亦精确凝练,生动形象,极见腕力。其二十八日"从元明游北山,由下洞升上洞,洞中嵌空,多结成物状。又有泉水清澈。胜南山也",五月十八日"步至石泉,泉甚清壮甘寒,但不渫不甃耳";都写得简洁凝练,极有文采,富于精美感,令人展玩回味,爱不释卷。

三、补史正误、发明诗文与气象厥珍

《宜州乙酉家乘》不仅具有重要的文学意义,而且还具有多方面的参考价值,是珍贵难得的史料。

其一,《宜州乙酉家乘》是研究黄庭坚人生旅途最后一程的重要资料,可补史书之不足,同时,又是研讨黄庭坚行实、思想和品格的不可忽视的重要依据。王偁《东都事略·黄庭坚传》《宋史·黄庭坚传》等,对黄庭坚编隶宜州时的情况,均无一言及之,《宜州乙酉家乘》虽然记载的仅是诗人在宜州生活的一部分,但已足以反映出诗人这一时期的思想活动和坦荡胸襟。尽管他政治上迭遭打击陷害,被除名羁管于这偏远荒僻的瘴厉之地,且年逾花甲,身体衰病,生活艰难,但仍然是浩然自得,口不停吟,手不辍书,所谓"人不堪其忧,而公处之裕如也。"②前人言,黄庭坚"遂除名,编隶宜州。虽被横逆,未尝一语尤之,浩然自得也"③,范信中说"先生虽迁谪处忧患,而未尝戚戚也……东坡云:'御风骑气、与造物者游',信不虚语

①　(宋)黄庭坚.宜州乙酉家乘[M]//黄庭坚全集(第4册)补遗卷第10.成都:四川大学出版社,2001:2333.

②　(宋)陈纬.太常寺议谥[M]//黄庭坚全集(第4册):附录4.成都:四川大学出版社,2001:2445.

③　(宋)佚名.豫章先生传[M]//黄庭坚全集(第4册):附录1.成都:四川大学出版社,2001:2361.

哉"①,其依据均是《宜州乙酉家乘》。

《宜州乙酉家乘》又是考证黄庭坚交游,进而研究其思想品格与影响的可靠资料。考《宜州乙酉家乘》挂名其间的人物既有亲朋故旧、官吏百姓,又有僧道隐逸、后学儒生,可以说包括了社会的各个阶层,由此看出诗人交往的广泛和倍受爱戴的普遍。其中有的可正历代传说之讹误。如向来传说黄庭坚在宜州倍受官府欺凌,"太守望执政风,抵之罪""士大夫畏祸,不敢往还"②,但考《宜州乙酉家乘》,对宜州官吏的友好往来却屡有所记,诗人也时常过从:

"是日州司理管及时当,来谒元明,饮屠苏"。(正月初一)

"郡守而下来谒元明。"(正月初五)

"过管时当西斋。"(闰二月初四)

"过管时当西斋。"(闰二月初十)

而三月初七至初十,连续四天记载宜州太守"党君送含笑花";七月十三日记"将官许子温见过"弹曲填词事……可见《别传》所言未必全是事实,且观全集,黄庭坚亲为郡守党明远写祭文、撰墓志,称扬甚多,对其清正廉洁、孝义忠勇,尤为赞叹,亦可佐证。近世不少研究黄庭坚的文章沿袭周说,以讹传讹,无疑影响了研究的客观性、历史性、准确性和科学性。

其二,可与此期的诗文创作相发明。《宜州乙酉家乘》对当时的书信来往与酬唱赠答多有记载,如"得嗣文书"(正月十五日)、"得曹醇老书"(正月二十四日)、"得元明二月十四日丁卯书、寄诗一篇、青玉案一篇"(二月十六日)、"遣高德修书"(二月十四日)、"发元明甲子书"(二月十五日)等等,这些均为考察作品和研究关涉人物提供了线索。任渊《山谷诗集注》卷20注释了黄庭坚写于崇宁四年的三首诗,但均未确定具体的写作时间。其中《宜阳别元明用觞字韵》一首,目录所附《年谱》根据其他材料判断"盖春时作",诚然不错。然考《家乘》于此诗本事记载甚明,二月六日篇云:"与诸人饮饯元明于十八里津",则是日元明离开宜州,诗当作于此日。但任渊作注完于"政和辛卯"(1111),而《宜州乙酉家乘》于山谷逝

① (宋)范廖.乙酉家乘序.曾枣庄,刘琳主编.全宋文(第148册):卷3202[M].上海:上海辞书出版社;合肥:安徽教育出版社,2006:358.

② (明)周季凤.山谷先生别传.郑永晓整理.黄庭坚全集辑校编年(下)·附录3[M].南昌:江西人民出版社,2008:1723.

世时"仓卒为人持去"①,绍兴癸丑(1133)岁,方得面世,次年付梓,注者未睹此秘,故难以明察确断。又如《山谷全书》(清同治戊辰重刻本)正集卷28 有《题欧阳佃夫所收东坡大字卷尾》一文,考《宜州乙酉家乘》于五月十八日、十九日、七月初三、初六、初十有五次记载佃夫事,知跋文当写于宜州五、七月间。正集卷29 有《代宜州郡官祭党守文》、卷30 有《左藏库使知宣(当为"宜"字之误)州党君墓志铭》,检《宜州乙酉家乘》八月初三日有"宜守党明远是日下世",则知二文皆写于八月上旬数日内。

其三,《宜州乙酉家乘》又是不可多得的古代气象学资料。全书二百二十九篇日记,除正月初一、二月初三、闰二月初四、三月二十二、七月六日五天漏记之外,其余二百二十四篇,均记有天气情况,且大多所记甚详。如正月初六"四山起云,而朝见日,大热,才袂衣",对气象、气温均做了记载;初七"阴。辰巳大雨。入新居大寒"、十二日"朝雨霡霂,巳午晴",其连下雨、放晴的时辰和雨后的气温变化都言之甚明。请看下面三天的记载:

> 十八日丁亥:晴。大热。不可袂衣。
> 十九日戊子:又阴。小冷。可重袂衣。
> 二十日己丑:阴。大寒。可重茧。

宜州的气候变化情况,了然在目。其时尚无准确记录气温的方法,而作者却以个人的直观感觉,并通过着衣的多少,做了详细的记载和说明。其他如"雨不已"(二十二日)、"晓雨乃晴……入夜小雨彻明"(二十三日)、"阴。不雨。气候差温……酉后冻雨,夜雨达旦"(三十日)等,均记述详明。上面,笔者仅随手摘录了正月份的部分天气记载,其概貌已约略可见。

有时,作者也用异地对比的方法记录气象气温,如二月七日"晴。似都下四月气候也";闰二月二十五日"晴。天气似京师五日。"其记雨量,又多采用描绘实景实况的方法:

> "大雷雨。沟浍皆盈。"(三月十八日)
> "大雷雨。溪水溢入城濠,井泉皆达。"(三月二十日)
> "自丙子至庚寅,昼夜或急雨,檐溜沟水行。"(四月二十三日)

---

① (清)郑珍.书宜州家乘后.郑永晓整理.黄庭坚全集辑校编年(下):附录6[M].南昌:江西人民出版社,2008:1820.

这种方法带有浓厚的文学色彩，虽不能与今日计量之精确、科学相比，却极富形象性，由此亦可大体推知其雨量。至如有些气象术语如"冻雨"之类，在《宜州乙酉家乘》中已多次出现，至今袭用。

中国古代对气候、气象的详细系统的记载并不多见，除史书偶尔记载作为灾异现象的重大天气变化和怪异情况之外，在黄庭坚之前，尚未见专门的记述，特别是像黄庭坚这样记载得如此之细之确，时间如此之长之久之连续，恐怕更是绝无仅有。《宜州乙酉家乘》的记载不仅对于研究古代宜州的气候变化、气象特点有直接的重要意义，而且对于参照研究古代的气象气候特点，乃至从宏观上研究气候变化的周期性，都有重要的参考价值。

另外，《宜州乙酉家乘》对宜州风俗人情、食品医药、茶酒水果、生活器具乃至禽鸟花木的记载，对于考察古代人们的生活，或研讨所属门类的渊源流变，都不无参考价值。

黄庭坚硕学宏才，广识博见，其引笔行墨，追古冠今，辉前烛后，一生于文学创作尤其呕心沥血，著述丰富，成就卓著，不仅诗歌开江西一派，为宋诗代表而与苏轼并称，词、赋、散文亦享有盛誉，为人称颂。晚年更是炉火纯青，咳唾成珠，落笔绝妙，篇篇精金美玉，虽欲不自树立而不能。《宜州乙酉家乘》乃诗人谢世前的手笔，更不许等闲视之。它集史家笔法、诗人气质、散文运思于一体，既创千秋定式，沾溉来人，又达艺术造化之极诣，超鸷绝类，拔世脱俗，加上它本身具有的多方面的重要参考价值，使得这部中国古代流传下来的第一本私人日记，句句珍贵，字字可宝。

附录一

黄山谷的文艺思想和诗歌艺术

张耒在《读黄鲁直诗》中说："江南宿草一荒丘,试读遗编涕不收。不践前人旧行迹,独惊斯世擅风流。"这首悼友之作点出山谷诗的妙处在于不甘因袭前人,而独辟蹊径地创造了个性化的诗风,引起了世人的重视。张耒的意见是符合山谷文艺观及其诗歌创作实际的。然而,对山谷文艺观及其诗歌艺术应如何评价,人们的认识却向来并不一致。因而,对此就有必要进一步加以研讨。

黄庭坚的创作主张,影响最大的是被后来江西派奉为创作纲领的"点铁成金""夺胎换骨"法。前者见于《答洪驹父书》："自作语最难。老杜作诗,退之作文,无一字无来处。盖后人读书少,故谓韩杜自作此语耳。古之能为文章者,真能陶冶万物,虽取古人之陈言入于翰墨,如灵丹一粒,点铁成金也。"这封信写于崇宁二年。黄庭坚的外甥洪驹父寄呈诗文求教,因作此书,"极论诗与文章之善病",其中自然饱含着山谷长期创作的甘苦。

这篇书札涉及文章写作的诸多问题,如主题思想、脉络重心、布局结构、修辞技巧,等等。书札在论及洪氏所寄《青琐祭文》的缺点时,针对其"用字时有未安处"讲了"自作语最难"这段话,强调用字要有根据,要善于"陶冶万物""点铁成金"。用字有根据并不算错,"点铁成金"是历来文人惯用的措辞技法。倘若孤立地片面地一味强调这一点,或者有意将它推向极端,自然会走向形式主义的歧路。但是,黄庭坚的文章并未如此,而是在谈过文章的宗趣、关键、开阖之后,才针对洪氏用字的缺点提出措辞技巧问题的。并且在书札末尾还特意叮嘱要使文章境界高气势壮,不可死守"绳墨"。如不加以割裂上纲,这通书札似乎难以径判为形式主义文论的。"夺胎换骨"说与"点铁成金"不尽相同,有更多模拟之嫌。不过此说不见于山谷集,释惠洪转述未知是否全合原意,能否作为山谷文艺观的主干,似需另作探讨。假如就山谷集考察一下他的整个文艺观,则可以看到他绝不是只片面地强调文字技巧,鼓吹抄袭古人陈言的。

首先,山谷论文并不忽视社会作用和内容,他主张为文应有益于世。他赞成文章要"规摹远大,必有为而后作"(《王定国文集序》)。他有诗说:"文章不经世,风期南山雾。"(《寄晁元忠十首》其十)"文章功用不经世,何异丝窠缀露珠。"(《戏呈孔毅父》)这就是说为文要有目的性,文章不能济世就失去了生命力。注意文学的社会作用,必然重视诗文的内容和意义。以故山谷认为,诗歌应该"以理为主,理得而辞顺"(《与王观复书三首》其一)。他赞扬赵绩"作文皆道实事,要为有用之言"(《与王观复书二首》其二)。他肯定杜甫"善陈时事"(潘淳《潘子真诗话》引)的特点,并且指出杜诗的流传不朽,正在于它对于现实敢于表示是非,有忠义之气:"老杜文章擅一家,国风纯正不欹斜。……千古是非存史笔,百年忠义寄江花"(《次韵伯氏寄赠盖郎中喜学老杜诗》),这说明他并非只看到了杜诗的技巧。山谷主张诗文要写人的性情,他在《书王知载＜胸山杂咏＞后》中说:"诗者,人之性情也",他还有诗说:"生珠之水砂砾润,生玉之山草木荣。观君词章亦如此,谅知躬行有君子"(《走答明略适尧民来相约奉谒故篇未及之》)。可见作者看到了作家的人格修养是文章根底,作品是作家心志性情的表露。可是,在上述强调诗写性情的文章中,山谷却反对用诗"强谏争于廷,怨忿诟于道",他还批评苏轼文章"好骂",似乎反对诗文写怨愤之情,不赞成诗文有批评暴露的战斗作用。这种思想矛盾可能与山谷晚年所面临的政治形势有关。他曾经盛赞过欧阳修《与高司谏书》"可以折冲万里",证明他并不一味维护温柔敦厚的诗教。也许晚年惩于文字狱之祸,不愿再被"讪谤侵凌"的罪名,而使自身陷于"承戈""受矢"的境地,因而才发此违心之论罢!

其次,山谷不主张斗奇竞巧,一味雕琢,他倒很赞赏自然天成的文风。他不满于刻意求奇,认为"好作奇语,自是文章病"。对于"建安以来好作奇语",致使文章"气象衰茶",表示不满。山谷也反对一味雕琢。以为文章"无斧凿痕,乃为佳作"(《与王观复书三首》);有意雕琢,专事辞藻,只是低能文人的伎俩。他批评说:"后生玩华藻,照影终没世"(《奉和文潜赠无咎篇末多见及以既见君子云胡不喜为韵》),要求达到"不雕而常自然"(《苏李画枯木道士赋》)的化境。"流水鸣无意,白云出无心。水得平淡处,渺渺不厌深。"(《以同心之言其臭如兰为韵寄李子先》)这是他以白云、流水为喻,说明文贵平淡而自然。黄庭坚赞叹陶潜"不烦绳削而自合"(《题意可诗后》),称赏"子美诗妙处,乃在无意于文"(《大雅堂记》)。正由于此,黄庭坚反对"构空强作"(《论作诗文》),主张"待境而生"(吕本中《童蒙诗训》引),明确提出"非有为不发于笔端"(《与王立之四贴》)。

复次,山谷论文并不提倡因袭模仿,相反,他很强调出新和独创。黄庭坚在《论作诗文》中说:"作文字须摹古人,百工之技,亦无有不法而成者也。"这是就初学写作而言的。对于创作,山谷则很明确地反对模拟。他在《寄晁元忠》诗中说:"楚宫细腰死,长安眉半额。比来翰墨场,烂漫多此色。文章本心术,万古无辙迹。吾尝期斯人,隐若一敌国。"作者不满文坛上那种亦步亦趋、处处效颦的风气,他借用古代的俚谣进行了尖锐的讽刺。山谷认为诗文体现作者的思想和性格,没有什么固定不变的轨迹可循。由这种观点出发,山谷很强调创作要不傍他人门户而自铸伟辞。黄庭坚曾有"文章最怨随人后"(《赠谢敞王博喻》)、"自成一家始逼真"(《以右军书数种赠邱十四》)的名言。他宣称"着鞭莫落人后"(《再用前韵赠子勉》)、"我不为牛后人"(《赠高子勉》),这表明山谷有独树一帜、另辟蹊径的壮志雄心。对于敢于创新的同道,他总是热情地支持鼓励,比如他赞扬王定国"不守近世师儒绳尺,规摹远大……欲以长雄一世,虽未尽如意,要不随人后"(《王定国文集序》)。清代周煌指出,山谷不仅自己"独辟门户""不向如来行处行",而且"衣被天下,教人自为"(同治本《宋黄山谷先生全集序》),这是深得山谷诗论要义的。

综观山谷文艺观的全貌,他看重磨研诗文的形式和技巧,同时并不忽视它的社会作用和内容;他强调在语言技巧上下功力,但并不赞成雕琢丧失天真;他致力于学习前人,但尤其提倡开辟新径。因此,断定山谷表现了"轻视思想内容、逃避现实、回避政治和漠视文学的社会作用的观点"(刘大杰《黄庭坚的诗论》),是只抓住一点,以偏概全的结果。

黄庭坚的创作特别是他的诗歌体现了他的文艺主张,这也是山谷诗所以形成独立的艺术个性,从而使山谷在诗坛上居然独树一帜的重要原因。

文章要经世,自然须干预现实。山谷是关心现实的诗人,并不像前人所说:黄豫章诗"与世味少缘","真有凭虚欲仙之意,此人似一生未尝食烟火食者"(《荆川先生集》卷17《书黄山谷诗后》)。其实,细按其诗集,山谷何尝如此超然。他早年做叶县尉时,就写过反映人民苦难的《流民叹》。元丰中做太和令时,山谷深入山区,察访民隐,写过一组描写山农困苦生活的诗篇。诗人目睹下层百姓的疾苦,感同身受,懔懔内疚,发出了"民病我亦病"的感叹,表达了"年丰村落罢追胥"(《次韵寅庵》)、"要使鳏寡无鼙呻"(《赠送张叔和》)的愿望。在《虎号南山》中,他把贪吏暴政比成猛虎,批评当时的苛政虐民:"念昔先民,求民之瘼;今其病之,言置于壑。"山谷还一再向同僚和挚友宣传他怜贫恤苦的爱民思想,元祐初在《送刘士彦赴福建转运判官》中,提醒对方"维闽七聚落,荧独困吏饕",希望友人到任体恤民情,改革邑政。他疾恶那些用百姓鲜血染红朱绂的官僚,在《寄李次翁》中,特意标举他"不以民为梯,俯仰无所怍"的良好风操。在《送顾子敦赴河东》篇中,诗人谆谆嘱告:"上党地寒应强饮,两河民病要分忧。犹闻昔在军兴日,一马人间费十牛。"这意味深长的诗句,贯注着诗人关心现实、体恤民隐的深情。北宋国力虚弱,西北面临辽夏威胁,御敌防边始终是许多进步作家关注的社会课题,黄庭坚也不例外。元祐二年,岷州知州种谊擒获勾结西夏、叛服无常的西蕃首领鬼章青宜结,苏轼等人有诗祝捷。山谷也写了《次韵游景叔闻洮河捷报寄诸将四首》《和游景叔月报三捷》等诗,热情地表彰边将的战功。在《送范德孺知庆州》《次韵奉答吉邻机宜》中,诗人还以昂奋的激情,勉励负有守边责任的友人为巩固边防做出贡献。黄庭坚的爱国诗是富有气势和热情的,如《和游景叔月报三捷》:"汉家飞将用庙谋,复我匹夫匹妇仇。真成折棰禽胡月,不是黄榆牧马秋。幄中已断匈奴臂,军前可饮月氏头。愿见呼韩朝渭上,诸将不用万户侯。"全诗表示了对安定边塞、消弭战争的展望,贯注着压倒强敌的气势,字里行间洋溢着关怀国事的热情。洪炎《豫章黄先生退厅堂录序》说:山谷诗"极其致忧国爱民,忠义之气蔼然见于笔墨之外",这种说法不是没有根据的。

黄庭坚主张诗要写性情、寓识见。所谓"文章本心术""矢诗写予心","读书饱工夫,论事极精核"。山谷诗正是体现了他的性情识见,因而个性化的色彩十分鲜明。山谷为人有抱负、有识见、讲操守。他有诗说:"丈夫存远大,胸次要落落"(《次韵杨明叔见饯》)。为了实现远大的抱负,他主张积极用世。友人郭明甫于颍州筑西斋退隐,要山谷为他赋诗,山谷列举郭丹、郭伋、郭子仪、郭林宗等有所建树的历史人物,鼓励对方说:"君家旧事皆青史,今日高材未白头。莫倚西斋好风月,长随三径古人游"(《郭明甫作西斋于颍尾请予赋诗》),诗人劝导友人振奋精神干一番事业,他不赞成青年士子在安闲生活中虚度了有用的年华。元祐三年,友人徐景道初入仕途,他在《送徐景道尉武宁》诗中说:"李苦少人摘,酒醇无巷深。当官莫避事,为吏要清心。"又说:"风俗谙邻并,艰难试事初。官闲莫歌舞,教子诵诗书。"从对别人的期望中,也反映了作者自强不息、勇于任事的进取精神。山谷做官是为了济时行志,当这种理想遭受打击时,他坚持操守,安贫乐道,决不曲意迎合,"胸中已无少年事,骨气乃有老松格"(《送石长卿太学秋补》),可以作为他的自白。绍圣以后,一些腐朽官僚打起"绍述"的旗号蓄意整人,山谷一再远贬,备历艰辛,他却能泰然自处,怡然自乐。"鬼门关外莫言远,五十三驿是皇州"(《竹枝词》);"藏书万卷可教子,遗金满籯常作灾"(《题胡逸老致虚堂》);"心随物作宰,人谓我非夫"(《次韵杨明叔》);这深含思致的诗句,充分表现了山谷不以升沉得失为喜悲的坦荡襟怀。北宋后期党争剧烈,官场倾陷成风,时局仓皇反复,一派得势,就要把另一派踩在脚下。山谷虽然也被卷进旋涡,吃了不少苦头,但他却能超脱门户之见,比较客观地看待问题。元祐初期旧派不顾一切地摈斥新党。山谷在《次韵子由绩溪病起》诗中,提出了"人材包新旧,王度济宽猛"的见解,奉劝执政者参考新政之长,"兼用熙丰人材"。元祐三年友人曹辅出任福建路运转判官,山谷临别赠言,也特别提醒对方到地方要重视发现人才:"百城阅人如阅马,泛驾亦要知才难。盐车之下有绝足,败群勿纵为民残"。(《送曹子方福建路运判》)作者告诉友人知人善任并不是一件易事,在那些不服驾驭、不被重用的人群中,常常有难得的人才,需要细心地识拔,只是对于个别残民以逞的害群之马,则决不要放纵姑息。这种见解是很有价值的。元符三年徽宗继位,山谷在《再作答徐无隐》诗中又说:"开纳倾万方,皇极运九畴。闲奸有要道,新旧随才收。"这种破除成见广开才路的好意见,在《病起荆江亭即事》中也有鲜明的表述。山谷政治上升沉,同元祐旧僚连在一起,旧派在新政废止后,对王安石攻击不遗余力。山谷却在《次韵王荆公题西太一宫壁》《有怀半山老人再次韵》《奉和文潜赠无咎》等诗中,对王安石的人品和新学给予很高的评价。他说:"荆公六艺学,妙处端不朽!""玉石恐俱焚,公为区别不?"这同那些不管是非,一味落井下石的人,形成了鲜明的对照。晁补之说:"鲁直于怡心养气,能为人所不为,故用于读书为文字,致思高远,亦似其为人。"(《鸡肋编》卷33)这段话对于理解山谷诗很有参考价值。确乎,他的诗很少凿空强作,向壁虚造,而是发乎性情,出自肺腑,因而从他的诗歌,我们可以看出黄庭坚超迈的识见和磊落的胸怀。

黄庭坚论文反对"随人作计",主张"自成一家",他的诗成功地达到了这一目标。诗至唐代,大家辈出,无体不备,形成了一个不易超越的艺术高峰。宋人要想在古近诗体的范围内驰骋才力,开拓一种新局面,必须勇于独创,痛下功力。山谷正是继苏轼之后,能够"更出新意,一洗唐调"的杰出代表。山谷诗在艺术上有鲜明的独创个性,被人誉为"英笔奇气,杰句高境,自成一家"(方东树《昭昧詹言》卷1)。山谷诗的艺术独创性表现在哪些方面呢?

其一,富有思致机趣,耐人寻绎回味。前人已指出:"黄山谷、陈后山专寓深远趣味。"(谢尧臣《张于湖先生集序》)这些深远诗趣,不可能来自抽象说教,山谷善于即景宣情,托物寄意,借鲜明的形象,寓深邃的哲思,如:"桃李无言一再风,黄鹂惟见绿葱葱。"(《寺斋睡起》)"春残已是风和雨,更著游人撼落花!"(《同元明过洪福寺戏题》)古有"桃李无言,下自成蹊"的成语,艳丽的桃李禁不住几场风雨就随同绿荫满地的阳春匆匆逝去,这使我们想到美好的事物常常会遭到无端的摧折。当暮春将近,风雨连天,花儿已濒临凋落命运,却有人乘机戕害,这使我们看到北宋晚期政治形势的岌岌可危。这里借助桃李、春花的形象,寄寓诗人对人生际遇和政治形势的痛苦思索。六言诗《次韵王荆公题西太一宫壁》："风急啼乌未了，雨来战蚁方酣。真是真非安在？人间北看成南！"则借急风、啼乌、战蚁，摹写北宋激烈的党争，说明在派别倾轧中，往往朝秦暮楚、南北颠倒，是没有什么真是真非和客观标准存在的。这些诗言近旨远，意在言外，发人深思，耐人寻绎，是富有机趣的。黄庭坚也有一些诗直接抒写议论，阐扬哲理，思致深邃，具有普遍的训诫意义，如："宴安衽席间，蛟鳄垂涎地。君子履微霜，即知坚冰至。"（《次韵答斌老又和》）"人生要当学，安宴不彻警。古来惟深地，相待汲修绠。"（《送李德素归舒城》）"利欲熏心，随人翕张。国好骏马，尽为王良。不有德人，俗无津梁。德人在游，秋月寒江。"（《赠别李次翁》）第一首告诉人们不要溺于安乐，要防微杜渐，把享乐思想消灭在萌芽状态；第二首说人对于学习，任何时候也不能松懈，精深的造诣有待于长期的功力；第三首讽喻世态末俗常常随风俯仰，毫无操守，必须要有高风亮节的人砥柱中流。这里不管是切身经验、人生哲理或是真知灼见，都直接以议论出之，但绝不同于玄言诗或押韵论文，因为作者都是用精炼的形象语言，体现一种富有普遍启迪性的理趣和哲思，发乎此而归于彼，言有尽而意无穷。它比单纯写景体情的诗意境深邃，思路幽渺，是诗与哲理的统一。

其二，长于点化锻造，下语奇警，引人惊异。点石化金，本来是诗人用语上推陈出新的一种传统手法，诗史上继承前人经过翻新，构成名篇佳句的，不乏其例。黄庭坚惯于点化，不少诗作借此构造了传颂人口的警句和名篇。如刘禹锡写洞庭山水："白银盘里一青螺"（《望洞庭》），山谷点化为"银山堆里看青山"（《雨中登岳阳楼望君山》），朱昼写怀人："一别一千日，一日十二忆。苦心无闲时，今夕见玉色"（《喜陈懿至》），山谷点化为"五更归梦三千里，一日思亲十二时"（《思亲汝州作》）。这些都是在继承的基础上创新，或同原诗各极其妙，或比原作更显精工。不过这种办法用得过粗过滥，自然易生流弊，如山谷《题睡鸭》用徐陵《鸳鸯赋》，只更易几字，未免有蹈袭之嫌。黄庭坚最长于融化历史掌故，博采现成说法，锻造成新警的诗家语言，如："寻师访道鱼千里，盖世功名黍一炊。"（《王稚川既得官都下，有所盼未归》）"塞上金汤唯粟粒，胸中水镜是人才。"（《送顾子敦赴河东》）这里除了"黍一炊"用《枕中记》的故事，"胸中水镜"用《世说新语》"人之水镜"的掌故外，"鱼千里"和"唯粟粒"，也化用前人之说。《关尹子》有"以盆为沼，以石为坞，鱼环游之，不知其几千万里"的说法，山谷把它概括为"鱼千里"，用以比喻往复不停地奔走，就把王稚川求师的辛勤做了充分描绘。晁错上疏有"带甲百万而无粟，弗能守也"的见解，山谷吸收他的意思，凝练成"塞上金汤唯粟粒"，借以说明粮食在防边中的重要作用，这就把劝告友人重视农业的思想表达得十分鲜明。黄庭坚在用字上更加千锤百炼，一丝不苟，尤注意在律诗的关节处狠下功力。他下字切至深刻、力透纸背、色彩鲜明、对比强烈，笔锋奇妙、新警异常。如"心犹未死杯中物，春不能朱镜里颜"（《次韵柳通叟寄王文通》），一个"死"字，一个"朱"字，把酒兴不衰、华年已逝，镌刻得入木三分；"故人相见白青眼，新贵即今多黑头"（《次韵盖郎中率郭郎中休官》），"故人"同"新贵"对仗，"青眼"和"黑头"映衬，对比何其鲜明；"骐骥堕地思千里，虎豹憎人上九天"（《再次韵寄子由》），用"骐骥"比志在千里的贤者，以"虎豹"喻忌人向上的权臣，用语又是多么警策精妙。黄庭坚有些字下得异乎寻常，出人意表，所谓"黄诗秘密，在隶事下字之妙，拈来不测"（方东树《昭昧詹言》卷10）。如《过平舆怀李子先》尾联："酒船渔网归来是，花落故溪深一篙"，作者先摆出"酒船渔网"，渲染隐居生涯的幽雅，然后提出"归来"，归来才享有饮酒打鱼的惬意生活，句尾突然下一个判断谓语"是"字，肯定归来正确。简捷有力，一字千钧，使人意想不到。山谷写诗确乎做到了如他所说"用一事如军中之令，置一字如关门之键"（《拔高子勉诗》），只字半句不轻出。

其三，语言色泽洗净铅华，独标隽旨。山谷诗的语言与其词作不同。山谷词有一部分接近柳永，多写花月艳情、伤别狎妓，语言趋于艳冶。山谷诗则"洗尽铅华，独标隽旨，凡风云月露与夫体近香奁者，洗剥殆尽。"（陈丰《辨疑》）黄庭坚诗偶尔涉及儿女情，也多半属于借用或加以净化、雅化。如"君诗如美色，未嫁已倾城"（《次韵刘景文登邺王台见思》），"习之实录葬皇祖，斯文如女有正色"（《次韵子瞻送李豸》），都是借美女比喻文章的风格。《和陈君仪读太真外传》虽是题咏杨贵妃的故事，但作者侧重总结历史教训，写得雅洁庄重。连理枝本来是爱情关系的象征，但山谷在《戏答陈季常寄黄州山中连理松枝》诗中，偏不从儿女情上发挥，而说："老松连枝亦偶然，红紫事退独参天。金沙滩头锁子骨，不妨随俗暂婵娟"，这里化用佛典，说松枝长成连理不过是偶然的例外，正像金沙滩头偶现妇人身形的观音，本质上仍是菩萨骨骼。可见山谷写诗不喜作艳语、绮语、软语，而以雅洁劲峭胜，其用语，除博采经史诗赋外，还多取材于禅家、道家和小说。如"定是逃禅入少林"（《次韵盖郎中率郭郎中休官》），"有身犹缚律"（《次韵答王慎中》），"六凿忽通透"（《复庵》），"忘蹄出兔径"（《次韵盖郎中率郭郎中休官》），"管城子无食肉相，孔方兄有绝交书"（《戏呈孔毅父》）等等，语言的色泽和韵度与前人颇有不同。黄庭坚有时还把含义丰富的典故凝缩成简短的词语，直接嵌入诗中，如"百年才一炊"（《留王郎》），"四壁不治第"（《次韵秦觏过陈无己》），"一炊""四壁"两词都含有一定的故事。山谷在使用词语上，善于以故为新、避熟就生，如"向人怀抱绝关防"(《次韵奉酬刘景文河上见寄》),"阴壑虎豹雄牙须"(《次韵子瞻以红带寄王宣义》),作者把对人推心置腹说成"绝关防",用"雄牙须"形容身居岩穴的隐者性格倔强傲岸,使人感到新颖警策,不落窠臼。

其四,诗风瘦硬峭拔,兼有老朴沉雄、浏亮芊绵的特色。山谷诗不但情思超迈,韵格高绝,而且造句奇崛,笔势雄健,且又发展杜甫的拗律拗句,以此来约晚唐的熟滑,矫西昆的丽靡,这就形成了独有的瘦硬峭拔的风格。正如方东树所说:"山谷所得于杜,专取其苦涩惨淡、律脉严峭一种,以易夫向来一切意浮功浅、皮傅无真意者耳。"(方东树《昭昧詹言》卷1)如《次韵几复和答所寄》《题李亮功戴嵩牛图》,无论情思和笔力,都给人一种英特不凡的感受,确是山谷的创格。但山谷的五古七古,有些却写得老朴沉雄,如《留王郎》《送王郎》《送舅氏野夫之宣城》《赠陈师道》《老杜浣溪图引》等等。李调元也说:"黄山谷七言古歌行,如歌马歌阮,雄深浑厚,自不可没"(《雨村诗话》)。黄庭坚的不少七律七绝则笔势如风、一贯而下,饶有顿挫之致,并无馂饤之感。如"世上岂无千里马,人中难得九方皋"(《过平舆怀李子先》),"安得雍容一尊酒,女郎台下水如天"(《郭明甫作西斋于颖尾》),不管额联对仗或尾联收煞,不论是否用典,都能做到顺势而下,流丽晓畅。再如七律《登快阁》,韵格尤显明快浏亮,读来爽利异常。陈丰曾说:"或谓山谷诗一以生硬为主,何所见之褊也!公诗祖陶宗杜,体无不备,而早年亦从事于玉溪生,故集中所登,慷慨沉雄者固多,而流丽芊绵者亦复不少。……世人未览全集,辄以'生硬'二字蔽之,不知公时作硬语,而老朴中自饶丰致"(《辨疑》)。这种看法是较为全面的。

黄庭坚于文章自期远大,有志立异创新,决不随人作计,其创作态度又极为严肃,惨淡经营,不惜功力,果然开辟了新境,树起了独立的艺术个性,卓然自成一家。自然,山谷文论和诗作也都有缺陷。主要在于向现实生活用力不够,"专以拗峭避俗,不肯作一寻常语,而无从容游泳之趣"(《瓯北诗话》卷11)。江西末流又专意发展他的缺点,把本来可取的主张和经验推向极端,这就陷进了形式主义泥沼。然而,黄庭坚在诗艺上崇尚独创,其用意和获取的实绩毕竟值得重视,不可忽略,而效颦者所带来的弊端,则是不能由他来负责的。

刘乃昌　杨庆存

发表于《齐鲁学刊》1981年1期60—65页

附录二

黄庭坚诗歌的艺术追求与创变

宋诗苏、黄并称,黄庭坚和苏轼一样,向来被视为最能代表宋诗风格的诗人。然而关于他的评价。却一直聚讼纷纭。誉之者曰:"涪翁一代人杰,言为世准,无一可议。"(袁燮《洁斋集》卷8)认为其诗"囊括古今","在诸家为第一";毁之者曰:"人讥西昆体为獭祭鱼,苏子瞻、黄鲁直亦獭耳。"(王夫之《夕堂永日绪论》)认为其诗"可嗤鄙处极多","除却书本子,却更无诗"。誉者或过其实,毁者或损其真,此种情形伴随着黄诗的产生和流传一直延续至今。不过,不论对黄诗的评价如何,人们都喜欢谈论这样一个问题:黄庭坚在追求什么? 其诗有哪些创变? 从诗歌发展史上看应如何评价? 本文拟从山谷的诗歌主张,黄诗的形象化,黄诗的结构和语言特点,黄诗的音乐节奏美等方面,来试图说明山谷诗的艺术追求、创变及其对宋诗发展的意义。敬祈方家、读者及同好给予批评和教正。

一

当代学者之于黄庭坚,谈论最多的往往是"夺胎换骨""点铁成金"的问题,对黄诗的肯定与否定,也不免从这里开始。但是,在不同观点的争论中,人们却常常忽略了这样两点:一、"夺胎换骨"与"点铁成金"是否可以作为同一概念提出? 二、"夺胎换骨"作为黄庭坚的主要诗论来谈,是否有切实的依据? 关于前者,结论是非常明显的;"夺胎换骨"据惠洪的记载,谈的是诗意的继承;"点铁成金"据黄庭坚所论,则是语言的继承,这是两个不同范畴的问题,不应混为一谈。关于后者,首先,在山谷集中,我们从未见到过"夺胎换骨"的提法。此语最早见诸记载的是惠洪的《冷斋夜话》,原文是:

> 山谷云:诗意无穷,而人之才有限,以有限之才,追无穷之意,虽渊明、少陵不得工也。然不易其意而造其语,谓之夺胎法;窥入其意而形容之,谓之换骨法。

其实,对于惠洪这段记载,历代评论家注意的并不多。自宋至清,真正对其分析或驳难的只有南宋的吴曾、曾季狸、杨万里和金人王若虚等寥寥数人。其中,杨万里和曾季狸只是用具体诗例对这一论点加以印证。如杨万里云:

> 杜《梦李白》云:"落月满屋梁,犹疑照颜色",山谷《簟》诗云:"落日映江波,依稀比颜色"……此皆用古人句律,而不用其句意,以故为新,夺胎换骨。(《诚斋集》卷99)

这段话说明,杨万里是相信黄庭坚确有此论,并努力正确理解其含义的。但是,他的"用古人句律,而不用其句意"的解释已与惠洪那段记载的宗旨相去甚远了。对黄庭坚大发其难的王若虚,则又将"夺胎换骨"与"点铁成金"作为同一问题加以驳难。首开概念混淆的先例:

> 鲁直论诗,有夺胎换骨、点铁成金之喻,世以为名言。以予观之,特剽窃之黠者耳。
>
> ——《滹南遗老集》卷39《诗话》

其实,他们都没有注意到,早在这之前,吴曾就曾对惠洪的记载提出过质疑。其《能改斋漫录》卷10引此语后云:"予尝以觉范不学,故每为妄语,且山谷作诗,所谓'一洗万古凡马空',岂肯教人以蹈袭为能事乎?"吴曾比惠洪年岁稍晚,几乎为同时代人,他的话是值得注意的。如果惠洪的话本身就值得怀疑,那么,围绕着它而进行的争论又有多大意义呢?当然,吴曾并没有提出确凿的证据,但另一方面,惠洪的记载也无任何旁证,我们看到,不仅山谷集中没有类似的理论,而且在与黄庭坚同时并关系颇为密切的陈师道、晁补之、张耒及其弟子王直方、徐师川,其外甥洪驹父等人的文集中也都没有类似的记载。惠洪比黄庭坚小二十七岁,只是"犹及识庭坚"(《四库全书总目提要》)。如果说这是黄庭坚的重要诗歌主张,那么,为什么不郑重地写在自己的文章或给朋友的书信中,而独传于一个衲子晚辈?这是令人费解的。再从这段话本来看,所谓"不易其意而造其语"与"窥入其意而形容之"到底有什么区别?而且,既是师前人之意,就是借用前人作品的主旨或意境铸自己的诗篇。这样,说"夺胎"犹可,说"换骨"似难讲通。下面"诗意无穷,以有限之才,追无穷之意,虽渊明、少陵不得工也,"也说得那么缩手缩脚,和黄庭坚一贯的创新主张大相径庭。即便他有过类似的说法,惠洪的记载是否完全符合其原意,也是值得怀疑的。另外,从前人列举的一些诗例来看,有的是和"点铁成金"相混淆的,如前面杨万里举的例子;有些是为人题字画时书写的古人诗,被后人误收作黄诗的(莫砺锋《"夺胎换骨"辨》一文对此已有论证,此处不赘述),有些是"读古人书多,意所喜处。诵忆之久。不觉误用为己语"的,比如其《黔南十绝》便"尽取白乐天语"(洪迈《容斋随笔》)。对此,黄庭坚自己解释说,这是因为"少时诵熟,久而忘其为何人诗也,尝阻雨衡山尉厅,偶然无事,信笔戏书尔"(《道山清话》)。可见他并没有把这些当作自己的创作。创作都谈不上,还谈什么"夺胎换骨""点铁成金"呢? 当然,也有一些诗句是在前人的启迪下,又经过诗人推陈出新再创作的,如"可惜不当湖水面,银山堆里看青山"两句之与刘禹锡"遥望洞庭湖翠水,白银盘里一青螺"一联的关系,就是如此,然而,仅仅从"可惜"和"遥望"这两个不同的词汇中,人们领略到的兴会意趣就已经相去很远了。此种情形,又怎能算作是"不易其意""窥入其意"的"夺胎换骨"呢? 由此可见,所谓"夺胎换骨"之说,不仅其可靠性值得怀疑,而且也不符合黄庭坚创作的实际。惠洪是个浪漫气质较浓的诗僧,而绝非严谨的学者,其《冷斋夜话》杂记见闻。"多诞妄伪托者"(《四库题要》引晁公武言)。因此,对于他的话,《四库全书总目提要》所持的态度倒是可取的:"所言可取则取之,其托于闻之某某,置而不论可矣。"

置"夺胎换骨"之说不论,我们看到,黄庭坚诗歌理论涉及的范围是相当广泛的,其中尤为引人注意的有以下几个要点:第一,主张创新。他说"随人作计终后人,自成一家始逼真"(《以右军书数种赠丘十四》)"文章最忌随人后"(引自《苕溪渔隐丛话》前集卷49)并反复宣称"听它下虎口著,我不为牛后人。"(《赠高子勉》)"着鞭莫落人后,百年风转蓬科。"(《再用前韵赠子勉》)他认为,能够"遇变而出奇。因难而见巧",才是"予所论诗人之态也"。第二,认为诗应写人之性情。"矢诗写予心,庄语不加绮"。(《次韵定国闻苏子由卧病绩溪》)这是说,他写诗是用来抒写自己的心灵的。在《书王知载朐山杂咏后》一文中,他更明确提出:"诗者,人之性情也,非强谏争于廷,怨忿诟于道,怒邻骂坐之为也。"关于文学是否应直接干预社会政治,至今仍然是理论界有争议的问题。黄庭坚此论,也算是一种观点吧。这种观点使他对诗歌的艺术性特别重视。从文学史的角度看,它又实开明代"性灵"说的先河。第三,认为诗歌艺术有其独特性。在结构上,诗要有独特的章法,语言上,要讲究独特的句法、字法,音律上,要"谐律吕""从容中玉佩之音"。第四,提倡学杜。他赞扬"高子勉作诗以杜子美为标准"(《跋高子勉诗》),劝导王观复"熟观杜子美到夔州以后古律诗"(《与王观复书》),认为在诗的艺术殿堂上,杜诗是人们应当首先学习效法的光辉典范。以上四点,创新是总的宗旨,发扬诗歌艺术的独特性,是为创新而追求的具体目标,其他两点,则分别从诗歌内容和艺术崇尚方面反映出他对诗歌艺术独特性的看法,那么,黄庭坚创新的着眼点为什么会落在诗歌艺术的独特性上面呢? 这一点,还要结合他的时代来看。

自从白居易以他那近百首著名的"新乐府"开创了"强谏争于廷"的光辉范例后,用诗歌干预时事政治并进而针砭时弊便成为一种新的传统,我们不能低估这一创举的历史意义,它毕竟为那些有着高度历史责任感的"先天下之忧而忧"的诗人们指示了一条干预政治,干预生活的道路。晚唐皮日休、杜荀鹤等人正是沿着这条道路前行的。在紧承于唐的宋代,其影响无疑是巨大的。北宋第一个成就卓著的诗人王禹偁就自豪地宣布:"本与乐天为后进,敢期子美是前身!"从《小蓄集》的《流亡叹》《对雪》等诗中,我们可以明显地看到他那种针砭时弊、同情人民、反躬自省的精神与白居易的新乐府是多么地一脉相承。这种情形在他以后的一系列杰出的诗人欧阳修、梅尧臣、苏舜钦、苏轼等人那里都可以见到。不仅如此,宋代的诗人们还有其新的特点。他们不仅仅是针砭时弊,大声疾呼,在那个积贫积弱而又相对稳定繁荣的时代里,在思想日益受到禁锢而文化又高度发达、学术空气空前浓厚的氛围中,诗人们对国家的前途,边塞的战争,封建统治机构的各种决策、方针以及儒家、佛家、道家、法家等各种思想传统都进行了新的思考。在多数情况下,他们已不再只有强烈地指斥和义愤,而是开始刨根问底地、条分缕析地思索和分析。与激情澎湃的唐代诗人有所不同,宋代的诗人更多地带有理智而冷静的政治家的风度。且不说他们当中一些人如欧阳修、王安石等本身就是出色的政治家,即便是终身沉居下僚的梅尧臣、苏舜钦、陈师道诸人也往往有着比较理智而清醒的政治见解。而与此同时的苏轼,更以一种哲学家的目光分析着自己周围的一切。正像一个人经历了青年时期的热情浪漫后而逐渐趋于理智冷静一样,宋代是浪漫的唐代以后的一个理智的时代。"谈理至宋人而精,说部至宋人而富"(翁方纲《石州诗话》卷4)。独立的见解、缜密的思考、哲理的探索、实际的分析——这一切,构成了宋代文人精神风貌的主要特征。

在新的时代潮流的冲击下,诗歌领域发生了极大的变化,"宋诗自梅尧臣、苏舜钦出,始一大变"(叶燮《原诗》),传统的写法打破了,一种泼辣犀利而又"闲庭信步"式的散文笔法出现了。显然,从某种意义上看,对于那些喜欢思索和辨析的诗人们来说,诗歌的散文化不啻是一种艺术的解放。我们当然不能否定诗歌散文化在扩大诗歌表现领域和增强社会功能方面做出的丰功伟绩,何况那些融散文艺术和诗歌艺术于一炉的健美富赡之作同样是以其巨大的艺术魅力流芳百世的。但是,我们也注意到与之而来的另一种倾向:当散文式的写法发展到极端的时候,直接的议论便往往代替了形象的抒情,黑格尔所批评的那种"把所要表现的材料先按散文的方式想好,然后在这上面附加一些意象和韵脚,结果这些意象好像是挂在抽象思想上的装饰品"(《美学》)的现象也就随之产生了。

同时代精神相一致,黄庭坚也是一位善于理性思索的诗人,他喜参禅,好佛老,不仅对儒、道、佛三种思想有着兼收并蓄式的研究和发扬,对时事政治有着独立的见解,而且对养生、教子、处世、情操等问题都有一系列新的思索。现在黄庭坚面临的问题是,作为一个理智而冷静的精神探索者,如何将那些带有思辨色彩的理性内容渗透融合于随时可能萌发的创作兴会之中,使之与内在的情感浑然一体,从而形成作品的内在生命?如何避免散文的笔法,而用诗的形象、结构、语言和韵律将这种内在生命加以完美地展现?——这就是黄庭坚的艺术追求。在这一追求中,他以杜甫为榜样,以创新为宗旨,以形式技巧的推敲为手段,使传统的诗歌以一种新的时代风姿展现在人们面前。

二

如上所述,经过唐代那样一个激情澎湃的历史阶段,宋代的诗人们对复杂的生活内容已经不满足于情感的体验与表述。他们不仅仅要表现"生活中的教训、情感上的震惊、激情的经验",而且还力求对"人类普遍命运中的各种危机","对永恒循环往复的人类悲哀与欢乐生活的必然经验进行解说和阐述"[1]。不过,他们的经验,并不像唐代诗人那样,表现为与情感夹杂在一起的直观感受,而是常常表现为哲学、历史、政治、生活的理性思辨。同情感本身并不是诗一样,这些理性的思辨本身也不是诗,要把它们同情感一起化为作品"内在的生命",还需要一个过程,这个过程,按照黑格尔的说法,就是"用从外界吸收来的各种现象的图形,去把在他心里活动着和酝酿着的东西表现出来"。[2] 这是就创作过程而言。就作品而言,诗中的艺术形象又是我们获得审美关照的媒介,"诗歌的本质正就在这一点上,给予无实体的概念以生动的、感性的、美丽的形象。在这种情况下,观念不过是海水的浪花,而诗意形象则是从海水的浪花中产生出来的爱与美的女神。"[3]情感在诗化的艺术过程中,要找到形象的对应物即"外在界各种现象的图形"并不是一件十分困难的事,"白发三千丈,缘愁似个长",白发与愁之间本来就有一种潜在

---

① 瑞士荣克.心理学与文学[M]//西方古文论选.上海:复旦大学出版社,1981:460.
② 黑格尔.美学:第1卷[M].北京:商务印书馆,1978:345.
③ 别林斯基.外国理论家作家论形象思维[M]//杰尔查文作品集.北京:中国社会科学出版社,1979.

的联系,因此,"愁"这种抽象的情感在对白发的夸张描写中便自然地得到了形象的体现,传统的比兴手法正是作为这样一种艺术形象化的手段产生的,然而理性的思索在其诗化的过程中,要找到形象的对应物就不是一件很容易的事了。"藏书万卷可教子,遗金满匮常作灾",这是对培养子孙的方法及其得失的格言般的总结,其力量,乃在于诗人思索的深刻性,但是,如果所有的认识都以这样的方式来表述,那诗歌岂不成了格言录? 当然,如果连这种格言般的韵味都没有,那就只剩下一行行乏味的议论文字了,宋诗中这样的文字并不少,甚至连梅尧臣、苏舜钦、欧阳修、苏轼以及黄庭坚本人也在所难免,他们迫不及待地要表明自己对生活的各种见解和看法,而又不能处处都找到与此相应的形象,于是,在一些仓促成篇的作品中,枯燥的议论便产生了。不过,当他们不但注意理性思辨的解说和阐述,而且同时注意到这种解说和阐述的艺术表达方式时,其理性的思辨便在一些看来十分平常的自然景象、生活现象以及历史故事中得到了形象的说明。这时,理性的思辨会由于附着于形象而增添了动人的艺术魅力,形象则由于其本身理性的内涵而更耐人寻味。从苏轼的《题西林壁》和王安石的《登飞来峰》等作品中,我们看到,在议论化产生的同时,一种崭新的诗体——哲理诗闪耀着熠熠的艺术光辉出现在宋代诗坛上。黄庭坚是个理性色彩很浓的诗人,与欧阳修、苏轼、王安石这些诗歌散文都很用力的作家不同的是,他的创作主要是以诗歌为中心的。他几乎把所有的人生经验、理性见解都放在诗里表述,这就使他在艺术形象化的过程中,必然地倾注了更大的精力,从而也产生了更多的创新。

在多姿多彩的自然景色中,提取那些和诗人意识相暗合的现象加以艺术的揭示,是黄庭坚使理性思索形象化的一种重要手段。在这种情况下,形象既是自然的,也是象征的:

> 春残已是风和雨,更著游人撼落花!
>
> ——《同元明过洪福寺戏题》

元祐间,新法完全废弃,旧党也开始分裂,国家陷入深刻的危机之中。在这种情况下,某些当权者仍唯恐天下不乱! 诗人在自然界中发现了与此相似的现象,于是,便带着强烈的痛惜之感将自己的意识在对这种现象的描述中抒写出来。由于这一自然现象的普遍性、诗人的思索还显示出耐人寻味的哲理内涵。他的著名小诗《蚁蝶图》只是一首题画诗,却使蔡京大怒,"将指为怨望",也是因为他在对蝴蝶"群蚁"的描写中融进了自己的政治见解,触及了当权人物的隐处。有时,为了使形象的象征意蕴更为显豁明确。诗人还在形象描述的同时夹带两句单刀直入的议论。如：

风急啼乌未了，雨来战蚁方酣。
真是真非安在？人间北看成南！

——《次韵王荆公题西太一宫壁》

诗的前两句，以两幅习见的自然图景暗示出当时政治气候的多变和新旧党争的激烈。后两句，则直接对此情景做出评价。它有如绘画中画龙点睛般的题词，使形象本身的内涵更加深刻鲜明。有时，诗人则在自然景物和其他意象的直接组合中，显示出对生活和人事的分析评价。如"短世风惊雨过，成功梦迷酒酣。"（《有怀半山老人再次韵二首》其一）、"诗到随州老更成，江山为助笔纵横。"（《忆邢惇夫》）、"有子才如不羁马，知君心是后凋松。"（《和高仲本喜相见》）、"明月清风非俗物，轻裘肥马谢儿曹！"（《答龙门潘秀才见寄》）等等，都以生动可感的形式表现出一定的理性认识。

比喻是黄庭坚使理性思索形象化的又一重要手段。传统的比兴手法是在情感内容形象化的过程中建立起来的，艺术形象作为"索物以托情"的喻体充满了浓厚的情感色调。但在黄庭坚诗中，比兴不但可以"托情"，而且在更多的情况下还用来喻理，作为喻体的艺术形象更多地带有理性的色彩。对此，清人张佩伦似乎有所体察，他说，黄庭坚作诗"秘旨在'以比为赋'，自能避俗生新。"赋的特色在于其抒情叙事的直接性，"赋者，敷陈其事而直言之也。"黄庭坚的诗叙事成分并不多，所谓"以比为赋"，当是指将那些最容易用赋的手法"直言之"的理性内容用比的方式写出来。比如，他提到的《演雅》一诗，通篇所有的形象都是作为喻体出现的。诗人从桑蚕、蜘蛛、燕子、蜂蝶，写到虮蚁飞蛾，蝉蝼螳螂等，共描写了近四十种动物，它们虽然生理本能和生活习性不同，但共同的特点都是终生在某种需要的驱使下忙忙碌碌，有筑窠的，有采蜜的，有传语的，有饶舌……有的不择手段，如天蝼、鸬鹚（"天蝼伏隙录人语"，"鸬鹚密伺鱼虾便"）；有的不辨利害，如飞蛾、虮子（"飞蛾赴烛甘死祸""虮闻汤沸尚血食"）；有的只顾眼前利益，如黄口（"黄口只知贪饭颗"）；有的无事生非、专门制造事端如伯劳鹦鹉（"伯劳饶舌世不问，鹦鹉谗言便关锁"），有的叽叽喳喳啰里啰嗦，让人讨厌，如春蛙夏蜩和土蚓壁潭（"春蛙夏蜩更嘈杂，土蚓壁潭何碎琐"），如此等等。显然，这个动物的世界就是人的世界，这些生活目的、方式、特点、习性不同的种种动物，正是大千世界中种种不同类型的人物的真实写照,至于作者自己,他在最后也用比喻的方式写道:"江南野水碧于天,中有白鸥闲似我。"这首诗所要表现的,是他对世事极冷静的洞察分析以及在此基础上形成的人生观,然而这些纯理性的内容却全部是用具体的形象来表述的,如此则不但避免了那种由直接的陈述而带来的乏味和枯燥,而且能借助形象本身的特点使其理性的内涵更丰富和富有韵味,取得余味无穷的艺术效果。元丰四年秋,黄庭坚在太和任上作的《赣上食莲有感》一诗,也被人称作是"以'比体'入妙"的佳作,全诗通篇以对"莲"的比喻性描写为线索,"发端在家庭间,渐引入身世相接处,落落穆穆,甘苦自知"(汪薇《诗论》),充满了对父母兄弟儿女之情的感慨和对个人立身处世的思索。《古风》二首之二"松以属东坡,茯苓以属门下之贤者。菟丝以自况",向苏轼剖白了"至其不为当世所知,则亦自重,难进而未尝汲汲"的考虑和对友人才能品格的推重,这种写法,深受苏轼赞赏,苏轼称赞说,"《古风》二首,托物引类,真得古诗人之风"(《答黄鲁直书》)。他的不少文学评论,也常常用"比体"写成。如说陈师道:"陈侯学诗如学道,又似秋虫噫寒草"(《赠陈师道》);说刘景文:"公诗如美色,未嫁已倾城,嫁做荡子妇,寒机到天明"(《次韵刘景文登邺王台见思五首》之五);说王定国:"王子吐佳句,如茧丝出盒"(《次韵子瞻曾王定国》)。至于对苏轼的评价就更多了:

> 我诗如曹邻,浅陋不成邦。
> 君如大国楚,吞五湖三江……
> 句法提一律,坚城受我降,
> 枯松倒涧壑,波涛所舂撞,
> 万牛挽不前,公乃独立扛……
>
> ——《子瞻诗句妙一世,乃云效庭坚体……》

> 公材如洪河,灌注天下半,
> 风日未尝撄,昼夜圣所叹。
>
> ——《见子瞻粲字韵诗和答……辄次韵寄彭门三首》其一

> 君开苏公诗,疾思读过半。
> 譬如闻韶耳,三月忘味叹。
> 我诗岂其朋,组丽等佻玩。
> 不闻南风弦,同调广陵散。

> 鹤鸣九天上,肯作家鸡伴。
>
> ——《次韵答尧民》

如此等等。这些比喻,都借助形象幽默诙谐地表现出他对友人们不同风格和成就的评价。理性思辨内容的"比兴"式表达,表现了黄庭坚为保持诗歌形象而做的努力。它既是对比兴传统的继承,又有对它的新发展,王直方说他能"极风雅之变,尽比兴之体,包括众作,本以新意"。(《王直方诗话》)也指出了这一点。

运用典故说明生活哲理,人生经验,是黄庭坚使理性思辨形象化的又一手段。诗中的典故,有的来源于历史故事、民间传说,有的来源于前代的文学著作或名人轶事。它们的性质渊源虽千差万别,但都凝结着一定的社会生活和人类历史的经验。典故中的某些人物形象和情节在长期的流传过程中,或因其典型性而代表着某种精神、心理,或因其奇特和崇高而成为人们崇拜的偶像,由此获得了定向性的指代意义。诗人借用这种指代意义,不仅能以十分精练的语言使诗意得到明晰的传达,而且能使诗歌的内涵由于典故本身的生动复杂而得到丰富和延伸,因此,黄庭坚有"用一事如军中之令"之说。但是,典故的运用也有一个技巧的问题。黄庭坚和陈师道都有一首以《陈留市隐》为题的诗,二诗在称赞那位刀镊工"无一朝之忧,而有终身之乐"的生活态度时,也都使用了《庄子·养生主》的典故,黄庭坚曰:

> 养性霜刀在,阅人清镜空,
> 时时能举酒,弹镊送飞鸿。

陈师道曰:

> 诗书工发家,刀镊得养生。
> 飞走不同穴,孔突不暇黔。

两相比较,便可看出艺术的高下。后山只用"养生"这一较为抽象的词语,意义虽然说得很明白,但终觉情韵不足,没有回味咀嚼的余地。山谷则以"霜刀"对"清镜",构成两个鲜明的艺术形象,在形象中含蕴深邃而丰满的诗意,令人回味不尽,王直方说此二语"无以复加"(《王直方诗话》),并非过誉之词。由此可以看出,典故作为诗人知识的积累,同其他生活积累一样,只是诗歌创作的原始材料,要使它成为艺术生命的有机组成部分,同样需要一个提炼、选择和形象化的艺术过程,没有这样一个过程,直接地"掉书袋",不仅不能起到"以一当十"的作用,反而会使诗意泯灭在生僻的字面和干瘪的辞义上,宋诗之所以被讥评为"以学问为诗",这种现象的大量出现是一个重要的原因。黄庭坚写诗,用典是较多的,除一些短小的绝句和律诗外,他的大部分诗中都有典故出现。但在多数情况下,经过匠心独运的艺术处理,这些典故都能以生动的艺术形象显示出更为深刻、含蓄、丰富的内涵,使诗意变得警策而又饱满。

情节生动的历史故事或传说,本身就富有形象感,诗人于其中精选那些最能反映某种特质的形象或情节、用精练的语言展现在读者面前。如"楚宫细腰死,长安眉半额,比来翰墨场,烂漫多此色。"(《寄晁元忠十首》之一)前两句出自《后汉书·马援传》,援子廖上疏云:"传曰:'吴王好剑客,百姓多创瘢;楚王好细腰,宫中多饿死。'长安语曰:'城中好高髻,四方高一丈;城中好广眉,四方且半额,城中好大袖,四方全匹帛。'斯言如戏,有切事实。"黄庭坚从这里提炼出"细腰死"和"眉半额"这两种可笑的模仿典型,有力地讥刺了文学创作中模仿因袭的现象。这里,典故作为最富于形象性的一部分同全诗形成了一个有机的艺术整体。再如,《史记·邹阳传》中有这样一段话:"明月之珠,夜光之璧,以暗投人于道,众莫不按剑相眄者。"黄庭坚据此写道:"白璧明珠多按剑,浊径清渭要同流。"(《闰月访同年李夷伯子真于河上,子真以诗谢次韵》)用这一生动的情节和形象比喻友人高尚的品格和行为得不到世人的理解。在黄庭坚诗中,有几个典故是经常出现的:一是司马相如"家徒四壁"的故事,有关的诗句如"持家但有四立壁,治病不蕲三折肱。"(《寄黄几复》)、"家徒四壁书侵坐,马耸三山雪塞门"(《次韵宋懋宗僦居甘泉坊雪后书怀》)。二是阮籍善为"青白眼"的故事,有关的诗句如"朱弦已为佳人绝,青眼聊因美酒横"(《登快阁》)、"故人相见自青眼,新贵即今多白头"(《次韵盖郎中率郎中休官》——外集卷6)、"已回青眼追鸿翼,肯使黄尘没马头"(《赠李辅圣》卷15)、"今日相看青眼旧,他年肯作白头新"(《次韵奉答文少激纪赠》卷13)。三是"黄粱一梦"的故事,有关的诗句如:"白蚁战酣千里雪,黄粱炊熟百年休"(《题槐安阁》外卷9)、"感君诗句唤梦觉,邯郸初未熟黄粱"(卷10)、"昨梦黄粱未熟,立谈白璧一双"等等。这些诗句并非都很成功,而且这种重复的现象也是很容易使人倒胃口的;但通过这一现象,我们却可以看出黄庭坚对那些情节形象生动的典故是多么地偏爱。

除了直接从典故中提取富有表现力的形象外,在更多的情况下,黄庭坚是以丰富的联想和创造使典故艺术形象化的。比如,《通典》中有这样一段记载:"秘书郎自齐梁之末，多以贵游子弟为之，无其才实，当时谚曰：'上车不落则著作，体中何如即秘书'"，这里，"上车"一词是带泛指意义的，但黄庭坚在《戏呈孔毅父》一诗中，却以诙谐的语气使它具体化形象化了："校书著作频诏除，犹能上车问何如？"再如，宋玉《登徒子好色赋》中写道，东邻有一位美女曾登上墙头窥视他，以示爱慕之意。这段典故被黄庭坚用在《次韵赏梅》一诗中，形成了这样一幅美丽的图景："安知宋玉在邻墙？笑立春晴照粉光。"显然，"笑立"的神情和明媚的色调都是黄庭坚创造性的想象所补充的。在黄庭坚用典故构成的诗句中，最受人称道的是《和答钱穆父咏猩猩毛笔》中的几句："爱酒醉魂在，能言机事疏。平生几两屐？身后五车书。"四句诗用了三个典故：一是关于猩猩喜欢喝酒著屐的故事。据《唐文粹·猩猩说》记载，"猩猩喜著屐，人设酒及屐，乃为所禽，刺其血。"二是晋代阮孚爱屐的故事。阮孚曾叹息说："不知一生能著几两屐？"三是《庄子》中关于惠施的记载。"惠施多方，其书五车。"这三个典故本来互不相连，黄庭坚却在对猩猩毛笔的拟人化讽咏中，把它们揉在"猩猩"这一形象上，从它生前种种有趣的习性，写到它死后对人类的奉献，虽是语出有自，却令人浑然不觉，清王士禛说："咏物诗最难超脱，超脱而复精切，则尤难也，宋人《咏猩猩毛笔》云'生前几两屐，身后五车书'超脱而精切，一字不可移易"。其实，黄庭坚之所以能超脱，奥妙就在能够借助典故生发出新奇的艺术联想；而之所以能够精切，则在于对典故形象巧妙的艺术组织。正是这种联想和组织使典故中的形象融合于作者的一片诗情之中。从而产生了动人的魅力，类似的例子很多，像"翁从旁舍来收网，我适临渊不羡鱼。"（《池口风雨留三日》）、"骐骥堕地思千里，虎豹憎人上九天"（《再次韵寄子由》）、"眼看白璧埋黄壤，何况人间父子情！"（《忆邢惇夫》）、"想见东坡旧居士，挥毫百斛泻明珠"（《双井茶送子瞻》）、"能令汉家重九鼎，桐波江上一丝风"（《题伯时画严子陵钓滩》）等，都是将典故中的意象生发、完善、补充或延伸，形成了"事辞为一，莫见其安排斗凑之迹"的艺术形象。

含有典故的艺术形象，兼有知识性、历史性和直感性的特点。其知识性和历史性，令人索解，耐人回味，使作品显得深沉而典雅；其直接性，就是形象本身的艺术美，它使理性的思辨获得了艺术的生命。

以上我们探讨了黄庭坚使理性思辨形象化的各种方式。在自然景物的描写方面，黄庭坚则追求形象本身的奇特感。苏轼对王维曾有过这样一段著名的评价："维摩诘之诗，诗中有画。"其实岂止一个王维，所谓"诗中有画"，正是中国古代诗歌中最普遍的现象。诗人用饱蘸感情的笔墨写景状物，勾勒出一个个色彩鲜明的画面，而浓郁的诗意又从那画面中洋溢了出来。所以，我们通常所说的意境，便被台湾诗歌理论家理解为"画境"。一般来说,唐诗中的画境和整个唐诗的风格一样,浑茫蕴藉,重在突出神韵,诗人往往只一两句便勾勒出一个开阔深远、意味深长的画面。然而到了北宋前期,情形则起了变化,诗人们由重绘"神"变为形神兼重,由粗线条的勾勒变为工笔细描。比如,同样是描写春风春色,在张继笔下是"春城无处不飞花,寒食东风御柳斜"(《寒食》),而在梅尧臣这里则是"春风骋巧如剪刀,先裁杨柳后杏桃,园尖作辨得疏密,颜色又染燕脂牢"(《东城送运判马察院》)。同样是描写秋水,王维只说"秋水日潺湲"(《辋川闲居赠裴秀才迪》),而欧阳修却说"秋水澄清见发毛,锦鳞行处水纹摇"(《鱼》)。同样是水流湍急,轻舟直下,李白写道:"朝辞白帝彩云间,千里江陵一日还,两岸猿声啼不住,轻舟已过万重山。"苏轼却这样写道:"长洪斗落生跳波,轻舟南下如投梭。水师绝叫凫雁起,乱石一线争磋磨。有如兔走鹰隼落,骏马下注千丈坡。断弦离柱箭脱手,飞虫过隙珠翻荷。回山眩转风掠耳,但见流沫生千涡。……"(《百步洪二首》之一)。类似的对比,并非个别的偶然,而是较为普遍的现象。叶燮说:"盛唐之诗,浓淡、远近层次方位一一分明,而能事大备。宋诗则能事益精,诸法变化,非浓淡、远近、层次所得而该,刻画抟换,无所不极。"(《原诗》)翁方纲说:"诗则至宋益加细密,盖刻抉入里,实非唐人所能囿也。"(《石州诗话》卷4)都概括地指出了宋诗的这一特点。不仅如此,在同时期的绘画中,也有类似的情形。从张择端的巨型风俗画《清明上河图》到宋徽宗的《听琴图》《桃鸠图》、宋无款的《折槛图》《盘车图》等,我们可以明显地看到人物画中由"众皆密于盼际,我则披其点画"(吴道子《历史名画记》卷2)到注重"须眉神色微妙变化"的演变。山水花鸟中由"举头忽看不似画,低耳静听疑有声"(白居易《画竹歌》)到"画写物外形,要物形不改"的演变。可见,工笔细描作为一种艺术表现的趋势,在诗歌与绘画中几乎是同步出现的。毋庸讳言,这种笔法一方面使诗人画家们在写景状物方面更为细致具体,另一方面,也可能由于对细节的过分重视而忽略了"神韵""风骨"的渲染突出。黄庭坚在《题七才子画》中就指出了这种倾向:"眉山老书生作此七子入关图,作人物亦各有意态,余以为赵子云之苗裔,摹写物象渐密而放浪闲远则不逮也。"显然,这种认识对黄庭坚的诗歌创作同样具有指导意义。在黄庭坚诗中,那种细致具体的景物描写是很难看到的,他写景,往往一两句便勒出一幅大画面。不作长篇铺排,这正是对唐诗风格的恢复。当然,如果只停留在这一点上,黄庭坚还不能成为一个有特色的作家。"凡前人胜境,世所程式效慕者,尤不许一毫近似之,所以避陈言、羞雷同也。"(方东树《昭昧詹言》卷10)黄庭坚那种"不践前人旧行迹,独惊斯世擅风流"(张耒《读黄鲁直诗》)的精神,使他必然首先要在诗歌"画境"的美学展示上有所突破和创新。试看下面这两行诗：

> 落木千山天远大，澄江一道月分明。
>
> ——《登快阁》

> 江形篆平沙，分脉回劲笔。
>
> ——《皖口道中》

它们继承了唐诗凝练概括、开阔深远的特色，又以明朗简洁的线条勾勒代替了像"江流天地外，山色有无中"那样浑茫蕴藉的艺术再现。因此，清人延君寿说："写景能字字精到，不肯著一模棱语。此山谷独得。"（《老生常谈》）这种轮廓分明、线条粗犷的画面很容易使我们想起现代绘画中的印象派图画。它既不像传统的"无我之境"那样，"先把你的情绪、欲望和愁思交给树，然后树的呻吟和摇曳也就变成你的"（波特莱尔《美的定义》），因而"不知何者为我，何者为物"，也不像传统的"有我之境"那样，"物皆著我之色彩"（主要是感情色彩），而是着力描绘诗人从自然界所获得的瞬间印象，"体现光色变化下景物的整体与气氛"，而这种瞬间整体印象的获得和表达，都要凭借诗人的感官。所以，黄庭坚许多写景的诗句都与他的主观审视和感觉紧密相连。"远大"是视觉的空间感，"分明"是视觉的色彩感。"江形篆平沙，分脉回劲笔"则是视觉的形状感。这里，诗人的着力点既不在融情于景，也不在借景抒情，而是从自己的主观感受出发，揭示出大自然的美。吴曾《能改斋漫录》（卷11）有这样一段记载：

> 欧阳季默尝问东坡："鲁直诗何处是好？"东坡不答，但极称重黄诗。季默云："如'夜听疏疏还密密，晓看整整复斜斜'，岂是佳耶？"东坡云："正是佳处"。

季默举的这两句诗，很能体现黄庭坚的这一特色。"疏疏还密密"是由"听"而形成的印象，"整整复斜斜"是由"看"而形成的印象，它们既非纯粹的客观，也非纯粹的主观，而是诗人对客观事物的主观感觉印象的复写，这是一个新的角度。新鲜的诗意正由此而来。所以东坡说这正是庭坚诗的"佳处"。在黄庭坚诗中，仅这种由"看""观"等视觉而引起的印象复写就形成了不少传诵一时的名句。如：

可惜不当湖水面,银山堆里看青山。

——《雨中登岳阳楼望君山二道》之二

春风春雨花经眼,江北江南水拍天。

——《次元明韵寄子由》

回顾山光接水光,凭栏十里芰荷香。

——《鄂州南楼书事四首》(其一)

我观江南山,如目不受垢。

——《别李端叔》

连空春雪明如洗,忽忆江清水见沙。

——《咏雪呈广平公》

有些诗句,像"春将国艳熏花色,日借黄金映水纹""空岩静发锺磬响,古木倒挂藤萝昏""河天月晕鱼分子,槲叶风微鹿养茸"等,虽然没有明显的"看""见"等字样,但角度都是一样的。在这些诗句里,自然景物经过诗人视觉的过滤,细节部分隐去了,而轮廓状态更突出鲜明了。在色调上,有时他着意突出事物色彩的浓度,如"横云初抹漆,烂漫南纪黑。"(《贵池》)有时,又特别显示景物的亮度或色泽,如"连空春雪明如洗""姮娥携青女,一笑粲万瓦""寒藤老木被光景,深山大泽皆龙蛇"等。有时还在鲜明的对比中显示景物不同色调的杂揉或搭配,如"青玻璃盆插千岑,湘江水碧无古今","黄流不解涴明月,碧树为我生凉秋""庭柏郁葱葱,红榴罅多子"(《奉和文潜赠无咎,篇末多以见及……》)等。因此,清陈衍说:"诗贵风骨,然亦要有色泽……有花卉之色泽,有彝鼎图画种种之色泽,王右丞,金碧楼台之山水也;陈后山,淡淡靛青峦头耳;黄山谷则加赭石,时复著色朱砂。"(《石遗室诗话》卷23)这段比喻性的分析,正模模糊糊地点出了黄庭坚诗歌"画境"色彩调配的特点:他并不求对自然景物色泽逼真细致的描摹再现,而是将自己感受最强烈的某种色彩加以"提纯",而后作突出的渲染,给人以浓彩重抹之感。

美是直接、生动而可感的,诗意的美同样如此。由于"形象在美的领域中占有重要地位"①,所以,对诗歌形象性的追求,也就是对那种能直接拨动人们心弦的生动可感的诗意美的追求;而形象的奇特性,又以独特的风格显示出诗人对诗歌艺术美的追求。

三

作为一种文学样式,诗和散文的区别首先可以一目了然的,就是其外在形式,或称外在结构,如分行、分节、押韵等。诗本身的情感结构即内在结构,是通过这些外在结构表现出来的。在现代诗中,诗的形式是非常自由灵活的,古典诗歌则不同。它首先必须是整齐的韵文,其次,在律诗中,还有声韵和对仗的严格规范,不过,那种看似千篇一律的规范却不是由任何人的主观意志所决定,而是千百年来诗歌发展的必然产物。由四言、五言到七言,由比较自由的古体诗到格律森严的近体诗,在诗歌形式缓慢发展并逐渐固定化的过程中,我们看到的是一座座耸立迭起的艺术高峰。光辉灿烂的唐代诗歌正是伴随着它最后的终点到来的。唐代以后,诗歌形式的问题似乎已经不存在了。没有人再在"声病"的问题上标新立异,也没有人因格律问题再受到指责,形式本身已经发展得这样完美,而有高度文化修养的诗人们对此又是这样稔熟,它就像数学中的 A、B、C、D,即无可疑议也无须再唠叨了。宋代的诗人们真是幸运。诗歌形式在前人手中既然已经形成了一个完美而精致的框架,那么,他们只需接过来就是了。他们的任务,似乎只是在这框架中填进新内容,而用不着再考虑别的什么。这样一来,诗歌创作的道路好像平坦多了,只要熟练地掌握了平仄、对仗、押韵的基本规范,只要把想说的内容按其规范稍加排列,一首诗便顷刻而成,从宋初的白体唱和、西昆酬唱,到梅尧臣的"日课一诗",我们看到,诗歌创作在一些诗人那里,在某种场合中,是多么的轻而易举,这就使诗人们往往忘记了艺术上的精心锤炼而在不知不觉中误入平滑率易的歧途。这种情形即便在欧阳修、梅尧臣、苏轼这样卓有成就的大诗人那里也在所难免。欧阳修以他那种"闲庭信步"似的抒情方式建立了平易舒畅风格,其"律诗意所到处,虽语有不伦,亦不复问"。(叶梦得《石林诗话》卷上)如果说这在他那占压倒优势的风格中尚未形成明显的艺术缺陷的话,那么,循着这一方向继续前行的后学者则"往往遂失于快直,倾囷倒廪,无复余地"(同上)。苏轼以其天才笔力自由挥洒,随意吐属,"然滑意之病,末流不可处"(方东树《昭昧詹言》卷10)。

---

①　车尔尼雪夫斯基. 现代美学概念批判[M]//车尔尼雪夫斯基论文学:中卷. 北京:人民文学出版社,1965:37.

所谓"末流",即"世人皆学东坡,拉杂用事,顷刻可以信手填凑成篇"的情况,这又是宋人的大不幸。诗歌外在形式的完美,使人们往往把它当作一个现成的框架套来套去,从而忽视了其内在结构,以及内在结构与外在结构天衣无缝的弥合过程。诗歌是抒情的,但正如一些现代评论家所指出的那样,抒情诗歌表现的主体情感本身并不是诗。诗人必须在想象中按照自己的思想情绪"把事物揉成无穷的不同形态和力量的综合"——意象,然后,再按照感情的逻辑将各个意象连缀成一个有机的整体。在现代诗人那里,事情到此就基本可以结束了,因为他们在篇幅的长短,字句的多少、如何分行、分段等等纯形式方面有着几乎是绝对的自由。然而对古代诗人来说,继此而后,还有一个如何使这一有机的整体与前人向他们提供的美的外在形式再结合的过程。这两个结构过程对于诗人的创作来说都是必不可少的。缺少哪一个或在哪一点上稍有疏忽。都有可能引起内容与形式的不协调。当然,两个结构过程并非有机械般的先后程序,在诗人创造性的思维活动中,它们几乎是同时完成的。很多诗人和评论家都注意到了这一点,他们把其中必不可少的主要环节用非常明确的语言指示出来,这就是"篇法、句法、字法"。"首尾开阖,繁简奇正,各极其度,篇法也;抑扬顿挫。长短节奏。各极其致,句法也;点缀关键,金石绮彩,各极其造,字法也。篇有百尺之锦,句有千钧之努,字有百炼之金。"(王世贞《艺苑厄言》)正是在篇法、句法、字法的惨淡经营中,由诗人活跃的情感决定的诗歌内在结构与固定不变的外在格律形式相得益彰,形成了新的艺术生命,人们终于为奔腾的情感找到了一副合适的脚镣,"越是有魄力的作家,越是要戴着脚镣跳舞才能跳得痛快,跳得好"(闻一多《诗的格律》)。黄庭坚在他的艺术探索中非常清楚地意识到了这一点,正是在这个意义上,他把杜甫作为学习的典范,杜甫那种"语不惊人死不休"的执着追求,"新诗改罢自长吟"的严谨态度,"体大精深"的创作构思,尤其是晚年那些"存乎法度之中"又"出人意料之外"的夔州诗歌,都可以在艺术的这一链条上得到清晰的说明。黄庭坚对杜甫诗歌艺术的评析标榜,总是以这一链条为轴心的,他慨叹人们对这一不可缺少的艺术环节的忽略和茫然无知:

> 无人知句法,秋月自澄江。二子学迈俗,
> 窥杜见牖窗。试析郢人鼻,未免伤手创。
> ——《奉答谢公定与荣子邕论狄元规孙少述诗长韵》

这似乎是一种"运斤成风"似的高超技巧,唯其如此,才能使这一环节得到完

满的实现,杜甫本人在这方面虽没留下多少明确的理论,但他那些格律精严的集大成之作却为诗人们提供了效法的楷模。所以,在章法方面,山谷认为"文章必谨布置"。在句法上,他说:"但熟观杜子美到夔州以后诗歌,便得句法简易而大巧出焉。"(《与王观复书》)在字法上,他强调"以杜子美为标准;用一事如军中之令,置一字如关门之键"(《跋高子勉诗》)。这样,黄庭坚就抓住了在杜甫那里最后形成的诗歌艺术中带有普遍性的准则,并严格遵循这些准则,"左准绳右规矩"地迈出了坚实的步伐——为了能跳得更好,诗人首先给自己带上了脚镣。

当然,如果我们在黄庭坚这里看到的只是一些准则、规矩、"脚镣",那就没什么意义了,这只是个开端,是个门径,当我们同黄庭坚一起跨过这一门径后,我们看到的是一片广阔自由的艺术天地。

首先,诗人在章法上的精益求精使他将每一篇作品都作为一个完整严密的结构系统来考虑。他说:"每作一篇,先立大意,长篇须曲折三致意乃成章耳。"又说:"作诗正如作杂剧,初时布置,临了须打诨,方是出场"(《王直方诗话》)。这些比喻和议论虽很简短,却透露了他苦心经营的最初过程。作为两种不同的文学体裁,诗与散文最重要的区别乃在于它们迥然不同的内在结构,散文讲究层次,铺叙,常常以条分缕析、循序渐进、娓娓而谈的诉说描写在读者面前展示一片美的世界。诗歌则不同,它"可以直接表现思想感情的急剧的变化,想象的大胆飞跃,省略去那些变化、飞跃之间的过程和联系"(何其芳《关于写诗和读诗》),它要求跳跃和曲折,由此形成一个个诗意想象的空间,然后,由读者自己在这空间中自由地补充"水中之月""镜中之花""象外之象"。因此,跳跃性便成为诗歌最本质的结构方式,古典律诗的"起承转合"和对仗的程式,正是适应这种跳跃性的内在结构而逐渐产生并定型化的。较为自由的古体长篇没有律诗那种固定程式,因此,黄庭坚特别指出"长篇须曲折三致意",所谓"曲折",正是跳跃性的表现。但是,在北宋前期那样一个散文蓬勃发展的时代,诗歌这种特殊的结构方式有时却被人们忽略了,从梅尧臣、苏舜钦、欧阳修、苏轼的作品中,我们常常可以看到,跳动的内在诗情有时是在散文般的结构层次中得到细腻的展现的。我们不能不为他们那种"状难写之景如在目前"的描绘本领和"有必达之隐,无难显之情"的艺术笔触感到震惊。然而,正是在那种具体的描绘和直泻无余的倾吐中,诗的空间缩小了,弹性减弱了。以梅尧臣《观杨之美盘车图》一诗为例:

> 谷口长松叶老瘦,涧畔古树身枯高,
> 土山惨淡远复远,坡路曲折盘车劳。

二边回正辕接轸,继下三车来急嶙。

过桥已有一乘歇,解牛离轭童可哂。

黄衫乌巾驱举鞭,经险就易将及前。

毂轮傍侧辐可数,蹄角挽错卷箱联。

古丝昏晦三尺绢,画此当是展子虔。

坐中识别有公子,意思往往疑魏贤。

子虔与贤皆妙笔,观玩磨灭穷岁年。

涂丹抹青尚欺俗,旱龙雨日犹卖钱。

是亦可以秘,疑亦不可捐,

为君题卷尾,愿君世世传。

　　这是一首观画诗。在北宋前期的诗歌中,这类题材的作品是常见的。从诗的开始到"蹄角挽错卷箱联"为上半部分。这里,诗人以细致入微的笔触为我们描绘了盘车图的画面内容,谷口涧泮,长松古树,这是近景;惨淡的土山,曲折的坡路,这是远景,在这幅背景中,逐渐推出画面的中心:在斜陡的坡路中,一行车马正在险境中前行。诗的下半部分,是诗人由观画而产生的感慨。他由这幅画,联想到魏贤和展子虔两位画家及其"涂丹抹青"的卖画生涯,表现了对作者的真诚祝愿。这首诗,从结构上看,层层推进,句句相接,描绘和议论两大部分层次分明,但没有大幅度的跳跃和转折。我们只能一步不离地随着诗人的笔触去领略那幅具体的图景,倾听他的感慨和议论。这是一种平面的抒情散文式的结构,这种结构的特点是不以大幅度的跳跃转折形成诗意的空间,而以细腻的描绘构成完整的图景,而这幅图景本身又包含着令人回味不尽的画外之音。有时,这种画外之音由诗人用议论的方式加以明确或延伸,如这首诗;有时,则留给读者自己去品味琢磨。所谓"含不尽之意见于言外"。类似的结构方式在北宋前期诗歌中并不是个别的,在欧阳修、苏轼的作品中都不乏其例。限于篇幅,这里就不多举了,显然,我们不能说这是一篇失败的作品,起码那些精微细致的描绘本身就已是一种高超的艺术了,但是这种细密的结构方式却使一些以纯诗的眼光去欣赏它的读者感到不习惯,而欣赏者对特定的文学体裁的审美习惯又有着仿佛是不可动摇的稳固性,于是,"以文为诗"的批评便产生了。黄庭坚在他的创作中,却明显地表现出对这种倾向的回避。如果说在梅尧臣、欧阳修、苏轼这些诗坛巨子那里,由于"随物赋形,信笔挥洒,不拘一格"(赵翼《瓯北诗话》)的写作风尚,诗歌传统的跳跃性结构方式时或有所忽视,那么,在黄庭坚这里,这种结构方式则又在力图步武杜诗的努力中被重视了起来,对于这一点,清人方东树有着明确的体察。他说："杜公所以冠绝诸公数家,只是沉郁顿挫,奇横恣肆,起结承转,曲折变化,穷极笔势,迥不由人。山谷专于此苦用心"。(方东树《昭昧詹言》卷14)由此,他又进一步看出:"山谷之妙,起无端,接无端,大笔如椽,转折如龙虎,扫弃一切,独提精要之语。每每承接处,中亘万里,不相联属,非寻常意计所及。"(方东树《昭昧詹言》卷12)这正是典型的跳跃性结构所呈现的特点。因此,同样是题画诗,在黄庭坚这里则是另一番格局:

> 黄州逐客未赐还,江南江北饱看山。
> 玉堂卧对郭熙画,发兴已在青林间。
> 郭熙官画但荒远,短低曲折开秋晚。
> 江树烟外雨脚明,归雁行边馀叠巘。
> 坐思黄柑洞庭霜。恨身不如雁随阳!
> 熙今头白有眼力,尚能弄笔映窗光。
> 画取江南好风月,慰此将老镜中发。
> 但熙肯画宽作程,十日五日一水石。

——《次韵子瞻题郭熙画秋山》

在这里,黄庭坚舍弃了对画面的精确描绘而侧重抒发由观画引起的诗人兴会。首四句写友人苏轼由放逐经历而形成的对"山"的特殊感情以及这种感情在观赏郭熙画时产生的共鸣和涌动,"郭熙"四句,切入正题,整个画面的内容只用"江村"二句概括地点出。接下去,诗笔一转,写自己由观画而引起的思乡之情,再由思乡之情猛然顿回,落到画家身上,由"画取"二句点宗旨。总观全诗,没有那种前衔后接的细密描写和铺叙,而是以回荡开阔的笔势抒发跃动的感情,给人以"曲折驰骤、有江海之观、神龙万里之势"的感觉,就在这种转折起落、迂回顿挫之间,诗人为我们留下了许多想象的空间。这种跳跃式结构的特点在黄庭坚那些精心锤炼的律诗中表现得就更为明显了。例如:

> 我居北海君南海,寄雁传书谢不能。
> 桃李春风一杯酒,江湖夜雨十年灯。
> 持家但有四立壁,治病不蕲三折肱。
> 想得读书头已白,隔溪猿哭瘴溪藤。

——《寄黄几复》

　　诗的首联,先用典故向我们展示了"北海"与"南海"这样一个辽远巨大的空间,又以"传书"之"不能"表现出这一空间对他和友人感情交流的阻隔。显然,阻隔的时间越久,思念的程度便越深,于是,颈联以"桃李春风"和"江湖夜雨"两种不同意象之间的巨大跳跃展示了一个漫长的时间跨度。后四句是对阔别十年的远方友人品格的赞扬和其境况的推想。全诗起四句"一起浩然,一气涌出,五六一顿"(方东树《昭昧詹言》卷20)七八荡开,在兀傲纵横的笔势中展现出起伏的感情波澜。尤其结尾两句,看似"中亘万里,不相联属"(方东树《昭昧詹言》卷12),实则有着非常完整的内在意蕴,只不过其中的具体联系要靠读者的想象来补充罢了。类似的典型诗句在黄庭坚诗中时有所见,如"坐对真成被花恼,出门一笑大江横"(《王充道送水仙花五十枝,欣然会心,为之作》)、"退食归来北窗梦,一江风月乘渔船"(《书酺池寺》)、"二虫愚智俱莫测,江边一笑无人识"(《二虫》)等等,都是在同一联的两句当中"旁入他意",从而形成"诗意的跳跃和转换"(陈永正注本)。人们很容易看出,这种特意"在句法上弄远"的安排是从杜甫《缚鸡行》一诗的最后两句"鸡虫得失无了时,注目寒江倚山阁"中直接学习而来的。当然,类似的直接模仿在黄庭坚这里只是偶或有之,在更多的情况下,他的学习,表现为对杜诗结构方式浑然无迹的把握以及在此基础上"因难而见巧,遇变而出奇"的创造性发挥。在杜甫诗中,纵横开阖的跳跃性结构恰恰成为奔腾涌动的感情的良好支架,但在黄庭坚这里,诗人的感情由于理性的渗入而减弱了跃动的幅度,从而与原来的"支架"之间形成了一定的距离。这样,黄庭坚一方面不能削足适履地改变情感的素质去俯就形式,另一方面,又要遵守形式结构的基本规范从而使诗更像纯粹的诗。在形式与内容的苦心弥合之间,黄庭坚常常显示出生新奇特的创造,他独特的格局,也在这种"领略古法生新奇"的创造中产生了。从"子瞻诗句妙一世,乃云效庭坚体"的情形中,可以看出黄庭坚在继承和创造中产生的新的结构体式在当时就产生了多么巨大的反响。

　　其次,诗人在句法和字法上的推敲锤炼,说明他在注意到诗歌特殊结构方式的同时,还注意到用以组织这种特殊结构的建筑材料——语言的特殊性。诗的语言不同于散文,它的跳跃性结构要求全诗的每一句、每个字都必须像音符那样牢牢地固定在自己的位置上,作为感情波动的标志。因此,由高度集中凝练而形成的语言的力度便成为它的一种基本素质。《彦周诗话》云:"诗有力量,犹如弓之斗力","其未挽时,不知其难也;及其挽之,力不及处,分寸不可强"。这力量,就是由语言的凝练集中形成的,所谓"语不惊人死不休",正包含着对这种力度的追求。在具体的创作过程中,诗歌语言力度的形成来自两方面的努力,一是词语的精心选择和锤炼,二是句式结构的巧妙安排。前者可纳入古诗论中"字法"的范畴,后者可归于"句法"的范畴。

诗句是诗的基本结构单位,尤其在句数固定的律诗中,每一句都占有非常重要的地位。因此,单句的锤炼就成了诗歌创作中关键的一环。在很多杰出的诗人那里,好的诗句往往由于意义的精湛深邃和语言的凝练警策被人们独立地摘引出来,成为生活的格言。这种情形在古典诗歌中几乎触目皆是,而散文化的诗歌,却恰恰在一定程度上忽视了单句的锤炼。从韩愈、欧阳修、梅尧臣到苏轼,我们可以为他们那美妙的诗意所打动,但却很少像读唐诗那样,不时为其格言般的警句所震惊。《宋诗精华录》曾做"东坡摘句图",选出苏轼诗中若干典型的诗句,但是平心而论,像"读书万卷不读律,致君尧舜知无术""自言长官如灵运,能使江山似永嘉"这样的诗句,其深刻、警策、典型、动人的程度显然都不能和李白杜甫等唐代诗人的名句相比。在这种情形下,黄庭坚看到了单句锤炼的重要性。他对别人诗歌的称赞,常常首先着眼于这一点:

> 惊人得佳句,或以傲王公。
>
> ——《次韵高子勉》

> 一别施州向十霜,传闻佳句望风降。
>
> ——《将次施州先寄张十九使君三首》其一

> 长波空淮记佳句,洗眸昏谁奈离愁。
>
> ——《和文潜舟中所题》

与此同时,他在对杜甫诗歌的学习中,在自己艰苦的艺术摸索中,体验出诗句组织技巧的某些独特规律和原则,并将它们用"句法"二字明确地表示出来。他慨叹"无人知句法",一旦发现谁在这方面的长处,便给予高度评价:

> 传得黄州新句法,老夫端欲把降幡。
>
> ——《次韵文潜立春日绝句》

> 寄我五字诗,句法窥鲍谢。
>
> ——《寄陈适用》

诗来清吹拂衣巾,句法词锋觉有神。

——《次韵奉答少激纪赠三首》其一

当然,黄庭坚还没有从理论上对"句法"这一概念的内涵做出明晰的解释。但他那"会粹百家句律之长"的丰富创作却有力地向我们说明,诗句组织技巧的掌握在整个创作中是多么重要的一环。

从句法着眼,我们首先看到,诗句在诗意表达上具有很大的伸缩性。《韵语阳秋》云:

> "水田飞白鹭,夏木转黄鹂",李嘉祐诗也,王摩诘衍之为七言曰"漠漠水田飞白鹭,阴阴夏木转黄鹂",而兴益远。"九天阊阖开宫殿,万国衣冠拜冕旒",王摩诘诗也,杜子美之为五言句,"阊阖开黄道,衣冠拜紫宸",而语益工。

这两个典型的例子说明,同样的意思,在词语的繁简增删之间,艺术效果是有着明显差别的,有时简洁能使诗意凝练,有时修饰词语的增加能使诗意更为丰富有力,两者都是为了使诗更有"力量",因此,白居易《寄元九》诗云:"百年夜分半,一岁春无多",黄庭坚衍之为:"百年中半夜分去,一岁无多春蓦来。"卢同云:"草石自亲情",黄庭坚衍之为"小山作朋友,香草当姬妾"。杜甫《戏题画山水图歌》云:"十日画一水,五日画一石",黄庭坚浓缩为"十日五日一水石"。从这些对前人诗句的改造中,我们可以大体窥见黄庭坚在诗句伸缩方面的技巧。有时他以浓缩而凝练的诗句表达复杂的内容,如《送范德孺知庆州》:"乃翁知国如知兵,塞垣草木识威名,敌人开户玩处女,掩耳不及惊雷霆。平生端有活国计,百不一试薶九京"。短短六句便将范仲淹作为一个政治家和军事家的出色才能及其平生坎坷综述出来。有时,他又在回旋往复的诗句中将感情表达得更为丰富而强烈。如《赣上食莲有感》"莲实大如指,分甘念母慈;共房头角戢角戢,更深兄弟思,实中有么荷,拳如小儿手。令我念众雏,迎门索梨枣。……"整首诗在对"莲"的反复抒写中,寄寓了深厚的思亲思乡之情和生活感慨。由此看出,同样的诗意,诗人可以充分利用诗句的伸缩性,靠语句组织的技巧将其表达得更为集中凝练,从而形成一定的力度。

在诗句内部的语法关系上,诗也比散文有更大的灵活性。它可以颠倒主谓语之间的关系,如"荡胸生层云,决眦入飞鸟"。可以颠倒修饰与被修饰语之间的关系,如"胡马大宛名,锋棱瘦骨成";相同的词语可以重复,以适应音节和感情表达的需要,如"有弟有弟在远方,三人各瘦何人强?"总之,只要能写得明白动人,就是好诗句,至于一般的语法规范,可以不去管它。黄庭坚巧妙地利用了这一特点,在诗句的组合上,极尽变化之能事,如"十分整顿乾坤了""十分倾酒对春寒"用副词"十分"修饰动词"整顿"和"倾酒",在名词"乾坤"后面加"了"这一补语;"小草真成有风味"用"真成"修饰动宾词词组"有风味","不居京洛不江湖"(《追东坡题李亮功归来图》)用"不"否定名词"江湖","并作南楼一味凉"(《鄂州南楼书事四首》)用"一味"来修饰"凉"等等;而像"白璧明珠多按剑,浊泾清渭要同流","少游醉卧古藤下,谁与愁眉唱一杯?"这样的句子,都省略了很多句子成分。类似的情形在黄庭坚诗中有很多,它们或有意用背离的语法关系使诗意的表达更为有力,或用不协调的衔接组合使意蕴更为突出,常常在生拗的组合中给人以挺拔奇峭之感。

再看字法,在古诗中,"字法"这一概念的外延是不太明确的。它似乎包含两方面的内容,一是所谓"置字",即一个字在句中的安排问题,二是选辞,即词语的锤炼问题。严格地说,前者仍属于句法的范畴,但由于它同时也涉及单字的锤炼,而且由于它的突出性,经常被人们作为一个独立的问题提出,这里为了论述的方便,也暂时把它放在字法中谈。在古代诗论中,黄庭坚是最早提出"置"字问题的。在《跋欧阳元老诗》中,他说:"子勉作唐律,五言数十韵,用事稳贴,置字有力,元老未能也"。在《跋高子勉诗》中,他又再次提到这一点:"高子勉作诗,以杜子美为标准,用一事如军中之令,置一字如关门之键"。这两段话。体现了黄庭坚对置字问题的看法:一是用字的技巧,可以作为衡量诗歌艺术高低的一条标准,而在这方面最好的榜样便是杜甫;二是用字技巧的高下,关键要看是否"有力",正像波瓦洛所说的,是"指出一个字用得其所的力量"①。它要求诗人"必须以高度的敏锐去区别一个词在文句中位置不同其价值所发生的一切变化"②从而进行精心的安排。不仅如此,古典诗歌还有其更为独特的地方。它的句式结构是比较完整的,每一个单句都能成为一个相对独立完整的抒情单位,而不像现代诗那样,有时一句只有一两个字,其意蕴要在上下的联系中才能显示出来。古典诗歌单句的这一特点甚至使一些诗人能把一些好的句子独立地摘引出来,重加组合,形成所谓"集句诗"。与此同时,在短短的几个字中,要表达出相对完整的意蕴,诗人就必须使抒情内容尽量单一,只有单一,笔力才能集中,表达才能完整,因此,如果一个句子

---

①　莫泊桑."小说"[J].文艺理论译丛,1958(3):176.

②　同上。

重点在描述事物的动态过程,那么,表现其动态的字词便成为全句的核心,如果重点在描述事物的动态或关系,那么,表现这些形态和关系的字辞便成为全句的核心。这样单一而集中的特点要求诗人们"用一个动词就要使对象生动,用一个形容词就使对象的性质鲜明。"因而,在句子的推敲组织过程中,关键字辞的选择使用便成了一个至关重要的问题。在黄庭坚诗中,我们可以明显地看到他为追求这种"着一字而境界全出"的艺术效果所做的努力。洪迈《容斋随笔》云:"黄鲁直诗'归燕略无三月事,高蝉正用一枝鸣','用'字初曰'抢'又改曰'占'曰'在'曰'带'曰'要',至'用'乃定。"这种反复修改,精心锤炼的严肃态度使他的不少诗句能因其"句中有眼"而增添了诱人的魅力,像"阅人清镜空"的"空"字,"月上梨花放夜阑"的"放"字,"一笑粲万瓦"的"粲"字,"短低曲折开秋晚"的"开"字等等,都显示出诗人炼字的高超技巧和深厚功力。不仅如此,有时,他的着意选择和精心安排还具有生新奇峭的特色,如"春不能朱镜里颜"的"朱"字,"出门一笑大江横"的"横"字,不仅选字新奇,而且用得巧妙;"落木千山天远大"的"远大"二字,"未到江南先一笑"的"一笑"二字,字面很平常,但效果很奇特,"少游眉最白"以"最白"来形容眉,戛戛生新,如此等等,都给人以"拈来不测"之感。

在语辞锤炼这一环节上,黄庭坚提出了"点铁成金"这一著名理论。他说,"自作语最难。老杜作诗,退之作文,无一字无来处,盖后人读书少,故谓韩、杜自作此语耳。古之能为文章者,真能陶冶万物,虽取古人之陈言入于翰墨,如灵丹一粒,点铁成金也。"(《答洪驹父书》)一望便知,这段话的重心是强调不要自造生词,而要首先从前人给我们留下的语言海洋中摄取材料,经过融化形成新的文学语言。如果我们不人为地把这些话推向极端,那么,这里所包含的基本原理是无可怀疑的。遗憾的是,人们往往还来不及认真体察这段话的真实底蕴就望文生义地把"点铁成金"和所谓"夺胎换骨"等同起来。这种误解甚至可以追溯到黄庭坚生前。据说,他的学生范寥曾问他,像《黔南十绝》这样的诗,是否就是"点铁成金"?庭坚大笑说,"乌有是理,便如此点铁!"(《道山清话》)可见所谓"点铁成金",绝非对前人现成诗句作局部改动,而是推陈出新。在杜甫诗中,我们几乎随时都可以看到这种"点铁成金"的范例。如"摇落深知宋玉悲,风流儒雅亦吾师。"其中"摇落"来自宋玉《九辨》"萧瑟兮草木摇落而变衰","风流儒雅"来自庾信《枯树赋》:"殷仲文风流儒雅,海内知名"。再如"丹青不知老将至,富贵于我如浮云"两句除丹青二字外,均来自《论语·述而》篇。这些"陈言"经过"点铁成金"的锻造,形成新的诗的语言,增加了耐人咀嚼的魅力。黄庭坚的不少名句也正由此而来。如"春风春雨花经眼,江北江南水拍天"中的"花经眼"和"水拍天",分别来自杜甫的

"且看欲尽花经眼"和韩愈的"海水昏昏水拍天"二句;"落木千山天远大,澄江一道月分明"中的"一道"来自白居易的诗句"星河一道水中央";"白发齐生如有种,青山好去坐无钱"的"无钱"来自温庭筠的诗句"自是无钱可买山",如此等等,这些前人诗句中并不十分醒目的语辞,由庭坚"重经号令",都取得了"精彩数倍"的艺术效果。由此看出,前人的"陈言"是一笔多么宝贵的遗产!当然,我们也不能忽视黄庭坚在语辞学习继承中的一些偏向。当他不大注意诗意的需要和精心的锤炼,随便地用一些已经僵死或生僻的"陈言"连缀成篇时,其作品就由于语言的过于晦涩生奥而令人难以卒读了。

"点铁成金"而外,黄庭坚对语辞的学习运用还很注意"以俗为雅"。他在《再次韵杨明叔》引中说:"盖以俗为雅,以故为新……此诗人之奇也。"所谓"以俗为雅",就是"从正在创造新语言和革新旧语言的生活中学习语言"并且对其进行一番提炼和加工使其成为精致的文学语言。鲁迅说:"方言土语里,很有些意味深长的话,我们那里叫'炼话',用起来是很有意思的,恰如文言的用典,听者也觉得趣味津津。"看来黄庭坚深明此理,因为他把"以俗为雅"和"以故为新"提到了同样重要地位。在山谷词中化用俗语之处并不罕见。但也许是出于一种神圣感吧,他从不将俚语直接入诗,他所强调的"以俗为雅"和"点铁成金"一样,是一个对俗语提炼、融汇、加工的过程,俗语和"陈言"都是诗人语言的丰富矿藏,还不是诗歌语言本身,在诗这块领地上,"俗语"要登堂入室,还要有个"雅"化的过程。试看这些诗句:

> 但知家里俱无恙,不用书来细作行。
>
> ——《新喻道中寄元明用"觞"字韵》

> 明月湾头松老大,永思堂下草荒凉。
>
> ——《宜阳别元明用"觞"字韵》

> 北岭山矾取意开,轻风正用此时来。
> 平生习气难料理,爱著幽香未拟回。
> ——《戏咏高节亭边山矾花二首》其一

> 南窗读书声于伊,北窗见月歌竹枝。

我家白发问乌鹊,他家红妆占蛛丝。

——《考试局与孙元忠博士竹间对窗……对作竹枝歌三章》之一

骑驴觅驴但可笑,非马喻马亦成痴。

——《寄黄龙清老三首》之三

它们读来都很流利浅显,但又不乏锤炼锻造之功。像"老大""吾伊""骑驴觅驴""料理""取意"这样的口语,在和其他精致的文学语辞的配搭中,恰恰取得了相映成趣的效果。有的诗句,则已将口语的明快和书面语典雅融而为一,形成了生动活泼而又富有韵致的文学语言。

四

按照黑格尔关于诗的意象"是把造型艺术和音乐这两个极端在一个更高的阶段上,在精神内在领域本身里结合于它本身所形成的统一整体"(《美学》)的观点,我们在第一部分对黄庭坚诗歌形象性的探讨最多只说明了问题的一半。问题的另一半是"在一个更高的阶段上"融造型艺术和音乐艺术于一炉的诗歌,不仅富于造型——形象的美,而且富于音乐——节奏的美,因为"情绪的进行自有它的一种波状的形式,或者先抑而后扬,或者先扬而后抑,或者抑扬相间,这发现出来便成了诗的节奏。所以节奏于诗是它的外形,也是它的生命"①。所以,我们在看到黄庭坚为追求诗歌形象性所做出的努力的同时,又明显地感觉到他为追求诗歌那种"比律吕而可歌,列于羽而可舞"的音乐节奏美而做出的努力。

对于黄庭坚律诗的声韵特点,人们曾有不同的认识。曹彦约《昌谷集》云:"以骈俪声律吟咏性情,本朝如涪翁能几见耳。"强调了有声律的一面;《王直方诗话》载张耒云:"以声律作诗,其末流也。而唐至今谨守之。独鲁直一扫今古,直出胸臆,破弃声律,作五七言,如金石未作,钟声和鸣,浑然天成。"则强调了其破弃声律的一面。其实,这两方面在黄庭坚这里是相反相成、对立而又统一的。黄庭坚十分重视诗歌音律的规范作用,曾特别强调"要须吕律中作活计,乃可言诗"(张戒《岁寒堂诗话》)。评价别人的作品,他也常常从此着眼。如赞扬陈师道:"秋来入诗律,陶谢不枝梧"(《和邢惇夫秋怀》),批评王观复"所逆新诗皆兴寄高远,但语生硬不谐律吕"(与王观复书),"虽气格已俗,但未能从容中玉佩之音,左准绳、右

---

①　郭沫若.论节奏[M]//沫若文集:第十卷.北京:人民文学出版社,1959:225.

规矩耳"(《跋柳子厚诗》)。这些评论,都是就其声律的规范性而言的。黄庭坚的很多诗,均以精严的格律显示出强烈的乐感。他的名作《登快阁》全诗严守平仄格式,读来却浑然不觉,有一种奔流而下的长歌之感。著名绝句《上萧家峡》:

> 玉笋峰前几百家,山明松雪水明沙。
> 趁虚人集春蔬好,桑茵竹萌烟生芽。

也都用律句写成,却十分流畅自然,富有民歌韵味。山谷集中这种格律谨严之作在在皆是。五七言律诗的八种基本句式以及由它们交错变化而形成的八种格律形式,是人们在长期的艺术实践中逐步摸索建立起来的,它不只是单纯的形式规范,而且显示着一种规律性的总结。像平平仄仄的交替,粘对以及相同间调长短不同和规定等,都是形成诗歌(尤其是律绝)基本条件。诗歌的音韵节奏无论怎样变化,这些基本规律都是要遵循的,否则就会杂乱无章。因此,黄庭坚强调要"左准绳,右规矩"。但是,就表现这些规律的八种基本模式本身来看,它又绝不是万能的。千变万化的情绪的自然消涨不可能都用这几种固定的节奏形式表现出来,于是,人们在遵守基本原则的前提下,又做出种种变通。比如,将"平平仄仄"改为"平仄仄平",平仄的位置变了,但粘对的原则不变。这样,就形成了"拗句"。基本技巧越是娴熟,拗句的创造越自由。杜甫"晚年精于诗律细",其夔州诗歌格律精严,向来被誉为集律诗之大成的楷模,然而其中的"拗句""拗体"又是最多的。恰恰是这些拗句拗体,使其诗在严谨中见出变化,变化中显出规律,表现出"沉著往来,不拘束而自然中律"(方东树《昭昧詹言》)的高超技巧。山谷学杜,此是着力处。

张侃《张氏拙轩集》云:"山谷自戍徙黔,身行夔路,故词章翰墨,日益超妙。"所谓"身行夔路",主要指庭坚在声律技巧上对杜甫精神的继承。《名贤诗话》云:"黄鲁直自黔南归,诗变前体"(李颀《古今诗话》),都不约而同地看到了黄诗"句律超妙入神""拗字拗句拗律"的特点。两段评论,都从方法上指出了黄庭坚与杜甫的一脉相承之处,"以律而差拗",使内在的韵律得以用特殊的形式表现;"于拗中又有律"又使其节奏整齐而有序,其最终目的,都是为了使诗歌具有音韵美。试看下面这首诗:

> 吾宗端居丛百忧,长歌劝之肯出游?
> 黄流不解涴明月,碧树为我生凉秋。

初平群羊置莫问,叔度千倾醉即休。

谁倚舵楼吹玉笛。斗杓寒挂屋山头。

——《汴岸置酒赠黄十七》

　　这是黄庭坚的一首著名七律。其中"黄流"二句,尤为著名。全诗读来不仅使人感到诗意警创,意境奇特,而且有一种动荡流走的音乐感,这种音乐感是如何形成的呢? 显然,只用律诗本身的声韵节奏之美来说明它是不行的。从格式来看,这首诗属于首句入韵的平起式,但我们只需略加分析,便发现其中几乎每句诗都可以称作"拗句"! 诗的开头"吾宗端居"一连便用了四个平声字,而后用一"百"字救之;第四句,又连下"碧树为我"四仄声字,而后用一"生"字救之,紧接着"初平群羊"又是四个平声字,以"置莫"二字救之,其"拗"的程度,远远超出了一般的常规,然而全诗的基本旋律却由此而形成了。四个平仄相同的字连在一起,使相同的音节连接起来,与其他较短的音节相配合。恰巧造成了长短相间的节奏;与此同时,在"碧树为我"四个仄声字后连下"生凉秋"三个平声字,在"初平群羊"四个平声字后连下"置莫问"三个仄声字,两句的音节正好相反,又形成了有规律的高低起伏的节奏。这样,便打破了律诗二二和二三的一般节奏模式而给人以长驱直下的感觉。潘伯鹰先生说"山谷的七律诗,总是一气迴转而下,八句如同一句。在其中却又有顿挫抑扬的节奏。也指出了这一特点。(《黄庭坚诗选》)黄庭坚的一些著名诗作如《次韵元明寄子由》《次韵裴仲谋同年》《题李亮功戴嵩牛图》《鄂州南楼书事四首》等,其中三个以上的长音节都是较多的,他的一些著名律句也是如此。如"我家江南摘云腴,落磑霏霏雪不如"(《双井茶送子瞻》)、"燕颔封侯空有相,蛾眉倾国自难昏"(《次韵宋懋宗就居甘泉坊雪后书怀》)、"持家但有四立壁,治病不蕲三折肱"(《寄黄几复》)等。这种以相同的平仄相联的长音节仿佛乐曲中的一串串高音符和低音符,时而悠扬激越,时而低回婉转,使诗歌呈现出高低长短相间的节奏美。当然,庭坚诗音乐感形成的因素并不止这一点,其基调和旋律更是多种多样的,他的另一首名作《过平舆,怀李子先,时在并州》就是另一番节奏韵味:

前日幽人佐吏曹,我行堤草认青袍。

心随汝水春波动,兴与并门夜月高。

世上岂无千里马? 人中难得九方皋。

酒船渔网归来是,花落故溪深一篙。

这首诗的特点,是在大致不出规范的前提下,将律诗的平仄格式稍作变化,使上下两句之间音调的交错起伏更为突出。如"世上岂"和"人中难"三字本为"仄仄平"和"平平仄",这里改为三仄三平。"酒船鱼网"和"花落故溪"四字本为"平平仄仄"和"仄仄平平",这里改为"仄平平仄"和"平仄仄平",上句的平仄变化了,下句的平仄也相应地向着相反的方向变化。但总的来看,两句之间依然保持着相对应的状态。江永《音学辨微》云:"平声为阳,仄声为阴;平声音空,仄声音实;平声如击钟鼓,仄声如击木石。"所以,将这两种不同的音调有规律地加深其对比和差异,可使诗歌的音韵节奏更为鲜明,除了平仄的对应外,有些地方还有音韵的对应,如"世上岂"三字均为齿音,"人中难"则均为舌音,韵尾分别为鼻音的 h 和 ng前者给人以紧促感。后者给人以浑长感,二者一正一反,形成了强烈的音响效果,读来规律而又自然,这并非一种偶然的巧合,而是诗人精心安排的结果,《再次韵寄子由》中的颔联"风雨极知鸡自晓,雪霜宁与菌争年"以"极知鸡"与"宁与菌"相对,《和答元明黔南赠别》中的颔联"急雪脊令相并影,惊风鸿雁不成行"以"急雪脊"与"惊风鸿"相对,都是与此极为类似的情形。尤其后者"急雪脊"三字均为仄声齿音,"惊风鸿"三字均为平声,韵尾均为 ng。形成鲜明的音节对比,从整个句子来看,在"急雪脊"三个齿音字后面是由"令相并影""惊风鸿""成行"这样一些带有鼻音韵属的字形成的一长串浑园的音节,先抑后扬,抑短而扬长,形成了特殊的音韵美。

与近体诗有规律而无拘束的"拗"相反,黄庭坚的古体诗则是在无拘束中力求达到有规律的"整"。古代诗是一种较为自由的形式,除了大体整齐押韵外,没有什么特殊的要求,然而黄庭坚的古体诗却能在一片铿锵的音韵节奏中给人一种整饬感。潘伯鹰先生说:"昔日吴挚甫先生教人作七言古诗须以山谷松风阁诗一首为模范",现在我们就从音韵上分析一下这首诗的特点:

> 依山筑阁见平川,夜阑箕斗插屋椽,我来名之意适然。老松魁梧数百年,斧斤所赦今参天。风鸣娲皇五十弦,洗耳不须菩萨泉,嘉二三子甚好贤,力贫买酒醉此筵。夜雨鸣廊到晓悬,相看不归卧僧毡。泉枯石燥复潺湲,山川光辉为我妍。野僧早饥不能馈,晓见寒溪有炊烟,东坡道人已沉泉,张侯何时到眼前。钓台惊涛可昼眠,怡亭看篆蛟龙缠。安得此身脱拘挛,舟载诸友长周旋!

这首诗用的是句句押韵的"柏梁体",韵脚为平宽的"先"韵。全诗二十一句,句尾三字以"仄仄平"和"仄平平"为两种基本形式,三平调的句尾只有四句,在首尾呼应出现。由于全部是平声韵,为了避免平直,诗中"仄仄平"的句尾最多,且以粘连的方式分别在三处出现,犹如乐曲中重音节的重复,再使之与"仄平平"的句尾交错,便形成了有规律的抑扬。当然,古体诗没有一定的模式,这里所探讨的规律,犹如一首乐曲的主旋律,不同的乐曲,其主旋律当然也是不同的。被陈衍评为"音节甚佳"的《书摩崖碑后》和被翁方纲评为"节奏章法,天然合笋的《送范德孺知庆州》都是以三平调为主旋律的,长诗《流民叹》前半首以三平调为主,表现洪灾泛滥的情景,后半首以仄声韵为主,写出诗人焦灼的心情,前面提到的《次韵子瞻题郭熙画秋山》一诗,则是四句一韵,又以韵脚的二平一仄或二仄一平形成音韵的起伏。因此,读黄庭坚的古体诗,常常能在参差错落的变化中体味到一种节奏的有序性,从而产生丰富的音乐感。

平仄而外,用韵也是形成诗歌音乐感的另一个重要因素。人们常常喜欢谈论黄庭坚押险韵的特点。王夫之说:"若韩退之以险韵奇字古句方言矜其饾辏之巧,巧诚巧矣。而于心情兴会,一无所涉,适可为酒令而已。黄鲁直、元章益堕此障中……"对此颇不以为然。其实,韩愈的不少唱和联句诗的韵脚上争奇斗险,较多文字游戏的成份,黄庭坚虽不能免于此,但他的不少险韵诗都是传世的名作,而且其中和谐的音韵反而是由很窄的韵脚形成的,所以不能一概而论,比如《子瞻诗句妙一世,乃云效庭坚体,次韵道之》:

> 我诗如曹郐,浅陋不成邦。
> 公如大国楚,吞五湖三江。
> 赤壁风月笛,玉堂云雾窗。
> 句法提一律,坚城受我降。
> 枯松倒涧壑,波涛所舂撞。
> 万牛挽不前,公乃独立扛。
> 诸人方嗤点:渠非晁张双!
> 但怀相识察,床下拜老庞。
> 小儿未可知,客或评敦庞。
> 诚堪婿阿巽,买红缠酒缸。

全诗共十个韵脚,除"庞""扛"二字外,其余八个字都用的是只有十二个字的江韵,选择这样窄的韵脚,又要完满地表达语意,又要写出风神韵味,按说是很难的,然而在这首诗中,韵脚作为诗意表达的一个成份,与其他文字天衣无缝地融合为一个语言整体,使人读来不仅没有任何牵强饾辏之感,而且会为其"押险韵处,妙不可言"(刘埙《隐居通议》卷10)的高超技巧惊叹不已。语言学家高名凯说:"响音本质上代表自然界的响音,代表心理上的慷慨明朗"。根据这一原理,我们看到,诗人之所以要选择这样窄的韵脚,做这样困难的文章,除诗意的因素外,还出于音韵的需要。因为"江"韵虽窄,读来却很响亮,使诗人妙趣横生的文学评论在铿锵的声韵中显得更有力量,可能是出于对这一音质偏爱吧,黄庭坚很喜欢用这一窄韵,他的两首著名小诗《次韵公择舅》《六月十七日昼寝》都是只用"双""江"二字作为韵脚写成的。此外,庭坚诗中,用"鱼""虞"二韵写成的诗作也很多,仅就较为著名的作品而论,就有《追和东坡题李亮功归来图》《戏呈孔毅父》《双井茶送子瞻》《和答钱穆父咏猩猩毛笔》《池口风雨留三日》《次韵寅庵四首》等等。这些诗,多以诙谐的语调,写出诗人的意趣、胸怀和情愫,读来有情韵悠长之感。潘伯鹰先生说:"以很少的句子,很窄的韵脚,写出高广的境界,深远的思路"(《黄庭坚诗选》15页),精当地指出了这类诗的特点。当然,黄庭坚也并非一味"押险韵",总的来看,他的作品中,宽平的韵脚仍占多数。而无论用宽韵还是窄韵,在多数情况下,都是出于诗意表达和音韵效果的需要。周济《宋四家词选序言》云:"东真宽平,支先细腻,鱼歌缠绵,萧尤感慷,各具声响,莫草草乱用。"黄庭坚对韵脚的选择,很好地体现了这一原则。

诗歌的音乐性是一个较为复杂的问题。一方面,就其音乐的性质来说,它是要靠人们的心灵去体味的,郭沫若先生说它"诉诸心而不诉诸耳"(《论诗三札》),马雅可夫斯基说:"想说明它是不行的。要说它只能是和说磁力或电力那样。"(《怎样作诗》)都是就其这种性质而言。但是另一方面,这种音乐的性质又不是靠音乐符号而是语言文字表示的。是伴随着诗中的形象一起出现的。因此,它又表现为具体的节奏格律,而这些是可以说明的。通过对黄庭坚诗歌这些外在节奏格律分析,我们更深刻地体味到其内在的音乐美,看到了他为追求这种音乐美所做出的种种努力。

黄庭坚对诗歌形象性、形式技巧和音乐性的追求,不仅使其作品呈现出独特的艺术风格,而且使正在散文化道路上发展的宋代诗歌发生了一定的转折。如果说,从梅尧臣、欧阳修开始的散文化倾向,在苏轼那里已得到天然入妙的充分发展,那么,黄庭坚则又从诗的凝练性、音乐性方面迈出了新的步伐,建立了另外一种新的写作风尚。苏、黄先后相承,"一种波澜富而句律疏,一种锻炼精而性情远"(《后村诗话》卷2),二者双峰并峙,共同创造了宋诗的新天地和大奇观。普闻说

"东坡长于古韵,豪逸大度;鲁直长于律诗,老健超迈。"(《诗论》)朱熹说:"苏诗豪,然一滚说尽无余意,黄费安排。"(《朱子语类》卷140)方回说:"坡诗天才高妙,谷诗学力精严;坡律宽而活,谷律刻而切"(《瀛奎律髓》卷21)都从不同的角度看到了他们各自的成就、区别和得失。同苏轼天才高妙,不可企及的自由挥洒相反,黄庭坚诗歌高超的技巧和谨严的法度为后代诗人树立了一个可以效法的新样板,于是,"学诗者多以鲁直为师"(朱彝尊《曝书亭集》卷37),以至"法席盛行,海内称为江西诗派。"(《沧浪诗话·诗辨》)其影响,笼罩整个南宋而波及明清。当然,黄庭坚诗歌并非完美无瑕。历史上不少评论家也常常公正地指出其不足。比如:他喜欢用典,也时而因其"常取过火一路"而显得过于深僻;他讲究形式技巧,刻意求工,有时又因"太著意"而少自然天成之趣;他"以警创为奇",又时而因为"雄健太过,而遂流入险怪",如此等等。然而作为一种新的诗歌潮流的代表者,黄庭坚毕竟以他超人的才力,渊博的学识,执着的追求和惨淡的经营树立起一座新的艺术峰峦。宋之苏、黄,犹如唐之李、杜,没有黄庭坚这些艰苦的努力和不懈的探索,没有他那种"包含欲无外,搜抉欲无秘,体制通古今,思致极幽眇,贯穿驰骋,工力精到"(陆九渊《象山全集》卷7)的巨大创变,蔚为壮观的宋诗将大为减色,诗歌的发展也不会发生如此深刻的变化。他的杰出贡献和深远影响使他成为中国诗歌史上又一颗明亮的巨星。

1986 年写于曲阜师大

附录三

黄庭坚诗作品鉴及其他

一、黄庭坚诗词品鉴

（一）赠答陈季常黄州山中连理枝二首

故人折松寄千里,想听万壑风泉音。

谁言五鬣苍烟面,犹作人间儿女心。

老松连枝亦偶然,红紫事退独参天。

金沙滩头锁子骨,不妨随谷暂婵娟。

这是两首赠答诗。宋哲宗元祐三年(1088),正在史局任著作郎的黄庭坚收到了友人陈季常寄来的连理松枝,于是写了这两首诗作答。题为"戏答",说明有些开玩笑的意思,因为连理枝往往用以比喻夫妻恩爱,友人以此相寄,本身就充满了幽默和诙谐。陈季常名慥,号方山子,原籍眉州,为贵家公子,后隐居不仕,家于黄州,苏轼《方山子传》称其"庵居蔬食,不与世相闻",足见陈季常超迈脱俗。黄州,即现在的湖北省黄冈一带。

第一首写友谊。前两句重点叙写友人与作者的感情。"故人折松寄千里"是从友人方面着笔,写昔日的旧交好友陈慥在山中采到了连理枝,从千里之外寄来,表示了对作者的怀念和关切。"故人"点明了他们是老朋友,寄松、"戏答"就不奇怪了。从相隔千里的地方寄来松枝,说明了他们之间友情的深厚。首句扣题写出本事,次句"想听万壑风泉音"又从诗人的角度写了收到松枝后的感受。他仿佛看到了群山众壑中郁郁葱葱的青松,听到了千岩万壑中茂密的苍松发出的如风如涛的呼啸之声。作者对故人的深厚情意,就在这心心相印、息息相通的理解和生动丰富的想象中充分体现出来。但故人寄来的不是普通的松枝,而是象征着高尚的爱情的连理枝。所以诗的三四两句,借松枝的连理,进一步写了人间的感情。"谁言五鬣苍烟面,犹作人间儿女心!"五鬣,即五鬣松,又称五粒松,松针五个为一丛。这里代指松树。苍烟面,形容松树浓绿的颜色和苍劲的姿态。松树总是给人一种刚直冷峻的肃穆感,然而它却长出了连理枝,居然也有儿女柔肠!在这里,诗人把松树的刚劲与柔婉、冷峻与热烈、肃穆与缠绵奇妙地统一起来,幽默而又含蓄,充满了浓厚的谐趣。松树尚且如此有情,人世间的爱情、友谊就更加不言而喻了。结尾两句,是写松,又何尝不是赞友?同时也可看作是自我抒写。友人和诗人都是严肃而仁厚、既沉静而又富有激情的。所以,又可以说,实际上是借松树的连理,委婉地写出了诗人同对方一样,深深地怀念着友人。

第二首评论松树连理。"老松连枝亦偶然",指出松树连理是一种偶然现象,并非松树常态。"红紫事退独参天",是写当万紫千红的花卉凋零、婀娜多姿的杨柳枯谢之时,唯有松树仍郁郁葱葱,参天而立,给人以超世拔俗、屹立不摇、凛然可敬之感。这才是松树的本质形象。然而,又如何解释老松连枝这种偶然现象呢?诗的三四两句,作者幽默地把其同锁骨菩萨随俗的故事相类比:"金沙滩头锁子骨,不妨随俗暂婵娟"。《传灯录》有"金沙滩头马郎妇,世言观音化身"的记载,唐代李复言《续玄怪录》说:"延州有妇人颇有姿貌,少年子悉与之狎昵。数岁而殁,人共葬之道左。大历中有胡僧敬礼其墓曰:'斯乃大兹悲喜舍,世俗之欲无不徇焉'。此即锁骨菩萨顺缘已尽尔"。开墓以视其骨,钩结皆如锁状,为起塔焉。"黄庭坚借用这个典故,指出松枝的连理正同锁骨菩萨化作美女来到人间一样,不过是偶而暂时入世随俗,显示一下儿女情态罢了。诗的结尾两句,以掌故作比,风趣含蓄,耐人寻味。圣洁的菩萨没有因情事而变为俗人,还是菩萨;松树也不会因为连理改变它苍劲挺立的品格,反倒增添了幽默的情趣。诗人对连理枝的思索、玩味和评论,显然也包含着对生活、对儿女情事的思索、玩味和评论。在这里,世俗的儿女柔肠仿佛得到了净化,同松树的形象、菩萨的形象结合在一起,充满了纯洁高雅的情趣,更充满浓厚的诗意!

(二)送谢公定作竟陵主簿

谢公文章如虎豹,至今斑斑在儿孙。

竟陵主簿极多闻,万事不理专讨论。

涧松无心古须鬣,天球不琢中粹温。

落笔尘沙百马奔,剧谈风霆九河翻。

胸中恢疏无怨恩,当官持廉且不烦。

吏民欺公亦可忍,慎勿惊鱼使水浑。

汉滨耆旧今谁存? 驷马高盖徒纷纷。

安知四海习凿齿,拄笏看度南山云。

　　这首送别诗是黄庭坚在宋哲宗元祐元年(1086)为送妻弟谢公定(字㦤)赴任竟陵主簿而作。竟陵,即现在的湖北天门县。主簿,古代专门负责文书工作和办理具体事务的县令佐官。

　　诗以赞扬谢公定的家世与学问开头。谢家为仕宦书香门第。公定的曾祖谢涛、祖父谢绛、父亲谢师厚皆进士,都有文名。欧阳修为谢涛作墓志云:"公少以文行有名于时"(《欧阳文忠公集》卷67),《宋史》称谢绛"以文学知名一时",曾深受西昆诗派领袖杨亿赏识,荐拔于朝。杨亿还把谢绛的文句写于扇面上,称"此文中虎也"(欧阳修《归田录》)。谢师厚以诗著称,《王直方诗话》说"庭坚之诗竟从谢公(师厚)得句法。"黄庭坚先用"谢公文章如虎豹"进行了生动形象的概括,继以"而今斑斑在儿孙"承接,称颂谢家文学传统源渊流长,前句以"虎豹"喻文章富有气势和文彩,对句则下一"斑斑",强调影响的昭然可见,前后呼应,契合紧密,极富匠心。谢公定作为"儿孙"中的一个,自然也是才高学富。"竟陵主簿极多闻,万事不理专讨论",就是对谢公定学识渊博、学习专心勤奋的称扬。作者以"竟陵主簿"称友人,切合诗题,点出送别之意,笔墨省净。

　　首四句作渲染铺垫之后,次四句进而赞扬谢公定的气质和才华。诗人先以"涧松""天球"(一种美玉)这两种自然界中美好的静态事物作比,赞美谢公定文雅纯静,品格高洁。谢氏好像是山谷溪边的松树,根深叶茂,风姿劲秀,生机勃勃,毫无世俗之气;又如无需雕琢的碧色美玉,含章蕴粹,温润泽仁。接着以夸张的笔法描绘其文笔豪迈和谈吐雄健。"落笔尘沙百马奔",状其为文赋诗,笔如群马驰骋,气势宏伟;墨如尘沙翻卷,挥洒自如。"剧谈风霆九河翻",言其口如悬河,谈锋甚健,声如风卷雷射。这四句在艺术技巧上极见匠心。前两句选取比喻,美其气质,后二句采用形容,赞其才华。品格气质以静物相喻,赋诗谈吐用动景形容。"落笔"两句,兼以夸张,超迈横绝,颇有气魄。

　　"胸中"四句是诗人的劝勉和期望。诗人叮嘱妻弟到任后,要心胸开阔,襟怀坦荡,不计个人恩怨;要廉洁奉公,政令清简,不可用繁杂苛政相扰百姓。即使有人欺蒙,也要克制自己,不要因小失大,让坏人把水搅浑,使清浊难分。这些真诚坦率的语言,朴实自然,流自肺腑,表现了作者对谢氏的一片深情。

　　最后四句是对谢公定的热情鼓励。意思是说,竟陵的官员虽多,但品行高洁、博学多才而又有名望的人却少。公定到任后,一定能治理好竟陵,使民间安而官衙闲。这四句写得含蓄婉转,情深意长。"汉滨"两句用设问,自问自答,"安知"二句用反诘,语意肯定,行文极富变化。"汉滨耆旧",指竟陵有威望的老人;"驷马高盖",指代有地位的官吏。末二句还化用了《晋书》习凿齿的故事。习凿齿少有大志,博学洽闻,以文笔优美著称,曾佐西曹主簿,所在任职,每处机要,莅事有绩。时释道安与习凿齿初见,道安曰:"弥天释道安",习凿齿应声答曰:"四海习凿齿。"人们作为习氏思维敏捷的佳话。这里诗人以习凿齿比谢公定,不但切合其主簿身分,照应了题目,而且突出了其文学才华和淡雅襟怀,回应了全篇。收笔一句则意境开阔,把读者带入一个自然优美的境界中,耐人寻味,

送人赴任,是古代诗歌习见的题目,但多惜别伤怀,少昂扬之调。黄庭坚此篇一反前人低沉格调,而以昂扬热烈的笔触,赞扬了友人的家世、学问、气质和才华,并在亲切的劝导鼓励中,表示了深挚的期望和关怀。诗取议论,但在章法与手法上又富于变化,行文波澜横生,避免了板滞与生硬,给人以清新警策之感。

(三)小鸭

小鸭看从笔下生,幻法生机全得妙。

自知力小畏沧波,睡起晴沙依晚照。

这是首题画诗。画面上是:一只刚从甜睡中醒来的小鸭,面对沧茫的碧波,安详地站立在溪边净洁的沙滩上,傍晚太阳的余辉照着它灵巧的身体。画面表现的中心形象是小鸭,所以作者以"小鸭"作诗题,并通过品评其形象,高度赞扬了作画者的艺术表现力。

首句说小鸭好像是从画家笔下变化出来的,栩栩如生。一个"生"字,是对画家技巧的评赞,又可以使人想象到小鸭活灵活现、充满生气的神态。"幻法生机全得妙",赞叹了画者精深的艺术造诣,也写出了小鸭对人的总体印象。画家象魔术师那样,把小鸭生动地再现出来,达到了形神兼备的境界,充满了自然天成的妙趣。

作者结合自己的审美情趣,在三四两句进一步对画面作了品评。诗人认为,小鸭妙就妙在具有自己独特的意识和性情。它似乎知道自己的力量还很弱小,不足以击水搏浪,面对沧茫的碧波,心里总有些畏缩;它又年幼贪懒,安适地沐浴着阳光,坦然地眠卧在沙滩上,直到夕阳西下才起来……"自知力小畏沧波",点出了作品的传"神"处,用"知"字、"畏"字突出小鸭的心理活动。末句"睡起晴沙依晚

照”,即写出作为画面中心的小鸭的动态神情,又交待了小鸭活动的环境、时间,并借助于这三者的合理配置,构成了完整的场景,使小鸭的形象更鲜明、灵巧、可爱,充满了生活情趣和无限生机。

以诗品画,是一种艺术再创造。黄庭坚的这首绝句,在高度评价作画者杰出的艺术表现力的同时,逼真地再现了小鸭的形象,展现了以小鸭为中心,由晴空、夕阳、沙滩、沧波等层次、色彩不同的景物构成的整幅画面,反映了诗人高度的艺术鉴赏力和语言表现力。

黄庭坚作诗强调艺术独创,曾有“文章最忌随人后”“自成一家始逼真”的名言。上面的几首赠答、送别、题画诗,同样体现了他的主张,或幽默诙谐,或豪迈奇绝,或意趣横生,在构思、立意和语言、风格诸方面,都充分显示出独到的匠心,故宋人张耒称誉山谷诗“一扫古今”(《宋诗话辑佚》)。

(四)病起荆江亭即事十首(其八)

闭门觅句陈无已,对客挥毫秦少游。

正字不知温饱未?西风吹泪古藤州!

建中靖国元年(1101)黄庭坚在寓居江陵时,写了这十首组诗感慨政局,怀想平生故友。这是组诗中的第八首。短短四句诗,不仅准确概括了陈师道、秦观这两位作家的创作个性,而且写出了他们坎坷的生活和悲凉的命运,体现了诗人与他们的深厚友情。读来动荡流走,一气直下。其语言锤炼之精警,形象之活跃生动,含蕴之饱满丰厚,都达到了炉火纯青的境界。

开头两句“闭门觅句陈无已,对客挥毫秦少游”;分别从二人的创作习惯落笔,截取了最能反映他们个性特征的情景加以生动的描写,使人物形象呼之欲出。所谓“闭门觅句”,据《鹤林玉露》载:“此传(陈)无已每有诗兴,拥被卧床,呻吟累日,乃能成章。”陈师道本人亦有“闭门十日雨,吟作饥鸢声”(见《王直方诗话》)的诗句。由此看来,以“闭门觅句”来概括陈师道,确实句出有因。陈师道前半生无意仕进,“恬淡寡欲,不干有司”(晁补之《荐布衣陈师道状》),于诗歌创作则严谨而专注。陈师道作诗力学黄庭坚,注重艺术锤炼,闭门觅句,潜心于艺术推敲,自然也是黄庭坚所赞赏的。

与陈师道的“闭门觅句”恰恰相映成趣的是诗人另一位挚友秦观的“对客挥毫”。秦观是一位天才型的作家,诗、词、文、赋都很擅长,又善书法,苏轼曾称赞他有屈原宋玉之才,黄庭坚在《赠秦少仪》一诗中也写到:“秦氏多英俊,少游眉最白。"才华横溢思维敏捷,而又英俊潇洒,这是秦观的魅力所在,秦观构思诗文"杯觞流行,篇咏错出,略不经意。"(罗大经《鹤林玉露》)"对客挥毫",生动地表现了他的才华和文思机敏的写作作风。

陈师道与秦少游,一为"闭门觅句"的艺术锤炼,一为"对客挥毫"的自然潇洒,这样两位严谨而富才情的诗人,命运如何呢?三四句分别予以写照。"正字不知温饱未?"正字即秘书省正字,是陈师道此时刚刚得到的一个官职。在这以前,他曾因母亲去世和党争的牵连多年安贫守素,生活极其艰难。他在给黄庭坚的信中有"罢官六年,内无一钱之入,艰难困苦,无所不有"(《与鲁直书》)之语,对此,黄庭坚当然时刻记挂在心头,现在,陈师道有了这样一个小小的官职,生活情况会好些了吗?能解决全家的温饱了吗?这一殷切的询问,贯注了诗人对友人的深切关怀和同情。

活着的友人令诗人惦念,逝去的友人则更使黄庭坚悲伤。最后结尾一句写秦观的悲凉结局。一年前,秦观和黄庭坚、陈师道一样,由于哲宗去世、旧党再次执政而被重新起用。但多年的贬谪生活使秦观的精神和肉体受到了严重摧残,接到任命后,秦观从广东雷州出发,刚刚走到藤州(今广西藤县)就不幸去世了。秦观之子自藤州护丧北归,途经长沙时,与黄庭坚相遇,黄庭坚执其手大哭,说:"尔父,吾同门友也。相与之义,几犹骨肉。今死不得预殓,葬不得往送,负尔父多矣。"(《独行杂志》卷3)由此可见诗人的哀痛和他们间的深厚感情。"西风吹泪古藤州"正是这一感情的深深寄托。黄庭坚愿凄凉的西风把他的泪水送到遥远的藤州,以凭吊死去友人秦观的亡灵。

黄庭坚是一位笃于友情的诗人,他与陈师道、秦观同为苏门弟子,又是志同道合的诗友。这首诗仿效杜甫《存没口号》的作法,两句伤悼亡友,两句怀念在世的知交,表现了志同道合的同门诗友间的深挚感情。四句诗写存没的两位友人,既赞赏其创作,又关切其命运,而其中对两位友人创作个性的评价,尤为精当而生动,成为传诵千古的佳句。

(五)

湖口人李正臣蓄异石九峰,东坡先生名曰"壶中九华"。并为作诗。后八年,自海外归,湖口石已为好事者所取,乃和前篇,以为笑实。建中靖国元年四月十六日。明年,当崇宁之元年五月二十日,庭坚系舟湖口,李正臣持此诗来,石既不可复见,东坡亦下世矣。感叹不足,因次前韵。

有人夜半持山去，顿觉浮岚暖翠空。

试问安排华屋处，何如零落乱云中？

能回赵璧人安在？已入南柯梦不通！

赖有霜锺难席卷，袖椎来听响玲珑。

这是一首构思奇特的伤悼亡友的名作。作者以精炼遒劲的语言、生动瑰奇的形象，抒发了对已故恩师文坛巨擘苏轼的伤悼怀念之情，读来感人至深。

黄庭坚与苏轼交谊极厚。他们既是师友，又是知己，在仕途上同升并黜，饱经磨难，在创作上，相互推重，频频酬唱，留下了很多不朽的诗篇。1101 年，苏轼的去世，使黄庭坚万分悲怆，他曾在多首诗中表达伤悼之情。这首诗写于苏轼去世后的第二年。

诗的题目很长，作者在长达一百多字的诗题中，已明确说明了东坡与一块奇石的联系，为下面象征性的描写做了最好的注脚。一块奇石，形如九峰，为世人所珍爱，苏轼曾两次为它赋诗，并为它取名为"壶中九华"。它那高峰傲立的形象，它的珍贵奇特，以及它的得失遭遇，都使诗人想起他的良师益友东坡先生。

首二句"有人夜半持山去，顿觉浮岚暖翠空"，先从奇石写起。奇石形如九峰，就象是缩小了的微形山脉，因此，诗人把它的丢失形容为被人"夜半持山去"。这里还巧妙地暗用了一个典故。《庄子·大宗师》："藏山于泽，谓之固矣，然而夜半有力者负之而走，昧者不知也。"黄庭坚曾在《题伯时画＜松下渊明＞》诗中化用此典而有"终风霾八表，半夜失前山"之句。这里的"夜半持山"，明写奇石的丢失，暗喻东坡的辞世。峰峦消失，自然山间浮动的晴翠的山色，那气象万千的胜景伟观便顿时不见了。下句是上句的补充和申述。山不可移，而有人持去，大好景象顿觉一空，使人感到突然意外，给人一种人去楼空的幻灭感，两句分别下一"去"与"空"，置字有力，悼惜之情溢于言外。接下来"试问安排华屋处，何如零落乱云中？"追述奇石的遭遇。奇石安排于高楼华屋之内，倒不如沦落于山野方壑之中，言外之意在庙廊受羁绊拘管摧折，何如深隐岩穴自在悠游。"试问""何如"以反问句出之，深情摇曳，发人遐思。这一联表层意义是叹异石的遭遇不偶，深层的含义是悯惜东坡的仕途坎坷。我们知道，苏轼是有政治抱负的。他在元祐间曾一度进入朝廷中央，身任翰林学士知制诰等，但在党争与派系倾轧之中，朝政反复无常的北宋后期，他不能有所作为，又被卷入无休止的党争之中，迭遭迫害。在他为那块奇石题名后的八年中，接连被降官贬谪，从英州、惠州一直被贬到海南的儋州，最后死于常州归途。这里，诗人实际上是在为这位"奕世伟人"多灾多难的一生鸣不平。这两句感叹中带有悲伤,两个句首的虚词搭配使语意更加深婉,曲折跌荡。

颈联"能回赵璧人安在? 已入南柯梦不通"两句,承首联"去"和"空",伤悼异石失而不可复得,英人一去不复返。前句用完璧归赵的典故,妥贴而巧妙。奇石为世人所珍视,就象那珍奇的和氏璧,而曾为奇石题名赋诗的东坡,其人其才,不正像那能够完璧归赵的蔺相如吗? 如今,石已丢失,人亦殁矣。璧不可归,人亦永逝。沉痛的哀伤深深的思念积压在诗人心中,他唯愿能在梦中与故人一见,哪怕只是短短的一刹那间,也会带来些暂时的慰藉。然而,"已入南柯梦不通",苏东坡的辞世,既然早已成为冷峻的现实,又怎能与之精神相通呢? 本来,思极而入梦,已能说明思念之深,但诗人梦亦不通,这就使其思念之情更加深了一层。

尾联笔锋陡转,由寻梦不通,回返到现实,"赖有霜锺难席卷,袖椎来听响玲珑"。"霜锺"指石钟山,在今江西境内,苏轼在元丰元年由黄州到汝州的贬官途中路过那里时,曾中夜泛舟,饶有兴致地考察了石钟之名的由来,并写下了著名的《石钟山记》。文中写道,石钟之所以得名,是由于"山下皆石穴罅",其与"风水相吞吐",便发出了宏大而悦耳的钟乐声。这里,诗人用"霜"代指白色的水浪,巧妙地概括了苏轼这一考察成果。下句的"袖椎来听"同样来自苏轼这篇散文。文中记唐李渤察访石钟山,有"扣而聆之""枹止响腾"之语。这两句是说,东坡为之题名题诗的"壶中九华"虽被人"夜半持去"了,但他生前喜爱的石钟山依然存在,那可是任何风云都难以席卷而去的,让我袖带小椎,沿着诗人生前的足迹,到那里去重新领略他生前的游兴,以告慰他的英灵,以寄托殷殷的怀思吧! 读至此处,读者未必不可以联想到东坡那声名盖世的文章事业,犹如那岿然矗立的石钟山,令世人钦仰低徊,那是任何风云都无法席卷而去的!

全诗曲折跌荡而又腾挪有致。首联气势宏大,如异峰突起;颔联以诘问句追述,摇曳多姿;颈联用历史典故"赵璧",尾联折转到石钟山,处处都紧贴异石,关联东坡,奇思异想,出人意表,而在在不离伤悼之旨。清人方东树说:"山谷之妙,起无端,结无端,大笔如椽,转折如龙虎,扫弃一切,独提精要之语。"(《昭昧詹言》卷12)于此诗可略见一斑。

(六)病起荆江亭即事十首(其四)

成王小心似文武,周召何妨略不同?
不须要出我门下,实用人材即至公!

这是一首颇具政论特色的小诗。议论的中心是人才问题:"成王小心似文武,周召何妨略不同?"成王是周代继文王、武王后又一位贤明的君主。小心似文武,是说成王小心谨慎,礼贤下士的作风很象他的前辈文王武王。《诗经·大明》:"维此文王,小心翼翼。昭事上帝,聿怀多福。"又《史记·周本纪》载,文王"礼下贤者,日中不暇食以待士","武王即位,太公望为师,周公旦为辅,召公毕公文徒左右王,师修文王绪业。"武王死后,成王尚年幼,其叔周公旦曾代为执政,后又还政于他。成王执政后,继承着文、武的作风,仍以周公旦和召公奭为重臣,"周公、召公辅成王,召公为保,周公为师,东伐淮夷"(《史记·周本纪》),在他和后来康王统治的几十年中,周代社会日趋繁荣,"天下安宁,刑错四十年不用。"(同上)号称"成康之治"。谈历史是为了说明现在。黄庭坚生活的北宋中期,新旧党争颇为激烈。革新与保守的矛盾斗争与争权夺利的派别之争,狭隘的门户之见掺杂在一起,情况非常复杂。加之帝位的频频更换,一朝天子一朝臣,继位者往往根据自己的政治观点,对前朝重臣加以清洗和更换,从而使得很多有才华的人如王安石、司马光、苏轼等都在频繁的帝位更替和复杂的党争中历尽浮沉。这种情况,与成王的小心谨慎,任用前贤恰成鲜明的对照。黄庭坚在政治上倾向于旧党,但他对处于新旧两派对立焦点的王安石、司马光都同样钦佩。他称赞司马光"公心两无累,忧国爱元元。"(《司马文正公挽词四首》之四)又很敬重王安石,"余尝熟观其风度,真视富贵如浮云,不溺于财利酒色,一世之伟人也。"(《跋王荆公禅简》)认为他们二人虽然政见不同,但对朝廷来说,都是不可多得的人材。因此,他希望继位者能"人才包新旧,王度济宽猛"(《次韵子由绩溪病起被召,寄王定国》),在用人方面,应新旧兼容,礼贤下士,唯才是用。这一思想在这首诗中表现得尤为深刻集中,"周召何妨略不同",略,指谋略。周公和召公共同辅佐成王成就了大业,在这期间,他们的谋略也未必完全一致吧,但那又有什么关系呢? 重要的是,他们都是不可多得的贤相。而成王的可贵之处,就在于他能够任用前贤。这里,在对成王的称赞中,已蕴含着对当时的几位当朝皇帝的批评。

　　如果说前两句是引证历史说明礼贤下士的重要性的话,那么,后两句则直接针对当时的情况发表自己的见解。"不须要出我门下,实用人材即至公!"至公,就是最公道的意思。这里谈的是人材问题,亦透露出诗人对时局的看法。新旧党争,看来是变法与保守的斗争,实则鱼龙混杂。而北宋中期尖锐的社会矛盾和深刻的社会危机既非变法所能力挽,又非变法始作其俑,很多是非功过都是难以评定的。尤其对具体人物,更是如此。王安石逝世后,诗人颇多感慨:"风急啼鸟未了,雨来战蚁方酣。真是真非安在? 人间北看成南!"(《次韵王荆公题西太一宫壁二首》其一)在这种情况下,他感到,与政见谋略的不同相比,对人的才智贤正与庸碌邪恶的辨别是更为重要的。象善于投机钻营的章惇、蔡卞之辈,打着所谓新党的旗号窃取了高官厚禄,而他们这些人,除了祸国殃民之外,还能干些什么呢?因此,诗人迫切希望执政者能改变这种作法,排除门户之见,以国家利益为重,秉公任贤。

更为可贵的是,这首诗希望执政者能以人材为重,并不是在诗人自己受到贬斥的时候写的,而是在太后向氏听政,重新任用旧党,黄庭坚本人亦被委以新任的时候写的。在这样的时候,诗人写此诗,显然是希望朝廷不要重蹈覆辙,把新党中的才华之士也一齐清洗掉。由此可见诗人豁达的心胸和开朗的政治态度,亦可从中体察到他对国家命运的深切关注。这样的态度和心胸,今天看来,不仍能给我们以启迪吗?

这首小诗在写法上也很有特色。从题材上看,它类似传统的咏史诗,但传统的咏史诗往往寓现实感慨于具体史实中,此诗则以史实为佐证,重在突出其现实感慨,由史实直接引发出单刀直入的议论,呈现出鲜明的政论色彩。诗人作诗力主创新,忌随人后,此诗不拘一格,从容写来,亦能体现这一作风。

二、序跋五篇

(一)黄庶《伐檀集》自序

江夏黄庶,字亚夫,其少而学也,观诗书以来,至于忠臣义士,奇功大节,常恨身不出于其时,不得与古人上下其事,每辄自奋,以为苟朝得位,夕少行之,当使后之人望乎已若今之慕乎古也。既年二十五以诗赋得一第,历佐一府三州,皆为从事,逾十年,郡之政,巨细无不与,大抵止于簿书狱讼而已。其心之所存,可以效于君,可以补于国,可以资于民者,曾未有一事可以自见。然而,月廪于官,粟麦常两斛,而钱常七千,问其所为,乃一常人皆可不勉,而能兹素餐昭昭矣。暇日发常所作稿草,得数百篇,览初省末,散亡居多,其存者或失首与尾,或已断裂不可读,因取其完者,以类相从而编焉。题之曰《伐檀集》,且识其愧。然其性嗜文字,若有病癖,未能无妄作,后来者皆附于篇末云。时皇祐五年十二月青社自序。

——清·同治戊辰岁重镌《宋黄山谷先生全集》

江右义宁双井黄冲和堂藏板

(二)黄𥮹《伐檀集·跋》

宋黄𥮹曰:曾伯祖康州使君,与曾祖乃俱高祖朝散大夫之子。康州生右史,太史誉刻大孤山宿赵屯二诗,跋云:先大夫平生刻意于诗,语法类皆如此,然世无知音。小子不肖,晚而学诗,惧微言之或绝,故刻诸星子湾以俟来哲。今家藏《伐檀集》,间多少作,又厄于兵火之变,是以传本尚未见于世。绍兴中,我从兄吏部讳然将漕畿内,誉欲尽刻我先世诸书,皆未果。偶兹承乏于五十余年之后,谨以是集锓而传之,非敢曰成我从兄之志而太史微言或绝之惧,尚几不泯焉。康定二年秋九月望。诸孙朝散郎直显漠阁西浙路转运判官谨书。

——清·同治戊辰岁重镌《宋黄山谷先生全集》

江右义宁双井黄冲和堂藏板

（三）

宋·黄㽦曰:曾伯祖康州使君《伐檀集》盖平生著述之一仅存于煨烬中,字画传录,不无小误,屡加参改,复得馆阁藏本,更相订正,但古律诗间存参错,不敢以己意更定,而杂文上下又多不以类相从,意是作序已后续作,或不专用岁月先后为次,悉从其旧,亦疑以传疑之意方,诸孙㽦谨识。

（四）

乡先达因素轩先生评山谷公集曰:凡句法置字,律含新新不穷,又评公伐檀集曰句法奇崛,如以魑鬼怪着薜荔之体,参合斯评而推论之,窃意文字之于人亦如气类使然,反之史迁之有史谈,刘歆之有刘向,班固之有班彪,即余眉山之有老泉,尚已。公山谷公父,今读其诗文,雄奇峭拔,令人意境一新,诚不减如前所谓。第书,一刻于嘉绪乙酉,再刻于万历甲辰,而因仍漫无编次,兹重加核校,其诗分门别类,悉照山谷全书编订,其杂文有不可以类从者,如序文、字说、墓志等篇,悉归杂著中,祭神文统入祭文内,俾观者披卷朗如,沉潜玩昧,愈识渊源之有自云。缉秀堂后学胡德谨识。

（五）

是集一刻于明嘉靖乙酉,再刻于万历甲辰,至我朝乾隆乙酉间,乃得缉秀堂重刻之,经世尹宋理堂先生及吾江诸达官名流,握江郎之管,序列分门,解沈子之囊,金输尺璧,浸浸乎书行海内,盖有不径而走者矣。咸丰乙卯,也遭兵燹,狼烟一炬,囊迹全灰,慨文献之无征,致风流之顿息,好古之士,莫不异声同惜焉。吾等不敏,不能得先人之绪余,而辞之所昭,即神之所寄,曷敢听其纪湮,爰是广为集腋,以冀成裘,并复奉册以请,署芳亦犹制锦,而藻采于同治丁卯春,庀材者几何,鸠工者几何,越明年庚午秋,工始竣,其正集,外集,别集,伐檀集,类分九十七卷,不知费诸先哲几许匠心,详加次定,故悉以缉香堂编刻,未敢稍有损益也。冲和堂裔孙谨跋。

三、黄庭坚年谱勘误一则

清同治戊辰重刻本《宋黄山谷先生全集》卷首所附《黄文节公年谱》(以下简称《年谱》)"嘉祐六年辛丑"条谓"公年十七岁,在淮南始婚",判定了黄庭坚始婚的时间、年龄和地点。其实,这完全是一个讹误。

黄庭坚一生有三次婚配:初室兰溪,高邮诗人孙觉(字莘老)之女;兰溪亡故,再娶南阳诗人谢景初(字师厚)之女介休为续室;介休复殁,又聘纳一妾,即山谷之子相的生母。《年谱》所说"始婚",即指与兰溪成婚。

黄庭坚与孙氏成婚的时间、年龄和地点,未见直接、明确的文字记载。但黄庭坚本人撰写的《黄氏二室墓志铭》(见《山谷全书·外集》卷22,以下简称《墓志铭》)却为我们提供了确切可靠的参考资料和推断线索,为论述方便,兹将有关部分摘录如下:

> 豫章黄庭坚之初室曰兰溪县君孙氏,故龙图阁直学士高邮孙公觉莘老之女。年十八归黄氏。……方是时,庭坚为叶县尉,贫甚,兰溪安之,未尝求索于外家。不幸年二十而卒,殡于叶县者二十二年。继室曰介休县君谢氏,故朝散大夫南阳谢公景初师厚之女,年二十归黄氏,……年二十六而卒。……殡于大名者十一年。元祐六年,先夫人捐馆,乃克归二夫人之骨于双井。……

由此《墓志铭》我们则不难推知黄氏始婚的时间、年龄和地点。

首先,关于山谷始婚的时间。《墓志铭》云兰溪十八岁嫁归黄氏,二十而卒。作者虽未明确记载孙氏出嫁、亡故的具体时间,但我们由此可以推知山谷与兰溪婚后只生活了两年。《墓志铭》又云兰溪卒后殡于叶县二十二载,元祐六年(1091)始归葬双井故里。自元祐六年逆推二十二载,为熙宁三年(1070),此即兰溪卒年,黄𩿒《黄山谷年谱》卷1"熙宁三年庚戌"条亦有本年七月初二日原配夫人孙氏亡故的记载可以佐证。由兰溪卒年上推两年为熙宁元年(1068),这就是孙氏适黄的时间,也是山谷始婚之年。考黄庭坚中宋英宗治平四年(1067)进士,释褐后调汝州叶县尉,并于次年赴任,九月到职,是年即熙宁元年。参考黄庭坚个人的身世经历与家庭状况,本年成婚的可能性最大,且顺理成章。因此,我们可以推定山谷与兰溪完婚于熙宁元年。《年谱》定山谷始婚于嘉祐六年,与《墓志铭》记述唐突抵牾,多处不合,无须赘言。

其次,关于山谷始婚的年龄。既然确定了山谷始婚的时间,则成婚年龄已不成其问题。查黄庭坚生于宋仁宗庆历五年(1045),至熙宁元年为二十四岁。兰溪十八归黄氏,则山谷长六岁。《年谱》谓庭坚十七岁始婚,则兰溪只有十一岁,其时尚未成人,岂能婚配!黄庭坚自十四岁父亲病逝于康州任所,其后便随舅父李常(字公择)游学淮南,十七岁在扬州认识了孙觉。莘老赏识庭坚的品德才华,以女相许。但当时并未成婚,直到应举入仕后,方迎娶兰溪,结为连理。《年谱》以为十七岁成婚,实在是一个误会。

复次,关于山谷始婚的地点。《年谱》定为淮南,未详所据。淮南,宋十五路之一,治所在扬州。黄庭坚于淮南议婚已如上述,但未必在淮南完婚。他十七岁时没有同偕鸳鸯于扬州,其熙宁元年洞房花烛于淮南的可能性也微乎其微。考察山谷本年行实,未见淮南行踪。那么,他成婚的地点是哪里呢?今细绎《墓志铭》所云:"方是时,庭坚为叶县尉"诸语,则不难作出完婚于叶县(属宋京西北路,今河南叶县南)的判断。从时间上推论,亦似应在到任之后,因为兰溪卒于熙宁三年秋,上推两年与山谷到任的时间大体吻合,故笔者认为山谷成婚于叶县。

总之,黄庭坚始婚不是嘉祐六年,而是熙宁元年;不是十七岁,而是二十四岁;不是在淮南,而是在叶县。

《年谱》的错误直接来源于清乾隆年间江西宁州缉香堂梓行的《山谷全书》。此书《凡例》第三款云:

> 旧刻年谱,旁搜引证,以事准时,以时准地,想后百世,升沉转徙,如面晤一堂,诚嗜古者之一大快事也。第细考卷中,纪年外复列诗目一千数百余首,又于作诗原由,一时交游赠答,官爵姓氏里居,疏诠小字几至三十卷之多,未免繁冗。今细加检校,如事与时不宜略者,即依年标注时日之下,其涉于作诗原由,可以散见者,即附注各诗篇内,约为一卷,登之卷上首。庶篇帙不烦,且便观省。

这里所说的"旧刻年谱",即黄庭坚诸孙黄𩾃编撰的最富权威性的《黄山谷年谱》。《全书》的梓行者因嫌此谱"篇帙繁冗,引证过多,汰而裁之"(徐名世《删补年谱书后》),约为一卷,以便观省,诚属美意。今检黄𩾃所撰《年谱》(明嘉靖刊本)"嘉祐六年辛丑"条为"先生是岁在淮南",并无"始婚"字样或意思相近的文辞。删补者偶一不慎,遂成罅漏,贻误后人。同治重刻,未能详审考订,又广其流传。由于此谱简明易见,便于观览,传播较广,今人编撰山谷简谱,亦多采其说,有的甚至是普及性的著述,也未能勘误。如此以讹传讹,笔者深感遗憾,故草成小文,略予甄别,以期对正确了解、认识和研究黄庭坚的生平行实有所裨益。(原载中华书局《文史》第35辑,1992年)

参考文献

1. 唐·孔颖达.尚书正义[M].十三经注疏本.北京:中华书局,1980.

2. 唐·孔颖达.毛诗正义[M].十三经注疏本.北京:中华书局,1980.

3. 汉·郑玄.周礼注疏[M].唐·贾公彦,疏.影印十三经注疏本.北京:中华书局,1979.

4. 晋·杜预.春秋左传正义[M].唐·孔颖达,疏.影印十三经注疏本.北京:中华书局,1979.

5. 周·孔丘.论语[M].杨伯峻注释本.北京:中华书局,1980.

6. 周·孟轲.孟子[M].杨伯峻注释本.北京:中华书局,1980.

7. 周·庄周.庄子[M].郭庆藩集释本.北京,中华书局出版.

8. 周·荀况.荀子[M].清王先谦集解本.

9. 周·韩非.韩非子[M].周勋初等校注本.

10. 秦·吕不韦,等.吕氏春秋[M].影印本四库全书本.上海:上海古籍出版社,1989.

11. 汉·刘安,等.淮南子[M].影印本四库全书本.

12. 汉·班固.汉书[M].唐颜师古注.标点本.北京:中华书局,1983.

13. 汉·班固.后汉书[M].标点本.北京:中华书局,1965.

14. 汉·许慎.说文解字[M].影印本.北京:中华书局,1981.

15. 汉·扬雄.蜀记[M].影印四库全书本.上海:上海古籍出版社,1989.

16. 汉·扬雄.扬子云集[M].影印四库全书本.上海:上海古籍出版社,1989.

17. 汉·司马迁.史记[M].标点本.北京:中华书局,1982.

18. 晋·宋·陶潜.陶潜集[M].四部丛刊本.

19. 南朝·梁·萧统.昭明文选[M].郑州:中州古籍出版社,1990.

20. 南朝·齐·刘勰.文心雕龙[M].范文澜注本.北京:人民文学出版

社,1958.

21.南朝・宋・刘义庆.世说新语[M].四部丛刊影印明嘉靖嘉趣堂本.

22.唐・魏徵,等.隋书[M].北京:中华书局,1973.

23.清・严可均校辑.全上古三代秦汉三国六朝文[M].印本.北京:中华书局,1958.

24.唐・韩愈.韩昌黎全集[M].据1935年世界书局本影印.北京:中国书店,1991.

25.唐・元结.元次山集[M].四部丛刊本.

26.唐・柳宗元.河东先生集[M].编辑所排印本.上海:中华书局.

27.唐・柳宗元.柳宗元全集[M].校点本.北京:中华书局,1979.

28.清・董诰,等编辑.全唐文[M].影印本.北京:中华书局,1983.

29.唐・陆希声.唐太子校书李观文集序[M]//全唐文(卷813).影印本.北京:中华书局.

30.唐・皎然.诗式[M].清何文焕辑本.北京:中华书局,1981.

31.唐・司空图.诗品[M].孙昌熙,刘淦校点本.济南:齐鲁书社,1980.

32.宋・王禹偁.小畜集[M].四部丛刊本.

33.宋・杨亿.杨文公谈苑[M].李裕民辑校本.上海:上海古籍出版社,1993.

34.宋・司马光.温国文正司马公文集[M].影印四库全书本.上海:上海古籍出版社,1989.

35.宋・欧阳修.欧阳修全集[M].据世界书局1936年版影印.北京:中国书店,1986.

36.宋・欧阳修.归田录[M].李伟国校点.北京:中华书局,1981.

37.宋・欧阳修,宋祁,等.新唐书[M].标点本.北京:中华书局.

38.宋・王安石.王文公文集[M].唐武标校.上海:上海人民出版社,1974.

39.宋・王安石.王安石全集[M].王水照编本.上海:复旦大学出版社,2016.

40.宋・苏轼.苏轼诗集[M].清王文诰辑注,孔凡礼校点本.北京:中华书局,1982.

41.宋・苏轼.苏轼文集[M].孔凡礼校点本.北京:中华书局,1986.

42.宋・苏轼.东坡题跋[M].津逮秘书本.

43.宋・王文诰.苏文忠公诗编注集成总案[M].影印本.成都:巴蜀书社,1985.

44.宋・王安石.王安石全集[M].沈卓然重编本.哈尔滨大东书局:1936(民

国二十五年).

    45. 宋·苏洵. 嘉祐集笺注[M]. 曾枣庄,金成礼笺注. 上海:上海古籍出版社,1993.

    46. 宋·曾巩. 曾巩集[M]. 陈杏珍,晁继周点校. 北京:中华书局,1984.

    47. 宋·苏辙. 苏辙集[M]. 陈宏天,高秀芳点校本. 北京:中华书局,1990.

    48. 宋·黄庭坚. 豫章先生文集[M]. 清乾隆三十年缉香堂刻本.

    49. 宋·黄庭坚. 山谷集[M]. 影印本四库全书本. 上海:上海古籍出版社,1989.

    50. 宋·陈师道. 后山居士集[M]. 影印本四库全书本. 上海:上海古籍出版社,1989.

    51. 宋·陈师道. 后山居士诗话[M]. 百川学海咸淳本.

    52. 宋·晁补之. 鸡肋篇[M]. 四部丛刊本,据明崇祯刻本影印.

    53. 宋·王令. 王令集[M]. 沈文倬校点本. 上海:上海古籍出版社,1980.

    54. 宋·黄庭坚. 黄庭坚全集[M]. 刘琳,李勇先,王蓉贵校点本. 成都:四川大学出版社,2001.

    55. 宋·欧阳修. 欧阳修全集[M]. 北京:中国书店,1986.

    56. 宋·黄㽦. 黄山谷先生年谱[M]. 明嘉靖刊本适园丛书.

    57. 宋·黄庭坚. 山谷题跋[M]. 丛书集成·初编本. 北京:商务印书馆.

    58. 宋·陈景沂. 全芳备祖[M]. 影印日本藏本. 北京:农业出版社,1982.

    59. 宋·释普济. 五灯会元[M]. 影印文渊阁四库全书本.

    60. 宋·周必大. 周益国文忠公集[M]. 清道光二十八年庐陵欧阳棨刊咸丰元年续刊本.

    61. 宋·程颢,程颐. 二程遗书[M]. 诸子百家丛书本. 上海:上海古籍出版社,1992.

    62. 宋·赵湘. 南阳集[M]. 影印四库全书本. 上海:上海古籍出版社,1989.

    63. 宋·王偁. 东都事略[M]. 影印四库全书本. 上海:上海古籍出版社,1989.

    64. 宋·任渊. 后山诗注[M]. 四部丛刊初编本.

    65. 宋·陈与义. 陈与义集[M]. 排印本. 北京:中华书局.

    66. 宋·陈亮. 苏门六君子文粹[M]. 影印文渊阁四库全书本. 上海:上海古籍出版社,1989.

    67. 宋·韩驹. 陵阳集[M]. 四库全书本. 上海:上海古籍出版社,1989.

    68. 宋·徐俯. 东湖居士集[M]. 影印四库全书宋陈思辑本. 上海:上海古籍出

版社,1989.

69.宋·洪朋.洪龟父集[M].四库全书珍本初集.

70.宋·洪刍.老圃集[M].四库全书辑本.

71.宋·洪炎.西渡集[M].四库全书据浙江鲍士恭知不足斋所藏转抄本.

72.宋·谢逸.溪堂集[M].四库全书本.上海:上海古籍出版社,1989.

73.宋·谢过.竹友集[M].四库全书本.上海:上海古籍出版社,1989.

74.宋·晁冲之.晁具茨集[M].海山仙馆丛书本.

75.宋·李彭.日涉园集[M].四库全书本.上海:上海古籍出版社,1989.

76.宋·饶节.倚松老人诗集[M].四库全书本.上海:上海古籍出版社,1989.

77.宋·朱熹.朱文公易说[M].影印四库全书本.上海:上海古籍出版社,1989.

78.宋·苏舜钦.苏舜钦集[M].沈文倬校点本.上海:上海古籍出版社,1981.

79.宋·王钦若,等辑.册府元龟[M].据明刻本影印本.北京:中华书局,1960.

80.宋·李昉,等辑.文苑英华[M].据残宋本和明刻本影印本.北京:中华书局,1966.

81.宋·吴淑.事类赋[M].冀勤,王秀梅,马容校点本.北京:中华书局,1990.

82.宋·严羽.沧浪诗话[M].郭绍虞校释.北京:人民文学出版社,1983.

83.宋·刘克庄.后村诗话[M].王秀梅校点.北京:中华书局,1983.

84.宋·王十朋.梅溪文集[M].四部丛刊本.

85.宋·陆游.陆放翁全集[M].影印本.北京:中国书店,1981.

86.宋·魏齐贤,等编.五百家播芳大全文粹[M].四库全书影印本.上海:上海古籍出版社,1989.

87.宋·朱熹,吕祖谦撰.近思录[M].影印本.江苏广陵古籍刻印社,1991.

88.宋·朱熹.杂学辨[M]//朱子遗书.影印本.扬州:江苏广陵古籍刻印社,1991.

89.宋·郑樵.通志[M].北京:中华书局,1987.

90.宋·王灼.碧鸡漫志[M].上海:上海古籍出版社,1988.

91.宋·朱喜撰,黎靖德编.朱子语类[M].王星贤点校本.北京:中华书局,1986.

92.宋·罗大经.鹤林玉露[M].王瑞来点校本.北京:中华书局,1983.

93.宋·王应麟.辞学指南[M].影印四库全书本.上海:上海古籍出版

社,1989.

94. 宋·陈善.扪虱新话[M].《儒学警悟》民国十一年(1922)武进陶士刊本.

95. 宋·陆游.陆放翁全集[M].北京:中国书店,1986.

96. 宋·周必大.周益国文忠公集[M].四库全书影印本.上海:上海古籍出版社,1989.

97. 宋·周必大.皇朝文鉴[M].影印四库全书本.上海:上海古籍出版社,1989.

98. 宋·周必大.玉堂杂记[M].影印本四库全书本.上海:上海古籍出版社,1989.

99. 宋·李塗.文章精义[M].影印本四库全书本.上海:上海古籍出版社,1989.

100. 宋·黄震.黄氏日钞[M].影印本四库全书本.上海:上海古籍出版社,1989.

101. 宋·洪迈.容斋三笔[M].影四库全书本.上海:上海古籍出版社,1989.

102. 宋·陈振孙.浮溪集说[M].《四部要籍序跋大全》集部甲辑.

103. 宋·沈晦.四明新本柳文后序[M].《四部要籍序跋大全》集部乙辑.

104. 宋·叶适.习学记言序目[M].北京:中华书局,1977.

105. 宋·吕祖谦.东莱集[M].四库全书影印本.上海:上海古籍出版社,1989.

106. 宋·吕祖谦.东莱左氏博议[M].四库全书影印本.上海:上海古籍出版社,1989.

107. 宋·吕祖谦编.宋文鉴[M].齐治平点校本.北京:中华书局,1992.

108. 宋·吕祖谦.古文关键[M].四库全书影印本.上海:上海古籍出版社,1989.

109. 宋·杨万里.诚斋集[M].影印本四库全书.上海:上海古籍出版社,1989.

110. 宋·朱熹.楚词后语[M].影印四库全书本.上海:上海古籍出版社,1989.

111. 宋·李攸.宋朝事实[M].影印四库全书本.上海:上海古籍出版社,1989.

112. 宋·江少虞.宋朝事实类苑[M].影印四库全书本.上海:上海古籍出版社,1989.

113. 宋·李焘. 续资治通鉴长编[M]. 上海：上海古籍出版社,1985.

114. 宋·吕祖谦. 东莱集[M]. 影印四库全书本. 上海：上海古籍出版社,1989.

115. 宋·沈括. 梦溪笔谈[M]. 影印四库全书本. 上海：上海古籍出版社,1989.

116. 宋·陆游. 渭南文集[M]. 影印世界书局本. 北京：中国书店.

117. 宋·徐度. 却扫编[M]. 影印四库全书本. 上海：上海古籍出版社,1989.

118. 宋·周密. 齐东野语[M]. 张茂鹏点校本. 北京：中华书局,1983.

119. 宋·柳开. 河东先生集[M]. 影印四库全书本. 上海：上海古籍出版社,1989.

120. 宋·刘攽. 中山诗话[M]. 清何文焕辑.《历代诗话》本. 北京：中华书局,1981.

121. 宋·李昉,等撰. 太平御览[M]. 清嘉庆十七年鲍氏仿宋刻本.

122. 宋·江少虞. 宋朝事实类苑[M]. 影印四库全书本. 上海：上海古籍出版社,1989.

123. 宋·沈括. 梦溪笔谈[M]. 影印四库全书本. 上海：上海古籍出版社,1989.

124. 宋·周密. 齐东野语[M]. 北京：中华书局,1983.

125. 宋·邵伯温. 邵氏闻见录[M]. 刘德权,李剑雄点校本. 北京：中华书局,1983.

126. 宋·邵博撰. 邵氏闻见后录[M]. 刘德权,李剑雄点校本. 北京：中华书局,1983.

127. 宋·朱熹. 五朝名臣言行录[M]. 四部丛刊本.

128. 宋·田锡. 咸平集[M]. 四川大学古籍所编.《全宋文》本. 成都：巴蜀出版社,1998.

129. 宋·葛立方. 韵语阳秋语[M]. 影宋本. 上海：上海古籍出版社,1984.

130. 宋·李廌. 济南先生师友谈记[M]. 影印四库全书本. 上海：上海古籍出版社,1989.

131. 宋·叶梦得. 避暑录话[M]. 影印本. 上海：上海书店,1991.

132. 宋·宋敏求. 春明退朝录[M]. 诚刚校点本. 北京：中华书局,1980.

133. 宋·王闢之. 渑水燕谈录[M]. 吕友仁校点本. 北京：中华书局,1981.

134. 宋·苏舜钦. 苏舜钦集[M]. 沈文倬校点本. 上海：上海古籍出版

社,1981.

135. 宋·穆修.穆参军集[M].《四部丛刊》本.

136. 宋·陈振孙.直斋书录解题[M].徐小蛮,顾美华校点本.上海:上海古籍出版社,1987.

137. 宋·陈骙,等修.宋会要[M].清徐松辑.重印本.北京:中华书局,1987.

138. 宋·陈善.扪虱新话[M].据涵芬楼旧版影印本.上海:上海书店,1990.

139. 宋·王铚.王公四六话[M].百川学海(咸淳本).

140. 宋·范仲淹.范文正公集[M].据北宋刻本影印线装本.北京:中华书局,1984.

141. 宋·苏辙.栾城集[M].曾枣庄,马德富校点本.上海古籍出版社,1987.

142. 宋·王正德.余师录[M].丛书集成新编[M].新文丰出版公司印.

143. 宋·王禹偁.小畜集[M].四部丛刊初编缩印本.

144. 宋·韩琦.安阳集[M].影印四库全书本.上海:上海古籍出版社,1989.

145. 宋·魏了翁.鹤山题跋[M].津逮秘书影汲古阁本.

146. 宋·刘辰翁.刘辰翁集[M].段大林校点本.南昌:江西人民出版社,1987.

147. 宋·孟元老.东京梦华录[M].邓之诚注本.北京:中华书局,1982.

148. 宋·欧阳修.六一诗话[M].清何文焕辑本.北京:中华书局,1981.

149. 宋·文天祥.文天祥全集[M].据世界书局版影印本.北京:中国书店,1985.

150. 宋·李清照.李清照集[M].排印,王学初校注本.北京:人民文学出版社,1979.

151. 宋·姜夔.白石道人诗集[M].排印,夏承焘辑校本.北京:人民文学出版社,1959.

152. 宋·司马光.温公续诗话[M].清何文焕辑本.北京:中华书局,1981.

153. 宋·张炎.词源[M].夏承焘校注本.北京:人民文学出版社,1981.

154. 宋·沈义父.乐府指迷[M].蔡嵩云笺释本.北京:人民文学出版社,1981.

155. 宋·范镇.东斋记事[M].汝沛点校本.北京:中华书局,1980.

156. 郭绍虞.宋诗话考[M].北京:中华书局,1979.

157. 宋·岳珂.桯史[M].吴企明点校本.北京:中华书局,1981.

158. 宋·范公偁.过庭录[M].稗海本.

159.宋·朱弁.曲洧旧闻[M].影印四库全书本.上海:上海古籍出版社,1989.

160.宋·王应麟.困学纪闻[M].四部丛刊三编本.

161.宋·吴自牧.梦梁录[M].杭州:浙江人民出版社,1984.

162.宋·周密.武林旧事[M].杭州:西湖书社,1981.

163.宋·陆游.老学庵笔记[M].李剑雄,刘德权点校本.北京:中华书局,1979.

164.宋·叶绍翁.四朝闻见录[M].沈锡麟,冯惠民点校本.北京:中华书局,1989.

165.宋·高锡.簪履编[M].《全宋文》本.

166.宋·赵抃.御试备官日记[M].学海类编影道光本.

167.宋·周辉.清波杂志[M].四部丛刊续编影宋本.

168.宋·黄庭坚.宜州乙酉家乘[M].知不足斋丛书本.

169.宋·秦观.淮海集·后集[M].四部丛刊初编本.

170.宋·孙升.孙公谈圃[M].陶氏涉园影印宋刊百川学海本.

171.宋·陆游.入蜀记[M].影印四库全书本.上海:上海古籍出版社,1989.

172.宋·范成大.吴船录[M].影印四库全书本.上海:上海古籍出版社,1989.

173.宋·赵湘.南阳集[M].四库全书本.

174.宋·潘阆.逍遥集[M].知不足斋丛书.

175.宋·杨亿.西昆酬唱集[M].四库全书.

176.宋·杨亿.西昆酬唱集注[M].王仲荦注.北京:中华书局,1980.

177.宋·吴曾.能改斋漫录[M].上海:上海古籍出版社,1979.

178.宋·杨亿.武夷新集[M].四库全书本.

179.宋·杨亿.杨文公谈苑[M].李裕民辑校本.上海:上海古籍出版社,1993.

180.宋·苏舜钦.苏舜钦集[M].沈文倬校点本.上海:上海古籍出版社,1981.

181.宋·陈亮.龙川文集[M].四库全书本.

182.宋·朱熹.昌黎先生集考异[M].据山西祁县图书馆藏宋刻影印本.上海:上海古籍出版社,1985.

183.宋·张耒.张耒集[M].李逸安,等校点本.北京:中华书局,1990.

184. 宋·秦观. 淮海集[M]. 四部丛刊本, 据明嘉靖十八年张继刻本影印.

185. 宋·王明清. 玉照新志[M]. 汪新森, 朱菊如校点本. 上海:上海古籍出版社, 1991.

186. 宋·胡仔. 苕溪渔隐丛话[M]. 廖德明校点本. 北京:人民文学出版社, 1984.

187. 宋·魏庆之. 诗人玉屑[M]. 北京:中华书局上海编辑所, 1959.

188. 宋·赵彦卫. 云麓漫钞[M]. 北京:中华书局上海编辑所, 1958.

189. 宋·谢伋. 四六谈麈[M]. 百川学海本.

190. 宋·朱弁. 风月堂诗话[M]. 陈新点校本. 北京:中华书局, 1988.

191. 宋·王明清. 挥麈录[M]. 四部丛刊续编本.

192. 宋·周密. 癸辛杂识后集[M]. 吴企明点校本. 北京:中华书局, 1988.

193. 宋·洪迈. 容斋随笔[M]. 四部丛刊续编本.

194. 宋·楼昉辑. 迂斋标注崇古文诀[M]. 影印四库全书本. 上海:上海古籍出版社, 1989.

195. 宋·张栻. 张南轩先生文集[M]. 影印四库全书本. 上海:上海古籍出版社, 1989.

196. 宋·薛季宣. 浪语集[M]. 永嘉丛书本.

197. 宋·陈傅良. 止斋先生文集[M]. 四部丛刊本.

198. 宋·叶适. 水心文集[M]. 永嘉丛书本.

199. 宋·真德秀. 西山先生真文忠公文集[M]. 四部丛刊本.

200. 宋·黄庶. 伐檀集[M]. 山谷全书本.

201. 宋·陈师道. 后山居士文集[M]. 影宋蜀刻本. 上海:上海古籍出版社, 1984.

202. 宋·魏了翁. 鹤山先生文集[M]. 四部丛刊本.

203. 宋·林希逸. 竹溪十一稿[M]. 影印四库全书本. 上海:上海古籍出版社, 1989.

204. 宋·文天祥. 文天祥全集[M]. 熊飞校点本. 南昌:江西人民出版社, 1987.

205. 宋·谢枋得. 叠山集[M]. 四部丛刊续编本.

206. 宋·刘辰翁. 须溪集[M]. 段大林校点本. 南昌:江西人民出版社, 1987.

207. 宋·郑思肖. 郑所南先生论文集[M]. 知不足斋丛书本.

208. 宋·邓牧. 伯牙琴[M]. 知不足斋丛书本.

209.宋·谢翱.晞发集[M].影印四库全书本.上海:上海古籍出版社,1989.

210.宋·王炎午.吾汶稿[M].四部丛刊三编本.

211.宋·王观国.学林[M].田瑞娟校点本.北京:中华书局,1988.

212.金·王若虚.滹南遗老集[M].影印四库全书本.上海:上海古籍出版社,1989.

213.金·王若虚.滹南集[M].四库全书影印本.上海:上海古籍出版社,1989.

214.金·元好问.元好问集[M].影印四库全书本.上海:上海古籍出版社,1989.

215.元·脱脱.宋史[M].北京:中华书局标点本.

216.元·刘埙.隐居通议[M].四库全书影印本.上海:上海古籍出版社,1989.

217.元·方回.桐江续集[M].影印本四库全书本.上海:上海古籍出版社,1989.

218.元·杨维桢.东维子集[M].影印四库全书本.上海:上海古籍出版社,1989.

219.明·宋濂.宋学士文集[M].四部丛刊初编本.

220.明·宋濂,等.元史[M].标点本.北京:中华书局.

221.明·王士禛.香祖笔记[M].影印四库全书本.上海:上海古籍出版社,1989.

222.明·吴沆.环溪诗话[M].陈新点校.北京:中华书局,1988.

223.明·王士禛.弇州山人四部稿[M].影印四库全书本.

224.明·王理.元文类序[M].据1936年本重印.北京:商务印书馆,1958.

225.明·胡应麟.诗薮外编.上海:上海古籍出版社,1979.

226.明·茅坤.唐宋八大家文钞[M].四库全书影印本.上海:上海古籍出版社,1989.

227.明·许学夷.诗源辨体[M].海上耿卢重印本.

228.明·李东阳.怀麓堂集[M].影印四库全书本.上海:上海古籍出版社,1989.

229.明·王志坚.四六法海[M].同治辛未藏园刻套印本.

230.明·王文禄.文脉[M].王星贤点校本.北京:中华书局,1986.

231.明·徐师曾.文体明辨序说[M].罗根泽校点.北京:人民文学出版

社,1982.

232. 明·郎瑛.七修类稿[M].清乾隆四十年刻本.

233. 明·胡应麟.少室山房笔丛[M].广雅丛书本.

234. 清·顾炎武.日知录[M].清康熙三十四年刻本.

235. 清·钱谦益.绛云楼书目》(陈景云注),粤雅堂丛书本.

236. 清·周亮工.因树屋书影[M].清雍正间怀德堂刻本.

237. 清·张廷玉,等.明史[M].标点本.北京:中华书局.

238. 清·袁枚.小仓山房文集[M].清乾隆嘉庆间刻本.

239. 清·全祖望.全祖望文集[M].排印本.北京:中华书局.

240. 清·章学诚.文史通义[M].章学诚遗书[M].北京:文物出版社,1985.

241. 清·冯班.钝吟杂录[M].丁福保编辑《清诗话》本.上海:上海古籍出版
社,1963.

242. 清·黄宗羲.南雷文定[M].清宣统二年时中书局排印梨洲遗书汇刊本.

243. 清·董兆熊.南宋文录录[M].光绪十七年(1891)苏州书局编刻.

244. 清·孙梅.四六丛话[M].吴兴旧言堂藏板,嘉庆三年二月刻本.

245. 清·方苞.方苞集[M].刘季高校点本.上海:上海古籍出版社,1983.

246. 清·刘大槐.论文偶记[M].北京:人民文学出版社,1962.

247. 清·姚鼐之.惜抱轩文集[M].刘季高标校本.上海:上海古籍出版
社,1992.

248. 清·姚鼐.古辞类纂序目[M].合肥:黄山书社,1992.

249. 清·邵长蘅.青门剩稿[M].小方壶舆地丛书本.

250. 清·吴乔.围炉诗话[M].道光甲申重雕三槐堂藏板本.

251. 清·陆心源.唐文拾遗[M].潜园总集本.

252. 清·全祖望.鲒琦亭集[M].四库全书本.

253. 清·阮元.四六丛话[M].嘉庆三年吴兴旧言堂藏板刻本.

254. 清·刘熙载.艺概[M].清光绪间刻本.

255. 清·厉鹗.宋诗纪事[M].排印本.上海:上海古籍出版社,1983.

256. 清·陆心源.宋诗纪事补遗[M].清末刊本.

257. 清·.四库全书总目提要[M].缩印本.上海:上海古籍出版社.

258. 清·方东树.昭昧詹言[M].汪绍楹校点本.北京:人民文学出版
社,1984.

259. 清·冒广生.后山诗注补笺.后山遗诗笺[M].冒氏丛书本.

260. 清·陈衍. 宋诗精华录.

261. 清·阮元. 四六从话[M]. 嘉庆三年二月吴兴旧言堂藏版刻印本.

262. 清·章学诚. 上辛楣官詹[M]. 文史通史新编[M]. 上海：上海古籍出版社,1993.

263. 清·章炳麟. 国故论衡·文学总论[M]. 章氏丛书中卷. 杭州：浙江图书馆刊行本.

264. 清·彭元瑞. 宋四六选[M]. 丛书集成新编本.

265. 美·露丝·本尼迪克. 文化模式[M]. 何锡章,黄欢译. 北京：华夏出版社,1983.

266. 傅璇琮. 黄庭坚和江西诗派卷[M]. 北京：中华书局,1978.

267. 刘师培. 刘申叔先生遗书[M]. 民国二十三年宁武南氏印本.

268. 陈柱. 中国散文史[M]. 据商务印书馆 1937 年版复印. 上海：上海书店,1984.

269. 郭预衡. 中国散文史[M]. 上海：上海古籍出版社,1993.

270. 钱锺书. 七缀集[M]. 上海：上海古籍出版社,1994.

271. 刘大杰. 中国文学发展史[M]. 上海：上海古籍出版社,1982.

272. 袁济喜. 赋[M]. 北京：人民文学出版社,1994.

273. 丁福保编辑. 清诗话[M]. 上海：上海古籍出版社,1963.

274. 美·韦勒克,沃伦. 文学原理[M]. 刘象愚,等译. 北京：生活·读书·新知三联书店,1984.

275. 钱钟书. 谈艺录[M]. 北京：中国社会科学出版社出版.

276. 郭沫若. 神话与诗[M]. 北京：北京古籍出版社,1956.

277. 鲁迅. 汉文学史纲要[M]. 北京：人民文学出版社,1973.

278. 鲁迅. 中国小说史略[M]. 北京：人民文学出版社,1973.

279. 日·铃木虎雄. 赋史大要[M]. 殷石译. 台北：正中书局,1931.

280. 王水照,等. 宋代文学通论[M]. 郑州：河南大学出版社,1997.

281. 王水照. 王水照论文集[M]. 北京：东方出版社,1999.

282. 王水照. 王水照自选集[M]. 上海：上海教育出版社,2000.

283. 王水照,崔铭. 苏轼传[M]. 天津：天津人民出版社,2000.

284. 傅乐成. 唐型文化和宋型文化. 汉唐史论集. 台北：联经出版事业公司 1977.

285. 四川大学古籍所编. 全宋文[M]. 成都：巴蜀书社,1988.

286. 邓广铭. 宋史职官志考证[M]. 金明馆丛稿二编.

287. 刘师培. 论文杂记[M]. 舒芜校点本. 北京：人民文学出版社,1984.

288. 夏承焘. 唐宋词人年谱[M]. 上海：上海古籍出版社,1979.

289. 王仲闻. 李清照集校注[M]. 北京：人民文学出版社,1981.

290. 邓广铭. 辛稼轩诗文钞存[M]. 排印本. 上海：上海古典文学出版社,1957.

291. [苏]莫·卡冈. 艺术形态学[M]. 凌继尧,金亚娜译. 北京：生活·读书·新知三联书店,1986.

292. [苏]格·尼·波斯彼洛夫. 文学原理[M]. 王忠琪,等译. 北京：生活·读书·新知三联书店,1985.

293. 德·W·沃林格. 抽象与移情[M]. 王才勇译. 沈阳：辽宁人民出版社,1987.

294. 法·R·巴特. 符号学美学[M]. 董学文,王葵译. 沈阳：辽宁人民出版社,1987.

295. 鲁迅. 且介亭杂文[M]. 北京：人民文学出版社,1973.

296. 美·弗朗兹·博厄斯. 原始艺术[M]. 金辉译. 上海：上海文艺出版社,1989.

297. 德·黑格尔. 小逻辑[M]. 贺麟译. 北京：商务印书馆1981.

298. 逯钦立辑校. 先秦汉魏晋南北朝诗[M]. 北京：中华书局,1983.

299. 黄侃. 黄侃手批白文十三经[M]. 上海：上海古籍出版社,1983.

300. 刘乃昌. 苏轼文学论集[M]. 济南：齐鲁书社,1982.

301. 刘乃昌,杨庆存. 晁氏琴趣外篇,晁叔用词[M]. 上海：上海古籍出版社,1991.

302. 黄宝华. 黄庭坚评传[M]. 南京：南京大学出版社,1998.

303. 杨庆存. 宋代散文研究[M]. 北京：人民文学出版社,2002.

304. 杨庆存. 传承与创新[M]. 上海：复旦大学出版社,2003.

305. 杨庆存. 宋代文学论稿[M]. 上海：复旦大学出版社,2007.

306. 杨庆存. 社会科学论稿[M]. 北京：人民出版社,2013.

307. 杨庆存. 中国文化论稿[M]. 北京：中国社会科学出版社,2015.

308. 杨庆存. 中国古代文学研究[M]. 北京：中华书局,2016.

309. 杨树增. 儒学与中国古代散文[M]. 北京：中国社会科学出版社,2017.

310. 刘琳 李勇先 王蓉贵点校. 黄庭坚全集[M]. 成都：四川大学出版

社,2001.

311. 郑永晓整理.黄庭坚全集[M].南昌:江西人民出版社,2011.

312. 杨渭生,等.两宁文化史研究[M].杭州:杭州大学出版社,1998.

313. 赵敏俐.汉代诗歌史论[M].长春:吉林教育出版社,1995.

314. 黄俊杰.东亚儒家人文精神[M].台北:台大出版中心2018.

315. 陈植锷.北宋文化史述论[M].北京:中国社会科学出版社,1992.

316. 朱丽霞.清代辛稼轩接受史[M].济南:齐鲁书社,2005.

317. 陶文鹏.唐宋诗词艺术研究[M].北京:社会科学文献出版社,2018.

318. 萧涤非,等.杜甫全集校注[M].北京:人民文学出版社,2014.

后　记

　　一代有一代之学术，一代有一代之文化。文化是人类在自身发展的历史进程中所创造的一切物质财富和精神财富的反映与表现。人类的一切实践活动、情感表达和理性总结，最终都以文化的形式表现出来并形成相对稳定的文化形态，人类发展的过程就是不断创造新文化的过程，而人类实践活动的多样化和复杂性，决定了文化含义必然具有多样性、多层性、多面性的特点，每个时代、每个民族、每个国家都会因其时代、习俗、传统和实践活动的不同，创造出独特的文化，出现特有的文化现象。

　　"合抱之木，不生于步仞之丘"。任何文化的发展都离不开前代文化的哺育、时代精神的滋养和社会个体的创新。公元 11 世纪，是华夏大地思想大解放、经济大发展、社会大改革的时代，也是人才辈出、大家涌现、名家云集的时代。黄庭坚正是生长在这样一个时代，是文学大创新、学术大繁荣、文明大进步的时代，传统文化的哺育、时代精神的熏染和个人的勤于学习、善于思考、勇于创新，终于成为一代文化巨子。

　　黄庭坚的文化创造实践和文化理论建树丰厚广博，诗歌、词赋、散文、书法、史学、理学、释道哲学诸方面均造诣精深，独树一帜，影响深广，流芳海外，以至形成中国古代文化发展史上颇具特色的"黄庭坚现象"。国学大师陈寅恪曾谓中国古代文化历经数千年发展演进，造极于赵宋。黄庭坚即是宋代文化的典型代表之一。时代培养和造就了黄庭坚这位文化巨擘，而黄庭坚的文化实绩也反映了他的特定时代。解读黄庭坚、研究黄庭坚、评价黄庭坚，必须着眼于当时社会的发展、文化的发展和文明的发展。

　　科学研究的目的是认识事物，探索未知，发现规律，进而运用研究的成果促进文明，推进文明，创造文明。科学研究必须科学、严谨、客观、求实、求真、求善、求美。社会科学研究、古代文化研究尤其应该遵循这一原则，不囿成见，解放思想，实事求是,力求有突破、有创新,努力推进学科发展、文化创新和文明建设。

基于上述认识,我将多年学习和研究黄庭坚的个人心解与肤浅体会,汇集整理,修改润色,粗成一帙,付梓印行,意在交流于道友,切磋于学林,就教于方家。

研究黄庭坚且有目前的成果,这首先应当感谢山东大学刘乃昌教授的启蒙、引导和鼓励,感谢众多前辈师长和同侪学友的指导、帮助和支持。记得二十多年前在曲阜师范大学读书时,黄庭坚作为与苏轼并称的宋代大诗人进入我的知识视野。当时读惯了清新优美、自然流畅的唐诗和苏轼"爽如哀梨""流转如珠"的作品,乍读黄庭坚生新瘦硬、别具一格的诗作,既不适应又无兴趣,觉得黄庭坚诗歌大都深奥难懂,典故多、跳跃大、才学高,不好读、不好记,即使是好诗,也是阳春白雪。但对他的"文章最忌随人后""自成一家始逼真"的说法,则觉得似乎颇有道理,尤其是"点铁成金""夺胎换骨"说,印象很深,尽管此说那时是被否定、被批评的靶子。

大学毕业后,我留校任教,在古代文学教研室主任刘乃昌教授指导下深造学业。时先生已是著名的宋代文学专家,尤以研究苏轼而享誉学界。乃昌师指导我以黄庭坚为切入点,系统学习宋代文学。从此,我开始努力研读黄庭坚原著,并搜集相关参考资料,中华书局傅璇琮先生的《黄庭坚和江西诗派卷》使我获益匪浅。我通读缉香堂本《山谷全书》后发现,黄庭坚的创作、思想、文学成就和文化意义,并不完全如部分文学史家所介绍的那样简单,有很多问题值得重新思考和探讨,对黄庭坚作品的解读也逐渐产生兴趣。1981 年,与乃昌师合写了《黄山谷的文艺思想和诗歌艺术》。文章在《齐鲁学刊》发表后,引起学界关注,也增强了我继续深入研究黄庭坚的信心和勇气。

时隔不久,乃昌师接受了国家哲学社会科学"六·五"规划重大科研攻关项目十四卷本《中国文学通史》之《宋代文学史》卷的编撰任务。作为先生的助手,我有幸参与这项艰巨而光荣的文化工程,且在先生悉心指导下,起草《黄庭坚与江西诗派》(上、下)、《北宋后期其他诗人》等章。由是,我对黄庭坚的理解和认识进一步深化。嗣后,相继撰写并发表了《黄庭坚年谱考辨》《黄庭坚词的创作及特征》《黄庭坚"点铁成金""夺胎换骨"说新论》《论黄庭坚〈宜州乙酉家乘〉》等文章,并开始酝酿撰写关于黄庭坚研究的专著。

1990 年,我以《黄庭坚评传》为题申报山东省教委设立的哲学社会 科学"八五"重点科研项目。被批准立项后,即一面继续系统研读黄庭坚原著和梳理搜集到的大量资料,一面按拟定的纲目动手写作。关于黄庭坚宗族世系与家学渊源的考论、黄庭坚与苏轼交游及其文化影响的考论等内容,曾作为会议论文,分别提交第七届苏轼国际学术研讨会和全国戏曲学术研讨会,得到同行专家与师长学友们的充分肯定和热情鼓励,上海古籍出版社《中华文史论丛》、中华书局《传统文化与现代化》等刊物分别刊发了这些文章,给予我很大的精神鼓励和学术支持。

1993 年,我考入复旦大学厕足于王水照教授门下读博,且将宋代散文与宋代文化作为博士论文题目,研究重点有所转移,而对黄庭坚的思考则进入更加广阔的文化领域。1996 年季夏完成学业,至国家哲学社会科学规划办公室任职,工作性质改变,研究仍在公务闲暇中缓慢进行,关于黄庭坚各体散文创作实绩的考察和人文精神的探讨都是近年断断续续完成的。

人谓学术研究"十年磨一剑",我驽钝不敏,染指山谷,二十多载,方涂鸦粗具,略成一帙,实自惭愧。虽然这本小书只是一个初步的思考和总结,但它包含和凝结着众多师长前辈和同侪好友的深情厚谊。在撰写过程中,我始终坚持这样一条原则,即形诸文字,必须要有新见解、新发现、新材料、新观点、新角度、新开拓,否则,宁可不写,尽管学养水平所限,未必一定正确。愚以为,研究的过程就是一个不断学习与思考、不断丰富和提高、不断探索并追求的过程,就是一个不断矫正偏颇与讹误、不断接近真知和规律、不断积累和创新的过程。

需要特别说明的是,负责分管国家哲学社会科学规划工作的领导和国家哲学社会科学规划办公室的领导,近年来一直特别强调工作人员学养素质、政治水平和业务能力的提高,鼓励大家多学习、多思考、多写文章,把工作同学习结合起来,不断提高理论素质。同时要求大家一定要懂科研,会管理,树正气,讲雅气,有儒气和浓厚学术空气,建立同专家对话交流的平台,把工作做好、做实、做细。这种深入细致、积极开明的工作思路,鼓舞和激励着大家努力学习,开拓进取。正是这种催人奋进的环境氛围使我下定决心将拙稿整理结集,付梓印行。因学力水平所限,罅漏之处在所难免,敬祈方家批评郢正。

感谢河南大学出版社雅爱,将拙作纳入《宋代研究丛书》出版。傅璇琮先生和刘乃昌师于百忙中赐序,奖掖之厚德,鞭策之雅意,令学生感佩。河南大学刘坤太先生和张云鹏先生为本书出版付出了辛勤劳动。江西省委宣传部、黄庭坚纪念馆、曲阜师范大学诸同好为本书提供书影和照片。在此深致谢忱。

杨庆存 2002 年 5 月 1 日　写于北京长椿苑

修订后记

2019年乃中华人民共和国成立70周年,光明日报出版社精心策划《博士生导师学术文库》作为国庆献礼,既能从一个侧面展示当代学术发展与人才培养的新成就,又能充分体现国家尊重知识、尊重人才和文化强国的战略新导向,其创意与思路令人钦佩。

笔者自曲阜师范大学毕业留校任教,致力于教学与科研,逐步走入学术研究的神圣殿堂。在山东大学读完硕士课程,又考入复旦大学师从王水照先生攻读博士学位,其后入职中宣部全国哲学社会科学规划办公室,参与国家社会科学研究规划与国家社科基金项目管理。2015年3月受聘上海交通大学,重执教鞭,回到教学科研第一线。回顾40年走过的学术历程,探索重心一直集中在中国古代散文研究、黄庭坚与宋代文化研究、社会科学研究三方面,发表了百余篇学术论文,出版过十多部个人专著,其中《宋代散文研究》(修订版)还获得国家教育部第七届高等学校科学研究优秀成果一等奖。

其实,在以往的科研经历中,我对黄庭坚的思考和探索起步最早,用力甚勤,创获也颇多。尽管学界前辈与同侪道友如傅璇琮、黄宝华、莫砺锋、周裕锴等先生早已有过可喜可贺的丰富成果,但我依然提出了一系列自己的新看法。这主要得益于高校教学过程中的认真备课,即针对当时普遍使用的中国文学史教材存在的疑问,通过细致考察和深入发掘黄庭坚全集中的第一手文献资料,我获得诸多未曾被人关注或使用的新材料,并由此提出一些新见解乃至具有重要意义的原创性、突破性成果。

比如,通过详细梳理和全面考察相关文献资料,首次厘正了黄庭坚的家族世系,纠正了自宋代以来就存在的多种讹误;通过详细梳理和全面考察黄庭坚"点铁成金""夺胎换骨"渊源流变与深广影响,首次提出其核心宗旨与最终目的是强调以继承为基础的文化创新;首次详细梳理和全面考察黄庭坚家学渊源及其对黄庭坚的影响,特别是父亲黄庶的诗歌创作风格及其对黄庭坚的直接影响;首次系统梳理和全面考察了黄庭坚与苏轼的友谊交往史实以及对推动宋代文化发展产生的巨大影响;首次详细梳理和系统考察了黄庭坚的散文创作与人文内涵;等等。此外,还深入考察和细致分析黄庭坚诗歌创作的章法、句法和字法,立体式、多侧面地系统考察黄庭坚词的创作风貌及其艺术贡献,深入考察分析江西诗派"一祖三宗"中陈与义、陈师道的诗歌创作与艺术贡献,等等。这些成果,在 20 世纪 80 年代乃至 90 年代,均属前沿性的研究成果。

关于黄庭坚系列研究成果的部分内容,曾先后发表在诸如中华书局大《文史》、中华书局《传统文化与现代化》(张岱年主编)、上海古籍出版社《中华文史论丛》、曲阜师范大学《齐鲁学刊》等期刊上,或在一些国际学术研讨会上宣读发言,部分成果已反映在国家哲学社会科学"六·五"规划重大项目《中国文学通史》(十四册)之《宋代文学史》(人民文学出版社 1996 年出版)中。2002 年,承蒙河南大学出版社厚爱,应邀将研究黄庭坚的系列成果整理为《黄庭坚与宋代文化》,纳入《宋代研究丛书》中出版。傅璇琮、刘乃昌先生亲自审读全稿并作序,称扬鼓励有加,至今已越十八载。

接到光明日报出版社信函之后,忽然想起北京保利 2010 春季艺术品拍卖会,黄庭坚书法作品《砥柱铭》以 4.368 亿元人民币成交,创下了中国艺术品拍卖的最高成交纪录,由此可以窥见黄庭坚文化影响之一斑。继而想到,黄庭坚卓越的文化建树和深广的历史影响,是中华优秀传统文化巨大魅力的杰出代表,在中国文化走向世界的当今,让世界人民重新认识真实而鲜活的黄庭坚,具体而深刻地感受中国博大精深的传统文化,无疑具有重要的现实意义和深远的历史意义,遂决意对《黄庭坚与宋代文化》细加修订补充,以《黄庭坚研究》为名,重新出版,或可不负国庆 70 华诞献礼之举。

于是,趁着寒假期间,摆脱烦琐冗务,远赴京郊,掩柴扉而关手机,集中精力,细加修订,增补、删除、调整或修改语言表述几近 8 万字。拙作修订完成之际,既由衷敬佩黄庭坚的创新能力和文化建树,又深深感叹黄庭坚的生活时代和文化氛围。这是一个"释耒耜而执笔砚者十室而九"教育大发展的时代,也是高扬古代先贤圣哲"斯文自任"历史意识、责任意识、创新意识和群体意识的时代。黄庭坚为宋代文化发展做出巨大贡献,除了个人天赋、勤奋刻苦等因素外,更得益于苏轼与众多前辈的指导培养和揄扬鼓励。苏轼继承和弘扬了一代文坛盟主欧阳修"奖引后进,如恐不及,赏识之下,率为闻人"(《宋史本传》)的优良作风,"喜奖与后进,有一言之善,则极口褒赏,使其闻于世而后已"(葛立方《韵语阳秋》)。特别是对于黄庭坚,苏轼不仅称扬其文学创作和创新精神,而且高度称赞其人品人格与思想境界,甚至以"孝友之行追配古人,瑰玮之文妙绝当世"(《举黄庭坚自代状》)向朝廷举荐黄庭坚来取代自己的职位。中华民族"尊道贵德""奖掖后进""薪火相传"的优秀文化传统得到创造性地充分发挥,这也正是中华民族优秀传统文化永远保持鲜活创造力和永久生命力的重要原因,而这种优秀文化传统至今依然活跃在现实生活中。

仅就我个人学术成长过程中的体会而言,即曾得到众多前辈师长与同侪学友的指导扶植、提携奖掖和支持帮助,既受益匪浅又终生难忘。业师王水照、刘乃昌、袁士硕等先生的率先垂范与耳提面命且不说,诸如程千帆、唐圭璋、邓广铭、王仲荦、傅璇琮、李学勤、任继愈、袁行霈、汤一介、陈贻焮、叶嘉莹、欧阳中石、顾易生、章培恒、陈尚君、徐中玉、钱谷融、朱德才、董治安、曾枣庄、吴熊和、刘中树、杨义、刘扬忠、陶文鹏等先生,都亲承讲授,给予热情指导。特别是受聘上海交通大学,傅璇琮、袁行霈、王水照、陈洪、詹福瑞、曾繁仁等先生亲笔写了推荐信,兹录如下,以志铭记其德。

中华书局原总编、中央文史研究馆馆员、中国唐代文学学会原会长、清华大学古典文献研究中心主任傅璇琮先生说:

杨庆存教授在《中国社会科学》《文学遗产》等学术刊物发表了一批高水平论文,并出版了《宋代散文研究》《黄庭坚与宋代文化》等多部原创性著作,使相关领域的研究取得突破性进展,得到海内外学术界高度评价。庆存同志学术视野开阔,思想敏锐,功底深厚,成就突出,且在国家社科研究规划和国家项目管理过程中,成功策划和组织了许多重大学术活动,对于推进学科建设和繁荣学术研究发挥了重要作用。我愿意推荐杨庆存同志为讲席教授。

北京大学中文系教授、国学院院长、中央文史研究馆馆长、民盟中央副主席、全国政协常委、美国人文科学院院士袁行霈先生说:

杨庆存教授在宋代文学研究领域耕耘多年,造诣深厚,成就突出。他的《宋代散文研究》《宋代文学论稿》《黄庭坚与宋代文化》等论著,都有重要的学术创获。

杨庆存教授的宋代文学研究善于在充分掌握文献材料的基础上,深入挖掘其文学、文化的深层内涵,如他的《论辛稼轩散文》《论北宋前期散文的流派与发展》《古代散文的研究范围与音乐标界的分野模式》等论文,以历史的眼光把握史料,通过细密地考证与阐述,在解决具体学术问题的同时,也丰富了我们对宋代散文成就的整体认识。杨庆存教授不仅学术成就卓著,而且重视学术文化普及,如他的《宋词经典品读》就是这方面的一部力作。此外,杨庆存教授在国家社会科学规划组织和管理工作方面也有突出贡献。

总之,我认为杨庆存教授已经达到了讲席教授的水平,郑重推荐。

复旦大学资深教授、中文系学术委员会主任、中国宋代文学学会会长王水照先生说:

杨庆存同志是我 1993—1996 年指导的博士生。他学习一贯刻苦勤奋,具有较深的学术功底,且善于思考,勇于创新,在攻博期间即在《中国社会科学》《文学评论》《文学遗产》等国家级重点刊物上发表多篇学术论文;其博士学位论文《宋代散文研究》获得答辩委员会的高度评价,被评为优秀学位论文。

庆存毕业后到中宣部全国哲学社会科学规划办公室从事国家社会科学研究规划和项目管理等工作,进一步开阔视野,思想深刻敏锐,且能结合本职工作,长期坚持学术研究,发表了一批有思想见解的学术论文,并出版了《社会科学论稿》《宋代文学论稿》《传承与创新》等多部学术著作,产生了广泛的学术影响,学术界高度评价。

庆存君尊敬师长,团结同志,热爱学术事业,严格要求自己,多达百万字的学术成果体现出其突出的前沿性、思想性和深刻性,已达到了讲席教授应当具有的水平。我愿意推荐杨庆存同志为讲席教授。

南开大学讲席教授、教育部中文教学指导委员会主任、南开大学学术委员会副主任、天津市文联主席陈洪先生说:

我与杨庆存先生相识近 20 年,目睹了他的学术事业的发展进程,不仅研读过他的大部分著述,而且彼此之间有过多次学术深谈、交流。我认为,杨庆存先生治学有以下三点优长。1. 基础扎实,视野开阔,研究的领域相当宽广。他在宋代文学,特别是宋代散文方面的研究,已臻一流境地。而与此同时,他在诗词、小说、戏曲乃至儒学、艺术研究,都颇有建树。更难得的是,其研究跨度由古而及今,在很多学者习惯性地画地为牢的今天,尤显可贵。2. 数量多、质量精。在繁忙公务的同时,他始终没有离开学术第一线。他在最高层次学术刊物发表的论文,以及产生广泛影响的专著,即使在专职研究的队伍中,也是十分突出的。3. 大局观强,有组织能力。由于长期担负全国人文社科研究的组织管理工作,他对学术的本职,以及学术发展的规律,有相当深入的思考,并体现于工作实践。这使得他不仅是杰出的学者,而且具备学科带头人的良好素质。

鉴于以上原因,我郑重推荐杨庆存先生担任贵校讲席教授。

国家图书馆原馆长、古典文学研究著名专家、上海交通大学讲席教授詹福瑞先生说:

杨庆存教授是在中国古代文学研究界有着重要影响的学者。他对宋代文学的研究,卓有成就。出版《宋代散文研究》《黄庭坚与宋代文化》等专著,合著《宋代文学通论》等著作,并在《中国社会科学》《文学评论》《文学遗产》等刊物发表学术论文近百篇,取得一批创造性成果,推动了宋代文学研究的新进展,因此而成为宋代乃至古代文学研究少数学术领军人物之一。

杨庆存教授亦是中国哲学社会科学的组织者。他自担任国家社科基金办副主任后,负责制定研究规划,把握研究方向,严格评审制度和评审程序,并且积极为评审专家提供服务,广交朋友,共同推动社科研究的繁荣与进步,也在社科界获得赞誉。

总之,杨庆存教授学术视野开阔,积淀丰厚,学术思想活跃,学风扎实,而且在学术界人脉深厚,如果能荷交大讲席教授之任,一定能为学科建设、古代文学教学与研究做出大的贡献。特推荐之。

山东大学终身教授、山东大学文艺美学研究中心主任、山东大学原常委书记、校长曾繁仁先生说:

杨庆存是我国古典文学研究领域的著名中年学者,先后师承刘乃昌、王水照等名师,业务功底扎实,专业水平较高,先后在《中国社会科学》等名刊发表学术论文近百篇,出版专著多部,在宋代文学领域卓有贡献。他长期在全国社科规划办工作,参与领导并组织了一系列全国性的社科发展重点工程,为我国社科事业发展做出重要贡献。

杨庆存教授具有较高的政治思想素养,尊敬师长,团结同志,与人为善,在学术界具有很好的口卑。

据此,本人推荐杨庆存为讲席教授。

以上六位先生都是学界德高望重的著名专家,向以科学严谨著称,言不轻出,词不轻措,得到他们"相勉于道"的推荐,且称扬有加,使我在感到十分荣幸的同时,也感到鼓励中的期待,成为我永远铭记和努力前行的动力。

感谢北京书法家协会副主席兼教育委员会主任、北京书法院副院长、首都师范大学中国书法文化研究院院长、博士生导师刘守安教授惠题书名。

笔者指导的博士、硕士研究生杨宝珠、郑倩茹、侯捷飞、江静涵、车易赢、王元帅、李欣玮同学参与了注释格式调整与引文核对。

杨庆存

2019 年 2 月 8 日凌晨草就于固安